中国农贷市场的“精英俘获”与包容性成长研究

温　涛等　著

科学出版社

北　京

内 容 简 介

金融资源进入“三农”领域需要寻求内部化节约交易成本的主体与其对接，这一角色通常由乡村精英担任。而在长期“去组织化”的制度安排中，精英行为越发偏离整体利益，农贷资金呈现出被精英占有的“精英俘获”机制，金融精准扶贫也受到考验与挑战。基于此，本书立足理论解构、田野调查和计量检验充分揭示中国农贷市场的“精英俘获”机制，讨论其形成机理、演进逻辑、约束效应和治理方式，并通过重新解读当前中国农贷市场供求主体行为变化，探索其包容性成长的实现路径，旨在为深化我国农村金融体制改革、强化农村金融服务功能、大力推进精准扶贫、全面建成小康社会提供理论与实证支持。

本书可作为高等院校、科研院所相关专业师生、研究人员的参考资料，也可供对农村金融发展感兴趣的广大读者阅读。

图书在版编目（CIP）数据

中国农贷市场的“精英俘获”与包容性成长研究/温涛等著. —北京：科学出版社，2017.6

ISBN 978-7-03-053007-3

Ⅰ. ①中…　Ⅱ. ①温…　Ⅲ. ①农业贷款-资本市场-研究-中国　Ⅳ. ①F832.43

中国版本图书馆 CIP 数据核字（2017）第 118109 号

责任编辑：马　跃　王丹妮 / 责任校对：贾娜娜
责任印制：霍　兵 / 封面设计：无极书装

科学出版社 出版
北京东黄城根北街 16 号
邮政编码：100717
http：//www.sciencep.com

北京通州皇家印刷厂 印刷
科学出版社发行　各地新华书店经销
*
2017 年 6 月第　一　版　开本：720 × 1000　1/16
2017 年 6 月第一次印刷　印张：16 1/2
字数：333 000

定价：108.00 元

（如有印装质量问题，我社负责调换）

前　言

中国经济转型的成败在很大程度上取决于农业部门的现代化，这对一个历经数千年演进过程的农业大国和人口大国而言，似乎是无可非议的。近年来，“三农”问题被国家摆在首要位置，2004～2016年连续13个中央“一号文件”聚焦“三农”无疑勾勒出了中央政府施政思路的概貌。根据国家战略部署，“三农”问题的核心是增加农民收入、培育和完善农村要素市场、推动农村劳动力转移并保持农业稳定和持续发展。毋庸讳言，上述关于“三农”问题的核心内容无一不直接或间接地依赖于中国农村金融部门的持续支持和协同作用。然而，受中国农村金融总体水平的制约，中国农民收入增长动力不足、城乡收入差距扩大，给社会和谐稳定和公平发展带来了巨大危害，影响了广大群众的利益、制约了国民经济的发展。中国农村金融问题，不仅是社会关注的热点、政府决策的重点，更是理论研究的难点。

在中央高度重视农村金融改革、大力实施精准扶贫的现实背景下，本书对农村金融最重要的板块——农贷问题予以文献梳理和推理立论，同时走出书斋，步入田间地头深入调研，并在统计分析、计量检验的基础上，形成相应的研究结论。该项成果受国家自然科学基金（70973100）、国家社会科学基金重大招标项目（11&ZD047）的资助，两项课题分别获得优秀和免检结题，同时得到中央高校基本科研业务费专项资金（SWU1709256）资助。研究过程中陆续在《经济研究》、《管理世界》、《中国农村经济》、*Agricultural Economics*、*Journal of Evolutionary Economics*等CSSCI（Chinese Social Sciences Citation Index）、SCI（Science Citation Index）、SSCI（Social Sciences Citation Index）检索期刊公开发表阶段性成果20多篇，部分先期成果还被人大报刊复印资料及各类经济科研相关网站全文转载，获得了教育部高等学校科学研究（人文社会科学）优秀成果一等奖、二等奖，并被政府有关部门采纳，获得了学术界和实务界的充分认可。这项成果的核心观点总结如下。

（1）长期以来，中国农贷市场是在“正规借贷”和“非正规借贷”二元框架所规定的秩序下运行的，这种秩序的形成在一定程度上是供给垄断使然。毋庸讳言，“正规借贷”和“非正规借贷”的理论解释实际上揭示的是农贷市场供给先行的特征，并未把农户需求特征纳入一个规范的分析框架之中，进而难以揭示农贷市场在制度、文化和经济社会基础等作用过程中产生的摩擦。农贷市场供给主体垄断经营的事实已反映出其难以发挥支持农业增产、农民增收的职能，究其原因，不能仅局限于对供给先行相关的农户信贷组织体系的讨论，更应从一直被忽略的农贷市场需求主体来追溯。

（2）通过将中国农贷市场中农户的主体决策、行为选择及其产生效应的过程置于社会、市场和国家的结构性框架中来审视其渊源、发展和演变，不难发现：内生于深刻而复杂的政治、经济和文化中的农户弱势心理在“农户直接面对国家”的社会结构中，异化为对国家的强依赖，形成寻求国家援助的惯性。而一系列带有国家“善意”的农贷援助倾向均无法解决分散农户交易费用过高的问题，分散兼业的农户碍难真正成为传统农贷市场的主体。

（3）农贷资金进入乡村需要寻求内部化节约交易成本的主体与其对接，这一角色通常由乡村精英担任。而在长期“去组织化”的制度安排中，精英行为越发偏离整体利益，农贷资金呈现出被精英占有的“精英俘获”机制。“精英俘获”是治理状况劣化的乡村在对接农贷资金时普遍发生的现象，它不仅是农贷资金在乡村内部难以公平传递的一个最重要原因，而且是致使农贷政策目标偏离、过程扭曲和实施错位的关键因素。随着大量的农贷资源开始反哺农村，精英率先求偿、优先受益的利益要求大量侵蚀公共利益空间，进而导致农贷资源“内卷化”的发生。

（4）既有中国农村金融改革以增长为目标导向，是农贷“精英俘获”产生的根源，不仅抑制了金融扶贫功能，而且对农民收入均衡增长和农村消费拓展形成了约束效应，进而导致农贷成为治理状况劣化背景下致使农村贫富差距扩大的重要因素，金融扶贫的“精准性”受到考验与挑战。正所谓“不患寡而患不均”，贫富差距扩大无疑将损害金融扶贫效果，使贫困群体陷入持续贫困的恶性循环之中。国家的预算干预和资源诱导将在一定程度和范围上诱发道德风险和制度寻租，加之金融资本天生的逐利性，将进一步导致农村内部贫富差距扩大。农贷市场中部分农户被“客体化”和“边缘化”，导致了农民内部收入不平等加剧和农村消费增长困难，阻碍了全面小康建设和经济发展方式转变，亟待形成倡导“良治”与“善治”的行政法规体系和市场监管体系以保障精准性、强调益贫性、注重公平性。

（5）中国农贷市场的制度、结构和功能的完善不仅取决于从国家到农户自上而下的决策、行为及其产生效应的过程，也取决于乡土社会中“精英俘获”的现实。我国农贷市场的制度变迁主要服从于国家经济发展战略，近年来，农贷市场服务“三农”的总体水平虽有大幅提升，但不同县域层面农贷市场的差异已多方位显现，亟待纵向穿透的结构调整淡化精英在农贷市场中的权力中介地位，但切忌一刀切。农贷市场的“精英俘获”机制反映了国家治理体系和国家治理能力在市场中遇到的考验与挑战，因此，需要从根本上实现全面深化改革中国家治理体系和治理能力现代化的总目标，必须在深刻而复杂的经济、社会、历史、政治和文化等诸多方面厘清精英与农户、组织、企业、政府及国家在村庄治理、市场参与和农村发展中深刻而复杂的关系，各方协同、公平共进。

（6）中国经济进入“新常态”以来，农贷市场供求双方的利益关系、行为特征和作用形式均呈现出一些新的变化，农贷市场供给主体的动态竞争格局已初步形成，但农贷供给的收入导向依旧明显，“精英俘获”现象广泛存在。就新型农业经营主体而言，由于其资金回收期较长、经营风险较高、农地抵押程序繁复、抵押价格扭曲等，仍难以获得农贷支持。相关政策引导和补缺应强调农贷供给部门的结构优化，同时以简化交易程序与建立价格评估机构为突破口着力完善“两权”抵押贷款制度；着力培育新型职业农民、建设普惠信贷体系、加强农贷市场监管，通过内在制度设计和配套措施来缓解不同农业经营主体的“贷款难”问题，进而调整与完善新形势下的农贷市场的功能、结构和规模。通过渐进式的改革培育包容性成长的农贷市场破解“精英俘获”等不公平现象，有望促使供需主体在合理、有效的水平上长期、协同、可持续地发展。

据此，本书最后从完善农村金融改革的顶层设计、构建农村普惠信贷体系、促进各类金融机构分工与协作、建立金融扶贫激励机制、发挥农贷服务功能引导农业现代化发展、实现农贷市场供需主体协同发展六个方面提出了具体的政策建议。

需要特别指出的是，本书是集体智慧的结晶，温涛设计了本书的基本框架。各章的执笔人如下：第 1 章，温涛；第 2 章，刘达；第 3 章，朱炯、温涛；第 4 章，温涛、朱炯；第 5 章，温涛、陈思；第 6 章，王小华、温涛、陶勇；第 7 章，王汉杰、温涛；第 8 章，张梓榆、温涛；第 9 章，温涛、王小华；第 10 章，温涛、张梓榆；第 11 章，王煜宇、温涛、刘达、朱炯；第 12 章，温涛、王煜宇。初稿完成之后，经过多次讨论，最终由温涛、朱炯、王小华、王煜宇、张梓榆、王汉杰、刘达对各章进行了编撰修订。同时，在研究过程中还得到了相关实务部门和研究机构的大力支持，在此深表谢意！感谢学术同行提供的大量参考文献，为本书的研究提供了重要的帮助。特别需要指出的是，书稿中可能存在的疏漏概由作者负责，也恳请学术同行批评指正！

温　涛

2017 年 5 月

目　　录

第1章　总　　论

1.1　研究背景与意义

1.1.1　研究背景

中国农村改革发轫于家庭联产承包责任制的伟大创举，其后经历了乡镇企业的异军突起、亿万农村劳动力转移、新农村和新型城镇化建设等伟大成就，一次又一次地为中国经济高速增长提供活力。然而，作为一个历经数千年演进历程的农业大国，中国农村经济仍然处于相对落后的状态。这种依靠中国农村经济推动中国整体经济以独特的“中国模式”创造“中国奇迹”的持续、高速经济增长背后，其代价是生产要素在部门间配置的极端不公平，造成区域之间、城乡之间发展极不平衡，尤其是贫富差距持续扩大，成为影响社会和谐稳定的关键性难题。在工业化、城市化的发展战略下，农业、农村和农民只能成为经济资源和经济剩余的源头，为了有效地动员这种经济资源和经济剩余，内生于经济发展战略的国家经济体系必然要延伸到农村（张杰，1998），强制性地使“三农”服从于国家的整体经济发展战略，成为在国家强有力控制下，不断向工业和城市传输经济资源与剩余的管道（林毅夫等，1994；林毅夫，2003；熊德平，2009）。改革开放以后，城市和工业改革也一直迫使政府试图通过牺牲农民、农业和农村的经济利益来向低效率的国有企业注入改革所需要的生产要素（冉光和，2009），农民收入增长、农村经济发展面临的要素约束，尤其是资本要素瓶颈并没有得到有效地缓解，“三农”问题依然严峻（温涛，2011）。

“金融是现代经济的核心”，在社会主义市场经济条件下，破解“三农”问题离不开现代金融的有效支持。受制于农村金融部门总体水平的相对滞后，农村金融的产品供给、服务创新、市场竞争与风险管控等领域依然存在尚未解决的症结，进而“三农”领域的金融需求与农村金融体系的扩张并未实现有效契合，“三农”发展依然受到严格的信贷约束（温涛，2014）。农村金融已经成为影响全体社会成员利益、制约国民经济发展的关键问题，也是社会关注的热点、政治决策的重点和理论研究的难点。正是基于这一认识，中央高度重视农村金融体制改革，强调综合运用财政税收、货币信贷、金融监管等政策措施，推动金融资源继续向“三农”倾斜，尤其是确保农业信贷总量持续增加、涉农贷款比例不降低。然而，实现规模经营、降低交易成本是金融中介组织存在和发展的基础（Scholes et al.，

1976）。在农村金融领域由于交易成本问题突出，“农村信贷市场距离完全竞争市场相当遥远”，为了改变这种农村金融的高交易费用状况和组织“城市偏向”的现实格局，金融资源进入“三农”领域需要寻求内部化节约交易成本的主体与其对接（Besley，1995；Stiglitz and Weiss，1981）。在中国，这一角色通常由乡村精英担任。但是，在长期“去组织化”的制度安排中，精英行为越发偏离整体利益，农贷资金呈现出被精英占有的“精英俘获”机制，不仅金融公平受到考验与挑战，而且显著加剧了农民收入内部不平等问题，制约了全面小康建设目标的实现。基于此，本书将在农村金融市场形势变迁下，以中国农贷市场为研究对象深入解析其金融要素的配置问题，并充分揭示“新常态”下中国农贷市场供求双方的新变化，进而探索农村金融的渐进式改革与包容性成长路径，最终为解决“三农”问题、实现中国乡土社会复兴提供理论与实证借鉴。

1.1.2 研究意义

（1）破解中国农贷的“精英俘获”机制，培育包容性成长的农贷市场，是缩小农村内部收入差距、促进全面小康建设、构建和谐社会的重要基石，是实现国家治理体系和治理能力现代化的内在要求。据统计，贫困县中贫困户从金融机构得到贷款的比重（不包括扶贫贷款）在逐年降低，2010 年从银行或农村信用合作社得到贷款的贫困户占全部农户的 2.0%，比 2007 年下降了 1.3 个百分点。2010 年贫困县只有 20.6%的扶贫贷款发放给上年人均纯收入低于 2000 元的农户，有 38.2%发放给了上年人均纯收入在 2000～3000 元的农户，有 19.8%发放给了上年人均纯收入在 3000～4000 元的农户，有 21.4%发放给了上年人均纯收入高于 4000 元的农户。与上年相比，贷款给上年人均纯收入低于 3000 元的农户比例下降，高于 3000 元的农户比例上升（国家统计局住户调查办公室，2012）。这种趋势性的结果主要囿于农贷资源被乡村精英所俘获，其结果是农贷分配中的目标偏离、过程扭曲和实施错位。随着大量的农贷资源开始反哺农村，精英率先求偿、优先受益的利益要求大量侵蚀公共利益空间（温铁军和杨帅，2012），分散兼业的农户碍难真正受益。要推动农贷服务“三农”并惠及农户，不仅需要中央财政及宏观政策提供的“预算软约束”和“风险兜底”，更需要政府对农村金融市场进行功能型引导和补缺进而培育包容性成长的农贷市场，保障农贷在乡村内部公平传递以保护小农户利益，确保小农机会平等、公平参与，最终形成多方共赢、良性循环的市场运行机制，进而推动农村可持续发展，实现乡土社会复兴。

（2）农贷资源分配不公将加剧农村基层民众与上层建筑之间的对抗性关系，事关农村社会稳定与国家安全大局，必须立足于国家整体发展战略高度科学规划、精心布局农贷市场的包容性成长路径。在农贷资源下乡的背景下，有权有势的乡村精英行为直接表现为“大农吃小农”，其本质实乃依仗权力的“以大吃小”。而农贷实则无力满足大量分散兼业的小农户的综合需求，“精英俘获”“富人治村”“扈从关系”的存在客观上压缩了小农户获取农贷的利益空间，这不仅使得农贷市场内部缺乏来自农村基层群众的宝贵支持，更导致民众矛盾凸显，对抗性冲突频发。因此，农贷市场亟待包容性成长以建立更自由、更开放、更透明与更公平的参与机制，以期在农户行动过程中通过相互关联和补充来增进结构凝聚力及功能融合，促成农贷市场中各利益主体彼此依赖、共存互生的整体性，进而保障农贷的公平性、市场性与社会性。

（3）现行中国农贷资源配置模式必然诱发道德风险与制度寻租，应倡导“良治”与“善治”的行政法规体系落地进而保障农贷资源分配的精准性与农贷市场成长的包容性。与农贷相关的地方政府配套制度、压力型体制下农村金融机构的绩效考核制度、地方政府部门对农户的帮扶制度、项目工程建设招标和议标等制度都存在不切实际或不合理之处，精英通常能够利用这些制度漏洞获得额外的利益。从“三农”发展的角度看，增加农贷资源要素的投入是必要和紧迫的（陈锡文，2010），但若无法有效缓解农贷市场的“精英俘获”，恐怕拿出再多的“涉农贷款”也注定无功而返。中央要保障强农惠农富农的政策力度不减、总量增加，出台优惠政策要坚持中国制度优势，但需要以法律为根本重点强调“良治”“善治”，并重视“六个精准”，结合“分类分事”政策与“因人因地”政策，最终依照体现人民利益和社会发展规律的法律保障农贷市场合理运行，促进农贷市场包容性成长以保证精准扶贫。

（4）以农民利益为出发点，着眼农村金融市场变革与乡村治理变迁，无疑将拓宽农村金融学与农村社会学的研究领域，丰富中国特色的国民经济管理研究的理论成果。在深刻而复杂的社会、经济背景下应对“精英俘获”机制，保障农贷资源在乡村内部公平传递，促使分散兼业的小农享受带有国家“善意”的农贷援助，进而推动农民增收、农业增产。这既是国家治理与发展中面临的迫切问题，也是本书必须解决、极具挑战的难点问题，不仅涉及管理学、经济学，更涉及社会学、政治学、历史学、哲学等多个学科领域，相应的研究将对国家治理现代化背景下人文社会科学跨学科研究提供素材、做出贡献，并完善中国特色社会主义市场经济理论体系。

1.2 研究目标与内容

1.2.1 研究目标

研究总目标为通过理论和实证分析揭示中国农贷市场的“精英俘获”机制，讨论其形成机理、演进逻辑、约束效应和治理方式，并通过重新解读当前中国农贷市场供求主体行为变化，探索其包容性成长的实现路径，为进一步深化我国农村金融体制改革、强化农村金融服务功能，大力推进社会主义新农村建设和城乡一体化发展提供理论与实证支持。为实现这一总体目标，本书需要实现如下具体目标。

（1）综合运用农村金融发展理论、包容性金融理论、乡村治理理论与农户经济行为理论，在一个较长时间窗口下讨论中国农贷市场的农户融资决策与行为逻辑。

（2）采用效用函数模型及博弈论模型，以中国农村现实问题为背景，从应用数学模型分析角度对农贷“精英俘获”机制形成的机理、特征、变迁及影响因素做理论解构与实证检验。

（3）通过评价指标体系的构建，分析中国农贷“精英俘获”对农村金融包容性（financial inclusion）的影响，进而从收入和消费两个维度揭示其实际传递效应。

（4）通过深入调研获取样本数量充足、问卷设计科学、调查质量较高的微观数据和案例，充分把握当前中国农贷市场的微观基础、宏观环境与制度条件的动态变化，从而为农村金融发展制定有效的发展战略提供实证支持。

（5）为建设一个功能完备、分工合理、充分竞争、可持续的农村金融服务体系，切实解决中国贫困型农户的融资难、融资贵问题，实现农村的金融服务公平和金融的包容性成长提供战略指导。

1.2.2 研究内容

本书将通过以下研究内容实现上述研究目标。

（1）农贷市场“精英俘获”与包容性成长的理论框架研究。本部分的主要内容包括研究的理论借鉴、基本范畴界定、分析视角确立、概念框架构建等。

（2）农贷市场的农户融资决策与行为逻辑研究。本部分主要是对中国农贷市场的农户主体决策、行为逻辑及其产生效应的过程进行分析。具体包括：为了揭示当前农贷市场竞争格局，契合农户多元融资需求，搭建一个逐步走向二元运行格局的基本框架——匿名借贷（anonymous credit）与熟人借贷（acquaintance credit）；为了反映县域经济的重要作用，将在县域层面上进行贫困县[①]和非贫困县的分层比较，聚焦作为农贷市场需求主体的农户，实证研究其融资次序中的主体决策、行为选择及产生效应的过程。

（3）农贷市场的“精英俘获”及其形成机理研究。本部分主要是基于严谨的经济学理论分析和实证分析框架，揭示中国农贷市场的“精英俘获”机制并估计其程度和范围，为相关政策设计提供令人信服的参考依据，具体包括中国农贷市场“精英俘获”机制的形成及演进逻辑、中国农贷市场“精英俘获”机制存在

① 如无特殊说明，本书中所提贫困县均指国家级贫困县。

情况的实证分析。实证分析中，首先对样本和变量选择的科学性及有效性进行讨论，其次对实证模型设定的科学性进行检验，最后通过对贫困县和非贫困县进行分层对比研究，揭示县域农贷市场“精英俘获”的不同状况。

（4）农贷市场“精英俘获”的包容性缺失研究。本部分主要是对中国农贷市场的包容性缺失评价和对农贷扶贫效果进行分析，具体包括：中国农贷市场的包容性缺失指标体系构建和评价及其区域发展的梯度格局，中国农贷市场包容性缺失的影响因素分析，从农村贫困人口脱贫与农村贫富差距缩小的双重视角来讨论农贷市场包容性缺失形成的“精英俘获”对中国农贷市场产生的结构性抑制。

（5）农贷市场“精英俘获”的约束效应研究。本部分主要是从不同视角讨论中国农贷市场“精英俘获”的形成对农民收入均衡增长和农村消费拓展形成的严格约束，具体包括：县域农贷市场的“精英俘获”现象验证及“精英俘获”的收入约束效应检验，贫困县和非贫困县及东部、中部、西部三大不同地区县域的农贷市场“精英俘获”的收入约束效应差异，从时间与空间的双重维度对农贷市场“精英俘获”的消费约束进行深入探讨。

（6）“新常态”下农贷市场供求关系动态变化研究。本部分主要对当前中国农贷市场供求关系、供给主体和需求主体发展态势进行重新解读，具体包括：对“新常态”背景下中国农贷市场的供求关系及影响因素进行重新解读，力求对“新常态”下农贷市场的功能和结构变化有一个深刻的认识；从金融生态系统这一视角出发，通过建立双重二元金融结构交互关系的 Lotka-Volterra 竞争扩散模型（以下简称 Lotka-Volterra 模型），对中国农贷市场供给主体的竞争关系同时进行理论和计量分析，旨在探索中国农贷市场竞争状况；基于当前农户家庭经营特征改变的现实背景，利用全国 17 个省份 70 个县（市）的农户家庭微观调查数据对普通农户与新型农业经营主体的信贷获取现状进行了对比考察。

（7）农贷市场包容性成长的路径研究。在上述具体内容分析的基础上，本书最后将通过制度设计、制度整合、制度创新和合理的政策安排，提出破解中国农贷市场“精英俘获”机制及促进农贷市场包容性成长的路径选择及政策框架。

1.3 研究思路与方法

1.3.1 研究思路

“中国农贷市场的‘精英俘获’与包容性成长研究”作为基于理论和实证基础上的应用对策研究，主要由理论研究、实证研究和应用对策研究三大部分构成。

整个研究所遵循的是问题提出→理论假设→模型建立→模型推演→实证检

验→政策研究的逻辑思路，研究的具体技术路线见图 1-1。其中，理论研究是本书的

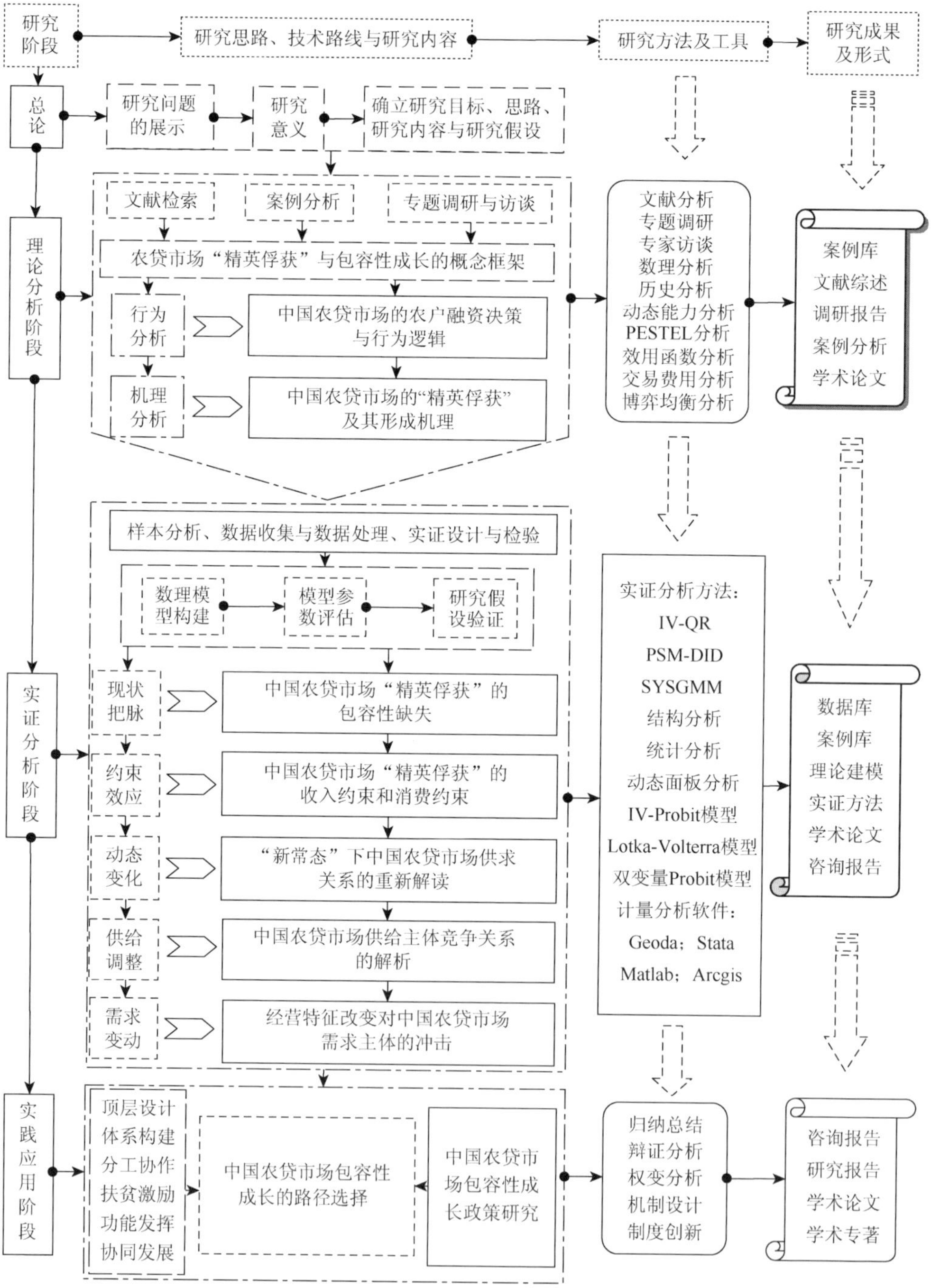

图 1-1　研究思路及具体研究方案

逻辑起点与核心，实证研究是确保理论科学应用的关键性环节，应用对策研究则是本课题研究的归宿，体现出本书理论研究的主旨。

1.3.2 研究方法

根据上述研究思路和技术路线，本书各部分内容具体研究方法如下。

（1）在进行中国农贷市场“精英俘获”与包容性成长的理论框架研究时，主要运用文献分析、辩证分析、系统分析和数理推演等方法。本部分将在理论回顾与文献分析的基础上，以金融经济学的理论和分析范式为起点，遵循唯物辩证法的基本原理，从运动的、历史的、系统的和辨证的角度认识和把握其理论内涵。

（2）在进行农贷市场的农户融资决策与行为逻辑研究时，首先将以行为经济学理论框架为起点，采用的是以博弈论为基础的委托-代理理论方法，研究从效用函数和交易费用理论入手，通过建立具有微观基础、结构严谨、论证规范的模型，并在模型中引入诸如不确定性、不对称信息和监督成本等与完全竞争相悖的因素，对农户参与农贷市场的行为方式做出规范意义上的推理。其次，因为农户扩大种养殖规模资金来源方式有匿名借贷、熟人借贷和自身积累这三类，所以将使用Probit 模型、工具变量 Probit（instrumental variable Probit，IV Probit）模型、ordered Probit 模型和工具变量 ordered Probit（instrumental variable ordered Probit，IV ordered Probit）模型对贫困县和非贫困县农户融资次序中的主体决策、行为及产生效应的过程进行估计。

（3）关于农贷市场“精英俘获”的包容性缺失研究，将以经济效率理论为基础，首先参考联合国开发计划署（United Nations Development Programme，UNDP）编制的人类发展指数（human development index，HDI）的计算方法，构建新的指标体系来计算我国各地区农贷市场的包容性缺失指数，并运用统计方法进行实际评价和偏差分析，运用面板数据分析方法进行农贷市场包容性缺失的影响因素分析，以期对中国农贷市场的包容性缺失程度及其产生的实际效应有一个客观、可量化的了解。其次将基于20 040家农户的有效样本数据，选择代表农民收入水平的五个分位点，外加贫困发生率分位点，使用包含工具变量的分位数回归方法估计信贷对不同分位点农户家庭收入的边际贡献，以期找到中国农贷市场包容性缺失的结构抑制。

（4）进行农贷市场“精英俘获”的约束效应研究时，将以经济增长理论为基础，首先借鉴国内外研究经验，揭示农业信贷投放对农村居民收入不平等和消费增长的实际效应。其次，基于中国县域截面数据和省级面板数据，通过分位数回归（quantile regression，QR）方法和工具变量分位数回归（instrumental variable quantile regression，IVQR）方法研究中国县域农贷市场“精英俘获”的收入约束效应的区域差异及贫困县和非贫困县之间的差异；最后，运用面板数据对农业信贷及财政支农投入对农村居民消费影响的总体效应、阶段效应及区域性差异进行深入探索。

（5）进行“新常态”下农贷市场供求关系动态变化研究时，将以动态能力学派、超竞争学派的组织理论和战略理论，结合演化经济学的分析框架予以展开。研究首先将采用双变量 Probit 模型和联立方程模型对农贷市场供求关系的新变化进行研究；其次，将以演化经济学的种群竞争 Lotka-Volterra 模型模拟分析我国农贷市场供给主体的合理规模与业务范围，重点探讨它们之间的竞合关系，明确中国农贷市场内部不同类型金融机构之间的竞争关系；最后，通过双变量 Probit 模型分析揭示家庭经营特征改变对农户信贷约束的影响。

（6）对农贷市场包容性成长的路径选择进行研究时，将采用制度经济学中以制度创新理论为基础的制度主义演绎分析范式，并结合前述研究成果进行归纳总结、辩证分析、权变分析、机制设计和制度创新。本部分将力求从顶层设计、体系构建、分工协作、扶贫激励、功能发挥、协同发展等多层面提出有效推进中国农贷市场包容性成长的路径选择与政策保障。

1.4 研究资料与数据

1.4.1 研究资料

本书的文献资料包括三个部分。

（1）研究中必要的定性资料。主要是国家法律和政策公开的文件、权威性的报告（如各年的中央“一号文件”、中国共产党第十八届中央委员会第三次全体会议报告）、公告、政府工作报告、各年中央经济工作会议、各年中央农村经济工作会议、相关书籍和科学论文等。本书中凡是出现引用的文献资料，均在引用位置注明了出处。

（2）各级政府部门和研究机构的专业研究报告。主要是中国人民银行、国家统计局、国务院发展研究中心、中国社会科学院及其相关研究机构历年发布的专业报告，包括《中国农村金融服务报告》《金融发展报告》《区域金融运行报告》《中国金融行业分析报告》《中国银行业运行报告》《中国银行业监督管理委员会年报》《金融机构贷款投向统计报告》《农村经济绿皮书》《“三农”贷款与县域金融统计》等，以及鉴定合格的国家和省部级相关课题研究报告。

（3）部分资料来自相关领域学者们的论著，同时加以引注。引用的主要专著均列于参考文献中。引用论文主要来自权威性学术期刊，如《中国社会科学》、《经济研究》、《管理世界》、《世界经济》、《数量经济技术经济研究》、《经济学季刊》、《管理科学学报》、《金融研究》、《中国软科学》、《中国农村经济》、《农业经济问题》、*The American Economic Review*、*The Journal of Finance*、*The Quarterly Journal of Economics*、*Developing Economies*、*Econometric Reviews*、*Econometrica*、*Econometric Theory*、*Journal of Economics & Management Strategy*、*Journal of Political Economy*、*American Journal of Agricultural Economics*、*Journal of Agricultural Economics* 等。

1.4.2 研究数据

本书的数据主要来自国家法定或权威的数据资料和研究团队的实际调查数据，主要包括以下四个方面。

（1）统计年鉴。《中国统计年鉴》（1981～2014 年）、《中国金融年鉴》（1986～2014 年）、《中国人口和就业统计年鉴》（1949～2014 年）、《中国财政年鉴》（2000～2014 年）、《中国农村统计年鉴》（1985～2014 年）、《中国期货证券统计年鉴》（1997～2014 年）、《中国区域经济统计年鉴》（2000～2014 年）、《中国县（市）社会经济统计年鉴》（2001～2012 年）、《中国县域统计年鉴》（2013～2014 年）、《中国乡镇企业统计年鉴》（1978～2005 年）、《中国乡镇企业及农产品加工业年鉴》（2006～2012 年）、《农产品成本收益资料汇编》（1978～2013 年）、《农业统计年鉴》（1997～2013 年）、《农业统计提要》（2001～2013 年）、《新中国五十年统计资料汇编》、《新中国六十年统计资料汇编》、《中国住户调查年鉴》（2011～2012 年）、《中国农村住户调查年鉴》（2006～2010 年）、《2000—2009 年全国农村固定观察点调查数据汇编》、《国民经济和社会发展统计公报》（2000～2015 年）等。除此之外还包括各省份历年统计年鉴。

（2）一些重要网站：中国证券监督管理委员会网站、中华人民共和国财政部网站、中国保险监督管理委员会网站、中华人民共和国农业部网站、中国银行业监督管理委员会（以下简称银监会）网站、中华人民共和国国家统计局网站、中国人民银行网站或政府相关部门的公告数据。除此之外还包括各省份统计信息网及统计局网站。

（3）部分数据来源于全国优秀博士、硕士学位论文。凡是引用的数据资料，均在本书中的引用位置注明了出处。

（4）研究中还使用了大量的实际调查数据，包括研究团队组织的对农户、农村企业、农村金融机构和县乡干部的问卷调查，了解他们在农民生产经营活动中的感受和体验，为研究积累原始数据。根据区域经济发展水平和农村经济特点，课题组于 2014 年 2 月初到 3 月末和 7 月初到 8 月末选取了三大经济地带的 17 个省份 70 个县（市）的农户家庭，对 2013 年的家庭基本情况进行了正式调查，所有问卷均由调查者采用一问一答的方式完成。问卷调查采用分层随机抽样的方法，在抽样前先对农户依其收入水平分成若干层，再利用简单随机抽样，自各层中抽取样本。分层主要按照国家统计局关于农户家庭人均纯收入对总体进行五分层的方式，然后确定在每个县（市）的每层中抽取 10 个农户家庭进行问卷访谈。每个县（市）固定发放 50 份问卷，共发放问卷 3500 份，最后共回收 68 个县（市）的问卷 3318 份，问卷回收率为 94.8%，最终共收集有效问卷 3167 份。

第2章　理论借鉴与概念框架

本章是在深入考察中国农贷市场的“精英俘获”与包容性成长的客观实际，并与前人的理论研究成果相结合的基础上提出来并进行研究的。研究首先需要展开的问题就是对相关理论成果进行梳理、综合、分析及归纳，为确定研究的逻辑起点和建立理论框架提供有效的理论借鉴。根据中国农贷市场的“精英俘获”与包容性成长理论假设的逻辑推演，我们确定本书将会借鉴到的理论资源主要有以下几个方面：农户经济行为理论，具体包括“道义小农”理论、“理性小农”（the rational peasant）理论、“综合主义小农”理论和“社会化小农”理论；农村金融发展理论，具体包括农业信贷补贴论、农村金融市场论、不完全竞争市场论和局部知识论；精英治理理论，具体包括精英循环理论、精英再生产理论、权力精英理论、精英民主理论和乡村精英治理理论；包容性金融理论，具体包括金融包容性发展理论、金融排斥（financial exclusion）理论、微型金融（microfinance）理论、普惠金融（inclusive finance）理论。最后是关于本章的概念界定。

2.1　农户经济行为理论

但凡提到农村问题，不论大到制度结构、社会变迁或是收入增长，还是小到一桩乡村中的纠纷或一笔熟人借贷，都离不开一个基本单位，那就是农户。只有透彻地解读农户，本书才有可能进一步分析农户组合而成的农村社会与农村经济，当然也包括农户信贷（张杰，2004）。当农户的主体决策、行为选择和产生效应的过程涉及市场层面之时，农户是否遵循经济学意义而追求利益最大化，再次成为理论探讨的焦点。无论是强调理性动机还是所谓的生存逻辑，农户行为动机不仅决定农贷市场的结构、规模和功能，而且对既往和可见的相关农贷制度安排产生重要影响。

2.1.1　“道义小农”理论

“道义小农”理论的核心论点在于小农并非隶属于资本主义市场经济，其生产动机的形成和变迁基于家庭的生计，主要满足消费需求，而不是追求利润最大化。Chayanov（1925）通过对俄国小农的研究，提出了“劳动-消费均衡”理论，建立了“社会农学”。同时他批判了资本主义大农场，倡导家庭农场与农业纵向一体化[①]。此后 Polanyi（1957）对“道义小农”理论的研究加入了社会学、人类学与哲学的思考，从一个崭新的角度传承与发扬了蔡雅诺夫的理论。他直截了当地抨击了资本主义经济学“经济人”假说和“完全竞争”假说，提出了用“实体经济学”取代资本主义的“形式经济学”。另外 Scott（1976）则通过一系列令人信服的案例阐发了“道义小农”的思想脉络，他通过对缅甸南部和越南的考察，不厌其烦地论述“生存伦理”的道德含义：强调剥削与反抗不仅是一个关乎收入和卡路里的问题，而是农民关乎正义、权利、义务及互惠的问题。小农没有能力雇佣劳动，其生产中的成本难以度量，同时小农生产的产品主要用于消费，因此小农的行为选择并非基于成本与收益之间的权衡，而是取决于消费所得的效用与劳动所付出的辛苦之间的均衡(Chayanov,1925)。小农经济的分析范式理应是“内生性”的，而非“先验式”。严密的数学推导与演绎逻辑是刻画资本主义市场经济的精致工具，资本主义经济学立足于价格信号为核心的市场，而“市场只有在市场社会里才能运行”，如果把这种工具应用于尚无此类市场的经济中，无异于把“功利的理性主义”世界化、普遍化。而在资本主义市场出现之前，经济行为根植于特定的社会关系，而绝非根植于市场或是对利益的追求，因此研究经济需要把“经济过程”当作社会的“制度过程”（Polanyi，1957）。因此小农行为动机是“风险规避”和“安全第一”的统一，强烈的生存取向驱使农民选择“避免灾难”而非追求利润最大化。传统的小农就像一个长时间站在齐脖深水中的人，只要涌来一阵细浪，就会使之陷入灭顶之灾（Scott，1976）。

应该说，“道义小农”理论真正把小农的行为与西方工业化的一般进程区别开来，同时具有相对独立的理论体系和较为完整的逻辑结构。在理论上能够分析某些长期处于落后状态的小农，如由“传统性”“文化性”因素造成的小农贫困。“道义小农”理论没有停留在简单的经济学分析中，而是通过社会学、人类学思想丰富了对小农经济行为的研究，也为本书引入一个更加广阔的视角。

2.1.2 “理性小农”理论

“理性小农”理论植根于一个完全竞争的市场之中，小农和任何资本主义企业家一样都是理性的“经济人”，他们追求利润的最大化，并且极少出现低效率生产。Schultz（1964）通过对危地马拉的帕那加撒尔和印度的塞纳普尔两地传统

① 倡导资本主义市场经济的亚当·斯密与倡导共产主义社会的马克思虽然思想观点上截然不同，但无独有偶，他们都认为小农经济终将被大农场所取代。马克思主义农业经济理论曾经指导了苏联及中国等社会主义国家对小农经济的改造。其后虽遭到批判，但如今农业部所倡导的规模化种植、产业化经营，又有望推动斯密和马克思的大农业思想在我国的复兴。

农业的调查，从文化形态、政治体制与制度结构三大方面分析了传统农业。Popkin（1979）与 Tax（1953）进一步发展了“理性小农”主义，他们直接对话“道义小农”理论，与同时期的 Scott 形成立场鲜明的对立。农民对利润的渴求相对于资本主义企业家来讲毫不逊色，改造传统农业的出路在于激励小农追求利润最大化而创新的行为（Schultz，1964）[①]。传统农业中生产要素配置效率低下的情况是罕见的，小农并非懒散、愚昧或不思进取。借助于投资机会和有效刺激，小农将会点石成金。农民已经最优化地配置了自身可支配技术状态下的生产可能性，对他们的生产要素做进一步的资源配置并非有效，因此改造传统农业亟待寻找廉价的现代农业生产要素以使农业成为经济增长的源泉。因此小农场完全可以和资本主义的公司画等号，小农在市场领域中的精于算计与理性的资本主义企业家并无差别（Popkin，1979），小农被刻画为极端的“理性者”。Tax（1953）认为无论小农有多么贫困落后，小农的经济行为都等同于资本家，他这样描绘贫困的印第安人：“这里算得上是一个小型的资本主义社会，这里没有机械设备、大型工厂，更没有企业的踪迹，每个小农为自己干活，并赚得利益，贸易、竞争、企业家及市场都存在于此。”“理性小农”理论在微观层面上分析了小农的冲突合作与普遍利益的争夺，把小农与家庭农场等同于资本主义的企业家与企业，强调了小农的理性。这种理性根本上地保证了小农的个人利益的最大化。“理性小农”理论提供了一个资本主义市场经济的分析范式，构建了一个精致的模型，成为小农经济行为理论的重要支柱。

2.1.3 “综合主义小农”理论

“综合主义小农”理论强调小农既是一个利润追逐者，同时又是一个维持生计的生产者，更是受剥削的耕作者，三方面综合才能反映小农这个统一体。黄宗智（1986a）通过对种植棉花小农的研究，指出对小农的理性与道义而言，“坚持某一方面的特征而排斥其他方面”的争论是毫无意义的。小农的行为不遵循固定模式，由具体生存境遇所决定。较为富裕的农场很大程度上受利益的诱导，较为贫穷的小农则着重考虑生存而不是利润最大化。杜赞奇（1994）佐证了“综合主义小农”理论，他发现“道义”与“理性”都不完全符合华北小农的经济特征，因此需要一个更加综合化的视角，原因在于：首先，小农是为了自家消费而生产，家庭生产取决于家庭的消费，一个典型的例子就是小农为了获得维持生计和生产

① 此处我们有必要澄清一个事实，虽然学术界普遍认为 Schultz 是“道义小农”理论最具代表性的人物，但是他如此激进的措辞并非针对“道义小农”理论，他对话的理论是“二元经济理论”（Lewis，1954）。该理论关注二元经济结构的动态优化及实现传统农业部门与现代工业部门的平稳过渡。

的直接开销，会到集市上出售细粮买回粗粮；其次，小农也并非没有理性，小农会在满足税费、生产成本和自身消费之外出售剩余农产品；最后，小农是政权体系与阶级社会的成员，他们生产的产品用于满足非农部门的消费需求。比如，小农会用现金或粮食等实物来缴租使农产品进入市场。

2.1.4　“社会化小农”理论

“社会化小农”指社会主义市场经济使小农融入到一个高度开放的社会化体系之中，小农表现出行为的外部性、个体的社会化、动机的多样性与综合收益的最大化。对当代中国的小农而言，他们已经不再是社会经济中的“孤立人”，而是一个被人情关系、舆论道德包围的“社会人”。基于地缘、亲缘关系的基因亲和、情感贯通和内在认同就像血缘关系一样深深地烙印在小农的血脉里，其经济行为已经被视作个人道德品行、人格信息的重要组成部分，将直接影响外部对其个人的“社会评价”（陈雨露，2010）。小农进入市场和社会，这不仅使小农村庄内部小农之间的关系发生改变，同时使小农与村外的交流变得更加频繁。在村庄内部主要依据习俗、伦理和传统进行治理，而社会化带来的货币因素挤压了小农的生存空间，小农会因为货币带来的压力追求货币利益最大化。传统乡土社会中小农几乎不与村外交流，而小农的社会化进程模糊与超越了村庄的边界，使小农的经济行为突破了圈层结构。可以说，“社会化小农”理论是国外小农经济行为理论的“中国化”，是国内学者对现阶段我国小农行为的归纳与总结。始于 20 世纪中叶的国家化消除了“传统的小农”，其后的社会主义市场化使小农进入市场之中。在中国经济“新常态”的发展阶段中，小农的经济行为无疑会产生新的特点，“社会化小农”理论为分析现阶段小农的行为和动机提供了一个可贵的分析范式。

2.1.5　简要述评

国内外经典的小农行为理论所提供的基本框架、研究范式具有宝贵的借鉴价值，对本书的研究有重要的启示作用。但是，任何经典理论都会有其理论边界和历史局限性，尤其是西方小农经济行为的理论多源于资本主义国家，因此需要去糟取精。

1. 理论的边界和历史局限性

“理性小农”理论把小农等同于追求利润最大化的企业家，一旦有经济利润的刺激，小农就会改造传统农业，这种观点值得进一步思考。首先，中国有大量农民处于贫穷落后的状态，他们内在的“稳态”相对不容易变化。其中的某些讨论假设市场是完全竞争的，这与我国尚未成熟的市场机制相去甚远，同时这些理论对政府行政干预、市场约束等因素的考虑有所欠缺。其次，“理性小农”理论把家庭看作企业，这样的分析弱化了亲缘、地缘等社会关系，在一定程度上忽视了小农家庭内部的利他主义行为。而我国农村是一个典型的熟人社会或关系型社会，声誉、面子等农民十分在意的东西很难量化，甚至连父母对子女的无偿抚养等行为都难以做出合理的解释。最后，如果中国小农富于“理性”，那么小农这个精于算计的“商人”或“企业家”怎么会长期处于贫穷落后的状态，同时也并非刻意追求经济利润。因此，把小农是否具有所谓的“理性”当作评判小农经济行为的唯一标尺恐怕并不精确。

强调生存逻辑的理论框架通过纳入某些社会学、人类学或历史学的范畴，以一个历史传承的视角分析，对中国小农长时期处于贫穷落后地位具有一定的解释能力。但一些现实问题同样值得思考。首先，由于定性研究者众，定量研究者寡，一些论述性、描述性文献缺乏管理学、经济学的规范性，对政策的建议就无法具体。其次，分析的时间窗口长短不一，个别逻辑连续性的解释还值得商榷。比如，本书很难想象这样一种场景：有一条脱贫致富的道路摆在小农面前，而小农却因为历史传承所形成的“面朝黄土背朝天”习俗，或是心理因素、情感因素而将自己束缚在荒凉的土地上。如果真的发生了这样的情形，那么八亿多中国农民将成为我国社会经济发展中的最大阻力（陈雨露，2010）。

2. 对主要争论的评价

“理性小农”理论与“道义小农”理论就小农经济行为的判断一直存在争议，其主要集中表现在两个方面：家庭经营单位和村庄性质的界定。

首先，家庭农场与经营性农村存在很大的区别，农民家庭具有生存取向的特殊经济行为，不同于资本主义企业，它既是一个生产单位，同时也是消费单位。这样的争论存在主体之间的差异，如果通过更加清晰的界定，把小农（peasant）与农业从业者（farmer）区分开来，小农以安全、稳定的行为满足家庭的最低消费需求，农业从业者是追求利润最大化的资本主义企业家。如此看来，两大理论实际上存在相互转换的可能，农民的经济行为不再是一个选择上的问题，而是一个差异性主体之间的行为逻辑。

其次，“道义小农”理论认为乡村是具有高度集体认同感的内聚型共同体，更加强调人人都有生存的权利。这样的生产权利保障了每个小农的安全，在风险来临时，小农通过互惠与庇护保障自身的生存权利（郭于华，2002）。而“理性小农”理论认为村庄是一个松散的开放体，个人利益与集体利益存在冲突，是小农追求个人利益最大化的结果。现阶段小农的社会化淡化了乡村、村庄的概念，“货币伦理”挤压了小农在乡村内部的生存空间，同时乡村之间、乡村与城市之间的交流变得更加容易，也更加频繁。受信息、技术进步、资本下乡和支农惠农政策影响，在城镇化、劳动力转移的进程中，城乡居民的行为逻辑已经趋于一致，“理性”与“道义”似乎并不是那么对立的问题。

3. 理论对本书的启示

“理性小农”理论或许过于乐观，而“道义小农”理论又有些悲观。通过对“斯科特-波普金争论”所秉持的观点进行总结，能为本书分析农贷市场中的农户行为问题带来启示。小农经济理论中主要的争论是农民是理性还是非理性的，恐怕无论理性和道义都只是小农的表象，而小农的本质介于两者，存在动态转换的可能。本书有理由认为无论小农是理性的还是道义的，都会追求家庭效用最大化和风险最小化，在这层面上小农都是理性的。总体而言，本书认为把小农当作一个理性主体是无可非议的，当然也要考虑一些文化和社会因素，如地方性知识、非正式制度和农民自身素质。

2.2 农村金融发展理论

以雷蒙德 · W. 戈德史密斯、约翰 · G. 格利和爱德华 · S.肖、罗纳德 · 麦金农等为代表的一批经济学家先后出版了以研究经济发展与金融发展为主要内容的专著，并将其迅速发展成了金融发展理论的核心。农村金融发展理论则是派生于金融发展理论的分支理论，传统意义上包含农业信贷补贴理论和金融发展理论。在理论进一步深化和发展的过程中，不完全竞争市场理论和局部知识论观点的出现对从发展金融视角解释农村金融问题进行了一定程度的完善。

2.2.1 农业信贷补贴论

20 世纪 80 年代以前，农业信贷补贴论是农村金融理论界占主导地位的传统学说。该理论的前提是：农村居民，特别是贫困阶层没有储蓄能力，农村面临的是慢性资金不足问题。另外，由于农业的产业特性（收入的不确定性，投资的长期性、低收益性等），它不可能成为以利润为目标的商业银行的融资对象。该理论因此得出结论：为增加农业生产和缓解农村贫困，有必要从农村外部注入政策性资金，并建立非营利性的专门金融机构来进行资金分配。根据该理论，为缩小农业与其他产业之间的结构性收入差距，对农业的融资利率必须较其他产业低。考虑到地主和商人发放的高利贷及一般以高利为特征的非正规金融（informal finance）使得农户更加穷困和阻碍了农业生产的发展，为促使其消亡，通过银行的农村支行和农业信用合作组织，将大量低息的政策性资金注入农村。同时，以贫困阶层为目标的专项贷款也兴盛一时。

该理论虽然支持一种（信贷）供给先行的农村金融战略，但其假设前提本身是错误的。事实上，即使是贫困农户，也有储蓄需求。许多亚洲国家的经验表明，如果存在储蓄的机会和激励机制，大多数贫困者会进行储蓄。许多经验表明，低息贷款政策很难实现其促进农业生产和向穷人倾斜的收入再分配目标。由于贷款的用途是可替换的，低息贷款不太可能促进特定的农业活动。低息贷款的主要受益人不是农村穷人，低息贷款的补贴可能被集中并转移到使用大笔贷款的较富有的农民身上。

2.2.2　农村金融市场论

20 世纪 80 年代以来，农村金融市场论或农村金融系统论逐渐替代了农业信贷补贴论。农村金融市场论是在对农业信贷补贴论的批判的基础上产生的，强调市场机制的作用，其主要理论前提与农业信贷补贴论在较大程度和范围上是相悖的（张晓山和何安耐，2002），具体来讲：①农户乃至贫困农户都是有储蓄能力的，没有必要由外部向农村注入资金；②低息政策妨碍农户向金融机构存款，抑制了金融发展；③运用资金的外部依存度过高是导致贷款回收率降低的重要因素；④由于农村资金拥有较多的机会成本，非正规金融的高利率是理所当然的。因此，农村金融改革是紧迫和必要的，原因在于：①农村内部的金融中介在农村金融中发挥重要作用，储蓄动员是关键；②为实现储蓄动员、平衡资金供求，利率必须由市场决定，但实际存款利率不能为负数；③农村金融成功与否应根据金融机构的成果（资金中介额）与经营的自立性和持续性来判断；④没有必要实行为特定利益集团服务的目标贷款制度；⑤非正规金融具有合理性，不应无理取消，应当将正规金融（formal finance）市场与非正规金融市场结合起来。该理论完全仰赖市场机制、极力反对政策性金融对市场的扭曲，20 世纪 80 年代以来一直受到人们的广泛关注。

2.2.3　不完全竞争市场论

20 世纪 90 年代后，人们认识到为培育有效率的金融市场，仍需要一些社会性的、非市场的要素去支持它。斯蒂格利茨（Joseph E. Stiglitz）的不完全竞争市场论就是其中之一，其基本框架是：发展中国家的金融市场不是一个完全竞争的市场，尤其是放款一方（金融机构）对于借款人的情况根本无法充分掌握（不完全信息），如果完全依靠市场机制就可能无法培育出一个社会所需要的金融市场。

为了补救市场的失效部分，有必要采用诸如政府适当介入金融市场及借款人的组织化等非市场要素（Stiglitz and Weiss，1981；Stiglitz，1989；张晓山和何安耐，2002）。

Stiglitz（1989）对不完全竞争市场、信息不对称（如借款人和放贷人之间）问题的研究成果，对金融研究有着较大的影响。其信息经济学分析工具也成为金融市场分析中的重要工具。但是，Stiglitz 的结论是国家干预论。局部知识分析范式（局部知识论）说明，信息不对称恰恰不应是政府干预理由，而可以主要依靠市场机制和竞争机制来发现和利用分散知识，减少农村金融市场的信息不对称问题。

2.2.4 局部知识论

von Hayek（1968）强调竞争是一种发现过程。也就是说，竞争是一种发现信息、减少不完全信息和信息不对称的过程。根据 von Hayek 的局部知识论，亦即我们这里所指的局部知识分析范式，存在着许多局部知识，它们是散布在特定时间和地点的分散知识，只有通过知识的分工（division of knowledge）才能充分利用这些知识，而竞争有助于发现这些知识，促进知识分工，从而增进合作（von Hayek，1937）。据此，在特定时间和地点的现场交易（包括金融交易）应该最能利用局部知识，从而减少信息不对称。金融市场上的机构多样性可以导致更多金融工具的创新，使得该市场逼近或者近似于完全竞争市场。德国弗莱堡学派代表人物 Eucken（1939）从另外一个角度得出了与“竞争作为发现过程”的理念一致的分析结论。可见，信息不完全可以通过促进竞争得以缓解。而地方分散的局部知识的最佳利用者，是那些着眼于服务地方经济主体而成长起来的合作金融机构、非正规金融、地方中小型商业金融机构、小额信贷机构等。这些金融组织机构之间竞争的存在，对农村金融体系的效率及金融资源的优化配置是至关重要的。

为避免农村金融市场存在的不完全信息而导致的贷款回收率低下问题，应该充分利用分散在地方的局部知识，促进知识分工，包括借款人之间的知识分工。比如，可以利用借款人连带保证小组及组织借款人互助合作。政府应该鼓励这种农民组织的形成。非正规金融市场行为具有交易成本低、信息对称、能够充分利用地方局部知识等优势，一般具有较高的效率，但是可能存在一定的负面影响，如农村合会可能在经济危机时期出现倒会浪潮，这就需要某种最低程度的运作秩序框架，而建立和维持这样一种秩序框架是政府的任务。因此，在局部知识分析范式框架内，政府仍然有其位置，它提供授能环境（enabling environment），建立与维持市场秩序框架；它起着辅助性的、促进性的作用。

2.2.5 简要述评

从某种意义上说，农业信贷补贴论的假设前提和结论均存在一定的不合理之处。而根据局部知识分析范式，如果政府通过其金融机构直接提供补贴贷款，由于政府不如市场主体本身更能因地制宜地利用分散的局部知识，与可能的市场失灵相比，政府失灵程度将更大，效率也更低。因此，农业补贴只应用于农村金融市场机制失灵的地方。农村金融市场论最终替代农业信贷补贴论的主流地位，是因为它是规范分析和实证分析的综合结果，也是迄今为止数十年农村金融实践的结果。市场机制本身就是一个发现和利用分散知识的良好机制，因此局部知识分析范式是与农村金融市场论相容的。不完全竞争市场理论中的信息不对称分析和不完全竞争市场分析本身是有用的分析工具，如竞争秩序分析需要纳入信息不对称分析工具。但是不完全竞争市场论推演出需要政府干预市场过程的结论值得商榷。上述理论范式的比较给本书带来较大的启示，竞争的重要性不言而喻，可以通过引入和维护竞争来达到特定意义上的秩序，体现 Hayek 所言“竞争作为发现过程”。农村金融市场有待建设成为一种竞争性金融市场，在竞争性金融市场的边际之外，亦即在竞争性金融市场不能发挥作用之处，农业政策融资工具（补贴、参与担保、金融租赁、促进小额信贷的商业化和财务上的可持续性等）仍然是有作用的。

2.3 精英治理理论

“精英”（elite）一词最早出现在 17 世纪的法国，意指“精选出来的少数”或“优秀人物”。直到 19 世纪末 20 世纪初，“精英”的概念才开始在社会科学等领域出现。意大利著名经济学家、社会学家维尔弗雷多·帕累托（Vilfredo Pareto）在 *The Rise and Fall of the Elites: an Application of Theoretical Sociology* 中将精英定义为“最强有力、最生气勃勃和最精明能干的人，而无论好人还是坏人”（Pareto，1968）。他将“精英”区分为广义的精英和狭义的精英。广义的精英是指那些在人类活动的各个领域里取得突出成绩从而达到较高层次的优秀人物，而狭义的精英则特指社会中的统治精英（governing elites）。承认人类社会中权利与资源分配的失衡及少数人统治多数人的社会形态是精英治理理论形成的主要逻辑，这和多元主义（pluralism）及民粹主义（populism）形成了对比。在西方主流的政治理论中，都或多或少地支持人类社会应当由精英阶层来治理，并且从体制和机制上都逐渐形成了精英治理模式。虽然精英治理模式在一定程度上提高了组织的运行效率，但其在权力分配中也必然出现失衡。权利的分配失衡催生了合作治理模式的形成，合作治理中并不需要精英的引领，因此是对一切精英治理的否定，形成了精英治理的终结。虽然人们对精英理论充满了各种各样的批评和指责，但仍然不可否认，精英治理模式是人类进入现代社会后，特别是出现大型组织后，最有效率的组织形式。如果没有精英治理，人类是否能有现在这样丰富的物质文化成果可能会成为一个疑问。

2.3.1 精英循环理论

作为精英循环理论的主要奠基人，Pareto（1997）明确了“非统治精英”（non-governing elites）和“统治精英”的概念，对精英理论和统治方式的深入研究，使得精英理论在西方社会学中产生了广泛而深远的影响。

所谓的“精英循环”实则是指一类精英被另一类精英所代替的政治现象，Pareto认为历史上的政治变迁本质是不同类型的精英之间的恒久性交替。在实际的阶级循环中，统治精英总是处于缓慢而又不断的变革之中，要想将自己培养成为社会精英，就要时刻应对扑面而来的竞争。与此同时，也要发扬敢于人先的精神，从而保证最大限度地避免被其他人超越。精英循环的循环理论主要是从两个方面进行描述的，一是精英与精英的流动，这一模式强调个体精英之间的循环；二是社会底层群众与精英层流动，它诠释的是阶层间的流动。精英主义倡导流动或循环的目的其实是维护和保证统治集团或精英利益的最大化，精英诞生于社会的较低阶层，升为更高阶层，在这里登峰造极，然后，趋向堕落，被替代或自我消亡，与这一精英循环过程相适应的就是社会状况的缓慢转变和改良。而后者之所以更具有民主性实乃社会政治和经济发展的必然（李彦超，2011）。

以匈牙利裔美籍社会学家伊万·撒列尼（Ivan Szelenyi）为代表的精英循环理论则强调再分配经济中的不均衡分配。然而，苏东和中国的社会现实对他所秉持的观点产生了冲击。美国社会学家倪志伟（Vector Nee）认为，尽管撒列尼证明了从再分配向市场的交换关系的转变使直接生产者从中受益，但是他这种描述分析没有能区分农村和城市经济内的再分配者和生产者，而且，撒列尼没有能够阐明其所预言的权力和特权转移的本质过程。于是，倪志伟提出了著名的市场转型理论，并在1991年对其观点进行了修正，为学术界开辟了一个更加广阔的讨论空间。

2.3.2 精英再生产理论

作为精英循环理论的批判者，Mosca（1939）强调了精英的社会性和独特性，并提出了精英再生产理论。他认为精英的形成有两种方式：一种是渐变机制，即下层社会的一部分人地位不断上升，最终导致现有精英的新陈代谢，类似于精英的循环；另一种是突生机制，即无论是被统治阶级还是统治阶级，都存在自己的精英（统治精英和亚精英），两种精英在权力斗争中发生相互替代，形成精英再生产。

精英再生产理论认为，市场改革最主要的受益者并不是那些在旧体制中的被剥夺者，而是那些旧体制中的政治精英（political elite）。作为精英再生产理论的代表人物之一，阿考斯·罗纳塔斯（Akos Rona-Tas）肯定了倪志伟关于人力资本升值假设的判断，但是他进一步指出，市场转型过程中人力资本因素的介入其实并不排斥政治精英的优势地位（转引自冶芸和郑志峰，2012）。罗纳塔斯的核心论点是权力变型论。他认为，1989 年的匈牙利的社会事实与精英循环理论是相悖的，转型过程中精英主体并没有发生变化，所不同的不过是再分配经济中的政治精英转变为市场经济中的经济精英（economic elite）而已，而这主要是因为再分配权力在市场转型过程中发生了两次变型。罗纳塔斯的论点倾注了他对市场转型中非制度因素的特殊关怀。

可以发现，早期的精英理论更多关注精英的政治统治，强调精英的先天素质和社会作用，而忽视了民主制度在政治社会进程中的重要性，因此受到了学术界的诸多批评，被认为是具有反民主倾向的理论。精英再生产理论虽然没有得到普遍认可，但无疑对精英理论进行了进一步完善。

2.3.3 权力精英理论

权力精英理论萌芽于 20 世纪 30 年代，美国政治学家哈罗德·拉斯韦尔（Harold Dwight Lasswell）以其对权力关系及精英的创新研究被称为“研究领域的达芬奇”。Lasswell（1936）排除了 Pareto“精英”概念中的素质部分，用“高度”指标作为精英的衡量标准，即精英是社会中占据高级位置的人。在 Pareto 的基础上，Lasswell 又将“精英”发展为纯粹的分析性概念，使“精英”作为社会科学的一个普遍范畴，可以用科学方法进行研究。他还以弗洛伊德的精神分析法为工具，认为各种政治活动的发展都是参加者将根深蒂固的个人感情导向公共渠道的结果。因此，为了防止人们的狂热、独裁、暴行和冲突，必须建立“预防的政治”，即依靠社会科学家对民众的指导和教育，而不是依靠制定法律、改变政府组织和扩大民主参与等社会变革来实现。

同样作为权力精英理论的主要奠基者之一，赖特·米尔斯（C. Wright Mills）在其专著《权力精英》（*Power Elite*）一书中运用精英理论研究社会结构，形成了一个经典范例。Mills（1956）从影响力的角度把“精英”看作居于社会统治地位的权力集团，即政治精英。Mills 强调精英是少数高智能的人群，他们普遍居于社会上层，并拥有较高的个人素质，可充分利用其社会和政治权力，这也暗指身居高位的人群之间拥有着高度的协调和共同的利益。此外，Mills 还认为精英状况是由社会结构决定的；社会结构随着历史而变迁，不同的时代拥有不同的社会结构。

权力精英理论认为，虽然社会的统治者是社会的少数，但他们在智力、性格、财产等诸多方面的素质水平优于绝大多数被统治者，因而获得了掠夺社会权力的基本条件。一般观点将精英群体划分为政治精英、经济精英、知识精英（knowledge elite），或为三者的结合。这三类精英分别代表着各自相关领域的利益团体，掌控着最重要的决策权力，他们的态度、言行都会对社会的未来发展方向和前景产生重大影响。

2.3.4　精英民主理论

约瑟夫·熊彼特（Joseph Alois Schumpeter）和马克斯·韦伯（Max Weber）直言不讳地批驳了当代社会古典民主和人民主权的理论缺陷，熊彼特（1979）在《资本主义、社会主义和民主主义》中提出关于“民主”的现代定义：“民主方法就是那种为作出政治决定而实行的制度安排，在这种安排中，某些人通过争取人民的选票取得作决定的权力。”熊彼特和韦伯以创新理论为基础，将经济学和社会学结合起来，研究社会制度形态问题。他们认为民主选择实则是政治精英从人民手中掠夺政治权利的过程。由于民众在政治活动中冷淡和自身能力素质约束，无法参与公共事务，失去了政治决策的权利。精英统治在民主社会是不可避免的，民主不可能是经典古希腊民主理论中定义的“大多数人的统治”。

精英民主理论认为民众实际上改变不了自身被统治的命运，所谓民主仅指选择统治者的权利。也就是说，民主是政治精英进行权力竞争和人民抉择政治首领的过程，本质上是“竞争的选举过程”，即政治精英把握政治权力，实行政治统治，只不过其合法性来自人民的取舍。这一思想着重强调了精英与大众之间的“零和模式”：社会精英需要来自社会公众的拥护，但为了进一步地获得信任和支持，精英的政治观点必须与大众的利益取向保持一致，否则就可能影响其仕途，至少也会削弱其对社会的影响能力。总的来看，精英民主理论从古典政治哲学时期萌芽，经过启蒙后期的理论表述和经验论证，归结到民主的工具论。它的主要理论特征可以概括为：精英统治是别无他选的经验事实；它表现为多重少数人或团体的对立；民主充当了精英筛选的机制。精英民主理论所剖析的经验民主，既是对古典民主价值的一种批判，也是对精英统治的保守性的一种稀释。

2.3.5　乡村精英治理理论

精英治理指社会组织内部的权力运作委托给一些能人、精英来运作，由这些精英制定并执行规则，并代表民间组织其他成员来治理商会内外事务。从心理层面上来看，精英治理的主要形成逻辑在于人类的集体生活和集体行动中，对权威、精英群体的一种渴求。法国社会心理学家古斯塔夫·勒庞（Gustave Le Bon）认为对权威和精英的需要是人的一种本能，因为人总是聚集在一起。这种需要是先天形成还是后天养成已不得而知，但这种需要却成为一个原理，一种不断重复的历史现象，人类总是在创造权威、创造领袖、创造精英，而把他们创造出来就是为了服从他们。在现代社会，社会分工不断深化，愈发细密，这使得精英的产生方式发生了重大变化。专业化的知识产生一定的界限，使非专业的人感到无知、迷惑。当在日常生活中听从专业人士的建议成为一种习惯，那么在特定的组织中服从专业化的领导也就成为一种必然。在传统的乡土社会，中国乡村治理的模式主要是乡绅治理，国家无力将权力的触角深入乡村底层，进而内在地寻求依靠社会自治的力量。而人民公社时期，日益没落的士绅阶级进一步被打击，同时为满足工业化的发展要求，传统的乡绅控制宣告终结进而被带有意识形态的干部治理所取代。而在当代中国基层治理模式的演变、创新和发展中，村民自治逐渐演变成为精英主导，精英治理成为了乡村治理的主要形式。

其中，中国乡村中的精英群体并不是一个团结互助、行动一致、目标明确的政治组织，而是一个利益不同、层次不同、能力不同、道德不同等多方面参差不齐的群体，其在经济资源、政治地位、社会关系、村庄威信方面具有相对的优势。近些年来，乡村精英的相对优势自觉或不自觉地致使中国乡村基层民主的实践走上一条精英治理的道路，亦即少数精英在村庄公共权力结构中处于支配地位，并依靠乡村精英个人的意志为主导控制乡村社会的运行。从精英治理模式的运行结果来看，一方面，乡村中的精英和能人治村是传统乡土社会乡绅治理的传承，并在乡村经济、政治和文化较快发展的背景下形成了一种由封闭、僵化的控制主导转变为开放、民主的治理模式，这是新形势下内生于乡村的治理模式创新；另一方面，在长期“去组织化”的制度安排中，乡村治理环境存在部分劣化的趋势，乡村精英中流入了部分土豪劣绅、地痞流氓、乡村混混，这部分混混、流氓与有权有势之人形成保护主义者联盟的“扈从关系”，从事带有不道德、不合规、不合法性质的勾当，在一定程度上扰乱了乡村的良性治理，导致村庄公共利益被上述各方所瓜分。

国内学者对乡村精英治理的研究主要涉及乡村精英治理的功能、治理模式、治理形式的发展与演进、治理弊端等方面，形成了较为完整的体系。其核心逻辑在于从权威型的精英治理转变为多元化的乡村精英治理，进而形成参与型的治理模式，让村民参与、协调、监督村庄中的事物，最终让乡村治理由广大村民主导。

2.3.6 简要评论

学术界对精英理论褒贬不一，批评者认为它缺乏实证内涵，并没有跳出意识形态和阶级偏见的牢笼，因而经不起逻辑推敲。但是，正如民主精英论者所看到的，精英统治是任何社会都无法回避的规律，而精英与民主是可以协调起来的。其实，可以将精英理论看作一种专家治国的管理理论。它并不违背“社会民主”的宗旨，也不会妨碍社会的进步和发展。相反，在一个积极的社会中，精英的角色和位置应该是向所有人开放的，任何大众都有机会在社会流动中成为精英，从而形成“精英的循环”。严格意义上讲，精英再生产理论不是对精英循环模式的全盘否定，而是对其另一种表现形式的进一步完善。罗纳塔斯所陈述的匈牙利社会事实不过是社会变迁中的一个特例。虽然精英统治不可避免地导致了权力分配的失衡，但无论是从庞勒的社会心理层面还是从社会分工演化进程来考虑，精英治理模式的存在都有一定的必然性。随着合作治理模式的冲击与精英治理模式自身的不断强化，透明性和公开性及决策的公正性也会逐渐得到保障和强化。

2.4 包容性金融理论

金融服务的缺失和农村金融市场的不完善一直被看作制约农村发展的关键因素。基于农村不完全竞争市场理论，农贷市场的失灵往往使得金融部门难以服务于偏远地区的穷人和低收入群体。我国农村金融研究长久以来侧重于探析如何利用农业信贷盘活农村经济，但却弱化了信贷资源分配的公平性。包容性金融理论倡导为广大贫困人群进入信贷市场提供平等的机会，既解决如何在农村金融发展中兼顾效率与公平这一棘手问题，又通过消除金融排斥释放农村信贷市场发展的巨大潜力。此外，本书中“精英俘获”现象的实质就是一种金融排斥，因此包容性金融理论为“精英俘获”现象的治理提供了理论依据。

2.4.1 金融包容性发展理论

金融包容性是指使金融服务能够最大限度地满足社会各个阶层的差异化金融需求，拓展金融服务对广大人群的覆盖程度并实现金融资源分配的社会公平化，与金融排斥实际上是一组对应相反的概念。金融包容性拓展是微型金融和普惠金融的主要任务，但相对于普惠金融和微型金融理论，金融包容性理论涵盖的则是一个更为广阔的领域，它不仅关注农村和城市低收入群体的金融包容性发展，还探究多元化金融需求的包容性缺失。追溯包容性金融理论的发展历程，大体上可以将其分为小额贷款、微型金融、普惠金融三个时期。20 世纪 70 年代初期为第一个时期，该时期是对小额贷款服务的初探和尝试，孟加拉乡村银行（Grameen Bank，也译作格莱珉银行）、拉丁美洲的安信永国际（ACCION International）、印度的自营妇女联合银行（Self-Employed Women's Association Bank）都是当时的典型代表，这一时期的金融包容性理论还处于萌芽阶段。随着相关实践经验的积累，小额信贷项目在越来越多的发展中国家得到了进一步拓展，并于 20 世纪 90 年代成功过渡到微型金融阶段。这一时期，"微型金融"一词被广泛提及，相关研究也开始大量涌现，如福利机构主义论及微型金融的服务有效性反思都是这一时代的产物。而在 2005 国际小额信贷年（International Year of Microcredit），世界银行（World Bank）提出的构建普惠金融体系（building inclusive financial sectors）的提议不仅标志着普惠金融的发展正式掀开序幕，也使得金融包容性的理论基础得到进一步夯实。结合金融包容性发展理论，联合国对现有的金融服务体系提出了几点要求：第一，要为所有家庭提供他们支付得起的金融服务；第二，要求服务的多元化，满足储蓄、支付、转移、信贷及保险等基本金融需求；第三，要求建立明确的规章制度和行业标准来规范提供普惠性服务的金融机构的发展；第四，保持适度的市场竞争态势来降低服务费用，也为社会公众创造可选择服务的权利。目前，金融包容性理论已经将小额贷款服务、微型金融理论及普惠金融理论很好地融合起来，并且使得三者之间形成有效的补充和完善。

2.4.2　金融排斥理论

金融排斥（financial exclusion），即有效金融需求[①]得不到满足，因而形成的包容性缺失。20 世纪 90 年代中期，金融排斥或金融歧视（financial discrimination）被西方政府和社会部门广泛使用，其概念本质可以理解为金融服务的客户选择（client selection），在这个选择过程中，不可避免地将一部分人排除在外，从而造成了金融服务的缺失。Rogaly 和 Fisher（1999）则认为金融排斥实质上是一种社会排斥，特别是在金融消费者过多的背景下，金融服务机构有条件对他们心目中的"优质客户"进行针对性的挑选。Kempson 等（1999）从文化和制度角度转向对更为复杂的金融排斥过程的研究，关注到哪些群体会被排斥，为什么会被排斥等问题，更加注重对个体的调研，由纯理论转变为理论加实证的分析。他将金融排斥拆分成：评估排斥（assessing exclusion）、条件排斥（condition exclusion）、价格排斥（price exclusion）、营销排斥（marketing exclusion）和自我排斥（self-exclusion）。其中，所谓评估排斥，即风险评估程序对客户获取金

① 这里金融需求不仅指信贷，也包括储蓄、保险等诸多方面的金融服务。

融资源造成的限制；条件排斥，即附加于金融产品的自身条件对客户的选择；价格排斥，即金融产品价格使得部分人群负担不起而形成的阻隔；营销排斥，即客户被排除在金融机构产品营销目标市场之外；自我排斥，即自身对金融需求的主动放弃。一般认为其形成的原因是客户自身放大了获取金融服务的困难性，从而放弃了寻求金融支持的尝试。世界银行 2014 年的全球发展报告在此基础上做出了补充，认为宗教意识形态（如伊斯兰教[①]）也可能是造成自我排斥的主要因素。

从金融获取的渠道上来看，资金的来源无非是非正规金融和正规金融部门。若金融需求无法从非正规金融和正规金融部门得到满足，则可以认为该群体受到了金融排斥。某种意义上排斥类型也可以大体划分为非主动性排斥和主动性排斥（Demirgüç-Kunt and Levine，2008），见图 2-1。其中，主动性排斥的原因非常复杂，可能来自文化、宗教制约或是自我有效需求的缺乏。而非主动性排斥是借款方（弱抵押品和高风险项目）、贷款方（条件歧视、价格门槛）及整个信贷市场环境（信息不对称、运行机制不完善）因素综合作用的结果，是当前金融排斥理论的主要研究对象，同时也是实现包容性金融发展战略的核心任务。

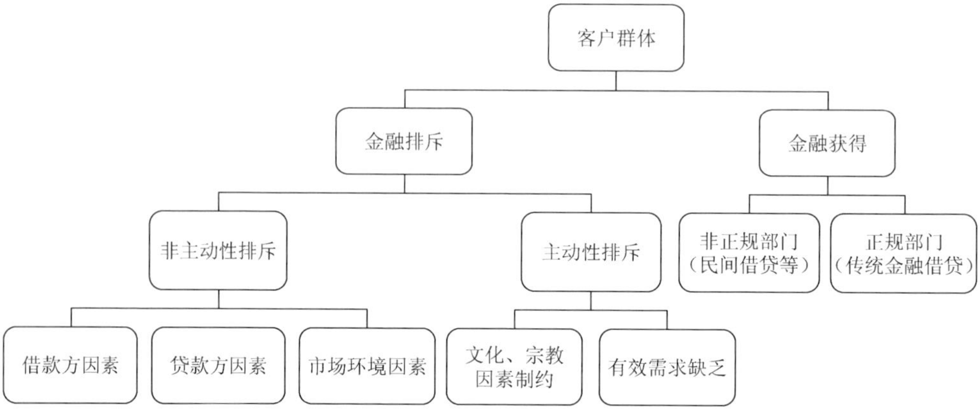

图 2-1　金融排斥现象的构成

由于金融排斥是 20 世纪 90 年代才发展起来的一门新兴理论，仍处于理论形成阶段，当前研究主要围绕其形成方式、作用影响及识别测度开展讨论。例如，Leyshon 和 Thrift（1997）研究了金融排斥和金融包容形成的复杂过程，并解释了其对地区发展平衡的冲击。在此基础上 Argent 和 Rolley（2000）、Larner

① 按照《古兰经》和伊斯兰教法规定，利息属不合法的收入，必须禁止。故此类银行的信贷不计利息，即贷款不收利息，存款不付利息。此外，相关教法还严禁对从事酒精生产、储运和销售的企业提供贷款。

和 Le Heron（2002）分别对澳大利亚和新西兰的金融排斥现象进行研究，他们发现经济发展落后的农村地区金融排斥问题更为严重。随后，Ameriks 和 Zeldes（2004）探讨年龄对金融排斥状况有间接的影响，这些影响可能通过认知能力、收入和财富能力等途径起作用。Demirgüç-Kunt 和 Levine（2008）分析了当前金融排斥的构成方式和产生原因。Sarma 和 Pais（2008）、Sarma（2015）则在前人相关研究的理论基础上，深化对金融排斥本质概念的理解，并提出了金融包容性的识别及相关测度体系。

2.4.3　微型金融理论

微型金融被国际上认为是介于正规金融和非正规金融的半正规金融机构（semi-formal financial institution）。19 世纪 70 年代，诺贝尔和平奖得主、孟加拉国经济学家穆罕默德·尤努斯（Muhammad Yunus）提出了微型金融构建的雏形，经过多方游说后建立起孟加拉乡村银行，并在随后发展迅速，充分实现了其金融扶贫的功能。20 世纪 80 年代，借鉴孟加拉乡村银行的成功经验，微型金融迅速在广大发展中国家兴起，有效地弥补了金融包容性的缺失。

1. 关于微型金融的有效性的争论

事实上，学术界提出微型金融有效性的争论不绝于耳。例如，微型金融研究领域的权威，美国经济学家默多克[①]（Morduch，1998）发现微型金融借贷实际对居民消费产生了抑制作用，一度引发了学术界对微型金融发挥积极作用的质疑。然而，Khandker 和 Pitt（1998）很快通过准试验（quasi-experimental）研究方法同样分析了孟加拉乡村银行，但研究结论却截然不同，他发现微型金融借贷（尤其是针对女性的借贷）对刺激居民家庭消费实际上有明显提振作用。虽然之后证实两者结果偏离的原因实则是默多克在分析过程中产生了样本选择性偏误[②]，从而导致了错误结论，但 Coleman（1999）严格控制偏误后得出的实证结果依然表明微型金融服务对于缓解贫穷几乎没有效果。此外，他还发现：第一，农村银行的建立对男性的健康保险支出有显著的负面作用；第二，微型金融机构的高利率使一些参与者的生产生活陷入贫困陷阱（vicious circle of poverty）。虽然之后一段时间围绕微型金融有效性和无用论出现针锋相对的观点，但当前阶段的绝大部分研究观点都认同微型金融的积极作用要大于其消极影响，这也为微型金融的推广实践

① 乔纳森·默多克（Jonathan Morduch），他是纽约大学瓦格纳公共服务学院的公共政策及经济学教授，曾任教于哈佛大学经济系，也曾在联合国、世界银行工作，并担任国际上许多非政府组织的顾问。他在微型金融、社会投资和贫困经济学领域颇有建树。

② 长久以来，样本选择性偏误（sample selection bias）的处理都是微型金融实证研究领域中的热门话题。

创造了条件。结合过去十年来的相关理论研究和实践经验，微型金融服务的主要影响可以归纳为以下几个方面：一是促进就业并提高家庭收入；二是实现居民消费平滑；三是强化女性及贫困赋权。

2. 微型金融的福利主义和机构主义论

在 20 世纪末，微型金融出现福利主义论和机构主义两种对照鲜明的理论观点，福利主义论强调微型金融服务发挥的积极作用，认为微型金融机构的最终目标是消除贫困人群的金融排斥，激励自主创业，从而增加他们的家庭收入（Woller，2002；Weiss and Montgomery，2005）。此外，不同于传统金融机构，微型金融机构的资金来源可能是公益福利组织或社会公众的捐助。而这些“投资人”本身不追求经营的高财务回报，而更为关注社会公众的福祉和利益。经营者为了避免与“投资人”意愿产生冲突，会考虑提高社会服务水平作为企业发展目标。对于政策制定者来说，社会导向的微型金融服务有助于缩小贫富差距，化解社会矛盾，同时服务差异化也避免对传统金融机构产生市场竞争冲击。

与之相对的机构主义论则向社会目标发展的决定性地位提出了挑战，他们认为微型金融运行的难点在于如何增强运营财务可持续性，补贴依赖型的微型金融服务普遍缺乏效率（González Vega，1994；Hollis and Sweetman，1998；Morduch，2000）。美国俄亥俄州立大学的农村金融项目（Rural Finance Program）曾对由世界范围内一些不发达国家在 1960 年至 1970 年所建立起的农村信用机构（rural credit agencies）进行过失败原因研究。研究得出的两大结论分别是：第一，信用机构的不可持续性是导致其失败的关键因素；第二，信用机构自给自足（self sufficiency）是保持可持续性的关键。相对于传统金融机构，运营初期的微型金融机构的规模小且抵抗风险能力弱，往往缺乏财力和人力资本支持机构运转，如果一味地考虑社会服务目标，就可能会导致微型金融机构的生存性降低，从而使得服务质量难以保障。

微型金融理论经过近十年来的深化和发展，福利主义和机构主义两种争论已经趋于平和，当前国际主流的观点既反对福利主义下长期依赖补贴式的做法，又反对机构主义主张导致的过度商业化运作。微型金融的发展方向应该兼顾延展性[①]和可持续性，这两者其实指代社会和财务目标的共同考虑，这也逐渐形成了微型金融的双重目标发展的理论共识。然而，近年来一些研究揭示了两者可能暗含的冲突关系（Hermes et al.，2011；Annim，2012），因此如何平衡好社会服务和财务盈利发展的关系是微型金融发展的难题所在。

① 这里的延展性主要涉及金融服务的深度（depth）和广度（breadth）。

2.4.4 普惠金融理论

世界银行曾在 2005 国际小额信贷年提出了构建普惠金融体系，此后，普惠金融便逐渐成为各大国际会议的重要议题。从广义层面来讲，普惠金融性是指社会公众能否得到满足自身消费需求及风险偏好的各类金融服务。然而，当前广泛提及的普惠金融概念大多是狭义的，其研究特指对贫困弱势群体及中小企业的金融获得性研究。在目前的理论阶段，如何发展普惠金融是广大学者关注的焦点。2006 年，世界银行扶贫协商小组（Consultative Group to Assist the Poorest，CGAP）提出一个多层次的普惠金融体系框架。这一框架得到了学术界的普遍认可，其核心观点是通过构建微观、中观和宏观三个层面的金融体系将穷人和低收入人群（排斥群体）囊括其中，从而完善金融包容性的缺失，使金融服务惠及最大规模客户群体。杜晓山（2010）引入 CGAP 的普惠金融体系概念，认为普惠发展目标就是最大限度地利用包容性的金融体系能够对发展中国家的绝大多数人，包括过去难以到达的更贫困和更偏远地区的客户开放金融市场。

从客户层面看，贫困和低收入客户是这一金融体系的关键核心，他们对金融服务的需求决定着普惠金融体系各个层面的行动（图 2-2）。微观层面则由金融服务的主体构建。其中，金融服务的提供者（financial provider and support service）作为普惠金融体系的“脊梁”（backbone）直接向穷人和低收入者提供服务。这些金融服务提供者既包括来自非正规金融部门的民间借贷者，又涉及如商业银行等各类正规金融机构。中观层面则包括各种基础性的金融设施和一系列能使金融服务提供者降低交易成本、扩大服务规模和深度、提高技能、提高透明度的金融

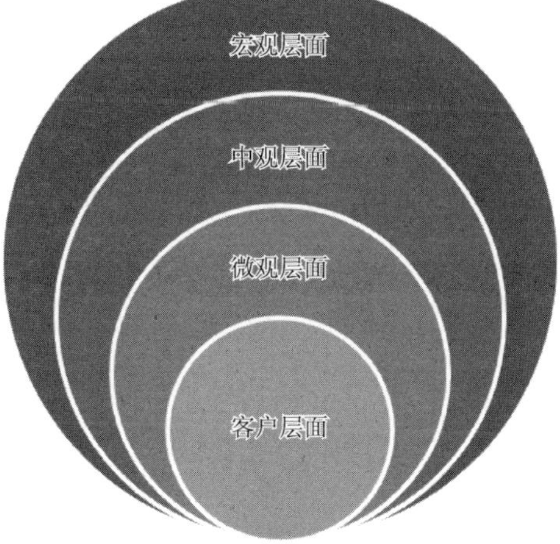

图 2-2 普惠金融体系

中介，其中包括审计师、评级机构、专业网络、行业协会、征信机构、支付结算系统、信息技术、技术咨询服务、培训等。这些服务实体可以是跨国界的、地区性的或全球性的组织。宏观层面来讲，普惠金融的长远发展必须具有与之适宜的法规和政策框架，它们包括中央及地方的政策法规、财税政策、利率政策、批发融资政策等。

Helms（2006）进一步指出，普惠金融体系的构建需要与生命周期理论（life cycle theory）有机地结合起来，从而全方位地满足社会公众的各类金融需求。这就意味着，普惠金融体系下需要解决的不仅是信贷约束的问题。此外，结合 CGAP 2004 年至 2006 年的调查数据，Helms 将贫困或低收入人群主要金融需求进一步划分为储蓄性需求（教育、生育支出）、保险需求（财产安全性保障）、汇款转账需求（接受亲友或外来资金援助）、养老需求（无劳动能力后的生活保障）、应急需求（疾病和其他意外情况支出）、生产性需求（生产和创业支出）六个方面（图 2-3）。然而，现阶段的普惠金融发展水平和未来的发展目标之间仍存在巨大差距。因此，普惠金融必先经历一段相当长的发展时间，才能更为全面地满足贫困和低收入群体的金融需求。

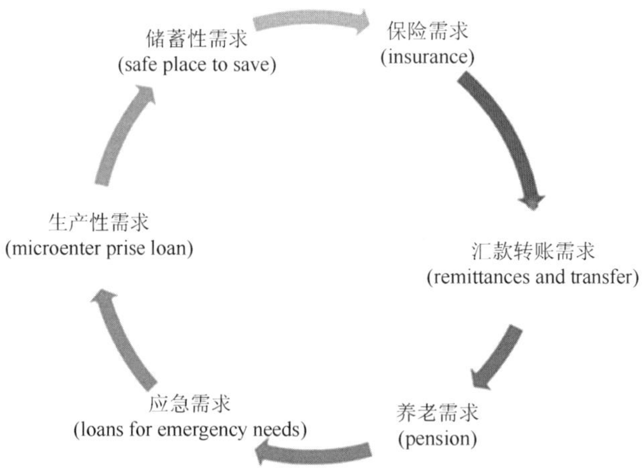

图 2-3 普惠金融体系下的金融需求

资料来源于 2006 年 Helms 编著的 *Building Inclusive Financial System*，这里的中文注释是在对作者原文理解的基础上标注的，并不是英文的对照翻译

2.4.5 简要述评

包容性金融理论强调构建一种全方位、多层次、广覆盖的金融服务体系，其

核心目标就是要消除当前广大发展中国家农贷市场由自身缺陷所引发的金融排斥现象。从国际形势上来看，特别是在当前世界银行提出构建普惠性金融体系的大背景下，包容性金融作为其核心理论依据，地位得到了显著提升。目前，如孟加拉国、印度、印度尼西亚、玻利维亚等诸多发展中国家都将全面实现普惠金融作为未来重要的发展战略。例如，孟加拉乡村银行项目、印度尼西亚银行项目、玻利维亚阳光银行项目都是金融普惠性服务实践的典范。普惠金融发展已经成为各大国际会议中的重要议题。从国内形势来看，城乡二元经济结构的现状长期以来无法得到有效化解，贫困低收入群体和中小企业都依然受到不同程度的信贷约束，城乡居民收入仍然存在明显差距。因此，在我国发展包容性金融具有重大的战略意义。近年来相关政策文件中也对此提出了明确支持，如《推进普惠金融发展规划（2016－2020年）》和2016年中央“一号文件”中都明确了拓展金融包容性是当前重要发展目标。

目前，虽然普惠金融体系的构想得到国内外广大学者的一致认同，但不难发现，该理论目前仍处于形成初期，如“普惠金融”概念自2005年提出至今也不过十年左右的时间，相关理论积累和实践经验的缺乏使得全面实现包容性金融发展的目标遥不可及。所以，我们需要认识到，当前的理论实践仍处于一种“投石问路”的阶段，发展的道路上风险与机遇并存。因此，要拓展金融的包容性，就需要有更为全面的发展视野、稳健的心态和理论的进一步深化。

2.5 概念界定

本节主要对农村金融、农户、农贷市场、乡村精英治理等一些核心概念进行更为清晰的界定，以便对相关复杂理论的内在机理及本质特征进行清楚的阐述。

2.5.1 农村金融的内涵及外延

所谓“金融”（finance），是货币流通与信用活动的统称，货币流通是金融的存在形式，信用活动是金融的主体内容。而“农村金融”（rural finance）则指发生在农村区域，或与农村经济发展有关的，诸如投资、信贷、保险、租赁等一系列涉及资金融通的活动。因此，农村金融是相对区别于城市金融且服务于农民、农村的经济活动。农村金融体系通常由农村金融市场、金融中介组织和金融工具等组成，并承担向农村居住人提供类似存款、借贷等一系列金融服务。从地域上看，农村金融是指农村地区的货币流通与信用活动；从服务对象上看，农村金融的主要服务对象是农民及农业企业等微观经济主体；从产业上看，农村金融服务于农业的生产、流通、分配和消费等不同的环节。

从国内外农村金融演进的历程来看，农村金融大致可以划分为农业信贷、农村金融、农业金融三个重要的发展阶段（图 2-4）。前工业化阶段为农业信贷时期，农村金融的表现形式多为国家农贷。这一时期的农村金融由农业信贷补贴论主导，该理论认为贫困的农村居民普遍缺乏储蓄能力，农村经济的发展受制于资金的严重匮乏。此外，农业本身涵盖的脆弱性（即市场风险和自然风险交织导致的收入不确定性）也导致自身难以成为营利性商业银行的服务对象。因此，为增加农业生产和缓解农村贫困，一些学者认为有必要从农村外部注入政策性资金，并建立非营利性的专门金融机构来进行资金分配（姚耀军，2005）。这一时期倡导通过政策性金融组织，将大量低息的政策性资金注入农村。然而，由于其弱化储蓄激励、增加财政压力并且出现配给失衡而以失败告终。工业化进程时期，从早期的农业信贷阶段步入农村金融阶段。这一时期，一些发展中国家的农村区域和城市间出现了明显的二元经济结构：城市经济的工业化生产和农村的小农经济并存；城市基础设施发达，而农村则明显落后；农村人口众多且消费收入水平远低于城市等。城乡二元经济结构使得城市和农村长期分离，经济发展缺乏包容性。后工业化阶段，步入农业金融阶段，城乡差距逐步缩小，二元经济结构开始消退。这一时期的特征是，农业开始产业化发展，以市场为导向、经济发展为中心，走上自我发展、自我积累、自我约束、自我调节的良性发展轨道，采用现代化经营方式和产业组织形式。

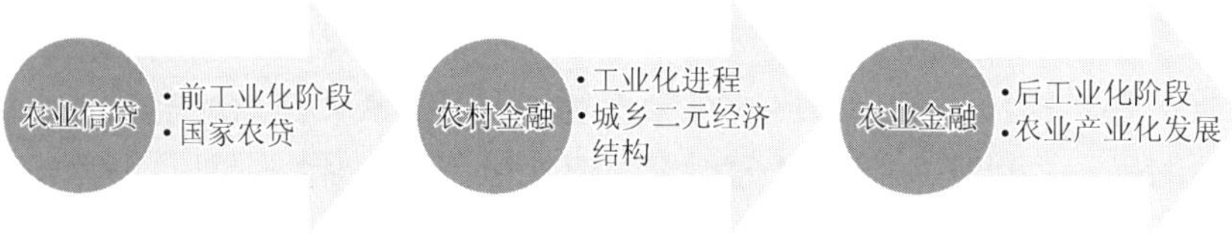

图 2-4　农村金融的发展进程及演化

2.5.2　农户的分类及其特征

农户是迄今为止人类最古老的、最基本的经济组织和农村社会的基本细胞，它集经济功能与社会功能于一体，是农民生产、生活、交往的基本组织单元。在我国，“农户”是一个不断发展演化的概念，农户分类标准随着社会变迁不断变化。现阶段主要按照新型农业经营体系将我国农户划分为新型家庭农场、新型专业大户、新型农民专业合作社和农业产业化龙头企业。

1. 新型家庭农场

“家庭农场”一词首次写入中央文件是在 2008 年。早期对“家庭农场”的认识主要指以家庭成员为主要劳动力，从事农业规模化、集约化、商品化生产经营，并以农业收入为家庭主要收入来源的新型农业经营主体。早期的家庭农场是农场主本人及其家庭成员直接参加生产劳动的独立的个体生产。家庭农场一般被认为应满足四个条件：一是农业户籍；二是适度规模；三是以家庭成员为主，不以雇工为主；四是主要收入来自农业。我国农村实行家庭承包经营后，有的农户向集体承包较多土地，实行规模经营，也被称为家庭农场。

目前，我国家庭农场有以下四个显著特征。

第一，家庭经营是家庭农场最本质的特征。家庭农场是在家庭承包经营基础上发展起来的，它保留了家庭承包经营的传统优势，同时又吸纳了现代农业要素。经营单位的主体仍然是家庭，家庭农场主仍是所有者、劳动者和经营者的统一体。现阶段，我国家庭农场经营者主要是农民或其他长期从事农业生产的人员，主要依靠家庭成员而不是依靠雇工从事生产经营活动。

第二，适度规模。家庭农场是一种适应土地流转与适度规模经营的组织形式，是对土地流转制度的创新。家庭农场必须达到一定的规模，才能够融合现代农业生产要素，具备产业化经营的特征。同时，由于家庭仍然是经营主体，受资源动员能力、经营管理能力和风险防范能力的限制，经营规模必须处在可控的范围内，不能太少也不能太多，表现出适度规模性。至于什么是适度规模经营，是以农场的“人地比”（农场劳动力人均经营的土地）还是“机地比”（农场每台拖拉机耕种的土地）作为适度规模指标，目前也还处于实践探索中。

第三，市场化经营。家庭农场区别于自给自足的小农经济的根本特征，就是以市场交换为目的，进行专业化的商品生产，而非满足自身需求。家庭农场与合作社的区别在于家庭农场可以成为合作社的成员，合作社是农业家庭经营者（可以是家庭农场主、专业大户，也可以是兼业农户）的联合。家庭农场通过提高市场化程度和商品化水平，不考虑生计层次的均衡，是以营利为根本目的的经济组织。

第四，企业化管理。根据家庭农场的定义，家庭农场是经过登记注册的法人组织。农场主首先是经营管理者，其次才是生产劳动者。从企业成长理论来看，家庭农户与家庭农场的区别在于，农场主是否具有协调与管理资源的能力。家庭农场专门从事农业，主要进行种养业专业化生产，经营者大都接受过农业教育或技能培训，经营管理水平较高，示范带动能力较强，具有农产品商品生产与营销的能力。因此，家庭农场的基本特征之一，就是以现代企业标准化管理方式从事农业生产经营。

2. 新型专业大户

专业大户是指从事某一种农产品生产、具有一定生产规模和专业种养水平的农户；或者指从事农业、林业、牧业、渔业生产经营活动，取得显著成效，并具有一定生产经营规模和示范带动作用的个体或联合体。判断“大户”的主要标准是：自筹资金能力较强；产品定位符合市场需求；有适度的经营规模；生产经营方式先进，组织带动能力强；产品销售渠道稳定，市场竞争力强；产品科技含量较高的农户和经营主体。目前在农村和一些小城镇有家庭经营大户、雇工经营的农场大户、合作经营的组织大户、农业企业大户等。专业大户的主要特征表现为以下三个方面。

第一，专业大户是以户为单位，属于家庭经营性质的农户。专业大户实质上是在家庭承包经营的框架内，通过投入要素的增加和组合的优化，使家庭经营的容量得到有效扩充和提升，是在家庭内部开发致富的新领域。面对耕地稀缺的现实，专业大户在努力提高土地利用率的同时，一般都把重点放在非耕地经营上，大力发展资金、技术、劳动密集型的畜禽、水产养殖业和水果、蔬菜等园艺业类产业。专业大户的形成，从本质上讲是自然资源和生产要素向优势产业（产品）和经营能手聚集。

第二，专业特点与规模突出。其经营的产品具有专业性强、规模较大的特征。目前，专业大户主要分布在种植和养殖两大产业领域。通常认为，其产值应占家庭经营总量的70%以上。专业大户一般都有相当的规模，要消纳（雇佣）两个以上劳动力，户均经济容量要超过当地平均水平一倍以上。专业大户的发展最终要在与市场对接的环节上实行联合与合作，因此，专业大户一般都有一个较好的组织来管理。专业大户的发展一般都要经历从专业户、专业村到专业合作组织的发展路径。

第三，经营主体以乡村基层干部、农村能人、农村经纪人、外出务工回乡创业人员等为主。在畜禽养殖业方面，大户类型都属“主体经营+雇工”结构类型。

3. 新型农民专业合作社

2007年7月1日起施行的《中华人民共和国农民专业合作社法》将农民专业合作社定义为：“在农村家庭承包经营基础上，同类农产品的生产经营者或者同类农业生产经营服务的提供者、利用者，自愿联合、民主管理的互助性经济组织。”新型农民专业合作社以其成员为主要服务对象，提供农业生产资料的购买，农产品的销售、加工、运输、储藏，以及与农业生产经营有关的技术、信息等服务。现阶段我国新型农民专业合作社的主要特征集中体现在以下三个方面。

第一，成员主体间的相对平等与公平性。主要表现在成员之间管理和决策的民主性、利益分配的公平性、生产的相互帮助方面。新型农民专业合作社将分散的农户组织起来，形成“抱团”发展的格局。社内成员之间既有分工又有协作，统一品种、统一生产、统一管理、统一销售，克服了传统分散经营农户单打独斗、一盘散沙的无组织化状态。这一特征是我国农民专业合作社成立和发展的关键。

第二，生产经营活动的专业性强。新型农民专业合作社是一个经济实体，独立地参与市场竞争，以营利为主，与其他的社会团体以服务性为主的非营利性相区别。新型农民专业合作社在以市场为导向的基础上，根据当地的优势条件，从事某一专业领域的服务或生产活动，实行专业化生产和经营，如养猪专业合作社、养牛专业合作社、蔬菜专业合作社、食用菌专业合作社等，加大了生产要素的合理配置和集约投入，促进了规模化、集约化经营。新型农民专业合作社以“订单”组织生产，避免了盲目投资，同时满足了大规模的市场需求。

第三，具有经济和社会双重属性。新型农民专业合作社作为一种经济组织，通过成员间的相互帮助、合作，开展以市场为中心的营利性活动，实现成员获得利益最大化的目标。同时作为农民互助合作的组织，还促进了农民间的思想、情感、信息与劳动之间的广泛交流，促进了人与人之间互助友爱，实现社会的和谐与可持续发展。

4. 农业产业化龙头企业

农业产业化经营的组织形式多种多样，起核心作用的是龙头企业。一般认为，农业产业化龙头企业主要是指使用一定劳动资料，独立经营，自负盈亏，从事商品性农业生产，以及从提高农产品附加值，保护价收购基地农产品，带动农业结构调整，扩大农民就业，促进农产品流通和农村第二、第三产业发展等方面有力带动农民增收的经济组织。农业产业化龙头企业是工商资本投资农村、进入农业的主要形式和重要载体，是引领分散经营有效对接社会化大市场的重要平台，是带动其他经营主体分享产业链增值收益的核心力量。农业产业化龙头企业具有以下特征。

第一，具有明显优势的农业产业化主导因素驱动。龙头企业在农业产业化形成过程中总有一种因素起主导带动作用。龙头企业主导带动的主要途径有：主导产业带动、贸易带动、加工带动、中介组织带动、科技组织带动、专业市场带动。其实现方式体现为面向国内外“引入”；立足已有龙头“扩展”；引导现有企业“转型”；引导多种经济成分“创生”。

第二，农业产业化龙头企业一般采取的是“公司+农户”的生产经营模式，通过订单农业、合同农业等利益联结方式与农户建立“风险共担、利益共享”的经济关系。龙头企业出资、农户入股的农民合作公司，实现了横向一体化和纵向一体化的双联合，公司和农户关系紧密，成为内生型的产业化经营模式，龙头企业和农民是真正的利益共同体，大大降低彼此的风险。但是，龙头企业与农户之间的“关系契约”均是一种非稳定契约，这种契约关系需要形成有效的保障机制和利益联结机制。

第三，在农业产业化龙头企业与农户合作的过程中，政府的参与是必不可少的。农业技术的研究与推广，需要相关企业进行大量的前期投资，如果没有政府参与其中确保利益分配的有序进行，将难以保证合作双方的合法利益。政府的作用主要体现在三个方面：构建利益分享机制；风险防范与分担；法律保障机制。

2.5.3 农户信贷市场及其构成

一般观点认为农户信贷市场总体可以划分为正规部门和非正规部门，前者是指农村合作金融机构、农村大型国有银行与新型农村金融机构等正式金融中介机构和金融市场，也称正规金融。后者多为不经过政策授权的民间高利贷、私人借贷及其他自发性非正规的金融合作，也称非正规金融。当前我国农贷市场的构成如图 2-5 所示。

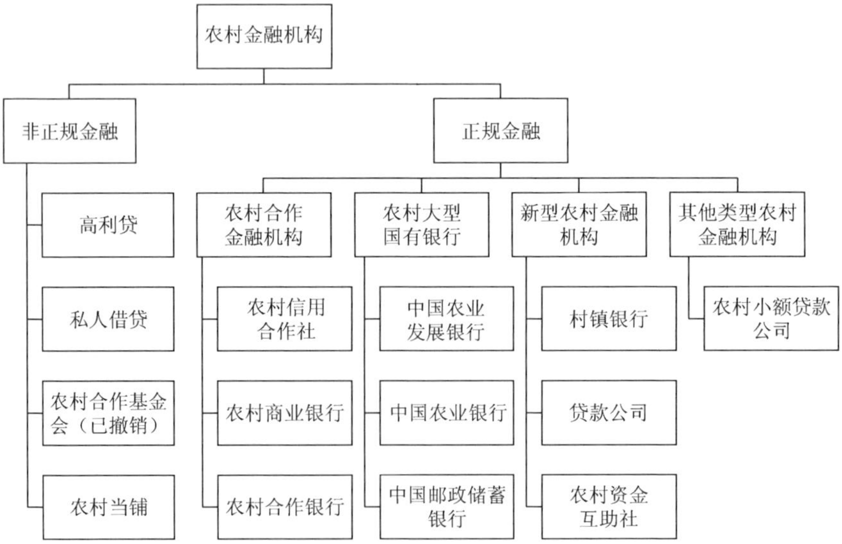

图 2-5 当前我国农贷市场的构成

1. 农贷市场下的正规金融

农村合作金融机构指农村信用合作社及在合并农村信用合作社基础上组建的

农村商业银行和农村合作银行。按经营规模和企业所有权可将中国农业发展银行、中国农业银行、中国邮政储蓄银行划归农村大型国有银行。新型农村金融机构指2007 年受银监会批准授权的三类新增金融机构，即村镇银行、贷款公司、农村资金互助社。农村小额贷款公司于 2008 年正式批准试点，属于其他类型农村金融机构[①]。从功能层面上来看，中国农业发展银行是中国农业领域的唯一一家政策性银行，主要面向粮食收储企业、农业产业化龙头企业等企业客户提供融资服务，而不对个人提供金融服务。农村合作金融机构（包括农村信用合作社、农村商业银行和农村合作银行）、中国农业银行、中国邮政储蓄银行、新型农村金融机构、农村小额贷款公司等都属于商业性银行业金融机构，主要是按照商业原则依据监管部门核定的业务范围为“三农”提供各类农村金融服务。其中，依据有关法律法规规定，贷款公司和农村小额贷款公司不能吸收社会公众存款，即必须符合“只贷不存”的经营原则。

2. 农贷市场下的非正规金融

目前，农贷市场下的非正规金融仍主要由民间借贷和民间高利贷构成。民间借贷是指自然人、法人、其他组织之间及其相互之间，而非经金融监管部门批准设立的从事贷款业务的金融机构及其分支机构进行资金融通的行为[②]。高利贷是指索取特别高额利息的贷款。它产生于原始社会末期，在奴隶社会和封建社会，是信用的基本形式。《中华人民共和国民法通则》则明确规定，利息高于银行同期贷款利息四倍就属于高利贷。此外，近年来一些社会资本流入农村信贷市场建立起的农村当铺也是农村非正规金融的表现形式。

3. 正规金融和非正规金融间的作用关系

长久以来，对正规金融部门和非正规金融部门间相互关系的认知一直存在争议。从理论层面上看，两者间可能存在的是替代，也可能互补关系（Floro and Ray，1997）。Kochar（1997）认为非正规金融部门在一定程度上可以承担正规金融部门的基本职能，因此两者是互补关系。相对于正规金融部门，非正规金融部门往往具有信息优势，可以对借款者素质进行更为准确的甄别，并对其履约行为产生更加有效的督导。这种信息优势不仅能够增强金融部门对客户的管理效率，还能降低贷款门槛，增强服务的包容性（Conning，1996；Jain，1999）。Mushinski（1999）研究发现，非正规贷款者可能由于提供贷款的成本较低而比正规贷款者更受欢迎。

① 一些文献将农村小额贷款公司、村镇银行、贷款公司、资金互助社归并为我国农村微型金融机构，但由于没有相关政策文件明确其性质，这里还是将其划分为新型农村金融机构和其他类型农村金融机构。

② 资料来源于 2015 年《最高人民法院关于审理民间借贷案件适用法律若干问题的规定》。

然而，一些理论研究却认为正规部门与非正规部门可以实现互补，因为它们各具比较优势，通过策略性合作能够弥补自身的不足。例如，Bose（1998）认为，考虑到非正规贷款者具有信息优势，而正规贷款者具有资金优势，正规贷款者通过只提供部分信贷资金，并要求借款者去非正规部门寻求剩余资金的方式，从而实现二者的优势互补。Andersen 和 Malchow-Møller（2006）建立了同时包含混合均衡、分割均衡及共同注资均衡三种情形的正规与非正规部门策略互动模型，该研究表明银行通过共同融资要求筛选借款人，发挥了非正规部门的信息优势。刘西川等（2014）则采用了一个四元 Probit 模型，在控制住农户信贷需求及另一个部门信贷供给影响的情况下研究发现，正规部门与非正规部门间不但存在互补关系，并且当贷款对象为富裕群体时体现得尤为明显。

第3章　中国农贷市场的农户融资决策与行为逻辑

大凡提到“三农”问题，不论大到制度结构、社会变迁及收入增长，还是小到村庄中的一起纠纷或一笔熟人借贷，都离不开一个基本单位，那就是农户。很自然，了解和诠释中国农户的性质、行为及其制度环境成为本章讨论农村金融制度问题的逻辑起点。只有了解农户，本章才有可能进一步分析由农户组成的农村社会与农村经济，当然也包括信贷（张杰，2004）。

3.1　引　　言

在传统意义上，农户信贷市场（下文简称“农贷市场”）的供给方由“正规部门”和“非正规部门”构成，前者也称为“正规借贷”，指发生在国有银行、股份制商业银行、农村信用合作社等机构并接受政府监管的借贷；后者也称为“非正规借贷”，主要指民间直接借贷、高息借贷[①]等不接受政府监管或控制的借贷。毋庸讳言，“正规借贷”和“非正规借贷”的理论解释实际上揭示的是农贷市场供给先行的特征，并未把农户需求特征纳入一个规范的分析框架之中，很大程度上忽略了农户主体决策、行为选择及产生效应的过程，进而难以揭示农贷市场在制度、文化和经济社会基础等作用过程中产生的摩擦。另外，随着新型农村金融机构培育工作加快，我国农贷市场已形成多层次、共发展的新格局，村镇银行、小额贷款公司、资金互助社异军突起，很大程度上改变了我国农贷市场的结构、规模和功能，农贷市场竞争态势已初步形成。2012年年底，全国拥有农村信用合作社1927家，农村商业银行337家，农村合作银行147家；250家银行业金融机构共同发起成立了939家新型金融机构；其中，村镇银行876家，贷款公司14家，农村资金互助社49家。而到2013年年末，农村银行业金融机构网点更是达到14.5万家[②]，占银行业金融机构网点数的69%；而村镇银行开业则达到1071家，已遍及全国31个省份（不包括香港、澳门、台湾），覆盖1083个县（市），占县（市）总数的57.6%。但由于当局对新型农村金融机构监管难度大、基层监管能力薄弱、监管机制不健全及监管经验缺乏，新型农村金融机构发展尚存弊端；而传统的合会、钱庄、当铺等也随着农村金融改革逐步阳光化、透明化，“地下交易”

① 称之为高息借贷而非高利贷，是由于高利贷已被视为贬义词，而我们倾向以价值中立的态度看待借贷利率。

② 包括农村中小金融机构、中国农业银行、中国农业发展银行和中国邮政储蓄银行。

性质有所淡化。因而，“正规借贷”和“非正规借贷”二元框架不仅没有统一的理论界定，而且对供给之于需求的约束尚未予以理论解析，忽视了市场的部分扭曲与横向割裂。为了解决上述问题，本章聚焦农贷市场需求主体并力图揭示农贷市场竞争格局，拟搭建一个逐步走向二元运行格局的基本框架：匿名借贷①与熟人借贷②。从理论和现实两个层面概括，前者指农户以一个匿名者身份按照农村金融机构贷款手续、流程进行的借贷，后者指农户以一个熟人身份向亲戚、朋友、关系户等发生的借贷。张杰（2004）认为在家族血缘友情的非匿名市场之外重建一个基于市场风险收益逻辑的匿名市场需要许多条件的支持，并且家庭组织的功能与市场组织的功能可能是并行而不是相互替代的。那么，农户究竟如何选择以小农家庭为核心的熟人借贷和植根于市场逻辑中的匿名借贷呢？在已有文献中，讨论农户融资意愿者众，而关注农户融资次序者寡，哪怕在几篇犹如凤毛麟角的文献中，也多以描述性分析为主，尚未取得一致的结论。毫无疑问，农户的融资次序并非仅是一个理论探讨的主题，更是一个必须通过实证揭示和检验的现实问题。同时，中国农村区域差别大，情况较为复杂，选择一个合适的分析窗口是必要的。本章注意到，县域包含广大农村地区，是统筹城乡经济社会发展的结合点，但由于县域之间的发展极不平衡，不同经济发展水平县域的农户融资行为存在明显差异，研究农贷市场必须在理论上透视这一现象。因此，本章将在贫困县和非贫困县分层比较的前提下，运用本章提出的匿名借贷和熟人借贷二元框架展开对农户融资次序问题的讨论。

回顾国内外学术界同行对农户融资次序的研究动态，大多讨论了农户在多大程度和多大范围内优先选择正规借贷还是非正规借贷，主要有如下两类观点：一类是农户优先选择正规借贷，其次才选择非正规借贷。Bell 等（1997）通过对 Punjab 的调查发现非正规借贷利率远高于正规借贷利率③，因此农户必然会优先争取正规借贷，当正规借贷无法满足其借贷需求时会求助于非正规借贷。许多农户首先选择正规借贷，然后被迫转向非正规借贷，在此过程中非正规借贷实际上充当了正规借贷的“溢出接受者”。并且正规金融部门信贷配给司空见惯，农户选择正规金融部门无法获得相应的资源，急需资金的农户不得不求助于非正规借贷。与之相反，另一类观点是农户优先选择非正规借贷，其次选择正规借贷。Berry 等（2001）认为农户融资渠道的选择远不如企业丰富，囿于信息不对称等原因，正规借贷融资需要支付更高的交易成本，并且由于缺乏抵押物，农户在融资时首先选择非正规借贷。张杰（2004）在黄宗智（1986b）的小农等式和拐杖逻辑基础上讨论了农

① 或称为“窗口借贷”，表示农户在金融机构网点的窗口进行借贷。

② 或称为“两情借贷”，表示亲情、友情借贷。

③ Punjab 是印度西北部一地区，由于利率管制，正规借贷利率平均 11.0%，非正规借贷利率 18.7%。

户筹资次序，由于农户借贷存在“面子成本”，农户首先考虑国家农贷①，其次考虑向熟人借贷，最后才会考虑民间借贷，哪怕是高息借贷。

很自然地，农户的融资次序受农户行为动机的影响。学术界存在两种相互争辩的农户行为理论脉络，为本章的讨论提供了必要的阶梯。“理性小农”与“道义经济”（the moral economy）之争（又称“斯科特-波普金论题”）反映了两大流派的主要思想交锋。部分学者强调小农的理性动机，坚持认为农户遵循“经济人”假定，追求利润最大化。另一类则纳入了某些社会学和历史学的元素，强调小农的生存逻辑，即农户生产动机主要为满足消费需求，而不是追求利润最大化。当然，还有学者认为农户既是一个利润追逐者，同时又是一个维持生计的生产者，更是受剥削的耕作者，其特点包含行为外部性、动机多样性、个体社会化和综合收益最大化等。那么，农户行为对其融资次序会产生怎样的影响呢？有别于正规借贷，非正规借贷主要依靠声誉和社会关系这两个变量。在传统的村庄里，由于与农户长时间生活在同一个区域，放款者可以有效甄别农户类型，监督农户行为，且可以通过社会压力（如农户名誉）有效控制农户的违约行为。借贷双方经过频繁的接触建立了稳定的村庄信任，这种信任程度越高，农户就越可能选择非正规借贷，并且这种信任与社会网络及文化有紧密的联系，存在着自我履行的特征因而不需要签订现代契约。而不同农户之间的选择存在较大的差异，如果农户是风险规避的，正规借贷对抵押物的要求会使农户承担失去抵押物的风险成本，因此一部分农户会放弃正规借贷。而非正规借贷通常不需要抵押物，因此缓解了正规借贷的数量配给（quantity rationing）和风险配给（risk rationing）。当然，农户在正规借贷中还可能会存在交易成本②，如农户需要请客、送礼等。

本章认为，已有文献所进行的讨论尚存不足。首先，在调研数据的来源上，大多选择了一个或几个地区数百户农户的调查数据，囿于可能存在的异方差性（heteroscedasticity），得出的结论既可能存在偏差，也缺乏全国性的整体考察。其次，在理论解析上，大多研究所揭示的农户融资次序默认正规借贷和非正规借贷并强加于农户，恐怕部分逻辑关系还有待进一步商榷。最后，大部分文献所得出的结论发轫于学者对现实情况进行的经验分析并得出的描述性表述或推测，没有对调查数据进行逻辑上的严密考察。当然，理论界对农户融资次序的讨论还很罕见，大多仅是一笔带过的附带性论述。

鉴于此，本章的后续设计如下：第一，为了揭示当前农贷市场竞争格局，契合农户多元融资需求，本章拟搭建一个逐步走向二元运行格局的基本框架——匿

① 国家农贷一般是具有救济性质的，多数情况下都是偿还率极低的“赦债”，当然国家也没有强求农户偿还，原因在于农户已经通过其他途径变相偿还了，如节约国家的统治成本。这种具有免费性质的东西必然是僧多粥少、供不应求的，因此本章没有讨论。

② 或称“隐性成本”。

名借贷与熟人借贷，为后续研究提供一个逻辑起点；第二，为了反映县域经济的重要作用，本章将在县域层面上进行贫困县和非贫困县的分层比较；第三，在研究视角上，本章聚焦作为农贷市场需求主体的农户，实证研究其融资次序中的主体决策、行为选择及产生效应的过程；第四，在实证模型上，本章将根据调查数据应用合理的计量方法，即 IV ordered Probit 模型进行实证研究；第五，结合理论与实证分析，形成研究结论和政策启示。

3.2 农户融资行为的基本性分析框架

3.2.1 基础性描述

遵循前文的研究思路，匿名借贷指农户以一个匿名者身份按照金融机构贷款手续、流程进行借贷，熟人借贷指农户以一个熟人身份向亲戚、朋友、关系户等发生借贷。那么，农户究竟如何选择以小农家庭为核心的熟人借贷和植根于市场逻辑中的匿名借贷呢？为了寻找答案，这一二元框架设计如下。

本章抽象地删繁就简，对农户维持和扩大生产的融资行为做一个定量表述。借鉴 Boucher 和 Guirkinger（2007）的分析，假设农户的初始财富禀赋为 $W \in [\underline{W}, \bar{W}]$，农户有一笔资金需求为 K，$K > \bar{W}$，因此农户需要借贷融资。考虑到农业较高的自然风险和农产品较强的市场风险，假设农户生产有两种可能的结果：丰收和欠收。把丰收时农户的收益记为 X_g，欠收时农户的收益记为 X_b，且有 $X_g > K > X_b$。当然，依循“拐杖逻辑”，用 ω 表示农户可以获得的外出务工收入。众所周知，金融机构的运作模式通常将贷款限定于较严格的生产性用途以控制农户的逆向选择。本章假设农户投入农业生产的资金水平为 e，投入水平可能较高（H），当然也可能较低（L），把农户选择高投入水平和低投入水平的概率记为 p^{H} 和 p^{L}，并假设 $p^{H} > p^{L}$；用 $\bar{X}^{H}$ 和 $\bar{X}^{L}$ 分别表示农户较高投入水平和较低投入水平的总收益，且 $\bar{X}^{H} > \bar{X}^{L}$；用 r^{N} 和 r^{S} 分别表示匿名借贷的利率及熟人借贷的资金成本①。对于仍然以农业生产为主的农户，此时有

$$\bar{X}^{H} - r^{S}K > \omega > 0 > \bar{X}^{H} - r^{N}K \tag{3-1}$$

式（3-1）表明农户把借贷资金较高地投入农业生产时，其取得的收益应高于外出务工收入②。并且无论是熟人借贷还是匿名借贷，放款者都希望农户把借贷资金较

① 这里所指的资金成本包括各种“隐性成本”，如“面子成本”。

② 本章为了解决模型的内生性问题以获得更好的回归效果，不得不把农户外出务工选作工具变量，因此无法研究农户非农收入对农户信贷的替代作用。此处我们对农户收入的界定考虑了黄宗智先生的“拐杖逻辑”，并认为大多数农户挣钱的目的是用来维持一个不贫不富的生活。

高水平地投入农业生产。假设农户的效用方程为

$$U(Y,e,m)=u(Y)-d(e,m) \tag{3-2}$$

其中，等式左边为农户（收益的）效用，主要受 Y，e，m 的影响，Y 为农户的初始财富禀赋和收入。囿于道德风险和逆向选择，本章使用监管 m（monitoring）来控制农户的资金用途。d 为农户的“效用成本”[①]，倘若农户投入农业生产水平较高，来自监管的负效应则会淡化；如果农户投入农业生产水平较低，甚至把资金挪作他用，毫无疑问，监管将带来显著的负效用。$d(\cdot)$ 的具体形式表示如下：

$$d(e,m)=\begin{cases}\bar{d}, & e=\mathrm{H}\\ \underline{d}+\beta m, & e=\mathrm{L}\end{cases} \tag{3-3}$$

其中，$\bar{d}>\underline{d}>0$，$\beta\geqslant 0$。本章使用 B 来衡量农户效用之于不同投入水平的变化，则

$$B(m)=\alpha-\beta m \tag{3-4}$$

其中，$\alpha=\bar{d}-\underline{d}$。

毋庸讳言，对于熟人借贷而言，由于与农户长时间生活在同一个区域，放款者可以有效甄别农户类型，监管农户行为，并通过社会压力（如农户名誉）有效控制农户的违约行为（Bhattacharyya and Kumbhakar，1997），因此本章假设熟人借贷 $\beta>0$，匿名借贷 $\beta=0$。

使用 R_j^{N} 表示在条件 j $(j=\mathrm{g,b})$ 下农户的收益，农户选择匿名借贷或者熟人借贷是基于效用（利益）最大化的决策[②]。$V_{\mathrm{N}}(W)$ 表示农户的期望效用。

3.2.2　农户选择匿名借贷

首先，对农户及放款者的行为动机做一定的假设：假设农户追求利润最大化和效用最大化（理性动机）。其次，假设风险中性的放款者是完全竞争的。农户选择匿名借贷的最优目标函数如下：

$$V_{\mathrm{N}}(W)\equiv\max_{R_j^{\mathrm{N}}}U(W+R_j^{\mathrm{N}},\mathrm{H},0) \tag{3-5}$$

匿名借贷服从如下预算约束：

$$[u(W+R_{\mathrm{g}}^{\mathrm{N}})-u(W+R_{\mathrm{b}}^{\mathrm{N}})](p^{\mathrm{H}}-p^{\mathrm{L}})-B(0)\geqslant 0 \tag{3-6}$$

$$p^{\mathrm{H}}(X_{\mathrm{g}}-R_{\mathrm{g}}^{\mathrm{N}})+(1-p^{\mathrm{H}})(X_{\mathrm{b}}-R_{\mathrm{b}}^{\mathrm{N}})-r^{\mathrm{N}}K\geqslant 0 \tag{3-7}$$

$$R_j^{\mathrm{N}}\geqslant -W \tag{3-8}$$

式（3-6）表示农户较高借贷资金投入农业生产（而不是较低）会获得更高的

① 或称“负效用”。

② “理性小农”理论坚持认为农户遵循“经济人”假定，追求利润最大化。

效用，见图 3-1 中 ICB(m)[①]。式（3-7）表明放款者期望收益非负，参见 π_0^{N} 线。式（3-8）对 R_j^{N} 进行了限定，见图 3-1 中 LLC[②]。农户选择匿名借贷的可行集和最优选择如图 3-1 所示。横轴表示欠收时农户的收益，纵轴表示丰收时农户的收益，放款者的收益曲线是一条斜向下方的直线，斜率为 $-\dfrac{1-p^{\mathrm{H}}}{p^{\mathrm{H}}}$；本章用 ICB($m$) 表示农户受监管的约束。用 LLC 表明农户借贷资金收益不超过自身财富。阴影部分（E、C、F 所围成）面积表示农户选择匿名借贷的可行集，其在 ICB(m) 之下、π_0^{N} 线的左下方及 LLC 的上方。在可行集范围内，有且仅有 C 点是农户最优选择点。实际上不难发现，无差异曲线与预算线相交于 A 点，而农户最优选择从 A 点移动到 C 点，是由于放款者激励措施[③]使然。

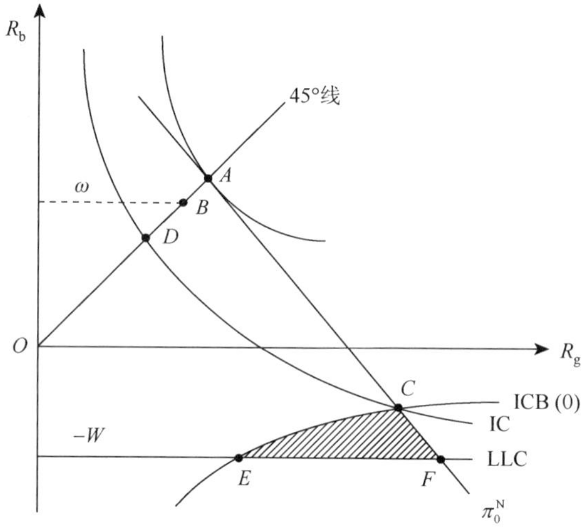

图 3-1　农户匿名借贷的可行集和最优选择

3.2.3　农户选择熟人借贷

概括来讲，熟人借贷和匿名借贷的差异主要体现在以下两点：首先，放款者与农户长时间生活在同一个区域，因此放款者可以有效甄别农户的类型，监督农户的行为，以促使农户把借贷资金较高投入农业生产；其次，匿名借贷与熟人借贷的资金成本不同。农户选择熟人借贷的最优目标函数如下：

① ICB：incentive compatibility boundary，激励相容约束线。

② LLC：limited liability constraint，有限责任约束线。

③ 比如，在农户高投入于农业生产时奖励农户，在农户低投入于农业生产时采取惩罚措施。

$$V_{\mathrm{S}}(W) \equiv \max_{R_j^{\mathrm{S}}} U(W + R_j^{\mathrm{S}}, \mathrm{H}, m) \tag{3-9}$$

熟人借贷服从如下预算约束：

$$[u(W + R_{\mathrm{g}}^{\mathrm{S}}) - u(W + R_{\mathrm{b}}^{\mathrm{S}})](p^{\mathrm{H}} - p^{\mathrm{L}}) - B(m) \geqslant 0 \tag{3-10}$$

$$p^{\mathrm{H}}(X_{\mathrm{g}} - R_{\mathrm{g}}^{\mathrm{N}}) + (1 - p^{\mathrm{H}})(X_{\mathrm{b}} - R_{\mathrm{b}}^{\mathrm{S}}) - r^{\mathrm{S}}K \geqslant 0 \tag{3-11}$$

$$R_j^{\mathrm{S}} \geqslant -W \tag{3-12}$$

式（3-9）表示熟人借贷的最优目标函数 $V_{\mathrm{S}}(W)$。式（3-10）表示随着放款者监管水平 m 的提高，农户较低的生产投入会减少农户的收益与激励相容的约束①。当然，放款者监管也需要成本，如式（3-10）和图 3-2 所示：随着放款者监管水平由 0 提高到 m，ICB 由 ICB（0）向上移动到 ICB（m），π_0^{S} 曲线由 π_0^{S}（0）下移到 π_0^{S}（m）。可见，在监管水平为 0 的情况下，农户最优借贷选择在 E 点，在监管水平 m 的情况下，农户最优借贷选择在 F 点。本章使用 CCS②曲线，表示农户所有的最优借贷选择点的轨迹所连接的曲线，即不同监管水平（m）下 ICB 和 PLC③的交点合集，其中 G 点是 CCS 线上农户期望效用最大的点。

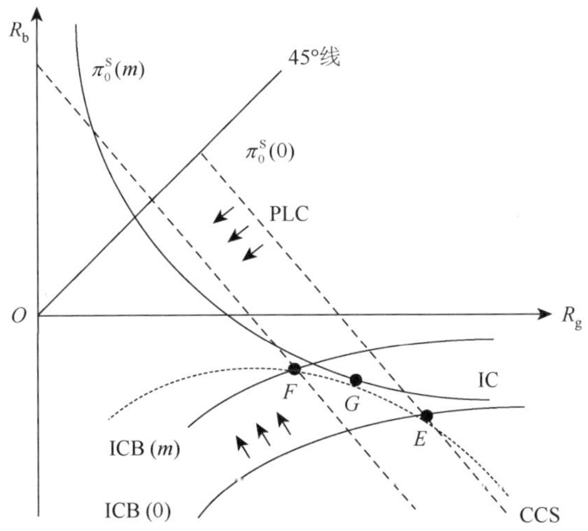

图 3-2　农户熟人借贷的可行集和最优选择

至此，本章搭建了一个逐步走向二元运行格局的基本框架：匿名借贷和熟人借贷，对农户融资选择予以理论解析。那么，农户的融资选择会有怎样的次序呢？下文中，本章将利用我国 10 个省份的调查数据，分析农户融资在次序上的主体决

① 为解决委托-代理问题，委托人（放款者）需要与代理人（农户）的利益进行捆绑，委托人的利益最大化通过代理人的效用最大化来实现。

② CCS：conditional contract set，条件合约集。

③ PLC：leader's participation contraint，贷款人参与约束。

策、行为选择及产生效应的过程。

3.3　样本选择与变量设定

3.3.1　样本数据来源和处理

样本数据源于中国人民银行联合国家统计局在全国范围开展的针对农户借贷需求的专项调查问卷，调查问卷涉及内蒙古、吉林、江苏、福建、安徽、河南、湖南、四川、贵州、宁夏 10 个省份，总共抽取 263 个县（市）、2004 个村、20 040 个农村住户，获取了 20 040 家农户的有效样本。为提高数据的准确性与科学性，本章在 20 040 个有效样本的基础上对调查数据进行了清洁处理①。

3.3.2　数据描述

调查按“每省份 200 村，每村 10 户”进行抽样，总调查 2004 个样本村（其中河南样本村 204 个），样本村是由国家统计局按对称等距方法抽出的。在被调查的农户中男性占比为 50%，户均人口 4 人，16 岁以上劳动力人数户均 2.8 人，平均年龄为 39.2 岁。样本农户中外出务工现象较为普遍，约为 0.7 人/户，人均外出务工 8.4 月/年，在县外省（自治区）内务工的占比为 25.2%，而在省（自治区）外务工的占比高达 6.3%。样本农户的农业收入占比较大，多以传统的种植业为主。户均经营的耕地面积为 8.4 亩（1 亩=0.067 公顷），出售农产品的现金收入在农户家庭总收入中占比为 36.3%，出售种植业产品占出售农产品现金收入的 56%。样本农户的主要劳动力大部分接受了初、高中的基础教育，具有掌握农业基本技能的素质。51.6%的农户家庭的主要劳动力接受教育程度为初中，受教育程度在高中及以上的占 37.7%，受教育程度在小学及以下的占 10.7%。在调查的样本中，发生资金借出的农户有 3785 户，发生资金借入的农户有 10 693 户，资金借入的渠道包括农村信用合作社、亲戚朋友、国有商业银行、邮政储蓄银行、贷款公司、合会（轮会、标会）、工商业主、乡村干部、国际项目、村镇银行、资金互助社等。农户的借贷需求较为普遍，约一半的农户有借贷需求。在调查问卷中，问及“您家在生产生活及其他活动中是否需要借款”时，46.1%的农户回答需要借款。在问及扩大种植养殖业规模需要借贷资金时，农户选择借款意向是：5.2%的样本农户首选依靠农村信用合作社，24.6%选择依靠亲戚朋友，2.3%选择首选自我积累，仅有 3%愿意选择从国有商业银行、邮政储蓄银行等其他正规金融机构借贷资金。

① 主要是通过数据逻辑对调查结果的奇异值和缺失值进行处理。

3.3.3　变量设定

由于影响农户融资意愿的因素较为复杂，本章按照已有文献的研究思路把影响农户借贷行为的主要因素划分为两大类：第一类是借贷特征与借贷水平，包括利率、贷款期限等；第二类是农户的自身特征，包括农户人力资本存量、土地面积和家庭总收入等。在此基础之上，本章还进一步结合中国乡土社会的现实情况，考虑农户借贷的交易成本、信息、交易机会和借贷可及性等因素。中国人民银行农户借贷情况问卷调查分析小组也考虑到农户家庭特征和经济能力及借贷信息等因素。在变量的设定上，本章最终把影响农户借贷选择的因素划分为农户家庭特征变量、农户经济能力变量和农户金融条件变量。

由于本章实证分析选取了较多变量，为了避免多重共线性，本章在变量的选择上遵循选取具有代表性的一个变量或不相关的两个变量原则。在农户家庭特征变量中，本章考虑家庭常住人口（NUMB）、劳动力占比（LABA）、劳动力平均年龄（AAOL）和最高受教育程度（EDUC）。为了揭示“劳动力转移”进程中农民外出务工现象，本章把是否外出务工（MIGR）纳入到实证分析中来，并特意考虑土地耕种面积（ARAL）；众所周知，农户土地耕种面积很大程度上决定了农户家庭经营性收入，是否外出务工决定了农户的工资性收入，由于本章考虑农户家庭总收入的内生性，在下文“工具变量的选取”中，本章将着墨描述这两个变量。本章在考虑家庭总收入（LNIN）、出售农产品现金占比（AGRI）和储蓄存款（SAVE）之后，还特意把农户的金融条件作为考察的因素，认为私人放贷活动（PRIF）、最近金融网点距离（DIST）、金融信息[①]（KNOW）、利率承受水平（INTE）将影响农户的“信贷可及性”。此外，本章所使用的变量数据主要来自直接调查取得的样本数据和根据调查数据计算得来的间接数据[②]，详细的变量描述与定义见表 3-1。

表 3-1　中国农户融资意愿的相关变量定义

变量类别		变量名称	缩写	描述
被解释变量	融资意愿	农户最愿意的融资渠道	CHOI	0=熟人借贷，包括亲戚朋友或关系户（乡村干部、工商业主）借款，以及合会、资金互助社等民间互助组织借款；1=匿名借贷，包括农村信用合作社或国有商业银行等金融机构，以及贷款公司或村镇银行和其他借款

① 具体来讲，金融机构贷款甄别机制的不健全可能会向借款人传递有偏差的市场信号，可能使农户成为“无信心借款人”，导致借贷者误认为自己不能获得贷款而放弃申贷的努力。本章使用农户是否知道农村信用合作社的小额贷款来衡量。

② 其中直接调查数据主要包括家庭常住人口、劳动力平均年龄、最高受教育程度、家庭总收入、储蓄存款等，间接计算数据主要包括出售农产品现金占比、劳动力占比等。

续表

变量类别		变量名称	缩写	描述
被解释变量	融资意愿	扩大种植养殖规模资金来源方式	OPTI	假设 1：3=匿名借贷，2=熟人借贷，1=自身积累 假设 2：3=熟人借贷，2=匿名借贷，1=自我积累
内生解释变量	经济能力	家庭总收入	LNIN	家庭总收入的对数
外生解释变量	经济能力	储蓄存款	SAVE	根据农户是否有储蓄存款，0=否，1=是
		出售农产品现金占比	AGRI	农户出售农产品的现金收入占家庭总收入比重
	农户特征	家庭常住人口	NUMB	农户家庭人口总数，单位：人
		劳动力平均年龄	AAOL	16 岁以上劳动力年龄平均值，单位：岁
		最高受教育程度	EDUC	农户家庭劳动力中受教育程度最高者，0=未上学，1=小学，2=初中，3=高中或中专，4=大专及以上
		劳动力占比	LABA	16 岁以上劳动力占家庭人口总数比重
	金融条件	最近金融网点距离	DIST	农户离最近金融机构的距离，单位：里
		私人放贷活动	PRIF	当地是否有民间放贷活动，0=否，1=有
		金融信息	KNOW	农户是否知道农村信用合作社的小额贷款，0=否，1=是
		利率承受水平	INTE	因生产经营活动需要借款时能承受的利率水平，单位：%
工具变量	农户特征	是否外出务工	MIGR	农户家庭是否有人外出务工，0=无，1=有
		土地耕种面积	ARAL	农户家庭耕种土地的面积，单位：亩

注：1 里=500 米

3.3.4　描述性统计

表 3-1 列出了本章实证分析中所使用的基本统计量。农户最愿意的融资渠道（CHOI）的均值为 0.3773，说明总体样本农户更倾向熟人借贷。扩大种植养殖规模资金来源方式（OPTI）的均值为 2.3706，表明总体样本农户扩大种养殖规模的借贷选择处于匿名借贷和熟人借贷之间。本章最为关心的外生解释变量农户家庭总收入（LNIN）的均值为 9.7391。

根据问卷调查点即农户居住地，本章将样本数据划分为贫困县和非贫困县进行分层比较，均值和标准差见表 3-2。显而易见，代表农户家庭特征的大多变量并无明显差异，但贫困县农户的平均实际耕种面积达到 16.1928 亩，而非贫困县仅为 9.1792 亩，在一定程度是囿于不同地区农户的农业生产经营方式不同。同时，贫困县农户实际耕种面积标准差高达 23.2334，揭示了贫困县农户资源内部分配较为不均，而非贫困县该值为 13.9126。另外，非贫困县农户是否有储蓄存款的均值达到了 0.5688，而贫困县仅为 0.3512。

表 3-2　变量的描述性统计分析

变量名称	贫困县		非贫困县		全部观测值				
	均值	标准差	均值	标准差	均值	标准差	最大值	最小值	观测数
NUMB	4.260 6	1.360 7	3.937 1	1.242 9	4.016 5	1.280 4	12	1	18 831
LABA	0.697 9	0.218 7	0.724 4	0.209 7	0.717 4	0.212 3	5	0	18 831
AAOL	39.317 3	8.207 7	42.220 0	8.218 8	39.999 8	8.225 1	80	16	18 831
EDUC	2.184 0	0.797 8	2.327 7	0.739 1	2.292 4	0.756 4	4	0	18 826
MIGR	0.467 1	0.499 0	0.438 2	0.496 2	0.445 3	0.497 0	1	0	18 831
ARAL	16.192 8	23.233 4	9.179 2	13.912 6	1.901 4	16.960 8	415	0	18 831
LNIN	9.439 5	0.555 9	9.836 6	0.583 6	9.739 1	0.601 7	13.5	4	18 831
AGRI	0.350 8	0.258 1	0.373 1	0.295 3	0.367 6	0.286 7	1	0	18 831
SAVE	0.351 2	0.477 4	0.568 8	0.495 3	0.515 4	0.499 8	1	0	18 831
DIST	6.372 0	6.889 9	4.267 1	5.522 8	4.784 0	5.957 1	100	0	18 831
PRIF	0.305 5	0.460 7	0.309 6	0.462 3	0.308 6	0.461 9	1	0	18 807
KNOW	0.692 9	0.461 3	0.677 3	0.467 5	0.681 2	0.466 0	1	0	18 831
INTE	7.342 8	4.114 0	7.454 8	4.019 4	7.427 3	4.043 0	100	0	18 831
OPTI	2.361 2	0.816 4	2.373 6	0.779 1	2.370 6	0.788 4	3	1	18 825
CHOI	0.409 9	0.491 9	0.366 7	0.481 9	0.377 3	0.484 7	1	0	18 814

3.4　计量模型设定

3.4.1　IV Probit 模型的两步法估计

Probit 模型有时会遇到解释变量为内生变量的情况。本章注意到农户融资意愿（农户最愿意的融资渠道和扩大种植养殖规模资金来源方式）和家庭总收入可能互为因果关系。还可能存在遗漏变量同时影响家庭总收入与农户融资意愿，此时扰动项与内生解释变量相关，倘若使用 Probit 模型将得不到一致估计，因此本章使用 IV Probit 模型进行估计。模型设定如下：

$$\mathrm{CHOI}_i^* = \beta \mathrm{LNIN}_i + \boldsymbol{x}_i^{\mathrm{T}}\boldsymbol{\alpha} + u_i \tag{3-13}$$

$$\begin{aligned}\boldsymbol{x}_i^{\mathrm{T}}\boldsymbol{\alpha} = {} & \alpha_1\mathrm{NUMB}_i + \alpha_2\mathrm{AAOL}_i + \alpha_3\mathrm{EDUC}_i + \alpha_4\mathrm{LABA}_i + \alpha_5\mathrm{SAVE}_i \\ & + \alpha_6\mathrm{AGRI}_i + \alpha_7\mathrm{DIST}_i + \alpha_8\mathrm{PRIF}_i + \alpha_9\mathrm{KNOW}_i + \alpha_{10}\mathrm{INTE}_i\end{aligned} \tag{3-14}$$

$$\mathrm{LNIN}_i = \boldsymbol{x}_i^{\mathrm{T}}\boldsymbol{\gamma}_1 + \boldsymbol{z}_i^{\mathrm{T}}\boldsymbol{\gamma}_2 + v_i \tag{3-15}$$

$$\mathrm{CHOI}_i = \mathbf{1}(\mathrm{CHOI}_i^* > 0) \tag{3-16}$$

其中，CHOI_i 为可以观测的虚拟变量；CHOI_i^* 为不可观察的潜变量；LNIN_i 为模

型中唯一的内生解释变量。

由于式（3-13）右边含有内生解释变量，该方程称为“结构方程”，式（3-14）右边不含内生解释变量，所以该方程称为“第一阶段方程”（first-stage equation）或“简化式方程”（reduced-form equation）。该模型假设扰动项 (u_i, v_i) 服从期望值为 0 的二维正态分布，表示如下：

$$\begin{pmatrix} \mu_i \\ v_i \end{pmatrix} \sim N\left[\begin{pmatrix} 0 \\ 0 \end{pmatrix} + \begin{pmatrix} 1 & \rho\sigma_v \\ \rho\sigma_v & \sigma_v^2 \end{pmatrix}\right] \tag{3-17}$$

其中，u_i 的方差被标准化为 1，而 ρ 为 (u_i, v_i) 的相关系数。由于 v_i 服从正态分布，LNIN_i 也服从正态分布且为连续变量。进一步假设 (u_i, v_i) 独立于 $\boldsymbol{x}_i$ 与 $\boldsymbol{z}_i$，故在式（3-13）中，$\boldsymbol{x}_i$ 为外生解释变量，由于 $\boldsymbol{z}_i$ 与内生解释变量 LNIN_i 相关且与 u_i 无关（满足工具变量的相关性与外生性），$\boldsymbol{z}_i$ 可以作为方程中内生解释变量 LNIN_i 的工具变量。该模型中 LNIN_i 的内生性完全来自 u_i 与 v_i 的相关性。如果它们的相关系数 $\rho = 0$，那么 LNIN_i 为外生变量，内生性检验可通过检验“H_0：$\rho = 0$”来进行。

在上述模型中，$(\text{CHOI}_i, \text{LNIN}_i)$ 的条件概率分布是完全确定（fully specified）的。将联合概率密度 $f(\text{CHOI}_i, \text{LNIN}_i | \boldsymbol{x}_i, \boldsymbol{z}_i)$ 分解为 $f(\text{CHOI}_i | \text{LNIN}_i, \boldsymbol{x}_i, \boldsymbol{z}_i)\ f(\text{LNIN}_i$ $\boldsymbol{x}_i, \boldsymbol{z}_i)$，则可写出样本数据 $(\text{choice}_i, \text{lninc}_i)$ 的似然函数，进行最大似然估计（maximum likelihood estimate，MLE），这种估计方法是最有效率的。虽然 MLE 最为有效率，但在某些数值计算中可能出现不收敛的情况（尤其是存在多个内生变量的情况下）。为了解决这个问题，本章采用 Newey（1987）与 Rivers 和 Vuong（1988）提出的“两步法”（two-step method）或“控制函数法”（control function approach）进行估计。

由于 (u_i, v_i) 服从二维正态分布，u_i 对 v_i 的总体回归方程（population regression equation）可写作：

$$u_i = \delta v_i + \varepsilon_i \tag{3-18}$$

其中，$\delta \equiv \dfrac{\text{Cov}(u_i, v_i)}{\text{Var}(v_i)}$，扰动项 ε_i 独立于 v_i 且独立于 LNIN_i。ε_i 服从正态分布，期望 $E(\varepsilon_i) = 0$。方差为

$$\begin{aligned} \text{Var}(\varepsilon_i) &= \text{Var}(u_i - \delta v_i) = 1 - \frac{\text{Cov}^2(u_i, v_i)}{\text{Var}^2(v_i)} \cdot \text{Var}(v_i) \\ &= 1 - \frac{\text{Cov}^2(u_i, v_i)}{\text{Var}(v_i)} = 1 - \rho^2 \end{aligned} \tag{3-19}$$

将式（3-18）代入式（3-13）便有

$$\text{CHOI}_i^* = \boldsymbol{x}_i^{\text{T}} \boldsymbol{\alpha} + \beta \text{LNIN}_i + \delta v_i + \varepsilon_i \tag{3-20}$$

其中，$\varepsilon_i \sim N(0, 1-\rho^2)$，且独立于 $\boldsymbol{x}_i$，LNIN_i 与 v_i。

为了把 ε_i 的方差标准化为 1，将式（3-7）两边同时除以 $\sqrt{1-\rho^2}$，可得

$$\frac{\mathrm{CHOI}_i^*}{\sqrt{1-\rho^2}}=\boldsymbol{x}_i^{\mathrm{T}}\frac{\boldsymbol{\alpha}}{\sqrt{1-\rho^2}}+\frac{\beta}{\sqrt{1-\rho^2}}\mathrm{LNIN}_i+\frac{\delta}{\sqrt{1-\rho^2}}v_i+\frac{\varepsilon_i}{\sqrt{1-\rho^2}} \tag{3-21}$$

由于 v_i 不可观察，本章使用两步法进行估计。第一步，对简化方程进行普通最小二乘法（ordinary least squares，OLS）回归，得到残差 $\widehat{v_i}$。第二步，以残差 $\widehat{v_i}$ 替代方程中的 v_i 进行 Probit 估计，得到对变换后系数 $\left(\frac{\boldsymbol{\alpha}}{\sqrt{1-\rho^2}},\frac{\beta}{\sqrt{1-\rho^2}},\frac{\delta}{\sqrt{1-\rho^2}}\right)$ 的估计。此外，本章采用两步法估计得出的系数与 MLE 并不直接可比，二者相差 $\sqrt{1-\rho^2}$ 倍。

3.4.2　ordered Probit 模型

为了讨论农户融资次序，本章采用已有文献中广泛使用的 ordered Probit 模型进行实证分析。该模型是 Probit 模型的扩展，通常在被解释变量是排序数据的情况下使用。模型设定如下：

$$\mathrm{OPTI}_i=F(\beta\mathrm{LNIN}_i+\boldsymbol{x}_i^{\mathrm{T}}\boldsymbol{\alpha}+\varepsilon_i) \tag{3-22}$$

其中，OPTI_i 为被解释变量；LNIN_i 为本章最关心的解释变量；$\boldsymbol{x}_i$ 向量为一系列反映农户特征、经济能力和金融条件的控制变量，对变量的详细描述见表 3-1。$F(\cdot)$ 是一个非线性函数，具体形式如下：

$$F(\mathrm{OPTI}_i^*)=\begin{cases}1, & \mathrm{OPTI}_i^*<\mu_1\\ 2, & \mu_1<\mathrm{OPTI}_i^*<\mu_2\\ \vdots & \vdots\\ J, & \mathrm{OPTI}_i^*>\mu_{j-1}\end{cases} \tag{3-23}$$

其中，$\mu_1<\mu_2<\mu_3<\cdots<\mu_{j-1}$ 称为切点，为待估参数。

3.4.3　IV ordered Probit 模型的两步法估计

IV ordered Probit 模型同样是由两步法进行的参数估计。在 Heckman 两步法估计中，第一步把内生解释变量对工具变量和外生解释变量作 Probit 回归，则可得到潜变量的拟合值：

$$\mathrm{LNIN}_i^*=\boldsymbol{x}_i^{\mathrm{T}}\boldsymbol{\gamma}_1+z_i^{\mathrm{T}}\boldsymbol{\gamma}_2+u_i \tag{3-24}$$

$$\widehat{\mathrm{LNIN}_i^*}=\widehat{\boldsymbol{x}_i^{\mathrm{T}}\boldsymbol{\gamma}_1}+\widehat{z_i^{\mathrm{T}}\boldsymbol{\gamma}_2} \tag{3-25}$$

其中，$\boldsymbol{x}_i$ 向量为模型中的控制变量，$\boldsymbol{z}_i^{\mathrm{T}}$ 为工具变量。

第二步，将 OPTI_i 对潜变量拟合值、残差和外生解释变量作 ordered Probit 回归，即

$$\mathrm{OPTI}_i = (\beta^* \widehat{\mathrm{LNIN}_i^*} + \boldsymbol{x}_i^{\mathrm{T}} \boldsymbol{\gamma}_1 + \varepsilon_i) \tag{3-26}$$

此时则可得出 β^* 的一致估计。

3.4.4　两种假设

考虑到模型存在的内生性，引入工具变量有望得到更准确的估计结果。本章分别使用了 Probit 模型、IV Probit 模型、ordered Probit 模型和 IV ordered Probit 模型对贫困县及非贫困县农户融资进行估计。贫困县样本数据的外生性沃尔德检验（Wald test of exogeneity，以下简称 Wald 检验）表明贫困县样本数据不存在内生性，因此使用 Probit 模型进行估计。而非贫困县样本数据的 Wald 检验表明非贫困县样本数据存在内生性，因此选用 IV Probit 模型。农户扩大种植养殖规模资金来源方式分为三类，分别是匿名借贷熟人借贷和自身积累，为了揭示农户融资次序中的主体决策、行为及产生效应的过程，基于农户扩大种植养殖规模资金来源方式，本章提出了以下两类假设。

（1）假设 1　农户融资有先后次序：匿名借贷→熟人借贷→自我积累。

（2）假设 2　农户融资有先后次序：熟人借贷→匿名借贷→自我积累。

借鉴利克特量表（Likert scale）的思路，本章按照农户融资的先后次序分为三类赋值。在假设 1 中，农户匿名借贷赋值为 3，熟人借贷赋值为 2，自我积累赋值为 1；在假设 2 中，熟人借贷赋值为 3，匿名借贷赋值为 2，自我积累赋值为 1。

3.4.5　模型内生性的讨论

注意到农户融资意愿不仅受农户家庭总收入影响，还可能存在遗漏变量同时影响农户家庭总收入和农户融资意愿，农户的融资意愿和家庭总收入还可能互为因果关系。为此，本章有必要对模型存在的内生性问题展开进一步的讨论。具体来讲，农户家庭总收入如何影响其融资意愿，这是本章最为关心的因果关系，但相反，农户家庭总收入也可能受到融资意愿的影响。譬如，一个需要资金维持和扩大生产的农户，把融资视为一件难以启齿的事情，认为谈钱伤感情，进而降低信贷可及性而对其收入产生影响；又或者，一个农户特别爱面子，生怕无法获得借贷资金而在村民面前丢脸而主动放弃借贷机会，进而潜在地对其收入产生影响。当然，还有另外一种可能：一个需要资金维持和扩大生产的农户，他通过一切可能的渠道寻求资金借贷，并获得了保障正常生产活动的资金，最终提高收入。由

此可见，可能存在的内生性问题将导致本章无法准确判断农户家庭总收入对农户融资意愿的影响，本章引入工具变量以解决内生性问题。

3.4.6　工具变量的选取

本章拟在 Probit 模型和 ordered Probit 模型中引入恰当的工具变量，在大样本条件下增加工具变量通常能得到更有效的估计结果。本章采用土地耕种面积（ARAL）和是否外出务工（MIGR）作为工具变量，较好地解决了家庭总收入（LNIN）变量的内生性问题。具体来讲，为了满足工具变量相关性条件，把土地耕种面积（ARAL）作为工具变量能够较好地反映农户的家庭经营收入[①]，本章不难推断出土地耕种面积（ARAL）与内生变量家庭总收入（LNIN）正相关。此外，还需考虑土地耕种面积（ARAL）作为工具变量的外生性问题，本章认为农户土地耕种面积（ARAL）并不直接影响农户融资意愿，但还是考虑土地耕地面积（ARAL）通过家庭总收入（LNIN）途径影响被解释变量，致使工具变量非完全外生。譬如，土地耕种面积越大的农户家庭总收入相应就越多，从而在选择农户最愿意的融资渠道上的主观性就更强。为此，本章在模型中加入出售农产品现金占比（AGRI）等控制变量，在一定程度上消除土地耕种面积（ARAL）作为工具变量的非完全外生性。本章考虑的另一工具变量是是否外出务工（MIGR），由于农户的工资性收入可能对其借贷行为具有一定的替代性，这意味着是否外出务工（MIGR）在满足相关性条件下并不完全外生，分析方式与工具变量土地耕种面积（ARAL）完全一样。

3.5　计量结果及分析

3.5.1　模型估计结果

表 3-3 是农户最愿意的融资渠道的回归结果，用于实证揭示影响农户融资选择的因素，为后文使用 IV ordered Probit 模型解析农户融资次序做了一个基础性论述。表 3-3 给出了 Probit 模型、IV Probit 模型和 IV Probit（两步法）模型的回归结果。前文已介绍过，贫困县样本数据不存在内生性，因此使用 Probit 模型对贫困县样本数据进行估计。相反，非贫困县样本数据存在内生性，使用了两步法进行回归。表 3-4 是考虑融资次序的农户扩大种植养殖规模资金来源方式的回归结

① 农户家庭总收入是指调查期内农村住户和住户成员从各种渠道得到的收入总和。按收入的性质划分为工资性收入、家庭经营性收入、转移性收入和财产性收入，其中农户收入主要由工资性收入和家庭经营性收入组成。

果，该结果仅作为考虑农户融资次序的简单思想内容，本章将在边际效应分析处做详细分析。

表 3-3　农户最愿意的融资渠道的 IV Probit 模型回归结果

变量		Probit	dy/dx	两步法第一步	两步法第二步	dy/dx
		贫困县		非贫困县		
家庭特征	NUMB 家庭常住人口	0.007 (0.697)	0.002 (0.259)	0.008*** (0.000)	–0.027** (0.042)	–0.027** (0.042)
	AAOL 劳动力平均年龄	0.003 (0.259)	0.001 (0.628)	0.084*** (0.000)	–0.001 (0.740)	–0.001 (0.740)
	EDUC 最高受教育程度	–0.012 (0.628)	–0.005 (0.413)	–0.005*** (0.000)	–0.082*** (0.000)	–0.082*** (0.000)
	LABA 劳动力占比	0.078 (0.413)	0.029 (0.065)	0.149*** (0.000)	–0.179*** (0.002)	–0.179*** (0.002)
经济能力	LNIN 家庭总收入	0.069* (0.066)	0.026 (0.697)	–0.058*** (0.000)	0.437*** (0.000)	0.437*** (0.000)
	SAVE 储蓄存款	0.213*** (0.000)	0.079*** (0.000)	0.166*** (0.000)	–0.004 (0.899)	–0.004 (0.899)
	AGRI 出售农产品现金占比	–0.014 (0.861)	–0.005 (0.861)	0.186*** (0.000)	0.077** (0.116)	0.077** (0.116)
金融条件	DIST 最近金融网点距离	0.001 (0.661)	0.000 (0.661)	0.169*** (0.000)	0.005** (0.010)	0.005** (0.010)
	PRIF 私人放贷活动	0.033 (0.440)	0.012 (0.440)	0.004*** (0.000)	–0.200*** (0.000)	–0.200*** (0.000)
	KNOW 金融信息	0.612*** (0.000)	0.227*** (0.000)	0.049 (0.658)	0.442*** (0.000)	0.442*** (0.000)
	INTE 利率承受水平	–0.016*** (0.001)	–0.006*** (0.001)	0.004 (0.197)	0.006** (0.039)	0.006** (0.039)

注：小括号里面的值代表 *p* 值。两步法估计系数实际上是对 $CHOI_i^*$ 的边际效应，所以两步法的边际效应 dy/dx 和估计系数相同

*、**、***分别表示 10%、5%和 1%的显著性水平

表 3-4　农户扩大种植养殖规模资金来源方式的 IV ordered Probit 回归结果

变量		假设 1　农户融资有先后次序：匿名借贷→熟人借贷→自我积累				假设 2　农户融资有先后次序：熟人借贷→匿名借贷→自我积累			
		ordered Probit		IV ordered Probit		ordered Probit		IV ordered Probit	
		贫困县	非贫困县	贫困县	非贫困县	贫困县	非贫困县	贫困县	非贫困县
家庭特征	NUMB 家庭常住人口	0.012 (00.433)	–0.001 (0.931)	0.014 (0.364)	–0.002 (0.840)	–0.011 (0.467)	0.009 (0.293)	–0.008 (0.592)	0.010 (0.237)
	AAOL 劳动力平均年龄	0.006** (00.013)	–0.005*** (0.000)	0.006** (0.019)	–0.004*** (0.002)	–0.001 (0.773)	–0.003** (0.021)	–0.001 (0.625)	–0.003** (0.010)

续表

变量		假设 1　农户融资有先后次序：匿名借贷→熟人借贷→自我积累				假设 2　农户融资有先后次序：熟人借贷→匿名借贷→自我积累			
		ordered Probit		IV ordered Probit		ordered Probit		IV ordered Probit	
		贫困县	非贫困县	贫困县	非贫困县	贫困县	非贫困县	贫困县	非贫困县
家庭特征	EDUC 最高受教育程度	0.017 (0.447)	−0.011 (0.437)	0.017 (0.444)	−0.009 (0.519)	0.010 (0.653)	−0.025* (0.065)	0.010 (0.635)	−0.026* (0.050)
	LABA 劳动力占比	0.122 (0.165)	−0.222*** (0.000)	0.133 (0.130)	−0.228*** (0.000)	−0.002 (0.983)	−0.083* (0.083)	0.015 (0.856)	−0.068 (0.145)
经济能力	LNIN 家庭总收入	−0.029 (0.406)	0.043** (0.018)	−0.166 (0.148)	0.489*** (0.000)	−0.004 (0.909)	−0.041** (0.019)	−0.202* (0.063)	−0.387*** (0.000)
	SAVE 储蓄存款	0.077** (0.044)	−0.063*** (0.002)	0.073* (0.057)	−0.050** (0.014)	−0.082** (0.022)	−0.086*** (0.000)	−0.087** (0.015)	−0.093*** (0.000)
	AGRI 出售农产品现金占比	−0.051 (0.476)	0.182*** (0.000)	−0.044 (0.540)	0.127*** (0.000)	−0.089 (0.186)	0.005 (0.873)	−0.077 (0.251)	0.043 (0.201)
金融条件	DIST 最近金融网点距离	0.001 (0.653)	0.002 (0.368)	0.002 (0.479)	0.001 (0.529)	−0.002 (0.466)	−0.012*** (0.000)	−0.001 (0.775)	−0.011*** (0.000)
	PRIF 私人放贷活动	−0.058 (0.141)	−0.107*** (0.000)	−0.051 (0.196)	−0.114*** (0.000)	−0.101*** (0.006)	0.043** (0.043)	−0.090** (0.015)	0.050** (0.015)
	KNOW 金融信息	0.355*** (0.000)	0.258*** (0.000)	0.356*** (0.000)	0.244*** (0.000)	−0.195*** (0.000)	−0.109*** (0.000)	−0.191*** (0.000)	−0.103*** (0.000)
	INTE 利率承受水平	−0.023*** (0.000)	0.008*** (0.002)	−0.022*** (0.000)	0.005** (0.035)	−0.012*** (0.005)	0.003 (0.222)	−0.011*** (0.007)	0.005** (0.043)

注：小括号里面的值代表 p 值

*、**、***分别表示 10%、5%和 1%的显著性水平

如表 3-3 所示，在不考虑农户融资次序的情况下，贫困县农户的家庭常住人口（NUMB）、劳动力平均年龄（AAOL）、最高受教育程度（EDUC）和劳动力占比（LABA）对农户融资选择的影响均不显著。而在非贫困县中，家庭常住人口（NUMB）、劳动力占比（LABA）和最高受教育程度（EDUC）对农户融资选择的影响显著。家庭常住人口（NUMB）或多或少地反映了农户的“社会资本”，“社会资本”较高的农户会自觉或不自觉地选择熟人借贷，这在一定程度上囿于我国乡土社会典型的“熟人社会”性质。最高受教育程度（EDUC）反映了农户的“人力资本”，最高受教育程度（EDUC）较高的农户更倾向于熟人借贷。在反映农户经济能力的变量中，无论是贫困县还是非贫困县，本章最为关心的解释变量农户家庭总收入（LNIN）的系数都显著（1%显著性水平下）为正，表明家庭总收入越高的农户越倾向于把匿名借贷当作其默认的借贷渠道，富裕程度直接影响农户的“信贷可及性”和“信贷可得性”，相较于承受利率，他们更不愿意欠亲朋好友的“人情债”。贫困县有储蓄存款（SAVE）的农户更倾向匿名借贷。在反映

农户金融条件的变量中，贫困县农户离最近金融网点距离（DIST）对其融资选择无显著影响，在一定程度上是贫困县农村金融机构网点覆盖率不高、金融基础设施不完善所致。另外，在贫困县和非贫困县中，获得金融信息越多及利率承受水平越低的农户更倾向匿名借贷。

3.5.2　稳健性检验

本章以是否接受过九年义务教育作为划分依据，将贫困县农户样本数据划分为“受教育程度较低”和“受教育程度较高”两个子样本。尽管非贫困县样本数据中存在内生性问题，但这并不一定保证子样本中一定存在内生性问题，原因在于子样本中农户行为偏好可能不同，需要考虑个体异质性。由于篇幅限制，所得的回归结果就不再制作表格予以呈现。结果如下：在“受教育程度较低”子样本中，样本数为 8824，Wald 检验的 p 值为 0.0146，本章最为关心的 LNIN 系数为 0.438，显著性 p 值为 0.000。在“受教育程度较高”类别中，样本数为 5340，Wald 检验的 p 值为 0.0544，本章最为关心的 LNIN 系数为 0.544，显著性 p 值为 0.025。总的来说，“受教育程度较低”和“受教育程度较高”两个类别子样本回归结果均表明收入越高的农户越倾向于匿名借贷，和前文结果相一致。

3.5.3　工具变量的外生性检验和解释变量的内生性检验

为了排除内生工具变量问题，本章进行工具变量外生性的过度识别检验（overidentification test）。在恰好识别的情况下，学术界公认无法检验工具变量的外生性，只能进行定性讨论或咨询专家意见。在过度识别情况下，则可进行过度识别检验。过度识别的原假设为“ H_0：所有工具变量都是外生的”，如果拒绝了该原假设，则认为至少某个变量不是外生的，即与扰动项相关。本章使用 Amemiya- Lee-Newey 检验，得出的过度识别 p 值为 0.3251，p 值大于 0.1，说明本章无法拒绝工具变量符合外生性条件的原假设。因此，本章采用包含工具变量的模型能够有效排除内生性的影响，从而更为准确地估计各个变量对农户融资意愿的影响。

已有文献中为了解决内生性问题通常使用两阶段最小二乘法（two-stage least squares，2SLS）进行估计，即使在使用 ordered Probit 模型进行经验分析的情况下，依旧先通过 2SLS 来讨论工具变量的有效性。而本章使用 Wald 检验来解释变量的内生性，得出的内生性检验统计值如下：在非贫困县 IV Probit 模型中，对外生性原假设“$H_0: \rho=0$”的 Wald 检验结果的p值为 0.0043（两步法的p值为 0.0039），故可以在 1%的显著性水平上认为 LNIN 为内生解释变量。在贫困县中，对外生性原假设“$H_0: \rho=0$”的 Wald 检验结果的p值为 0.8447（两步法p值为 0.8392），贫困县样本数据不存在内生性。

3.5.4　边际效应分析

由于 Probit 模型是非线性模型，Probit（IV Probit）模型、ordered Probit（IV ordered Probit）模型的参数值含义并不直观，表 3-3 和表 3-4 中的回归结果仅从显著性水平和参数符号给出了有限信息。非线性模型的边际效应本身也不是常数，它随解释变量而变，表 3-5 给出了各个解释变量对农户融资意愿的边际效应。边际效应包括平均边际效应（average marginal effect）、样本均值处边际效应（marginal effect at mean）和代表值处边际效应（marginal effect at a representative value），以上三种边际效应的计算结果可能存在较大差异。由于样本均值处边际效应易于计算，已有文献中被大量使用，但非线性模型样本均值处的个体行为并不等同于样本中个体的平均行为，对于结果分析的意义是有限的。因此，本章采用平均边际效应①，即分别计算在每个样本观测值上的边际效应，然后进行简单算术平均。平均边际效应的估计结果如表 3-5 所示。

（1）农户最高受教育程度会对非贫困县农户的融资次序产生影响，但不会对贫困县农户的融资次序产生显著影响。农户最高受教育程度每增加Δ，偏好假设 2 融资次序的非贫困县农户选择匿名借贷的概率增加 0.001Δ，选择熟人借贷的概率减小 0.008Δ。

（2）农户劳动力平均年龄会对其融资次序产生影响。农户劳动力平均年龄每增加Δ，偏好假设 1 融资次序的贫困县农户选择匿名借贷的概率增加 0.002Δ，选择熟人借贷的概率减小 0.001Δ。偏好假设 1 融资次序的非贫困县农户选择匿名借贷的概率减小 0.002Δ，选择熟人借贷的概率不变；偏好假设 2 融资次序的非贫困县农户选择匿名借贷的概率不变，选择熟人借贷的概率减小 0.001Δ。农户劳动力平均年龄的增加对偏好假设 2 融资次序的贫困县农户不产生显著影响。

（3）农户是否有储蓄存款会对其融资次序产生影响。农户有储蓄存款的概率$\mathrm{Prob(SAVE}=1)$每增加Δ，偏好假设 1 融资次序的贫困县农户选择匿名借贷的概率就增加 0.029Δ，选择熟人借贷的概率减小 0.007Δ。偏好假设 1 融资次序的非贫困县农户选择匿名借贷的概率减小 0.019Δ，选择熟人借贷的概率增加 0.005Δ。偏好假设 2 融资次序的贫困县农户选择匿名借贷的概率减小 0.001Δ，选择熟人借

① 平均边际效应的含义是：当解释变量变动 1 个单位时，被解释变量所取的各值概率的平均水平如何变化。

表 3-5　外生解释变量的平均边际效应

变量		假设 1　农户融资有先后次序：匿名借贷→熟人借贷→自我积累						假设 2　农户融资有先后次序：熟人借贷→匿名借贷→自我积累					
		贫困县（order Probit）			非贫困县（IV ordered Probit）			贫困县（order Probit）			非贫困县（IV ordered Probit）		
		匿名借贷	熟人借贷	自我积累	匿名借贷	熟人借贷	自我积累	熟人借贷	匿名借贷	自我积累	熟人借贷	匿名借贷	自我积累
家庭特征	NUMB 家庭常住人口	0.005 （0.439）	–0.001 （0.440）	–0.004 （0.439）	–0.001 （0.840）	0.000 （0.840）	0.000 （0.840）	–0.003 （0.457）	0.000 （0.502）	0.003 （0.457）	0.003 （0.237）	0.000 （0.239）	–0.003 （0.237）
	AAOL 劳动力平均年龄	0.002** （0.014）	–0.001** （0.014）	–0.002** （0.014）	–0.002*** （0.002）	0.000*** （0.002）	0.001*** （0.002）	0.000 （0.773）	0.000 （0.775）	0.000 （0.773）	–0.001** （0.010）	0.000** （0.011）	0.001** （0.010）
	EDUC 最高受教育程度	0.007 （0.446）	–0.002 （0.447）	–0.005 （0.446）	–0.003 （0.519）	0.001 （0.520）	0.002 （0.519）	0.003 （0.659）	0.000 （0.672）	–0.003 （0.659）	–0.008* （0.050）	0.001* （0.054）	0.007* （0.050）
	LABA 劳动力占比	0.047 （0.162）	–0.012 （0.162）	–0.035 （0.162）	–0.086*** （0.000）	0.024*** （0.000）	0.061*** （0.000）	–0.001 （0.983）	0.000 （0.983）	0.001 （0.983）	–0.022 （0.145）	0.003 （0.149）	0.018 （0.145）
经济能力	LNIN 家庭总收入	–0.011 （0.409）	0.003 （0.409）	0.008 （0.409）	0.183*** （0.000）	–0.052*** （0.000）	–0.131*** （0.000）	–0.001 （0.905）	0.000 （0.905）	0.001 （0.905）	–0.123*** （0.000）	0.019*** （0.000）	0.104*** （0.000）
	SAVE 储蓄存款	0.029** （0.047）	–0.007** （0.048）	–0.022** （0.047）	–0.019** （0.014）	0.005** （0.016）	0.013** （0.013）	–0.023** （0.020）	–0.001 （0.194）	0.024** （0.020）	–0.030*** （0.000）	0.004*** （0.000）	0.025*** （0.000）
	AGRI 出售农产品现金占比	–0.020 （0.477）	0.005 （0.477）	0.015 （0.477）	0.048*** （0.000）	–0.014*** （0.001）	–0.034*** （0.000）	–0.025 （0.180）	–0.001 （0.319）	0.026 （0.180）	0.014 （0.201）	–0.002 （0.199）	–0.012 （0.202）
金融条件	DIST 最近金融网点距离	0.000 （0.647）	0.000 （0.647）	0.000 （0.647）	0.000 （0.529）	0.000 （0.530）	0.000 （0.529）	–0.001 （0.445）	0.000 （0.493）	0.001 （0.445）	–0.004*** （0.000）	0.001*** （0.000）	0.003*** （0.000）
	PRIF 私人放贷活动	–0.022 （0.141）	0.006 （0.141）	0.017 （0.142）	–0.043*** （0.000）	0.012*** （0.000）	0.031*** （0.000）	–0.028*** （0.006）	–0.001 （0.187）	0.030*** （0.006）	0.016** （0.015）	–0.002** （0.017）	–0.014** （0.015）
	KNOW 金融信息	0.136*** （0.000）	–0.034*** （0.000）	–0.102*** （0.000）	0.092*** （0.000）	–0.026*** （0.000）	–0.065*** （0.000）	–0.055*** （0.000）	–0.002*** （0.128）	0.057*** （0.000）	–0.033*** （0.000）	0.005*** （0.000）	0.028*** （0.000）
	INTE 利率承受水平	–0.009*** （0.000）	0.002*** （0.000）	0.007*** （0.000）	0.002** （0.036）	–0.001** （0.040）	–0.001** （0.034）	–0.003** （0.013）	0.000 （0.209）	0.003** （0.014）	0.002** （0.042）	0.000** （0.044）	–0.001** （0.043）

注：小括号里面的值代表 p 值

*、**、***分别表示 10%、5%和 1%的显著性水平

贷的概率减小 0.023 Δ。偏好假设 2 融资次序的非贫困县农户选择匿名借贷的概率增加 0.004 Δ，选择熟人借贷的概率减小 0.030 Δ。

（4）农户家庭总收入会对非贫困县农户融资次序产生影响，但不会对贫困县农户的融资次序产生显著影响。农户收入每增加 Δ，偏好假设 1 融资次序的非贫困县农户选择匿名借贷的概率增加 0.183 Δ，选择熟人借贷的概率减小 0.052 Δ；偏好假设 2 融资次序的非贫困县农户选择匿名借贷的概率增加 0.019 Δ，选择熟人借贷的概率减小 0.123 Δ。

（5）农户离最近金融网点距离会对非贫困县农户的融资次序产生影响，但不会对贫困县农户融资次序产生显著影响。农户离最近金融网点距离每增加 Δ，偏好假设 2 融资次序的非贫困县农户选择匿名借贷的概率增加 0.001 Δ，选择熟人借贷的概率减小 0.004 Δ。

（6）金融信息会对其融资次序产生影响。农户知晓金融信息的概率 Prob (KNOW = 1) 每增加 Δ，偏好假设 1 融资次序的贫困县农户选择匿名借贷的概率就增加 0.136 Δ，选择熟人借贷的概率减小 0.034 Δ。偏好假设 1 融资次序的非贫困县农户选择匿名借贷的概率增加 0.092 Δ，选择熟人借贷的概率减小 0.026 Δ。偏好假设 2 融资次序的贫困县农户选择匿名借贷的概率减小 0.002 Δ，选择熟人借贷的概率减小 0.055 Δ。偏好假设 2 融资次序的非贫困县农户选择匿名借贷的概率增加 0.005 Δ，选择熟人借贷的概率减小 0.033 Δ。

（7）农户的利率承受水平会对其融资次序产生影响。农户的利率承受水平每增加 Δ，偏好假设 1 融资次序的贫困县农户选择匿名借贷的概率减小 0.009 Δ，选择熟人借贷的概率增加 0.002 Δ。偏好假设 1 融资次序的非贫困县农户选择匿名借贷的概率增加 0.002 Δ，选择熟人借贷的概率减小 0.001 Δ。偏好假设 2 融资次序的贫困县农户选择匿名借贷的概率不变，选择熟人借贷的概率减小 0.003 Δ。偏好假设 2 融资次序的非贫困县农户选择匿名借贷的概率不变，选择熟人借贷的概率增加 0.002 Δ。

3.6 本章小结

本章搭建了一个逐步走向二元运行格局的农贷市场基本框架作为理论分析的主线，这是一种抽象的删繁就简的解说。长期以来，农贷市场供给主体垄断经营的事实已反映出其职能难以发挥支持农业增产、农民增收的效应，究其原因，不能仅局限于对供给先行相关的农户信贷组织体系的讨论，更应从长期以来被忽略的农贷市场需求主体来追溯。现阶段，就农贷市场多层次、共发展的竞争格局而言，农贷市场功能错位引致的市场部分扭曲不可否认，但农户融资决策、行为选择及产生效应的过程同样并未得到充分讨论和足够重视。本章在匿名借贷和熟人借贷二元框架下，通过对县域农户融资次序的分层比较后发现：贫困县和非贫困县农户融资次序差异明显；随着农户收入增长，贫困县农户融资次序不发生显著变化，非贫困县农户选择匿名借贷概率增加，选择熟人借贷概率减小；随着农户受教育程度增加，贫困县农户融资次序不发生显著变化，非贫困县农户融资次序受到显著影响；农户劳动力平均年龄、是否有储蓄存款、金融信息及利率承受水平均会对贫困县和非贫困县农户融资次序产生显著影响。

第4章　中国农贷市场的“精英俘获”及其形成机理

通过将中国农贷市场中农户的主体决策、行为选择及其产生效应的过程置于社会、市场和国家的结构性框架中来审视其渊源、发展和演变，不难发现：一方面，内生于深刻而复杂的政治、经济和文化中的农户弱势心理在“农户直接面对国家”的社会结构中，异化为对国家的强依赖，形成寻求国家援助的惯性（陈雨露，2010），而一系列带有政府“善意”的农贷援助均无法解决分散农户交易费用过高的问题，分散兼业的农户碍难真正成为农贷市场的主体；另一方面，税费时代“去组织化”[①]的制度安排及因宏观经济波动引发农村经济关系紧张而演变出“劣绅驱逐良绅”[②]（董筱丹和温铁军，2008）后，乡村的良性治理生态受到破坏，精英的行为选择越来越偏离社区整体利益，遂使乡村内部普遍呈现大部分农贷资金被精英把控进而造成“精英俘获”（仝志辉和温铁军，2009），农贷市场中多数农户被“客体化”和“边缘化”，农贷市场分化加剧。

4.1　引　　言

农贷市场“精英俘获”机制的内涵是精英农户利用自身优势追逐利益进而占有更多资源的过程和事实，这里的精英主要指村庄中有一定实力和关系而形成的较为富裕的农户。“精英俘获”是治理状况劣化的乡村在对接农贷资金时普遍发生的现象，它不仅是农贷资金在乡村内部难以公平传递的一个最重要原因，而且是致使农贷政策目标偏离、过程扭曲和实施错位的关键影响因素。随着大量的农贷资源开始反哺农村，精英率先求偿、优先受益的利益要求大量侵蚀公共利益空间（温铁军和杨帅，2012），进而导致农贷资源“内卷化”[③]的发生。事实上，统计数据已部分揭示出农贷市场存在的“精英俘获”现象。贫困县中从金融机构得到贷款的贫困户比重（不包括扶贫贷款）在逐年减小，2010年从银行或信用合作社得到贷款的贫困户占全部农户的2.0%，比2007年下降了1.3个百分点。以扶贫

---

① 表示中国部分农村地区日益原子化的趋势性变化，许多村庄共同体已经解体；村庄的公共空间被肆意切割，农民很难组织有益的生产生活，人际关系不断疏远。

② 良绅退位，劣绅上台。

③ 农贷市场在某一阶段达到一种确定的形式后，其促进农业、农村发展及农民增收的效应逐渐减弱，即农贷的边际效益递减，称之为“内卷化”。

贷款为例，当年扶贫贷款发放对象一般是参考上年人均收入水平，主要发放给中低收入人口。但 2010 年贫困县只有 20.6%的扶贫贷款发放给上年人均纯收入低于 2000 元的农户，有 38.2%发放给了人均收入在 2000～3000 元的农户，有 19.8%发放给了上年人均纯收入在 3000～4000 元的农户，有 21.4%发放给了上年人均纯收入高于 4000 元的农户。与上年相比，贷款给上年人均纯收入低于 3000 元的农户比例下降，高于 3000 元的农户比例上升（国家统计局住户调查办公室，2012）。

自 20 世纪 90 年代以来，乡村精英逐渐成为农村问题研究中一个独立的研究对象。具体而言，精英会利用信息失真俘获他们所偏好的各类项目，最终达到精英阶级的效用最大化而不是贫困户的效用最大化（Platteau and Somville，2009）。Beath 等（2011）在阿富汗进行了 250 个村的调查后发现，精英在扶贫项目的支配上起决定性作用，但他们无法影响村委会的行为和态度。Chowdhury 和 Yamauchi（2010）基于对印度尼西亚的入户调查发现，在权力下放背景下，基础设施建设项目通常被精英所把控。Prinsen 和 Titeca（2008）通过对乌干达的调查发现，非洲公共管理基本无效的重要原因是“精英俘获”现象的广泛存在。Alatas 等（2013）利用印度尼西亚的非实验数据研究了“精英俘获”对福利分配的影响，发现“精英俘获”会造成福利损失，消除“精英俘获”会使社会福利水平上升大约 1%。D’Exelle 和 Riedl（2008）实证研究了社区发展中的“精英俘获”和“社会排斥”（social exclusion），发现信息在资源配置和监管中极为重要，监管的无效性会导致社区的经济资源被精英所俘获。也有学者提出，通过反精英（counter-elite）和增选精英（co-opt-elite）等机制设计来应对“精英俘获”机制进而保障穷人的权利（Wong，2010）。

理论界还讨论了村庄精英的结构、精英在村委选举及乡村治理中的角色和精英流动与村庄权利的继替。金太军（2002）虽认同贺雪峰（2001）关于乡村精英“治理和非治理”的二分法框架，但认为治理精英本身包含非治理精英，因此把精英划分为体制内精英和体制外精英，后被大多数学者采用。徐勇（1997）强调了费孝通“双轨政治”思想对“乡政村治”的实践的影响，认为精英扮演了上级政府“代理人”和村民“当家人”的“双面角色”。但这种“双面角色”只不过是社会对精英理想角色的期待，精英通常在国家与农民两头摆平衡、踩钢丝（吴毅，2002）。在市场改革中，最主要的受益者是旧体制中的政治精英，他们利用手中的政治和社会资本在自身角色转换中谋求更大的利益，其中精英更替是精英集团内部的变化，当然也可能在精英集团内部输入日益增多的新生力量（Nee and Matthews，1996），精英集团既存在循环，也存在再生（孙立平等，1994）。在讨论“精英俘获”的文献中，学者主要关注扶贫项目和合作经济组织的目标偏离、过程扭曲及实施错位。扶贫项目目标偏离的关键原因在于项目区内外力量的互动、参与式发展悖论、农村社会分化、项目信息、参与权力的不均衡配置和项目的门槛效应导致的“精英俘获”现象（邢成举和李小云，2013）。此外，我国农民专业合作社发展中也呈现普遍的“精英俘获”现象，具体表现为领办人控制严重、股权集中和“大农吃小农”，严重偏离了合作社“民有、民管、民受益”的原则（梁剑峰和李静，2015）。

现有的关于“精英俘获”机制的分析和研究在一定程度上揭示了乡土社会中正在发生的趋势性变化，同时也涉及乡村治理和运行中的理论与实践问题，对相应的制度安排提供了宝贵的思想材料。不过，这些讨论没有对精英俘获信贷资金的问题给予专门的关注，因此农贷市场的“精英俘获”机制并未得到充分揭示。实际上，无论是讨论扶贫项目、基础设施建设、公共管理、村委会选举还是农户信贷中的“精英俘获”机制，无外乎精英农户追求自身利益最大化的结果性表现，甚至可称之为经济学研究中的人类追逐财富的欲望所产生的后果。在这一层面上来讲，本章在这种特定经济假设的影响下形成的分析，反映了中国农村地区的精英及上层建筑的真实状态，并且对理论之于现实所展开的政策讨论，或许能让人们产生更深刻的认识。

基于农村社会学理论，本章拓展了农村金融学研究的方法和领域，实际上，部分社会学学者致力于揭示“精英俘获”“富人治村”“庇从关系”等乡村治理问题，但大部分文献得出的结论发轫于学者对现实情况进行的经验分析并得出的感性表述或推测，逻辑推理力度不够，其政策建议也就难以具体。本章的价值与创新主要来自以下几个方面。第一，本章结合已有的社会学原理，同时基于严谨的经济学理论分析和实证分析框架，揭示中国农贷市场的“精英俘获”机制并估计出其程度和范围，为相关政策设计提供令人信服的参考依据。第二，本章通过巧妙的研究设计，把长期以来农村关系型社会中较为普遍的现象上升为理论，并提供检验该理论的证据，并且使用贫困县和非贫困县分层对比研究的方法，揭示县域农贷市场的不同状况。第三，本章使用来自中国人民银行的两万余份入户调查数据，对农贷市场予以全国性考察。第四，本章找到统计性质良好的工具变量，更加准确地推断出农贷市场的“精英俘获”机制。当然，本章的选题和立论是在学术界一个相对空白的交叉研究领域。

本章的后续设计如下：首先，本章拟搭建一个揭示当前农贷市场“精英俘获”机制的理论模型，为后续研究提供一个逻辑起点；其次，本章使用 2SLS 回归模型和 IVQR 模型进行实证研究；最后，结合理论与实证分析，形成研究结论和政策启示。

4.2 中国农贷市场“精英俘获”机制的形成及演进逻辑

4.2.1 研究假设

本章借鉴 Platteau 和 Somville（2009）的分析框架①，考虑精英农户和一般农户的主体决策、行为逻辑及其产生效应的过程，从理论上探讨农贷市场的“精英俘获”机制。本章做如下假设。

假设 1：精英主要指“经济精英”，亦即农村中家庭总收入较高的群体②。

假设 2：精英并不是一个严格范畴，何种收入水平定义为精英，视各县（市）、乡、村具体情况而定。

假设 3：农户信贷作为具有优惠性质的反哺资源，是“僧多粥少”的，不考虑需求不足的情况。原因在于农贷一般带有政府的“善意”，有的甚至是“赦债”。

4.2.2 理论分析

本章把农贷市场的主体简单地划分为两类：一类是资金需求者，由维持和扩大生产的一般农户（简记 p）和有一定实力及关系而形成的较为富裕的精英农户（简记 l）两部分组成；另一类是资金供给者（简记 s），他将提供农贷资金（简记 F）。那么，农贷资金将如何在一般农户和精英农户之间分配呢？本章用θ表示农户获得的农贷资金占整个农贷资金的比例，其中$\theta \in [0,1]$。θ^{l}表示精英农户期望的θ，θ^{p}表示一般农户期望的θ。此时，可以写出一般农户和精英农户的效用函数。

精英农户的效用函数为

$$U^{l}(\theta) = L - \lambda \,|\, \theta - \theta^{l} \,| \tag{4-1}$$

一般农户的效用函数为

$$U^{p}(\theta) = P - \pi \,|\, \theta - \theta^{p} \,| \tag{4-2}$$

其中，P,π,L,λ 为固定值，$P,\pi,L,\lambda \in \mathbb{R}_0^+$；$P > \pi$，$L > \lambda$；$U^{p}(\theta) > 0$，$U^{l}(\theta) > 0$，$\forall\theta$，

① Platteau 和 Somville（2009）研究了扶贫项目中囿于信息扭曲而形成的“精英俘获”机制，他们在模型推导上对本章的研究是具有启发性质的。

② 取消“村提留”和“义务工”之后，村委会逐渐失去了资源提取的制度保障，其组织农民的能力大为弱化。在这种局面下，乡镇只能选择有经济实力的人来任村干部（周建明和束方圆，2014）。同时，拥有较高社会资本（尤其是政治资本）的农户，其收入水平较高（周晔馨，2012；程名望等，2014；温涛等，2015a）。

$\theta^{\mathrm{l}},\theta^{\mathrm{p}}$。

当然，倘若无法得到信贷资金，他们的效用都为 0。由于一个隐含的条件是农贷资金是“僧多粥少”的，当然供给者希望发生借贷之后的效用高于不发生借贷的效用，那么不发生借贷的效用是供给者的次优效用，用 $\bar{U}$ 表示。此时有

$$E[P-\pi|\theta-\theta^{\mathrm{p}}|]\geqslant\bar{U} \tag{4-3}$$

$$E[|\theta-\theta^{\mathrm{p}}|]\leqslant\frac{P-\bar{U}}{\pi} \tag{4-4}$$

其中，$\frac{P-\bar{U}}{\pi}$ 为资金供给者对“精英俘获”的忍受程度，本章把 $\frac{P-\bar{U}}{\pi}$ 记为 k。显然其忍受程度是有限的，同时为了表达密度函数的方便，本章定义 $k\leqslant\frac{1}{2\varphi}$。为了揭示精英农户和一般农户行为及偏好的差异，本章假定 $|\theta^{\mathrm{l}}-\theta^{\mathrm{p}}|>\frac{1}{2\varphi}+k$。毋庸讳言，借贷在 $E[P-\pi|\theta-\theta^{\mathrm{p}}|]\geqslant\bar{U}$ 时必然会发生，而当 $\bar{U}>P$ 时，借贷必然不会发生，因此本章着重讨论 $P\geqslant\bar{U}$ 时的情况。

精英农户最大化的效用函数如下：

$$\max_{\{\theta\}} E[L-\lambda|\theta-\theta^{\mathrm{l}}|] \tag{4-5}$$

$$E[L-\lambda|\theta-\theta^{\mathrm{l}}|]=\Pr(\theta)\times(L-\lambda|\theta-\theta^{\mathrm{l}}|)+\Pr(\theta')\times 0 \tag{4-6}$$

其中，θ 和 θ' 分别为发生借贷和未发生借贷的情况。供给者希望提供资金给正确的目标群体，则有 $\theta^{\mathrm{s}}=\theta^{\mathrm{p}}+\varepsilon$，其中 $E(\varepsilon)=0$，$\theta^{\mathrm{s}}\sim U\left[\theta^{\mathrm{p}}-\frac{1}{2\varphi},\theta^{\mathrm{p}}+\frac{1}{2\varphi}\right]$。当 $|\theta-\theta^{\mathrm{s}}|\leqslant k$ 时借贷会发生，于是有

$$\Pr(\theta)=\Pr(|\theta-\theta^{\mathrm{s}}|\leqslant k)$$
$$=\begin{cases} 2k\varphi, & \theta\in\left[\theta^{\mathrm{p}}-\frac{1}{2\varphi}+k,\theta^{\mathrm{p}}+\frac{1}{2\varphi}-k\right] \\ \varphi\left(\frac{1}{2\varphi}+k+\theta^{\mathrm{p}}-\theta\right), & \theta\in\left[\theta^{\mathrm{p}}+\frac{1}{2\varphi}-k,\theta^{\mathrm{p}}+\frac{1}{2\varphi}+k\right] \\ \varphi\left(\frac{1}{2\varphi}+k-\theta^{\mathrm{p}}+\theta\right), & \theta\in\left[\theta^{\mathrm{p}}-\frac{1}{2\varphi}-k,\theta^{\mathrm{p}}-\frac{1}{2\varphi}+k\right] \\ 0, & \text{其他} \end{cases} \tag{4-7}$$

式（4-7）中四种情况可由图 4-1 较为直观地表示出。

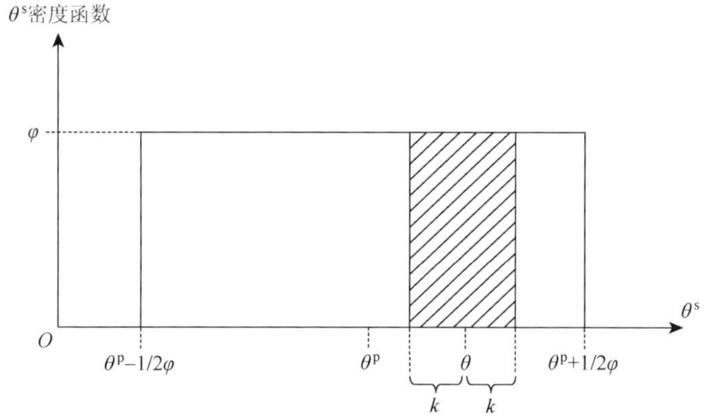

图 4-1　农贷市场供给者提供信贷资金的概率分布图

为了求解精英农户的效用最大化的问题，需要分以下四种情况对 θ 进行分类讨论。

（1）当 $\theta^{p}-1/2\varphi+k\leqslant\theta\leqslant\theta^{p}+1/2\varphi-k$ 时，借贷发生的概率为常数，恒等于 $2k\varphi$。此时，精英农户追求效用最大化的行为是选择最大化的 θ，即闭区间的最大值 $\theta=\theta^{p}+1/2\varphi-k$。

（2）当 $\theta^{p}+1/2\varphi-k\leqslant\theta\leqslant\theta^{p}+1/2\varphi+k$ 时，由精英农户效用最大化的一阶条件可得 $\theta=1/2(\theta^{l}+\theta^{p}+1/2\varphi+k-L/\lambda)$。此时需要讨论 θ 是否在区间内部，即 $1/2(\theta^{l}+\theta^{p}+1/2\varphi+k-L/\lambda)\in(\theta^{p}+1/2\varphi-k\leqslant\theta\leqslant\theta^{p}+1/2\varphi+k)$。显然，$\theta$ 不会超过闭区间的最大值；简单的代数计算可知，当 $k>1/3[1/2\varphi-(\theta^{l}-\theta^{p})+L/\lambda]$ 时 θ 不超过闭区间的最小值。另外，当精英农户和一般农户期望获得农贷比重非常接近时，即 $\theta^{l}-\theta^{p}<1/2\varphi+k-L/\lambda$ 时，上文中计算得到的 θ 高于精英期望的 θ^{l}，即 $1/2(\theta^{l}+\theta^{p}+1/2\varphi+k-L/\lambda)>\theta^{l}$，此时最大化条件变为 $\theta=\theta^{l}$。

（3）当 $\theta^{p}-1/2\varphi-k\leqslant\theta\leqslant\theta^{p}-1/2\varphi+k$ 时，借贷发生的概率为 0。

（4）在其他情况中，当 $\theta\leqslant\theta^{p}-1/2\varphi+k$，借贷发生的概率随 θ 的增大而增大，同时精英的效用也随着 θ 的增大而增大，因此会选择尽可能大的 θ 值。

由以上四种情况的讨论可知，实际上存在的效用最大化 θ 值只有两个，而分界点在 $k\leqslant\frac{1}{3}\left[\frac{1}{2\varphi}-(\theta^{l}-\theta^{p})+\frac{L}{\lambda}\right]$，上述讨论可以由式（4-8）、式（4-9）表示出，θ^{*} 是最优解。

$$\theta^{*}=\begin{cases}\theta^{p}+\dfrac{1}{2\varphi}-k, & k\leqslant\dfrac{1}{3}\left[\dfrac{1}{2\varphi}-(\theta^{l}-\theta^{p})+\dfrac{L}{\lambda}\right]\\ \dfrac{1}{2}\left(\theta^{l}+\theta^{p}+\dfrac{1}{2\varphi}+k-\dfrac{L}{\lambda}\right), & k>\dfrac{1}{3}\left[\dfrac{1}{2\varphi}-(\theta^{l}-\theta^{p})+\dfrac{L}{\lambda}\right]\end{cases}\tag{4-8}$$

$$\theta^* - \theta^{\mathrm{p}} = \begin{cases} \dfrac{1}{2\varphi} - k, & k \leqslant \dfrac{1}{3}\left[\dfrac{1}{2\varphi} - (\theta^{\mathrm{l}} - \theta^{\mathrm{p}}) + \dfrac{L}{\lambda}\right] \\ \dfrac{1}{2}\left(\theta^{\mathrm{l}} - \theta^{\mathrm{p}} + \dfrac{1}{2\varphi} + k - \dfrac{L}{\lambda}\right), & k > \dfrac{1}{3}\left[\dfrac{1}{2\varphi} - (\theta^{\mathrm{l}} - \theta^{\mathrm{p}}) + \dfrac{L}{\lambda}\right] \end{cases} \quad (4\text{-}9)$$

至此，本章以效用函数为逻辑起点搭建了一个揭示农贷市场“精英俘获”机制的理论框架，对精英农户和一般农户的主体决策、行为逻辑及实现过程予以了理论解析。以上分析表明农贷市场存在“精英俘获”，但并非必然现象，是一定条件约束下精英农户追逐利益、占有更多资源及供给方节约交易成本、规避风险的结果。那么，中国农贷市场在何种程度、何种范围内存在怎样的“精英俘获”机制呢？在下文中，本章将利用全国 10 个省份 20 040 户农户的调查数据进行实证研究。

4.3　样本选择、变量设定与描述性统计

4.3.1　样本选择

样本数据源于中国人民银行联合国家统计局在全国范围开展的针对农户借贷需求的专项调查问卷，调查问卷涉及吉林、福建、安徽、内蒙古、贵州、江苏、河南、四川、湖南、宁夏 10 个省份，共抽取 263 个县（市）、2004 村、20 040 户，共获取 20 040 户农户的有效样本。调查按“每省份 200 村，每村 10 户”进行抽样，总调查 2004 个村（其中河南样本村 204 个），样本村是由国家统计局按对称等距方法抽出，样本数据由中国人民银行于 2009 年公布，是截面数据。为进一步提高数据的准确性与科学性，本章在调查数据基础上进行了样本清洁处理①。

4.3.2　变量设定

由于本章实证分析选取了较多变量，为了避免存在多重共线性或相关性影响系数的显著性，本章在变量的选择上遵循选取具有代表性的一个变量或不相关的两个变量原则。实际上，本章在模型设定前已经做了解释变量间的相关性和共线性检验，所有解释变量之间均不存在高度的共线性和相关性。同时考虑到调查问卷收集数据的宝贵性，本章没有轻易放弃任何一个变量，当然也就不存在丢掉一些变量后剩下变量系数可能存在的严重估计偏误。

① 主要是通过数据逻辑对调查结果的奇异值和缺失值进行处理。

本章的被解释变量是农户借贷资金（LNLO），其反映了农户家庭一年内获得的借贷资金总额，主要指农户获得的利率（即贷款价格）具有一定优惠性质的贷款，而正是由于这种优惠性质的存在，才会产生“精英俘获”机制。

本章把解释变量划分为农户特征变量、经济能力变量和金融条件变量。在农户特征变量中，本章考虑了农户家庭常住人口（NUMB）、劳动力占比（LABA）、劳动力平均年龄（AAOL）、最高受教育程度（EDUC）和土地耕种面积（ARAL）。本章把农户家庭是否外出务工（MIGR）用作工具变量，由于本章考虑了农户家庭总收入的内生性，在下文“工具变量的选取”中，本章将着墨描述该变量。本章在考虑了农户家庭总收入（LNIN）、出售农产品现金占比（AGRI）和是否有储蓄存款（SAVE）之后，还特意把农户的金融条件作为考察的因素，认为离最近金融网点距离（DIST）、金融信息①（KNOW）将影响农户的“信贷可及性”。此外，本章所使用的变量数据主要来自直接调查取得的样本数据和根据调查数据计算得来的间接数据②，详细的变量描述与定义见表 4-1。

表 4-1 中国农户借贷资金相关变量定义

变量类别		变量名称	缩写	描述
被解释变量	农户借贷	借贷资金	LNLO	农户获得借贷资金的对数值
内生解释变量	经济能力	家庭总收入	LNIN	家庭总收入的对数值
外生解释变量	经济能力	储蓄存款	SAVE	根据农户是否有储蓄存款，0=否，1=是
		出售农产品现金占比	AGRI	农户出售农产品的现金收入占家庭总收入比重
	农户特征	家庭常住人口	NUMB	农户家庭人口总数，单位：人
		劳动力平均年龄	AAOL	16 岁以上劳动力年龄平均值，单位：岁
		最高受教育程度	EDUC	农户家庭劳动力的最高受教育程度，0=未上学，1=小学，2=初中，3=高中或中专，4=大专及以上
		劳动力占比	LABA	16 岁以上劳动力人数占家庭人口总数比重
		土地耕种面积	ARAL	农户家庭耕种土地的面积，单位：亩
	金融条件	最近金融网点距离	DIST	农户离最近金融机构的距离，单位：里
		金融信息	KNOW	农户是否知道农村信用合作社的小额贷款，0=否，1=是
工具变量	农户特征	是否外出务工	MIGR	农户家庭是否有人外出务工，0=无，1=有

① 具体来讲，金融机构贷款甄别机制的不健全可能会向借款人传递有偏差的市场信号，可能使农户成为“无信心借款人”，导致借贷者误认为自己不能获得贷款而放弃申贷的努力。本章使用农户是否知道农村信用合作社的小额贷款来衡量。

② 其中直接调查数据主要包括家庭常住人口、劳动力平均年龄、最高受教育程度、家庭总收入、储蓄存款等，间接计算数据主要包括出售农产品现金占比、劳动力占比等。

4.3.3　描述性统计

本章根据问卷调查点将样本数据划分为贫困县和非贫困县，各变量的均值、标准差、最大值、最小值和观测数见表 4-2。代表农户家庭特征的大多变量并无明显差异，但贫困县农户的平均土地耕种面积达 19.587 亩，而非贫困县仅为 12.049 亩，这种差异在一定程度上是由于不同地区农户的农业生产经营方式不同。同时，贫困县农户土地耕种面积标准差高达 27.988，而非贫困县该值为 17.509，这或多或少揭示了贫困县农户资源禀赋差距或资源分配不均程度明显高于非贫困县。

表 4-2　变量的描述性统计分析

变量	非贫困县					贫困县				
	均值	标准差	最大值	最小值	观测数	均值	标准差	最大值	最小值	观测数
LNLO	8.121	1.309	12.9	0.69	4293	7.656	1.285	12.4	1.53	1964
NUMB	3.987	1.219	11.0	1.00	4293	4.370	1.371	10.0	1.00	1964
AAOL	39.276	7.586	71.5	22.00	4293	38.919	7.695	70.0	19.00	1964
EDUC	2.328	0.742	4.0	0.00	4293	2.198	0.799	4.0	0.00	1964
LABA	0.715	0.208	1.3	0.00	4293	0.691	0.220	1.0	0.17	1964
ARAL	12.049	17.509	260	0.00	4293	19.587	27.988	415	0.00	1964
LNIN	9.873	0.588	12.7	6.87	4293	9.485	0.570	12.0	4.03	1964
SAVE	0.405	0.491	1.0	0.00	4293	0.278	0.448	1.0	0.00	1964
AGRI	0.426	0.301	1.0	0.00	4293	0.377	0.262	1.0	0.00	1964
DIST	5.276	7.544	100	0.10	4293	6.916	7.771	50.0	0.10	1964
KNOW	0.731	0.444	1.0	0.00	4293	0.716	0.451	1.0	0.00	1964

4.4　实 证 研 究

4.4.1　模型估计方法

传统的工具变量法一般通过 2SLS①来实现。2SLS 回归实际上是两个回归，第一阶段分离出内生解释变量的外生部分：

$$\hat{\boldsymbol{X}} = \boldsymbol{Z}[(\boldsymbol{Z}^{\mathrm{T}}\boldsymbol{Z})^{-1}\boldsymbol{Z}^{\mathrm{T}}\boldsymbol{X}] \tag{4-10}$$

① 由于 2SLS 回归和 IVQR 的方法已经比较成熟，本章只简要介绍其思路。

第二阶段用此外生部分进行回归，即使用 $\widehat{\boldsymbol{X}}$ 为工具变量对 $\boldsymbol{y}=\boldsymbol{X\beta}+\boldsymbol{\varepsilon}$ 进行估计：

$$\hat{\boldsymbol{\beta}}=(\hat{\boldsymbol{X}}^{\mathrm{T}}\hat{\boldsymbol{X}})^{-1}\hat{\boldsymbol{X}}^{\mathrm{T}}\boldsymbol{y} \tag{4-11}$$

其中，$\boldsymbol{X}=(\mathrm{NUMB},\mathrm{AAOL},\mathrm{EDUC},\mathrm{LABA},\mathrm{ARAL},\mathrm{LNIN},\mathrm{SAVE},\mathrm{AGRI},\mathrm{DIST},\mathrm{KNOW})$，$\boldsymbol{Z}=\mathrm{MIGR}$， $\boldsymbol{y}=\mathrm{LNLO}$。

线性回归模型是一种简单的均值回归，不过其无法揭示解释变量 x 对整个条件分布 $y|x$ 的影响。为了能够提供条件分布 $y|x$ 的全部信息，本章通过估计条件分布 $y|x$ 的若干个重要的条件分位数[①]（conditional quantiles），得到不同的分位数函数。进一步，本章选用 IVQR 模型，形式如下：

$$\boldsymbol{Y_D}=q(\boldsymbol{D},\boldsymbol{x},U_{\boldsymbol{D}}) \tag{4-12}$$

其中，$\boldsymbol{Y_D}$ 由式（4-12）给出，是对应不同政策变量 $\boldsymbol{D}$ 的潜在产出；$q(\cdot)$ 为潜在产出 $\boldsymbol{Y_D}$ 的 τ 分位数；$\boldsymbol{x}$ 向量包含所有外生变量。其他不可观测变量通过 $U_{\boldsymbol{D}}$ 来影响 $\boldsymbol{Y_D}$，服从 $(0,1)$ 上的均匀分布，即 $U|_{x,z}\sim\mathrm{Uniform}(0,1)$，$\boldsymbol{z}$ 表示工具变量。

$$\boldsymbol{D}=\delta(\boldsymbol{X},\boldsymbol{Z},\boldsymbol{V}) \tag{4-13}$$

其中，$\delta(\cdot)$ 为一个未知形式的函数；$\boldsymbol{X}$ 为模型中所有变量组成的矩阵；$\boldsymbol{Z}$ 为工具变量矩阵；$\boldsymbol{V}$ 向量由一系列不可观察变量构成。

本章假设 IVQR 服从如下线性模型：

$$q(\boldsymbol{d},\boldsymbol{x},\tau)=\boldsymbol{d}^{\mathrm{T}}\alpha(\tau)+\boldsymbol{x}^{\mathrm{T}}\beta(\tau) \tag{4-14}$$

其中，$q(\cdot)$ 为 τ 的增函数，同时记 $\theta(\tau)=\{\alpha(\tau)',\beta(\tau)'\}'$。处理效应通过 $q(\boldsymbol{d},\boldsymbol{x},\tau)-q(\boldsymbol{d}^0,\boldsymbol{x},\tau)$ 来表示，并控制不可观测变量 $U_{\boldsymbol{D}}=\tau$。模型的内生性在很大程度上源于 $\boldsymbol{D}$ 与 $U_{\boldsymbol{D}}$ 的相关性，进一步导致了 $\theta(\tau)$ 的估计值出现偏差。解决内生性问题的有效方式是使用工具变量法，本章通过式（4-15）来估计 $\theta(\tau)$：

$$P[Y\leqslant q(\boldsymbol{d},\boldsymbol{x},\tau)\,|\,\boldsymbol{z},\boldsymbol{x}]=\tau \tag{4-15}$$

其中，$\boldsymbol{X}=\boldsymbol{x}$，$\boldsymbol{D}=\boldsymbol{d}$，并且 $\{Y\leqslant q(\boldsymbol{d},\boldsymbol{x},\tau)\}$ 等同于 $\{U\leqslant\tau\}$，此时有

$$\underset{\theta(\tau)}{\arg\min}\,E\{\rho_\tau[y-\boldsymbol{d}^{\mathrm{T}}\alpha(\tau)-\boldsymbol{x}^{\mathrm{T}}\beta(\tau)-f(\boldsymbol{z},\boldsymbol{x})]\} \tag{4-16}$$

其中，$\rho_\tau(u)=u[\tau-1(u<0)]$，$f(\cdot)$ 由方程 $F(\boldsymbol{z},\boldsymbol{x})$ 给出。

4.4.2　模型内生性的讨论

农户获得借贷资金的数量与农户收入可能互为因果，这在一定程度上会导

① 通常使用四分之一分位数（lower quantile）、中位数（median）、四分之三分位数（upper quantile）。

致上述模型设定存在内生性问题。具体来讲，收入较高的农户可能得到更高的农贷资金，这是本章关心的因果关系。然而，农户的收入也可能受到获得的农贷资金的影响。例如，获得农贷资金保证了农户维持与扩大生产，进而提高农户收入。总之，无论是上述哪种情况，都在一定程度上导致本章无法准确判断农户收入对农户获得借贷资金的影响。当然，就其余导致内生性的因素而言，由于影响被解释变量的因素往往很多，且所获得数据具有局限性，在任何实证研究中几乎总是存在遗漏变量。影响农户获得农贷资金的主客观因素较多，本章尽量把更多因素纳入考虑范围之内。并且，农户获得农贷资金中存在的测量误差不可避免，但本章使用的样本数据源于中国人民银行联合国家统计局在全国范围开展的针对农户借贷需求的专项调查问卷，具备较高的准确性与科学性，测量误差相对较小。

4.4.3　工具变量的选取

为了解决模型内生性问题，本章拟在回归模型中引入工具变量。采用农户是否外出务工（MIGR）作为工具变量，本章较好地解决了模型的内生性问题。工具变量需要满足相关性和外生性条件。具体来讲，农户家庭是否有人外出务工会对农户的工资性收入产生显著影响，不难推断出外出务工与收入正相关。此外，本章认为，农户家庭是否有人外出务工并不会直接影响农户获得农贷资金。但出于社会科学研究的严谨性，本章还是考虑了是否外出务工（MIGR）通过家庭总收入（LNIN）之外的途径影响被解释变量——借贷资金（LNLO），致使其并非完全外生，如农户的工资性收入对农贷资金有一定的替代作用。为此，本章在计量模型中引入出售农产品现金占比（AGRI）、劳动力占比（LABA）和储蓄存款（SAVE）等一系列控制变量。

4.4.4　分层比较的设计

中国农村问题之复杂，乡土社会区域差别之大，对本章选择一个“价值中立”的分析窗口提出了较高的要求。在这种要求下，借鉴“自然实验”中“对照组”的思想，本章提出使用贫困县和非贫困县分层比较的研究方法。进一步讲，县域包含广大农村地区，是统筹城乡经济社会发展的结合点，但县域之间的发展极不平衡，不同经济发展水平县域的农户存在明显差异，有必要加以区别进行讨论。因此，基于不同县域农贷市场划分总体样本，不仅能从回归结果中获取更多信息，这种讨论方法也更符合现实。

4.4.5 统计检验

1. 解释变量的内生性检验

①对贫困县而言，Hausman 检验的 $\chi^2(1)$ 统计量为 23.95，其 p 值为 0.0000，可以在 1%的显著性水平上拒绝“所有解释变量均为外生”的原假设，初步认为农户家庭总收入（LNIN）为内生解释变量。进一步，本章进行异方差稳健的 DWH（Durbin-Wu-Hausman）检验。Wu-Hausman F 检验的统计量 $F(1,1952)$ 值为 23.795 33，其 p 值为 0.0000；DWH 统计量为 23.653 27，其 p 值为 0.0000。另外，内生性检验的 $\chi^2(1)$ 统计量为 22.124，其 p 值为 0.0000，接近 Wu-Hausman F 检验结果。因此，本章认为贫困县农户家庭总收入（LNIN）为内生解释变量。②对非贫困县而言，Hausman 检验的 $\chi^2(1)$ 统计量为 59.45，其 p 值为 0.0000，可以在 1%的显著性水平上拒绝“所有解释变量均为外生”的原假设，初步认为农户家庭总收入（LNIN）为内生解释变量。进一步，本章进行异方差稳健的 DWH 检验。Wu-Hausman F 检验的统计量 $F(1,4281)$ 值为 60.274 02，其 p 值为 0.0000；DWH 统计量为 59.603 79，其 p 值为 0.0000。另外，内生性检验的 $\chi^2(1)$ 统计量为 55.403，其 p 值为 0.0000，接近 Wu-Hausman F 检验结果。因此，本章认为非贫困县农户家庭总收入（LNIN）为内生解释变量。

2. 工具变量的外生性检验和相关性检验

①对贫困县而言，不可识别检验显示，Kleibergen-Paap rk LM 统计量为 14.577，其 p 值为 0.0001；Anderson LM 统计量为 15.781，其 p 值为 0.0001。故强烈拒绝不可识别的原假设。弱工具变量检验显示，Cragg-Donald Wald F 统计量为 15.820，Kleibergen-Paap rk Wald F 统计量为 16.429。两个统计量均接近 10%显著性水平下的临界值（10% maximal IV size：16.38，15% maximal IV size：8.96），因此本章的工具变量在 15%显著性水平下不是弱工具变量。②对非贫困县而言，不可识别检验显示，Kleibergen-Paap rk LM 统计量为 6.728，其 p 值为 0.0095；Anderson LM 统计量为 6.994，其 p 值为 0.0082。故强烈拒绝不可识别的原假设。弱工具变量检验显示，Cragg-Donald Wald F 统计量为 6.987，Kleibergen-Paap rk Wald F 统计量为 6.723。两个统计量均大于 20%显著性水平下的临界值（20% maximal IV size：6.66）。

4.4.6 稳健性检验

本章除了考虑农户特征、经济能力和金融条件，实际上默认农户接受、处理和理解金融信息的能力是一致的。当然，农户受教育程度的差异将直接导致农户金融知识水平的不同，获得金融知识及处理信息的能力也不同。因此，本章以农户家庭成员是否接受过九年义务教育作为划分依据，将不同县域的农户样本数据进一步划分为“受教育程度较低”和“受教育程度较高”两个子样本。表 4-3 给出了贫困县和非贫困县中受教育程度较低和受教育程度较高农户的 IVQR 结果。对非贫困县而言，随着分位数的增加，受教育程度较低子样本中农户家庭总收入（LNIN）在各分位点的系数分别为−5.559、9.596、12.374、35.194、16.952，受教育程度较高子样本中农户家庭总收入（LNIN）在各分位点的系数分别为 2.094、3.296、8.799、16.040、3.612；对贫困县而言，随着分位数的增加，受教育程度较低子样本中农户家庭总收入（LNIN）在各分位点的系数分别为−1.876、−1.564、−2.055、−1.469、−3.354，受教育程度较高子样本中农户家庭总收入（LNIN）在各分位点的系数分别为−2.665、−2.091、−2.621、−1.503、0.457。如表 4-3 所示的稳健性检验结果，主要解释变量的估计结果、显著性水平及相关统计检验结果与基准回归结果（表 4-4）相比并未发生较大变化，说明本章的基本估计结果是稳健的。

4.5　计量结果及分析

4.5.1　非贫困县回归结果分析

基于贫困县和非贫困县分层比较的回归结果（OLS 回归、2SLS 回归、IVQR）如表 4-4 所示。首先，本章把最富裕的那部分精英农户分离出来，基于 2SLS 回归揭示农贷市场的“精英俘获”机制；其次，进一步使用 IVQR 更深入了解“精英俘获”机制的内涵。在回归模型中，农户家庭总收入（LNIN）为本章最为关心的变量，同时本章也对农户家庭最高受教育程度（EDUC）、家庭常住人口（NUMB）和土地耕地面积（ARAL）等控制变量予以了讨论。

对非贫困县而言，本章分离出家庭总收入前 10%农户子样本、前 15%农户子样本、前 25%农户子样本和前 50%农户子样本，对其分别做了 2SLS 回归，发现其家庭总收入（LNIN）对农户借贷资金（LNLO）的影响系数分别为 27.081、28.413、14.197、14.170；全样本系数为 7.548。在 IVQR 中，本章选取了 10%分位点、25%分位点、50%分位点、75%分位点和 90%分位点，家庭总收入（LNIN）对农户借贷资金（LNLO）不同分位数的影响系数分别为 3.089、3.651、9.405、26.103 和 14.172。由 2SLS 回归结果看，收入前 10%农户子样本的系数 27.081 高于前 25%农户子样本的 14.197 与前 50%子样本的 14.170，远远高于全样本的 7.548。由 IVQR 结果看，农户家庭总收入对农户借贷资金的条件分布的高端部分的影响远大于对其中间和低端部分的影响。这些实证结果均表明“精英俘获”机制正泛滥于非贫困县农贷

表 4-3　稳健性检验：贫困县和非贫困县中受教育程度较低和受教育程度较高农户的 IVQR 结果

变量			被解释变量为农户借贷资金（LNLO）									
			受教育程度较低农户					受教育程度较高农户				
			10%分位点	25%分位点	50%分位点	75%分位点	90%分位点	10%分位点	25%分位点	50%分位点	75%分位点	90%分位点
家庭特征	NUMB 家庭常住人口	非贫困县	0.439^{***}（0.000）	-0.789^{***}（0.000）	-0.997^{***}（0.000）	-2.883^{***}（0.000）	-0.843^{***}（0.002）	-0.221^{***}（0.000）	-0.261^{***}（0.000）	-0.605^{***}（0.000）	-0.810^{***}（0.004）	-1.897^{**}（0.028）
		国家级贫困县	0.028（0.695）	0.064（0.229）	0.089^{*}（0.098）	0.149^{***}（0.005）	0.244^{***}（0.000）	0.054（0.650）	0.034（0.684）	0.082（0.343）	0.127^{*}（0.087）	0.043（0.573）
	AAOL 劳动力平均年龄	非贫困县	-0.083^{***}（0.000）	0.027（0.119）	0.070^{***}（0.001）	0.291^{***}（0.000）	0.217^{***}（0.000）	0.013（0.257）	0.021^{*}（0.056）	0.057^{**}（0.020）	0.122^{**}（0.012）	0.011（0.460）
		国家级贫困县	-0.019^{*}（0.096）	-0.024^{***}（0.004）	-0.026^{***}（0.002）	-0.025^{***}（0.002）	-0.036^{**}（0.018）	-0.040^{*}（0.075）	-0.123（0.431）	-0.037^{**}（0.020）	-0.001（0.965）	-0.000（0.997）
	EDUC 最高受教育程度	非贫困县	0.712^{**}（0.020）	-1.529^{***}（0.000）	-1.768^{***}（0.000）	-3.883^{***}（0.002）	-1.779^{**}（0.020）	-0.058（0.751）	-0.340^{*}（0.068）	-0.875^{**}（0.032）	-3.130^{***}（0.000）	-0.298（0.234）
		国家级贫困县	0.441^{**}（0.011）	0.042（0.749）	0.181（0.170）	0.031（0.811）	0.330（0.157）	0.733^{*}（0.050）	0.621^{**}（0.017）	0.480^{*}（0.074）	0.326（0.158）	-0.186（0.438）
	LABA 劳动力占比	非贫困县	1.776^{***}（0.004）	-1.134^{*}（0.099）	-2.244^{***}（0.006）	-6.985^{***}（0.007）	-2.074（0.182）	-0.106（0.766）	-0.653^{*}（0.070）	-1.100（0.163）	-1.323（0.399）	0.115（0.813）
		国家级贫困县	0.374（0.373）	0.669^{**}（0.032）	0.844^{***}（0.008）	1.078^{***}（0.000）	2.062^{***}（0.000）	-0.270（0.699）	-0.055（0.910）	0.525（0.295）	0.566（0.190）	-0.571（0.201）
	ARAL 土地耕种面积	非贫困县	0.053^{***}（0.000）	-0.058^{***}（0.000）	-0.089^{***}（0.000）	-0.278^{***}（0.000）	-0.139^{***}（0.000）	-0.013^{***}（0.004）	-0.011^{**}（0.015）	-0.037^{***}（0.000）	-0.080^{***}（0.000）	-0.027^{***}（0.000）
		国家级贫困县	0.020^{***}（0.000）	0.019^{***}（0.000）	0.023^{***}（0.000）	0.014^{***}（0.000）	0.029^{***}（0.000）	0.022^{***}（0.000）	0.015^{***}（0.000）	0.017^{***}（0.000）	0.007^{**}（0.014）	-0.001（0.694）
经济能力	LNIN 家庭总收入	非贫困县	-5.559^{***}（0.000）	9.596^{***}（0.000）	12.374^{***}（0.000）	35.194^{***}（0.000）	16.952^{***}（0.000）	2.094^{***}（0.000）	3.296^{***}（0.000）	8.799^{***}（0.000）	16.040^{***}（0.000）	3.612^{***}（0.000）
		国家级贫困县	-1.876^{***}（0.000）	-1.564^{***}（0.000）	-2.055^{***}（0.000）	-1.469^{***}（0.000）	-3.354^{***}（0.000）	-2.665^{***}（0.000）	-2.091^{***}（0.000）	-2.621^{***}（0.000）	-1.503^{***}（0.000）	0.457^{**}（0.016）

续表

变量			被解释变量为农户借贷资金（LNLO）									
			受教育程度较低农户					受教育程度较高农户				
			10%分位点	25%分位点	50%分位点	75%分位点	90%分位点	10%分位点	25%分位点	50%分位点	75%分位点	90%分位点
经济能力	SAVE 储蓄存款	非贫困县	0.912^{***} (0.000)	-1.720^{***} (0.000)	-1.922^{***} (0.000)	-6.070^{***} (0.000)	-3.129^{***} (0.000)	-0.416^{***} (0.001)	-0.416^{***} (0.001)	-1.268^{***} (0.000)	-1.789^{***} (0.002)	-0.512^{***} (0.003)
		国家级贫困县	0.350^{*} (0.058)	0.056 (0.682)	0.166 (0.234)	0.119 (0.379)	0.699^{***} (0.005)	0.024 (0.937)	0.113 (0.585)	−0.139 (0.516)	0.155 (0.397)	−0.050 (0.794)
	AGRI 出售农产品现金占比	非贫困县	2.575^{***} (0.000)	-3.171^{***} (0.000)	-4.130^{***} (0.000)	-12.368^{***} (0.000)	-6.411^{***} (0.000)	−0.104 (0.654)	-0.927^{***} (0.000)	-3.674^{***} (0.000)	-5.484^{***} (0.000)	-1.340^{***} (0.000)
		国家级贫困县	1.846^{***} (0.000)	1.290^{***} (0.000)	1.269^{***} (0.000)	0.849^{***} (0.001)	1.778^{***} (0.000)	1.710^{***} (0.001)	0.600^{*} (0.090)	1.315^{***} (0.000)	0.585^{*} (0.063)	-0.756^{**} (0.020)
金融条件	DIST 最近金融网点距离	非贫困县	0.008 (0.613)	-0.080^{***} (0.000)	-0.097^{***} (0.000)	−0.019 (0.764)	0.026 (0.502)	0.005 (0.621)	−0.015 (0.108)	-0.043^{**} (0.034)	−0.040 (0.321)	−0.001 (0.938)
		国家级贫困县	-0.021^{**} (0.049)	-0.024^{***} (0.003)	-0.031^{***} (0.000)	−0.013 (0.101)	-0.028^{*} (0.055)	−0.017 (0.350)	0.010 (0.407)	0.004 (0.744)	0.007 (0.521)	0.005 (0.651)
	KNOW 金融信息	非贫困县	0.163 (0.541)	−0.197 (0.504)	−0.524 (0.134)	−0.918 (0.406)	−0.960 (0.149)	−0.005 (0.973)	0.017 (0.908)	−0.048 (0.879)	−0.789 (0.213)	−0.001 (0.996)
		国家级贫困县	0.584^{***} (0.002)	0.759^{***} (0.000)	0.400^{***} (0.004)	0.665^{***} (0.000)	0.312 (0.208)	0.545^{*} (0.070)	0.288^{***} (0.000)	0.355 (0.102)	0.477^{**} (0.011)	0.253 (0.191)

注：小括号里面的值代表 p 值

*、**、***分别表示 10%、5%和 1%的显著性水平

表 4-4　影响贫困县和非贫困县农户借贷资金的 IVQR 结果

变量			OLS 回归	2SLS 回归					IVQR				
			被解释变量为农户借贷资金（LNLO）										
			全部农户	收入前10%农户	收入前15%农户	收入前25%农户	收入前50%农户	全部农户	10%分位点	25%分位点	50%分位点	75%分位点	90%分位点
家庭特征	NUMB 家庭常住人口	非贫困县	−0.066***（0.000）	0.128（0.370）	0.081（0.687）	−0.174**（0.046）	−0.358**（0.013）	−0.554***（0.007）	−0.237***（0.000）	−0.320***（0.000）	−0.715***（0.000）	−1.839***（0.000）	−0.585***（0.001）
		国家级贫困县	−0.051**（0.033）	−0.110（0.593）	−0.070（0.896）	−0.009（0.953）	−0.191**（0.044）	0.150**（0.048）	0.061（0.309）	0.068（0.139）	0.100**（0.026）	0.209***（0.000）	0.149***（0.002）
	AAOL 劳动力平均年龄	非贫困县	0.001（0.971）	−0.027（0.291）	0.007（0.791）	0.003（0.834）	0.001（0.958）	0.053**（0.024）	0.018***（0.007）	0.019***（0.002）	0.052***（0.000）	0.204***（0.000）	0.152***（0.000）
		国家级贫困县	−0.009**（0.031）	−0.010（0.809）	−0.082（0.755）	−0.035（0.122）	−0.020*（0.066）	−0.027***（0.005）	−0.015（0.128）	−0.020***（0.007）	−0.026***（0.000）	−0.012（0.120）	−0.012（0.122）
	EDUC 最高受教育程度	非贫困县	0.087***（0.001）	−0.001（0.998）	−0.132（0.597）	−0.236（0.138）	−0.392*（0.052）	−0.981**（0.027）	−0.273***（0.000）	−0.419***（0.000）	−1.215***（0.000）	−3.283***（0.000）	−2.161***（0.000）
		国家级贫困县	0.089**（0.013）	−0.342（0.287）	−0.339（0.755）	−0.230（0.302）	−0.291（0.192）	0.427***（0.001）	0.437***（0.000）	0.296***（0.000）	0.348***（0.000）	0.315***（0.000）	0.109（0.116）
	LABA 劳动力占比	非贫困县	0.067***（0.000）	0.143（0.860）	0.093（0.914）	0.374（0.444）	−0.760（0.187）	−0.733*（0.096）	0.058（0.817）	−0.434*（0.054）	−1.615***（0.001）	−4.262***（0.004）	−0.727（0.474）
		国家级贫困县	−0.045（0.742）	−2.130（0.105）	−1.700（0.689）	−0.786（0.296）	−0.622（0.310）	0.827**（0.020）	0.284（0.405）	0.358（0.174）	0.706***（0.006）	1.089***（0.000）	0.357（0.199）
	ARAL 土地耕种面积	非贫困县	0.001（0.422）	0.001（0.813）	−0.003（0.657）	−0.003（0.522）	−0.021*（0.060）	−0.045**（0.020）	−0.009***（0.002）	−0.013***（0.000）	−0.054***（0.000）	−0.187***（0.000）	−0.112***（0.000）
		国家级贫困县	0.005***（0.000）	0.006（0.410）	−0.145（0.791）	−0.014（0.283）	−0.006（0.458）	0.020***（0.000）	0.020***（0.000）	0.019***（0.000）	0.019***（0.000）	0.016***（0.000）	0.008***（0.000）

续表

变量			被解释变量为农户借贷资金（LNLO）										
			OLS 回归	2SLS 回归					IVQR				
			全部农户	收入前10%农户	收入前15%农户	收入前25%农户	收入前50%农户	全部农户	10%分位点	25%分位点	50%分位点	75%分位点	90%分位点
经济能力	LNIN 家庭总收入	非贫困县	0.627^{***} （0.000）	27.081^{*} （0.079）	28.413 （0.159）	14.197^{*} （0.088）	14.170^{**} （0.032）	7.548^{***} （0.008）	3.089^{***} （0.000）	3.651^{***} （0.000）	9.405^{***} （0.000）	26.103^{***} （0.000）	14.172^{***} （0.000）
		国家级贫困县	0.370^{***} （0.000）	−25.659 （0.385）	63.535 （0.806）	15.371 （0.288）	6.551 （0.176）	-2.635^{**} （0.010）	-1.999^{***} （0.000）	-1.868^{***} （0.000）	-2.145^{***} （0.000）	-2.229^{***} （0.000）	-0.910^{***} （0.000）
	SAVE 储蓄存款	非贫困县	-0.133^{***} （0.001）	−0.478 （0.334）	−0.723 （0.269）	−0.530 （0.129）	-0.771^{**} （0.024）	-1.295^{***} （0.008）	-0.572^{***} （0.000）	-0.757^{***} （0.000）	-1.425^{***} （0.000）	-3.881^{***} （0.000）	-2.324^{***} （0.000）
		国家级贫困县	0.156^{**} （0.012）	−0.668 （0.401）	−1.127 （0.790）	−0.133 （0.672）	−0.034 （0.821）	0.169 （0.168）	0.126 （0.403）	0.175 （0.132）	0.216^{*} （0.056）	0.299^{**} （0.018）	0.181 （0.142）
	AGRI 出售农产品现金占比	非贫困县	−0.100 （0.149）	0.136 （0.791）	−0.304 （0.591）	−0.266 （0.407）	-1.163^{**} （0.032）	-2.487^{**} （0.015）	-0.718^{***} （0.000）	-1.149^{***} （0.000）	-3.238^{***} （0.000）	-8.895^{***} （0.000）	-4.644^{***} （0.000）
		国家级贫困县	0.170 （0.131）	1.377 （0.333）	0.204 （0.913）	−0.105 （0.836）	−0.520 （0.380）	1.482^{***} （0.002）	1.710^{***} （0.000）	1.289^{***} （0.000）	1.236^{***} （0.000）	0.870^{***} （0.000）	0.146 （0.650）
金融条件	DIST 最近金融网点距离	非贫困县	0.008^{***} （0.004）	−0.018 （0.327）	−0.028 （0.377）	−0.021 （0.302）	−0.045 （0.111）	-0.033^{*} （0.079）	-0.019^{***} （0.003）	-0.019^{***} （0.001）	-0.054^{***} （0.000）	−0.035 （0.367）	−0.003 （0.907）
		国家级贫困县	0.000 （0.996）	0.021 （0.625）	0.030 （0.684）	0.027 （0.147）	0.014 （0.166）	-0.019^{**} （0.024）	-0.015^{*} （0.093）	-0.022^{***} （0.002）	-0.018^{***} （0.008）	−0.008 （0.266）	−0.009 （0.240）
	KNOW 金融信息	非贫困县	0.098^{**} （0.024）	0.002 （0.994）	0.059 （0.889）	−0.010 （0.965）	−0.042 （0.837）	−0.181 （0.320）	−0.038 （0.721）	−0.124 （0.199）	−0.285 （0.174）	−0.918 （0.153）	−0.640 （0.142）
		国家级贫困县	0.364^{***} （0.000）	−0.031 （0.956）	0.295 （0.804）	0.263 （0.403）	0.194 （0.179）	0.495^{***} （0.000）	0.582^{***} （0.000）	0.619^{***} （0.000）	0.369^{***} （0.001）	0.530^{***} （0.000）	0.313^{**} （0.012）

注：小括号里面的值代表 p 值

*、**、***分别表示 10%、5%和 1%的显著性水平

市场中。实际上，家庭总收入较高的农户作为村庄中代表乡绅和宗法家族势力的经济精英，在农贷资金进入乡村节约交易成本的客观要求下成为制度与市场的双重依托。在制度层面，与农贷相关的地方政府配套制度、压力型体制下农村金融机构的绩效考核制度、地方政府部门对农户的帮扶制度、项目工程建设招标和议标等制度都存在不切实际或不合理之处，精英通常能够利用这些制度漏洞获得额外的利益。在市场层面，资本爱富嫌贫的本质要求农贷资金由精英来承接，这种要求自觉或不自觉地鼓吹精英成为市场中权力的中介，为精英农户瓜分农贷市场利益提供了可能，并且逐渐演变为事实。同时，农贷资金供给者持续经营的原则需要农户提供足额的抵押品，实则已经为农贷设立了门槛，在此过程中或多或少地排斥作为“低端客户”的农户，遂使农贷市场多数农户被“客体化”和“边缘化”，农贷市场分化加剧。从其他方面来看，解释变量最高受教育程度（EDUC）、劳动力占比（LABA）、金融信息（KNOW）、出售农产品现金占比（AGRI）、家庭常住人口（NUMB）、土地耕种面积（ARAL）、储蓄存款（SAVE）的 IVQR 图形均呈现出逐步下降的趋势（图 4-2）。可见，随着农户人力资本的形成，不仅没有促成农户获得更多的农贷资源，反而越发起到抑制作用。而耕种面积较大的农户也并未获得更多的农贷资金，实际上，农户耕种面积越大越难获得农贷资金，其维持与扩大再生产的农耕行为能否得到必要的资金保障，还难以确定。当然，这不仅因为农贷资源被乡村精英所俘获，更是当代发生且泛滥于农贷市场的“劣绅驱逐良绅”的必然后果。其结果是农贷市场形成“劣化规律”，农贷资源最终只服务于村庄中少数人的私人利益，这进一步侵蚀了农民享受带有政府“善意”的农贷援助的权利，制约了全面小康建设，也是国家治理体系现代化进程中的“绊脚石”。从绵延数千年的农贷制度变迁来看，以“圈层结构”波浪向外的农贷碍难内在打破这种由资源禀赋差距引致并代际传递的利益与阶级的固化，其对国家出台相关政策以合理优化配置农贷资源提出了现实要求。

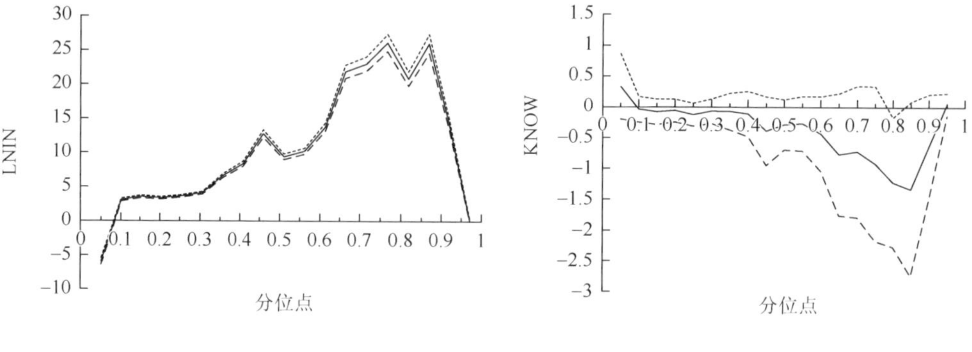

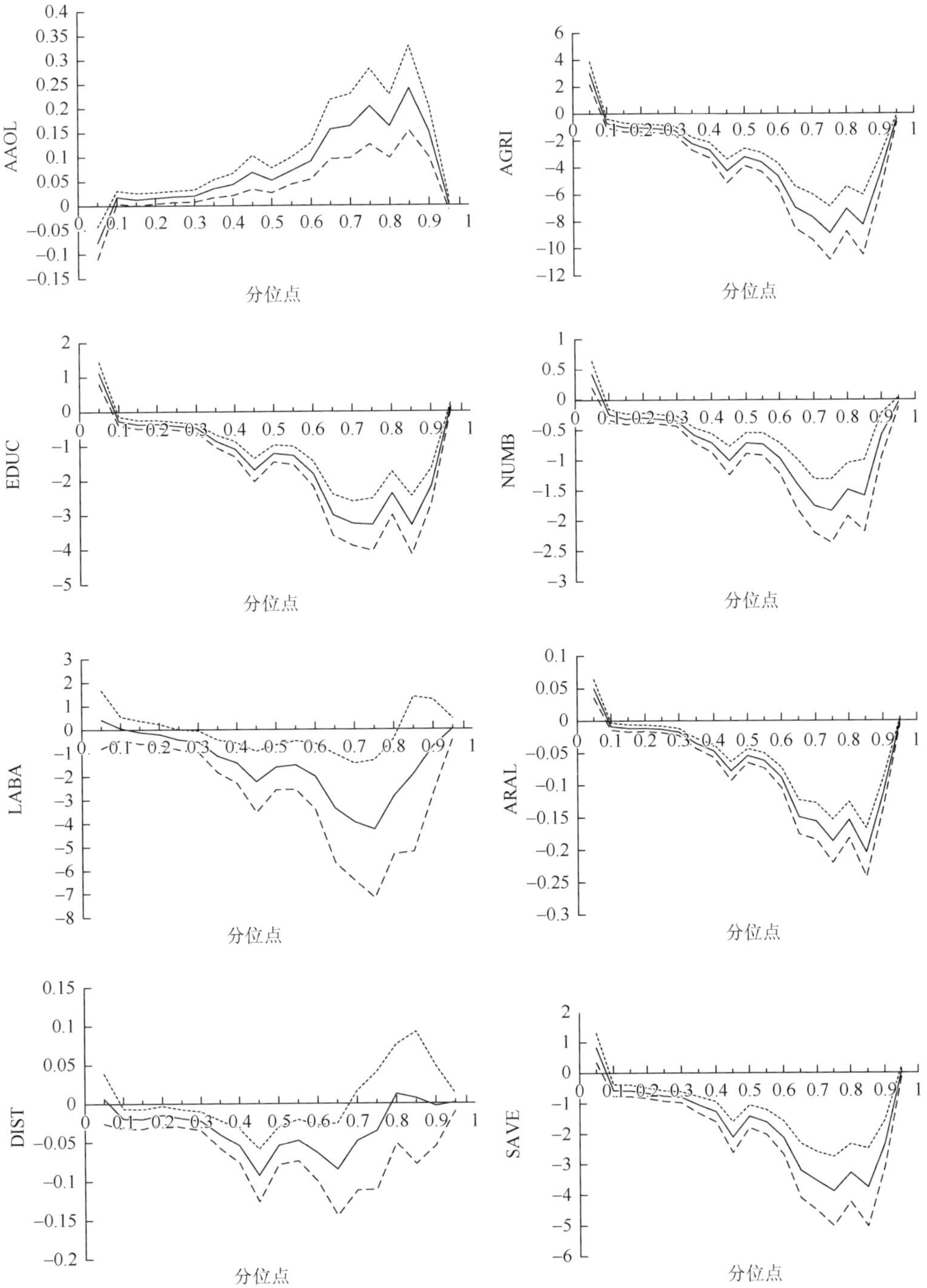

图 4-2 非贫困县 IVQR 中各解释变量系数

4.5.2　贫困县回归结果分析

对贫困县而言，本章同样分离出家庭总收入前 10%农户子样本、前 15%农户子样本、前 25%农户子样本和前 50%农户子样本，对其分别做了 2SLS 回归，发现家庭总收入（LNIN）对农户借贷资金（LNLO）的影响系数分别为−25.659、63.535、15.371、6.551，但均不显著；全样本系数为−2.635。在 IVQR 中，本章选取了 10%分位点、25%分位点、50%分位点、75%分位点和 90%分位点，家庭总收入（LNIN）对农户借贷资金（LNLO）的影响系数分别为−1.999、−1.868、−2.145、−2.229 和−0.910。这表明，贫困县农贷市场并不存在明显的“精英俘获”机制。同时，解释变量农户家庭最高受教育程度（EDUC）、劳动力占比（LABA）、金融信息（KNOW）、出售农产品现金占比（AGRI）、家庭常住人口（NUMB）、土地耕种面积（ARAL）、储蓄存款（SAVE）的 IVQR 图形近乎一致，均呈现出先增加，然后趋于稳定（图 4-3）。这在一定程度上表明，贫困县农贷资金并未被精英群体大量获得，贫困县农贷市场在某种意义上兼具了一定的正义性与公平性。诚然，农贷资金是打破贫困恶性循环的关键，但当贫困县中贫困人口绝对数量和相对数量下降时，亦即贫困县脱贫之时，我们担忧是否会出现类似非贫困县农贷市场的“精英俘获”机制。若否，恐怕也需要农贷市场监管机制、分配机制等机制设计进行良性引导，更需要依托以市场为导向的普惠金融体系建立。

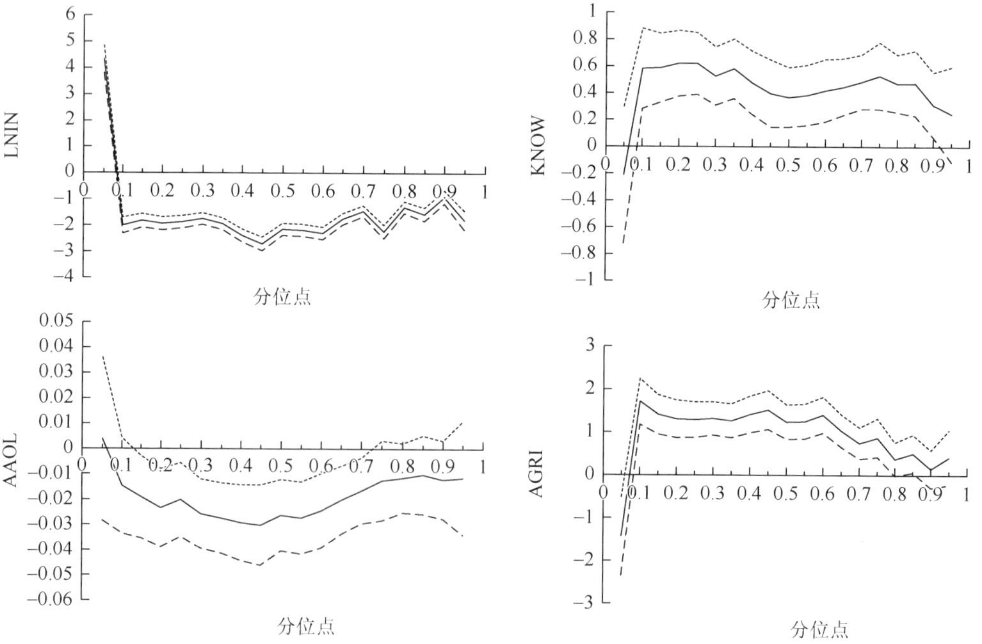

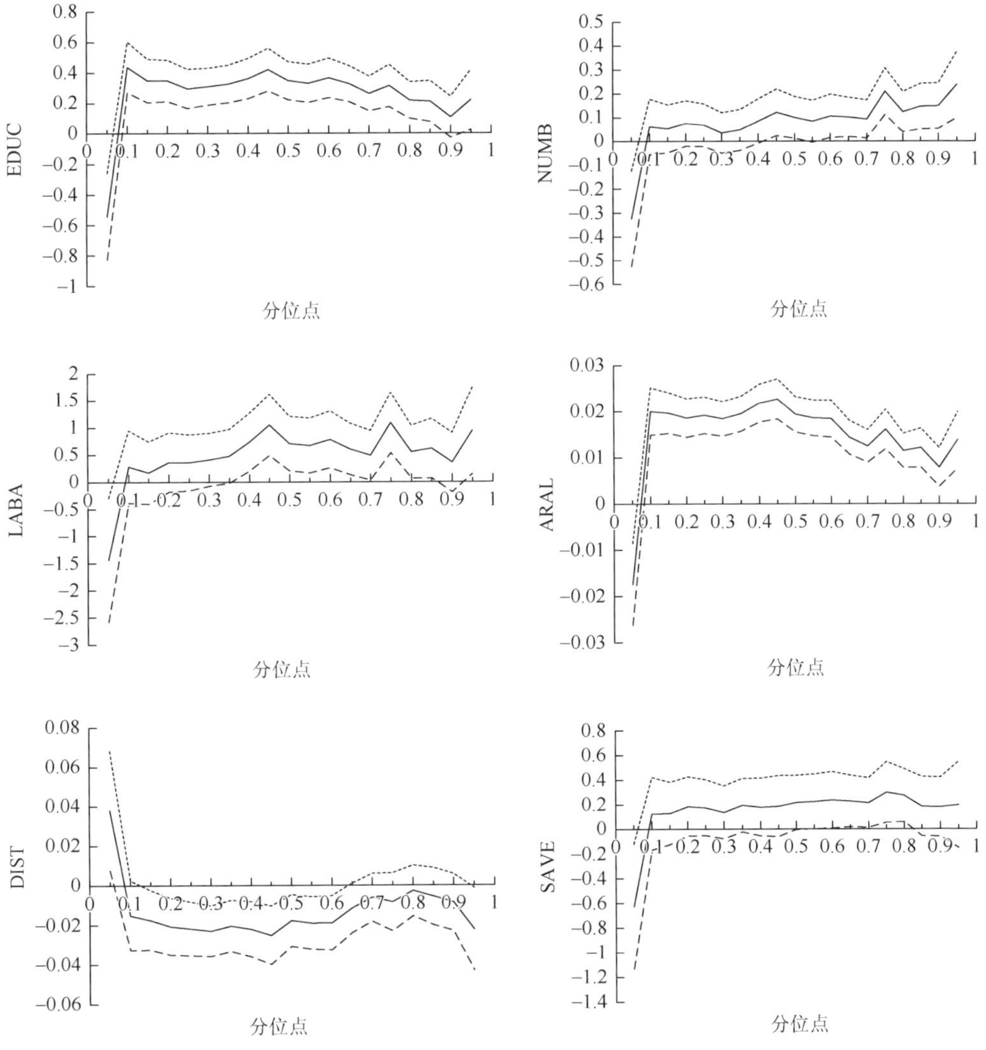

图 4-3　贫困县 IVQR 中各解释变量系数

4.6　本 章 小 结

中国农贷市场的制度、结构和功能的完善不仅取决于从国家到农户自上而下的决策、行为及其产生效应的过程，也取决于乡土社会中“精英俘获”的现实。若舍此，奢谈中国农村金融市场的变革、调整，不过是一场徒劳（张杰，2004）。为此，本章以搭建一个揭示农贷市场“精英俘获”机制的基本框架作为理论分析的主线，采用 2SLS 回归和 IVQR 方法，利用全国 10 个省份的调查问卷数据，分层比较了贫困县和非贫困县农贷市场的“精英俘获”机制，结果发现：贫困县和非贫困县农贷市场“精英俘获”机制差异明显。贫困县农贷市场尚不存在明显的“精英俘获”机制。贫困县收入较高的精英农户并不能获得较多的农贷资金，出售农产品收入占比较高、家庭劳动者人数较多、耕种面积较大的一般农户能够获得较多的农贷资金。但“精英俘获”机制泛滥于非贫困县农贷市场，遂使农贷市场结构扭曲、功能错位、目标偏离。非贫困县收入较高的精英农户获得大量农贷资金，而受教育程度较高、出售农产品收入占比较高、家庭劳动者人数较多、耕种面积较大的一般农户反而难以获得农贷资金，非贫困县农贷市场的公平性与正义性正遭受考验与挑战。

第 5 章　中国农贷市场“精英俘获”的包容性缺失

所谓农贷市场的包容性，就是农贷市场的金融体系能够及时有效地、全方位地为农村所有阶层和群体提供农贷服务，其主要任务就是让列于正规金融体系之外的农户、农村贫困人群及农村的小微企业，能够及时、有效地获取价格合理、便捷安全的农贷资金。前述研究表明，“精英俘获”机制泛滥于非贫困县农贷市场，使得其结构扭曲、功能错位、目标偏离，造成大量普通农户被排斥在现有农村金融体系之外。中国农贷市场的“精英俘获”现象主要源于农村金融构建与发展的包容性缺失，特别是农贷资金对普通农户的排斥。与实际需求相比，农贷服务的覆盖率、渗透率等方面还有很大的提升空间，这需要金融机构进一步扩展其农村服务边界，推进农贷市场的包容性成长。有鉴于此，本章首先将构建合理的指标体系，对中国农贷市场包容性缺失的状态及其区域发展的梯度格局进行分析；其次，将对中国农贷市场包容性缺失的影响因素进行实证分析；最后，将力图揭示包容性缺失形成的“精英俘获”对中国农贷市场产生的结构性抑制。

5.1　引　　言

在考虑增长和发展问题时，我们的视野可以放得更远，进行制度层面的思考。普惠金融即“inclusive finance”，其中的“inclusive”，也被称为包容性，是一个特别值得我们深入探讨的概念。包容性，主要针对的是排斥性（exclusive）或攫取性（extractive）。在普惠金融中，包容性最直接的体现就是要去除金融的特权性，它直言不讳地强调，获取金融服务是天赋人权。也就是说，在现代社会中，每个人都应该有获得金融服务的机会和权利。只有每个人拥有得到金融服务的机会，才能让每个人有机会参与分享经济发展的成果，才能实现社会的共同富裕，最终建立和谐社会与和谐世界。

金融发展应该包括两个维度：金融深度（financial depth）和金融广度（financial breadth）[①]，普惠性金融则强调要从深度和广度上完善金融体系。随着

---

① Beck 和 de la Torre（2006）指出：金融深度是指金融机构种类和数量的增长，表现的是“量”的方面，金融广度是指人们在经济活动中能够使用更多更便捷的金融服务，即金融服务的可得性（access to finance），反映的是“质”的方面。而金融发展是这两个维度的有机统一。

中国金融体制改革的深化，金融机构创新活力进一步增强，特别是近年来在互联网技术的支撑下，我国普惠金融服务呈现网络化、移动化趋势，第三方支付、P2P[①]借贷平台、网络保险等新兴普惠金融业态蓬勃发展，普惠金融服务环境整体改善显著（刘建忠，2014）。但是，中国的城乡二元经济结构问题还没有得到根本解决，并且城乡内部收入差距有进一步加大的趋势，普惠金融发展仍面临诸多考验。中国社会科学院金融研究所与《哈佛商业评论》杂志共同撰写的《2014中国普惠金融实践报告》显示，中国有一半以上的人群仍未被金融服务体系有效覆盖，金融普惠的程度还远远不够，在农村地区问题更为严重。这一现象在一定程度上反映了中国金融的包容性成长仍然滞后，尤其是农贷市场成长的“精英俘获”现象仍然表现突出，农贷市场面临包容性缺失的困境。这同时也意味着，包容性的制度安排必须尽快提上议事日程。农贷市场的包容性对农村经济发展、农民收入增长、农村扶贫反哺至关重要。包容性制度（inclusive institution）而不是攫取式的制度体系，是一国经济长期可持续增长的基础。党的十八届三中全会提出，完善金融市场体系，发展普惠金融。事实上，让金融改革的发展成果更多更好地惠及所有地区、所有人群，这对助推城乡一体化发展具有重要意义，也为农村金融机构促进普惠金融服务发展带来了新的机遇。2016 年的中央“一号文件”明确指出：“加快构建多层次、广覆盖、可持续的农村金融服务体系，发展农村普惠金融，降低融资成本，全面激活农村金融服务链条，……，完善农业保险制度。”从这个角度看，在中国推动发展普惠金融和提高农贷市场的包容性，具有极为重要和深远的意义。

“包容性”这个概念针对的是排斥性或攫取性，对农贷市场包容性缺失程度的研究相应地可以追溯到有关金融排斥的研究。Fuller（1998）与 Devlin（2005）通过地理学分析方法对发达国家的金融排斥进行地理空间分析，分析结果显示，金融排斥具有较为明显的地理空间倾向，金融机构在欠发达地区占有率及关闭率都相当高。Kempson 等（1999）开始转变研究视角，从文化和制度角度转向对更为复杂的金融排斥过程的研究，关注哪些群体会被排斥，为什么会被排斥等问题，更加注重对个体的调研，由纯理论转变为理论加实证的分析；从价格排斥、评估排斥、条件排斥、营销排斥和自我排斥五个维度阐述了金融排斥现象存在的深层次原因，并且阐释了经济制度、社会体制、文化背景等因素对金融排斥的影响。Argent 和 Rolley（2000）、Larner 和 Le Heron（2002）分别对澳大利亚和新西兰的金融排斥现象进行研究，他们发现经济发展落后的农村地区金融排斥问题更为严重。Ameriks 和 Zeldes（2004）认为年龄对金融排斥状况有间接的影响，这些影响可能通过认知能力、收入

① P2P：peer to peer，点对点。

和财富能力等途径起作用。Russell等（2011）对爱尔兰家庭的研究发现，有20%的爱尔兰家庭没有银行活期存款账户，这是金融排斥的主要指标，这部分人群大多是失业、单亲、靠社会提供公租房的低收入者，他们都有高额的债务需要偿还。

目前，国内学者对金融排斥的研究仍然处于初级阶段，最早引入金融排斥概念的是周立和胡鞍钢（2002），他们认为欠发达地区存在较为严重的信息不对称、可抵押物缺乏、较多的非生产性借贷及特质性的成本与风险等导致金融资产流动性缺乏，即产生金融排斥。随后田霖（2007）、李春霄和贾金荣（2012）等学者对金融排斥做了进一步分析。关于农村金融排斥的研究逐步兴起。许圣道和田霖（2008）最早介绍了国内外金融排斥的研究现状。他们结合我国实际，研究了我国农村地区金融排斥的空间差异和影响因素。王修华（2009）认为，破解农村金融排斥，需要建立普惠性的金融体系，加强政府规制，发展融合性的金融机构并践行社会责任，创新农村金融产品，加强农民金融教育。高沛星和王修华（2011）采用变异系数法和皮尔逊相关系数法分别分析了我国农村金融排斥的程度和影响因素，研究结果表明，我国农村金融排斥指数从0.91跨到0.39，区域差异明显；我国农村金融排斥的影响因素众多，主要包括收入、金融效率、就业和农业化水平。董晓林和徐虹（2012）以县域金融机构网点分布作为农村金融排斥状况的代理变量，从金融供给方视角分析影响我国农村金融排斥的因素，研究表明人口规模小、社会消费品零售总额小、金融基础设施状况差的县更易受到金融排斥。谭燕芝等（2014）基于2010年中部6个省份667个县（区）的经济数据，分析了什么因素在多大程度上导致农村金融排斥难题，结果表明县域经济水平差距大约解释了农村金融排斥差距的33%，而城镇化因素在破解农村金融排斥问题方面具有不可替代的作用。

此外，和金融排斥相关联的金融包容性测度研究也逐步受到学者的关注，为普惠金融体系的建立提供了技术支撑。Sarma（2010）提出了金融包容性指数（index of financial inclusion，IFI）来测量金融包容性，该指数能够获取金融排斥、金融包容性的多维度信息。Chakravarty 和 Pal（2012）指出人力发展的测量方法也能够有效地运用在金融包容性的测量。Appleyard（2011）以社区发展金融机构（Community Development Financial Institutions，CDFIs）为例比较了美国和英国贫困地区的金融包容政策，发现尽管CDFIs能够为受金融排斥企业提供重要的资金来源，但是政策措施造成了不平衡的地理覆盖范围和市场空白，留下了显著的金融排斥空间。Gupte 等（2012）同样研究了如何测量金融包容性，并运用印度乡村的最新数据计算了受多维变量影响的金融包容性指数。Yorulmaz（2013）测量土耳其不同地区的金融包容性，结果显示不同地区的金融包容性与收入成正比。Chakravarty 和 Pal（2013）通过对印度1972～2009年的金融包容性指数的测量发现，1977～1990 年印度的社会银行政策对培育金融包容性起到了重要的作用；此后，亲市场的金融部门改革举措阻碍了金融包容性发展的步伐。Swamy（2015）通过实证研究发现，在农村贫困家庭的金融包容性项目中，扣除通胀因素的收入增长率对女性的影响是 8.4%，而对男性的影响是 3.97%，从而表明贫困参与者的性别将影响这些项目的成果。Dixit 和 Ghosh（2013）阐明了贫困农村地区对包容性增长的需要，并以印度为参考提出把金融包容性作为一种工具实现包容性增长。Izquierdo 和 Tuesta（2015）通过秘鲁的微观调查数据定量分析了普惠金融的决定性因素，发现个人特征的确定会影响金融普惠政策设计。

总体来说，国内外研究给予本章很好的研究起点，但是中国学者主要是对国外已有的理论与方法进行相应的验证，并没有完全基于中国农村金融改革的现实背景对农贷市场的包容性缺失问题进行深入分析。在没有考虑我国特殊国情的情况下，对金融排斥或农村金融包容性缺失的研究，其相关结论可能难以适应中国农业和农村经济发展对农村金融可持续发展的特殊要求，也难以对农村金融体制改革提供系统的理论指导。中国农贷市场的包容性缺失，也即中国农贷市场的排斥性问题，可以从现有农贷机构对普通农户信贷排斥的角度予以衡量。为了更全面、深入地探讨中国农贷市场包容性缺失的程度，本部分将在利用前人的研究方法基础上，构建新的指标体系来计算我国 31 个省份（不含港、澳、台）农贷市场的包容性缺失指数（index of financial exclusion，IFE），以期对中国农贷市场的包容性缺失程度及其产生的实际效应有一个客观、可量化的了解。

5.2 中国农贷市场包容性缺失的测度分析

近年来，我国农村金融历经改革，虽然在深度上取得了长足发展，初步形成了商业性金融、政策性金融、合作金融和其他金融组织功能互补、相互协作“多位一体”的农村金融组织体系，但广度却没有得到相应的改善。现有农村金融体系的弊端日益明显，“三农”自身的弱质性使得部分正规金融机构望而却步，现有的金融机构在商业利润的驱使下在农村市场裹足不前，农贷市场的包容性缺失十分严重。农村弱势群体仍然被排斥在现有金融体系外，广大农村地区有金融需求的群体无法平等地享受金融服务。为了充分反映这一事实，本节将致力于中国农贷市场包容性缺失状态的测度分析。

5.2.1 中国农贷市场包容性缺失测度的指标体系

为了全面地衡量中国农贷市场包容性缺失程度，本章借鉴前述相关文献重点从农村信贷服务的广度和深度两方面分别构建相应指标。信贷服务的广度表示信贷服务在农村地区的渗透性，具体包括机构覆盖度、机构网点数量占比及服务人员数。信贷服务的深度表示对信贷服务的可得度和使用度，用人均贷款水平、人均储蓄存款水平、地区贷款占比、地区存款占比和获得贷款农户占比来衡量，具体见表 5-1。

表 5-1　中国农贷市场包容性缺失评价指标体系

维度	指标	指标解释
农贷服务的广度	万人机构覆盖度	农村金融机构网点数/农村人口总数×10 000
	万人拥有服务人员数	农村金融机构从业人员数/农村人口总数×10 000
	机构网点数量占比	农村金融机构网点数/金融机构网点总数
农贷服务的深度	人均贷款水平	农村贷款总额/农村人口总数
	人均储蓄存款水平	农村储蓄存款总额/农村人口总数
	地区贷款占比	农业贷款总额/金融机构贷款余额
	地区存款占比	农业存款总额/金融机构存款余额
	获得贷款农户占比	获得贷款农户数/农户总数

5.2.2　中国农贷市场包容性缺失测度的方法选择

在测算方法的选择上，本章将参考 UNDP 编制的 HDI 的计算方法①，这是国际上认可度比较高的，但与本章的方法仍有区别。HDI 在计算时的最大值和最小值是官方预先设定的，而本章是根据样本的实际数值而定。具体计算方法如下。

假设农贷市场包容性缺失的维度为 D，每个指标的权重为 w，则每个指标的测度值为

$$D_n = w_n \frac{X_n - m_n}{M_n \quad m_n} \tag{5-1}$$

其中，$0 \leqslant w \leqslant 1$，$w$ 越大表明该指标对农贷市场包容性缺失的影响越严重；X_n 为第 n 个指标的实际值；m_n 为第 n 个指标的最小值；M_n 为第 n 个指标的最大值。

从式（5-1）可以看出，$0 \leqslant D \leqslant w$，当 $D=w$ 时，X 的值最大，此时农贷市场包容性缺失程度最低。若将 w 设定为理想值，农贷市场包容性缺失指数的测算公式为

① HDI 是 UNDP 在《1990 年人文发展报告》中提出的用来衡量各成员国经济社会发展水平的指标。它是对人类发展成就的总体衡量，主要包括健康长寿的生活、知识和体面的生活水平三个基本方面的平均成就。各个指标都预先设定了最大值和最小值，HDI 值为三个基本指数的几何平均数。指数的计算公式为：指数值=（实际值–最小值）/（最大值–最小值）。

$$\mathrm{IFE}=\frac{\sqrt{(w_1-D_1)^2+(w_2-D_2)^2+\cdots+(w_n-D_n)^2}}{\sqrt{{w_1}^2+{w_2}^2+\cdots+{w_n}^2}} \tag{5-2}$$

关于权重的计算方法，本章采用主流的变异系数法来测算：

$$V_i=\frac{S_i}{\overline{X_i}},\quad i=1,2,\cdots,n \tag{5-3}$$

其中，V 为各指标的变异系数；S 为各指标的标准差；$\bar{X}$ 为各指标的平均值。

$$w_i=V_i\Big/\sum\nolimits_{i=1}^{n}V_i,\quad i=1,2,\cdots,n \tag{5-4}$$

5.2.3 中国农贷市场包容性缺失状态的实际测算

运用上述测算方法，根据表 5-1 的指标体系获取我国 31 个省份 2006～2010 年的相关数据，能够计算出我国 31 个省份农贷市场的包容性缺失指数。由式（5-2）可知，农贷市场的包容性缺失指数的值越大，包容性缺失程度越高。据此，我们可以基本了解我国的农贷市场包容性缺失状态。总体上，我国农贷市场包容性缺失情况比较严重，样本区间内各省份的农贷市场包容性缺失指数几乎都在 0.5 以上（浙江除外，浙江是我国唯一一个农贷市场包容性缺失指数低于 0.5 的省份）。我国农贷市场包容性缺失并不是某一年出现的偶然现象，更不是某个地区特有的现象，农贷市场包容性缺失指数在 2006 年到 2010 年并没有得到明显改善，反而在整体上表现出了上升的趋势（图 5-1）；2009 年我国 31 个省份农贷市场包容性缺失指数从 0.33（浙江）跨到 0.83（陕西），区域差异十分明显（表 5-2）。

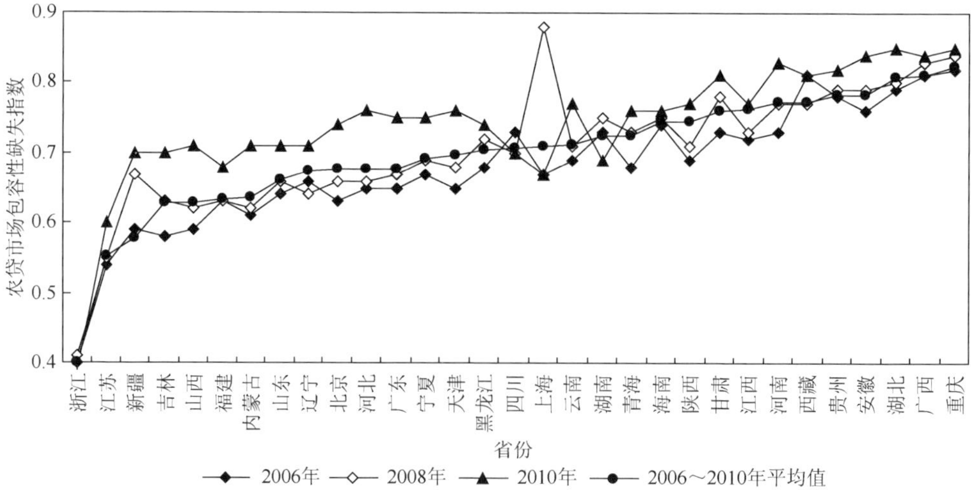

图 5-1 我国 31 个省份农贷市场包容性缺失指数变化情况

表 5-2　我国 31 个省份农贷市场包容性缺失指数

地区	2006 年	2007 年	2008 年	2009 年	2010 年	平均值	梯度
浙江	0.40	0.47	0.41	0.33	0.39	0.40	第一梯度
江苏	0.54	0.60	0.55	0.47	0.60	0.55	
新疆	0.59	0.34	0.67	0.59	0.70	0.58	
吉林	0.58	0.65	0.63	0.58	0.70	0.63	第二梯度
山西	0.59	0.64	0.62	0.58	0.71	0.63	
福建	0.63	0.66	0.63	0.57	0.68	0.63	
内蒙古	0.61	0.66	0.62	0.58	0.71	0.64	
山东	0.64	0.69	0.66	0.61	0.71	0.66	
辽宁	0.66	0.71	0.64	0.65	0.71	0.67	
北京	0.63	0.69	0.66	0.66	0.74	0.68	
河北	0.65	0.68	0.66	0.63	0.76	0.68	
广东	0.65	0.70	0.67	0.61	0.75	0.68	
宁夏	0.67	0.72	0.69	0.63	0.75	0.69	
天津	0.65	0.69	0.68	0.70	0.76	0.70	
黑龙江	0.68	0.73	0.72	0.65	0.74	0.70	第三梯度
四川	0.73	0.76	0.70	0.64	0.70	0.71	
上海	0.67	0.71	0.88	0.62	0.67	0.71	
云南	0.69	0.75	0.71	0.64	0.77	0.71	
湖南	0.73	0.79	0.75	0.67	0.69	0.73	
青海	0.68	0.79	0.73	0.67	0.76	0.73	
海南	0.74	0.77	0.75	0.70	0.76	0.74	
陕西	0.69	0.72	0.71	0.83	0.77	0.74	
甘肃	0.73	0.79	0.78	0.69	0.81	0.76	
江西	0.72	0.77	0.73	0.82	0.77	0.76	
河南	0.73	0.80	0.77	0.73	0.83	0.77	
西藏	0.81	0.78	0.77	0.70	0.81	0.77	
贵州	0.78	0.81	0.79	0.71	0.82	0.78	
安徽	0.76	0.81	0.79	0.72	0.84	0.78	
湖北	0.79	0.86	0.80	0.74	0.85	0.81	第四梯度
广西	0.81	0.84	0.83	0.73	0.84	0.81	
重庆	0.82	0.84	0.84	0.77	0.85	0.82	
平均值	0.68	0.72	0.71	0.65	0.74	0.70	

5.2.4 中国农贷市场包容性缺失的梯度格局分析

为了对各地区农贷市场包容性缺失状况进行充分认识，本节将 31 个省份 2006～2010 年的农贷市场包容性缺失指数平均值按大小进行排序，把农贷市场包容性缺失程度分为四个梯度，具体结果见表 5-2。

（1）第一梯度：该梯度农贷市场包容性缺失程度处于低位状态，远远小于 31 个省份平均指数 0.70，包括浙江、江苏和新疆。浙江和江苏两地的农贷市场包容性缺失指数很低，主要是因为两个地区均处于我国东部沿海的经济发达地区，农村金融和农村经济均相对发达；而新疆地区农贷市场包容性缺失程度低是因为它地广人稀，农村人口较少，同时也是我国新型农村金融机构的重要试点地区，农村金融服务水平和质量有很大提高。

（2）第二梯度：该梯度农贷市场包容性缺失程度处于中低水平，包括吉林、山西、福建、内蒙古、山东、辽宁、北京、河北、广东、宁夏和天津，不难看出这些地区大多位于我国东部沿海地区。吉林的农贷市场包容性缺失程度排在第二梯度第一位，可能是因为吉林一直走在中国农村金融改革的前沿，包括率先进行农村信用合作社改革试点、新型金融机构改革试点等，农村金融服务水平得到了较大幅度的提升；山西近年来一直积极参与我国农村金融体制改革的试点工作，农村金融服务也有了较大程度上的改善；河北由于临近北京、天津等经济发达地区，金融发展水平相对较高，所以农贷市场包容性缺失程度较低；福建、山东、辽宁、北京、广东和天津处于经济发达的地区，其农村金融必然也相对较为发达；内蒙古和宁夏地处西部地区，同样因为地广人稀其农贷市场包容性缺失程度相对较低。

（3）第三梯度：该梯度各省份的农贷市场包容性缺失程度均高于全国平均水平，处于中高水平，其中包括黑龙江、四川、上海、云南、湖南、青海、海南、陕西、甘肃、江西、河南、西藏、贵州和安徽。该梯度的省份基本上位于中部和西部地区，经济发展相对滞后，农业人口较多，导致其农贷市场包容性缺失程度较大；虽然四川、黑龙江和海南近年来一直积极参与我国农村金融体制改革的试点工作，但是其农贷市场包容性缺失现状却并没有明显改善；但也有特殊情况，如经济发达的上海地区农贷市场包容性缺失程度高，其原因可能是上海地区的农村经济占比较小（2010 年第一产业增加值占比仅有 0.66%），因此对农村金融服务的需求相对较小。

（4）第四梯度：该梯度农贷市场包容性缺失程度处于高水平状态，包括湖北、广西和重庆，重庆是 31 个省份中农贷市场包容性缺失程度最高地区，其指数的平均值在样本区间内为 0.82，主要原因可能在于重庆存在较为严重的城乡二元经济结构。这三个省份位于中部和西部地区，特别是湖北作为中部农业大省，农业人口多，导致人均贷款量少，再加上中部和西部地区经济发展相对滞后，金融生态环境欠佳，金融业发展缓慢，农贷市场包容性缺失情况严重。

5.3　中国农贷市场包容性缺失的影响因素

在掌握了我国农贷市场包容性缺失现状以后，有必要进一步明确其影响因素，为后续政策调控提供实证依据。本节将利用中国省际面板数据，计量分析我国农贷市场包容性缺失的实际影响因素，并由此探索其影响因素是否存在区域差异。

5.3.1　模型设定与变量选择

已有文献表明，分析金融包容性缺失的影响因素可以从需求和供给两方面入手。需求方面主要表现为，金融需求主体的某些特征所引发的包容性缺失或排斥，如收入、教育、年龄、种族、心理因素等。供给方面主要表现在影响金融机构资金供给的一些条件和因素上。例如，金融基础设施、经济政策导向、地理便利性、产品多样性、市场营销策略、价格水平等。国内外研究发现，农贷市场包容性缺失受诸多因素的影响。英国金融服务机构把影响金融排斥和包容性缺失的因素归结为五个：人力资本市场的变化、收入布局情况、人口总量的变动、财政政策的改革及住房政策的变动（Kempson et al.，2000）。Guiso 等（2008）得出，通过受教育程度所反映的学习和认知能力间接影响金融排斥状况。高沛星和王修华（2011）认为，我国农村金融排斥区域差异的主要影响因素包括收入因素、金融效率因素、就业因素和农业现代化水平。

除了参照已有的研究对农贷市场包容性缺失的影响因素分析，我们同时考虑到农贷市场包容性缺失也会受前期值的影响，本章添加农贷市场包容性缺失的滞后一期作为解释变量，根据前文所构建的我国农贷市场包容性缺失指数，最终设定如下面板数据模型：

$$\begin{aligned}\mathrm{IFE}_{it} = {} & \beta_0 + \beta_1\mathrm{SR}_{it} + \beta_2\mathrm{JY}_{it} + \beta_3\mathrm{EDU}_{it} + \beta_4\mathrm{CZZN}_{it} + \beta_5\mathrm{POWER}_{it} + \beta_6\mathrm{FIR}_{it} \\ & + \beta_7\mathrm{URBAN}_{it} + \beta_8\mathrm{GROWTH}_{it} + \beta_9\mathrm{MOB}_{it} + \beta_{10}\mathrm{IFE}_{it-1} + \mu_{it}\end{aligned} \tag{5-5}$$

在式（5-5）中，IFE 是反映农贷市场包容性缺失的指标，自变量指标和样本数据的选取依据说明如下。

农村居民家庭人均纯收入（SR）：国内外相关研究证明，经济状况对金融排斥具有显著的影响，对我国农村地区而言，农民人均纯收入主要来自工资收入、家庭经营收入、财产性收入和转移性收入，本章选取家庭人均纯收入作为农贷市场包容性缺失的影响因素之一。数据来源于 2007～2011 年《中国统计年鉴》。

农村就业状况（JY）：就业会影响个人的收入从而影响其参与金融市场，本章用乡村就业人员作为衡量指标。数据来源于《新中国六十年统计资料汇编》、2007～2011 年《中国统计年鉴》。

受教育程度（EDU）：研究发现，受教育程度将直接影响“自我排斥”的程度，而金融机构也更倾向于选择受教育程度高的客户。本章把农民家庭劳动力的文化程度换算成受教育年数。数据来源于2007～2011年的《中国农村统计年鉴》。

财政支农水平（CZZN）：政府财政支农政策有助于推动农村经济发展，间接降低农贷市场包容性缺失程度。本章采用人均财政支农支出作为衡量财政支农政策的指标，具体表示为财政支农支出与乡村就业人员之比。数据来源于2007～2011年《中国财政年鉴》、《中国财政五十年统计资料汇编》和《2011中国统计年鉴》。

农业机械化水平（POWER）：农业机械化水平对发展现代农业，提高农民收入水平具有重大意义。本章采用人均农业机械总动力来反映农业生产的机械化水平，即用各省份的机械总动力除以乡村就业人员。数据来源于2007～2010年《中国统计年鉴》、各省份统计年鉴。

金融发展水平（FIR）：一般而言，经济金融化程度越高的地区往往是金融资源聚集地区，不容易形成金融排斥。在以往的研究中，很少有涉及金融发展水平的指标。金融相关率常被用来衡量一个地区的金融化程度，借鉴该指标的设定理念，考虑到数据的可得性，本章采用存、贷款余额之和与地区生产总值的比率作为农村金融发展水平的指标。数据来源于银监会发布的《中国银行业农村金融服务分布图集》及2007～2011年《中国金融年鉴》。

城市化水平（URBAN）：城市作为经济核心和受其影响的农村地区有着密不可分的联系，城市化进程的加快对农村地区的经济、文化、观念等都有促进作用。因此，本章用各省份非农人口与总人口的比值替代城市化水平指标。数据来源于2007～2011年《中国统计年鉴》。

农村经济发展水平（GROWTH）：农村经济大环境的好坏直接影响金融机构，本章用农村地区经济增长率反映地区宏观环境的优劣，数据来自各省份2007～2011年统计年鉴。

信息技术水平（MOB）：信息技术在农村的普及，有助于居民采用主流金融服务。本章采用农村地区每百人移动电话拥有量反映农村地区的信息技术水平。数据来源于2007～2011年《中国区域经济统计年鉴》。

5.3.2　研究方法选择及说明

如式（5-5）所示，本章采用面板数据模型的分析方法，面板数据包含了截面、时期和变量三维信息，在进行面板数据分析时，如果模型形式设定不正确，估计结果将与所要模拟的经济现实偏离甚远。因此，建立面板模型的第一步便是检验被解释变量的参数是不是对所有截面都一样，即选择合适的模型。所以构造F统计量：

$$F=\frac{(S_1-S_2)/(N-1)}{S_2/(NT-N-K)}\sim F(N-1,NT-N-K) \quad (5\text{-}6)$$

其中，S_1 和 S_2 分别为混合模型和固定效应模型的残差平方和；N 为截面个体；K 为解释变量个数；T 为时期数。

如果 F 统计量大于临界值，则选择固定效应模型，反之则应选择混合模型。固定效应模型又进一步分为个体固定效应模型和个体随机效应模型，为此再进行 Hausman 检验，其统计量为

$$H=\frac{(\hat{\beta}-\tilde{\beta})^2}{S_{\hat{\beta}}^{\ 2}-S_{\tilde{\beta}}^{\ 2}}\sim\chi^2(k) \quad (5\text{-}7)$$

其中，$\hat{\beta}$ 和 $S_{\hat{\beta}}$ 分别为个体固定效应模型的估计系数和标准差；$\tilde{\beta}$ 和 $S_{\tilde{\beta}}$ 分别为个体随机效应模型估计的系数和标准差；k 为解释变量个数。

如果 H 统计量大于临界值则应选择个体固定效应模型；反之，则选择个体随机效应模型。对个体固定效应模型和个体随机效应模型分别采用广义最小二乘法（generalized least squares，GLS）和可行的广义最小二乘法（feasible generalized least squares，FGLS）进行估计，以减小截面间异方差性和相关性造成的结果偏差。

本节实证分析采用的是 2006～2010 年中国 31 个省份（不含港、澳、台）的面板数据，由于西藏的数据收集不全，本节省略该截面。在研究过程中对解释变量都做对数处理，因为经过对数处理后，数据会具备趋势线性化、消除异方差等一些良好的特性，同时也不影响变量之间存在的统计关系。各变量的描述性统计结果见表 5-3。

表 5-3 实证分析各变量的描述性统计

变量	均值	标准差	中位数	最小值	最大值
IFE（农贷市场包容性缺失指数）	0.696 067	0.098 845	0.700 000	0.330 000	0.880 000
SR（农村居民家庭人均纯收入）	8.449 733	0.409 824	8.410 000	7.590 000	9.550 000
JY（农村就业状况）	6.892 400	1.067 014	7.085 000	3.840 000	8.500 000
EDU（受教育程度）	2.112 333	0.098 977	2.130 000	1.830 000	2.330 000
CZZN（财政支农水平）	6.913 933	0.812 882	6.895 000	4.300 000	8.990 000
POWER（农业机械化水平）	5.778 600	0.864 053	5.855 000	2.260 000	7.390 000
FIR（金融发展水平）	3.091 800	2.064 855	2.660 000	1.020 000	17.830 00
URBAN（城市化水平）	0.477 400	0.135 767	0.440 000	0.270 000	0.890 000
GROWTH（农村经济发展水平）	0.131 600	0.022 015	0.130 000	0.050 000	0.190 000
MOB（信息技术水平）	4.634 603	0.388 010	4.669 550	3.398 400	5.389 500

5.3.3 实证模型检验与结果分析

1. 单位根检验

为了避免虚假回归的存在，对各变量数据进行单位根检验，本章同时采用 LLC（Levin-Lin-Chu）、IPS（Im-Pesaran-Shin）、ADF-Fisher（Augmented Dickey-Fuller-Fisher）及 PP-Fisher（Phillips-Perron-Fisher）检验方法分别对 31 个省份的农贷市场包容性缺失指数、农村居民家庭人均纯收入、农村就业状况、受教育程度、财政支农水平、农业机械化水平、金融发展水平、城市化水平、信息技术水平和农村经济发展水平进行面板数据单位根检验，结果见表 5-4。不难看出，农贷市场包容性缺失指数、农村居民家庭人均纯收入、农村就业状况、受教育程度、财政支农水平、农业机械化水平、金融发展水平、城市化水平、信息技术水平和农村经济发展水平 10 个指标均为平稳序列，可以对其进行直接回归以考察各变量之间的数量关系。

表 5-4　单位根检验结果

变量	LLC		IPS		ADF-Fisher		PP-Fisher	
	统计量	*p*	统计量	*p*	统计量	*p*	统计量	*p*
IFE	−9.012 23	0.000 0	−3.401 65	0.000 3	87.553 6	0.011 7	109.85	0.000 1
SR	−3.946 35	0.000 0	2.362 53	0.099 0	22.151 6	0.100 0	52.198 6	0.753 0
JY	-3.2×10^{14}	0.000 0	-4.4×10^{11}	0.000 0	494.425	0.000 0	502.659	0.000 0
EDU	-6.5×10^{13}	0.000 0	-3.0×10^{10}	0.000 0	29.754 3	0.998 5	42.001 7	0.917 4
CZZN	−17.741 8	0.000 0	−6.758 56	0.000 0	117.69	0.000 0	200.595	0.000 0
POWER	−12.652 4	0.000 0	−4.741 54	0.000 0	102.352	0.000 5	133.53	0.000 0
FIR	−14.236 2	0.000 0	−3.166 96	0.000 8	81.521 1	0.033 7	86.564 8	0.014 0
URBAN	−1.201 6	0.104 8	-6.4×10^{10}	0.000 0	27.277 6	0.999 1	45.173 1	0.798 3
GROWTH	−5.973 75	0.000 0	−2.100 52	0.017 8	72.630 9	0.127 0	80.985 3	0.036 9
MOB	−20.790 6	0.000 0	−9.921 78	0.000 0	159.311	0.000 0	208.959	0.000 0

2. 农贷市场包容性缺失影响因素的总体回归分析

首先，选择农村居民家庭人均纯收入、农村就业状况、受教育程度、财政支农水平、农业机械化水平、金融发展水平、城市化水平、信息技术水平和农村经济发展水平对农贷市场包容性缺失的总体影响效应进行分析。由于西藏的数据难以收集，省略该截面，本章选取 2006～2010 年①全国 31 个省份的面板数据，运用

① 由于计算农村金融排斥指数的相关指标均来自银监会的《中国银行业农村金融服务分布图集》，图集时间跨度为 2006～2010 年，为简化计算量，影响分析也选取 2006～2010 年。

EViews 6.0 软件对面板模型进行估计。为更准确地估计农贷市场包容性缺失的影响因素，本章依据面板模型的 F 检验和 Hausman 随机效应检验选择合适的模型进行估计，并逐步剔除不显著的变量。表 5-5 给出了全国 31 个省份 2006～2010 年的总体估计结果。

表 5-5　我国农贷市场包容性缺失影响因素的总体回归结果

变量	模型 1	模型 2	模型 3	模型 4
C	−6.704 773***	−6.814 898***	−6.656 530***	−6.691 468***
IFE_{it-1}	0.440 472***	0.447 492***	0.501 316***	0.503 059***
SR	0.428 624***	0.427 973***	0.429 826***	0.427 997***
JY	0.961 207***	0.980 869***	0.978 040**	0.985 597***
EDU	−0.388 860**	−0.384 152**	−0.398 852**	−0.399 034**
CZZN	−0.150 476***	−0.149 506***	−0.153 806***	−0.153 842***
POWER	−0.080 876***	−0.081 673***	−0.085 582***	−0.008 589***
FIR	−0.005 938*	−0.006 139*	−0.006 398*	−0.006 446*
URBAN	0.057 506	—	0.008 578	—
GROWTH	0.066 838	0.258 190	—	—
MOB	−0.090 867*	−0.091 186*	−0.091 688*	−0.090 665*
调整 R^2	0.885 683	0.887 940	0.885 399	0.887 703
F 值	24.640 03	25.813 86	25.194 24	26.423 94
冗余固定 F 值	10.894 772	11.068 226	14.241 138	14.458 931
效应检验 p 值	0.000 0	0.000 0	0.000 0	0.000 0
随机 Hausman 值	0.000 0	0.000 0	0.000 0	0.000 0
效应检验 p 值	1.000 0	1.000 0	1.000 0	1.000 0

注：结果由 EViews 6.0 软件得出

*、**、***分别表示在 10%、5%、1%水平上显著

F 检验统计量结果显示拒绝混合模型，Hausman 检验值在 1%的显著性水平下拒绝随机效应模型，因此应建立个体固定效应模型。模型的可决系数在 0.8～1.0，满足面板数据的估计精度要求。模型 1 是引入所有变量的回归结果，模型 2、模型 3、模型 4 分别为剔除不显著变量后的回归结果。从拟合结果来看，除城市化水平和农村经济发展水平不显著外，其他变量均显著。结果显示：2006～2010 年，样本省份前期农贷市场包容性缺失指数、农村居民家庭人均纯收入、农村就业状况与农贷市场包容性缺失呈正相关，系数分别为 0.440 472、0.428 624、0.961 207，而受教育程度、财政支农水平、农业机械化水平、金融发展水平和信息技术水平与农贷市场包容性缺失呈负相关，系数分别为−0.388 860、−0.150 476、−0.080 876、−0.005 938、

–0.090 867。这表明前期农贷市场包容性缺失指数、农村居民家庭人均纯收入、农村就业状况每增长 1 个百分点，农贷市场包容性缺失指数就分别提高 0.440 472%、0.428 624%、0.961 207%，受教育程度、财政支农水平、农业机械化水平、金融发展水平和信息技术水平每增长 1 个百分点，农贷市场包容性缺失指数分别降低 0.388 860%、0.150 476%、0.080 876%、0.005 938%、0.090 867%。农村居民家庭人均纯收入、农村就业状况的回归结果与以往的研究结论是相悖的，但深入思考后发现，这可能与农村居民的储蓄习惯有关，他们仍然偏向于将收入储存在家中，主观上不去享受金融服务，导致农贷市场包容性缺失情况恶化。就业方面，与农村特殊的就业模式有关，农村青壮年大多流向城市地区就业，就业水平虽然提高了，但留守人口多为老弱病残，这反而加剧了农贷市场包容性缺失。

从影响强弱来看，农村就业状况影响效应最强，其次为前期农贷市场包容性缺失指数及农村居民家庭人均纯收入，而金融发展水平对降低农贷市场包容性缺失程度的效果最弱，说明农村金融的发展对农村经济并没有起到强大的支撑作用，农村金融机构没有将投资重心放在农村地区，金融发展减少农贷市场包容性缺失的效应无法更好地显现。回归结果中，城市化水平和农村经济发展水平不显著且符号为正，这说明，虽然我国大力推进城市化进程，但目前城市化率依然不高，并且我国的城市化多是以户籍制度为准，农民的生存本质并没有因此得到明显改善，使得城市化难以降低我国农贷市场包容性缺失程度。农村经济发展水平对农贷市场包容性缺失影响效应不显著，意味着农村经济增长没有起到降低农贷市场包容性缺失程度的作用，这与我国经济发展地区差异的事实相吻合，中西部农村地区经济发展基础相对较差，尽管其增长速度要高于东部地区，但金融水平仍然低于东部。

3. 农贷市场包容性缺失影响因素的区域差异分析

由于我国不同地区经济发展方式、水平和经济结构特征的差异明显，各地区农贷市场包容性缺失程度及其影响因素也不可避免地存在差异，准确估算和区分不同城市的农贷市场包容性缺失程度，对宏观政策制定有着重要的意义。所以，为进一步探寻我国农贷市场包容性缺失影响因素的区域差异，本部分将对我国东部、中部和西部三大区域①农贷市场包容性缺失的影响效应做差异分析。经过 F 检验与 Hausman 检验后，三大区域均适合个体固定效应模型。表 5-6 给出了三大区域农贷市场包容性缺失影响效应的回归结果。

① 根据国家统计局网站对东部、中部、西部三个地区的划分情况，其中东部地区是指北京、天津、河北、辽宁、上海、江苏、浙江、福建、山东、广东和海南；中部地区是指山西、吉林、黑龙江、安徽、江西、河南、湖北和湖南；西部地区是指重庆、四川、贵州、云南、西藏、陕西、甘肃、青海、宁夏、新疆、广西和内蒙古。

表 5-6　我国农贷市场包容性缺失的区域差异回归分析结果

变量	全国	东部	中部	西部
C	−6.704 773***	−8.194 989***	6.562 921	−15.456 69**
IFE_{it-1}	0.440 472***	0.062 549	0.481 136*	0.556 308**
SR	0.428 624***	0.908 163***	0.458 481*	0.548 911***
JY	0.961 207***	0.462 653	−0.288 216	2.091 244**
EDU	−0.388 860**	−0.153 212*	−1.976 204**	0.242 659
CZZN	−0.150 476***	−0.321 433***	−0.043 202**	−0.256 258***
POWER	−0.080 876***	0.001 777	−0.207 409***	−0.096 902*
FIR	−0.005 938*	−0.002 996	−0.028 740	−0.004 385
URBAN	0.057 506	0.291 752	0.255 784	−0.198 041
GROWTH	0.066 838	1.149 160	−0.285 089	−0.322 544
MOB	−0.090 867*	−0.009 373***	−0.440 491**	−0.095 828*
调整 R^2	0.885 683	0.969 107	0.798 624	0.774 896
F 值	24.640 030	68.444 680	8.231 796	8.401 123

注：结果由 EViews 6.0 软件得出

*、**、***分别表示在 10%、5%、1%水平上显著

区域差异的实证结果显示，受经济、文化、习惯等因素的制约，三大区域农贷市场包容性缺失的主要影响因素不尽相同。东部地区农村居民家庭人均纯收入、受教育程度、财政支农水平及信息技术水平影响较显著，系数分别为 0.908 163、−0.153 212、−0.321 433、−0.009 373；中部地区前期农贷市场包容性缺失指数、农村居民家庭人均纯收入、受教育程度、财政支农水平、农业机械化水平、信息技术水平影响结果显著，系数分别为 0.481 136、0.458 481、−1.976 204、−0.043 202、−0.207 409、−0.440 491；西部地区前期农贷市场包容性缺失指数、农村居民家庭人均纯收入、农村就业状况、财政支农水平、农业机械化水平和信息技术水平显著，系数分别为 0.556 308、0.548 911、2.091 244、−0.256 258、−0.096 902、−0.095 828，其余变量不显著。其中，农村居民家庭人均纯收入、财政支农水平和信息技术水平对三大区域均有明显的影响，农村居民家庭人均纯收入的影响效应最强，说明转变农村居民的储蓄消费观念至关重要。同时，政府应继续加大财政支农力度，但不应仅表现在整体经济上，更要注重政策倾斜和效率的提高。东部、中部、西部在经济、文化、习惯等方面基础不同，导致教育、就业等因素对各大区域的影响效应不一，西部地区外出打工的农民工较多，导致就业对农贷市场包容性缺失产生极大的影响，而西部地区教育基础十分薄弱，加上金融产品设计烦琐，易造成农民反学心理，影响金融知识普及。除此之外，金融发展水平、城市化水平及农村经济发展水平的影响效应不显著。

5.4 中国农贷市场包容性缺失的结构性抑制

长期以来，农村金融市场的有效运行离不开中央财政及宏观政策提供的“预算软约束”和“风险兜底”，政府对农村金融市场进行的功能型引导和补缺促使金融发挥了扶贫效应。但是，我国农村金融体系构建与农村金融发展中呈现的包容性缺失，不仅造成农贷市场的“精英俘获”，而且对农贷资源配置产生结构性抑制，进一步制约了金融扶贫功能的有效发挥。就农村贫困人口脱贫与农村贫富差距缩小的双重视角来看，包容性缺失引致的“精英俘获”是农贷市场出现结构性抑制的关键因素。建立农村普惠金融体系，实现农村金融市场包容性成长，将有望促使金融扶贫兼顾收入增长和差距缩小双重目标。

5.4.1 问题提出与研究假设

中国既是一个农业大国，也是一个贫困人口大国。改革开放以来，伴随着经济的迅猛增长，中国贫困人口大幅减少，贫困发生率持续降低，扶贫工作取得了突出的成绩。从贫困人口规模的变化来看，贫困人口从 1978 年的 2.5 亿人下降到 2000 年的 9422 万人，到 2010 年减少到 2688 万人；贫困发生率从 1978 年的 30.7%减少到 2000 年的 10.2%，进一步减少到 2010 年的 2.8%；在世界极度贫困人口中所占比例由 1981 年的 43%下降到 2010 年的 13%（World Bank，2013）。中国农村贫困问题得到了有效缓解，并且随着《中国农村扶贫开发纲要（2011—2020 年）》的颁布实施，中国扶贫工作已从“解决温饱”转变为“提高发展能力、缩小发展差距”的更高阶段。不过，若按照国际贫困标准衡量，中国贫困人口数量仍然巨大，尤其是农村（程名望等，2014）。诸多证据表明，农村仍深陷“收入贫困陷阱”之中（王小华等，2014a）。2011 年更改贫困标准后，中国贫困标准基本和国际接轨，农村贫困人口由 2010 年的 2688 万人扩大至 1.28 亿人，占农村总人口的 13.4%，占全国总人口近 10%（国家统计局住房调查办公室，2012）。可见，我国贫困人口的数量依然庞大，并且贫困减少速度趋缓，相对贫困问题日益突出，农村贫困仍然是社会、市场和国家面临的严峻挑战之一。

在中国扶贫攻坚战略中，金融扶贫[①]是农村扶贫开发战略体系的重要组成部分，近年来，金融资源逐步向“三农”倾斜，农业信贷总量持续增加、涉农贷款比例保持稳定。截至 2014 年年底，全国 592 个贫困县的各项贷款余额超过 3.3 万

---

① 金融扶贫主要指以信贷形式重点满足贫困地区、贫困人口的生产型金融需求，推动“造血”式扶贫模式发展，进而缓解长期困扰农户的资金投入问题。通过为农村贫困人口创造更多提高收入的机会，从根本上改变贫困地区的面貌（郭兴平，2013）。

亿元，同比增长 18.5%，高出全国平均水平 4.9 个百分点。同时，针对贫困农户发放的贷款大幅增加。全国 592 个贫困县的农户贷款余额达 2300 多亿元，较 2011 年年底农户贷款余额增加近 1500 亿元，年均增长约 40%。当然，金融扶贫对解决贫困农户温饱问题，推动贫困地区农业产业化发展起到了积极的作用。例如，中国农业发展银行实施精准扶贫工程，全力推进易地扶贫搬迁信贷业务，自 2015 年 8 月业务启动到 2015 年年末，发放易地扶贫搬迁贷款 809 亿元，支持搬迁贫困人口 359 万人，有力地支持了贫困地区贫困人口脱贫。

不过在新形势下，金融扶贫依旧面临财政贴息总量投入不足、模式单一、发展不均衡等现实问题，持久稳定的金融扶贫体系尚未完全形成。实际上，金融扶贫的本质是在中央政府提供的“预算软约束”和“风险兜底”下的一种具有社会效应的准公共性工程，包含有限的非竞争性和局部的非排他性。政府的功能型引导和补缺淡化了金融资本追逐利益、嫌贫爱富的本质。同时，金融资本的可持续性和商业化运作，有利于弥补财政投入缺口，冰释财政预算扶贫机制的规模有限和效率较低等问题。因此，金融扶贫作为国家扶贫战略的重要组成部分，有望与财政扶贫共同发挥互补机制，大规模推动农村贫困农户脱贫。在中央“一号文件”多次部署金融扶贫的背景下，本章拟对金融扶贫的实践途径提供理论支持，具体将从如下两方面展开：一方面，农村金融市场的运行模式已自觉或不自觉地隐含正规金融和非正规金融[①]并行展开的事实，因此有必要以正规金融和非正规金融二元框架作为识别金融扶贫的基础；另一方面，就贫困本身而言，不能忽视贫困减缓依赖的两个基本因素，即贫困农户收入水平的提高和整体水平上收入差距的缩小（程名望等，2014）。可见，基于收入增长和差距缩小的双重视角所展开的对正规金融和非正规金融扶贫的讨论是贫困内涵所衍生的基本命题。那么，金融能让贫困农户摆脱“收入贫困陷阱”吗？金融扶贫对农村贫富差距造成了怎样的作用或影响？在回应上述问题之前，针对金融扶贫的特征和目标[②]等问题，本章做如下假设。

假设 1：本章考察的是金融对贫困农户的短期作用。即金融对贫困农户收入增长和农户收入差距缩小的当期影响，本章较难揭示金融扶贫的长期而深远的作用或影响，当然正如凯恩斯所言，在长期人们都死了。

假设 2：本章所指的贫困是“收入贫困”。近些年来，多维贫困备受学者关注，但就中国农村贫困而言，“收入贫困”仍是重中之重。

① 农村金融市场的供给方由正规部门和非正规部门构成，前者也称为正规金融，指发生在国有银行、股份制商业银行、农村信用合作社等机构并接受政府监管的信贷；后者也称为非正规金融，主要指民间直接信贷、高息信贷等不接受政府监管或控制的信贷（刘西川等，2014）。

② 本章研究不涉及信贷约束问题。金融资本爱富嫌贫的本性在一定程度上与扶贫是相悖的，商业性金融排斥作为低端客户的贫困农户无可非议，金融要介入扶贫，至少需要保住本金。但本章讨论的重点并非金融市场的供给与需求，本章考察的对象是已经获得金融服务的贫困农户。

假设 3：本章论述的金融指信贷。纵然，储蓄、保险等金融服务均会对贫困农户产生一定的影响，考虑到其程度和范围，本章并未论述。

本节的后续设计如下：首先，在回顾已有文献的基础上做一个理论分析，为后续研究提供一个逻辑起点；其次，介绍本章使用的数据和实证研究的基本思路；再次，根据实证研究得出的结论进行分析；最后，结合理论与实证分析，形成研究结论和政策启示。

5.4.2 文献梳理与理论分析

1. 文献梳理

遵循研究收入增长及差距缩小两个核心问题，本章拟对国内外相关研究进行简单的梳理，总结出学者既有的思想脉络，为后文研究提供逻辑起点。

（1）宏观视角：金融发展、经济增长和收入不平等。Greenwood 和 Jovanovic（1990）利用动态模型研究了 Kuznets 假说，发现金融发展、经济增长与收入不平等之间存在非线性关系，金融发展通过改善资本配置促进经济增长。金融发展与收入分配之间存在倒“U”形关系，金融发展在早期会导致贫富差距扩大。随着金融发展越过倒“U”形拐点，贫富差距将会缩小。随后被大量实证检验所证实（Aghion and Bolton，1997；Lloyd-Ellis and Bernhardt，2000；Townsend and Ueda，2006；Maurer and Haber，2007；Chakraborty and Ray，2007）。当然，也有学者认为金融发展总是能通过经济增长与调整收入分配的途径促进贫困减少（Jalilian and Kirkpatrick，2002；Jeanneney and Kpodar，2005，2011；Akhter et al.，2009）。相反，Banerjee 和 Newman（1993）、Ravallion（1997）指出，在金融市场不完善的情况下，金融发展造成的巨大贫富差距将抵消经济增长减少贫困的作用，并且收入差距将由于代际传递而趋于固化（Galor and Zeira，1993）。而 Haber（2004）与 Canavire Bacarreza 和 Rioja（2009）更是指出，金融发展根本就没有提高穷人的收入，甚至还会减少其收入（Arestis and Caner，2004）。

（2）微观视角：贫困农户收入增长和农村贫富差距缩小。就金融推动贫困农户收入增长而言，大量学者指出微型金融（microfinance）能够促进贫困户收入提高（Unicef，1997；Wright，2000；Khandker，1998，2001；Burgess and Pande，2004；Geda et al.，2006）。具体来讲，微型金融能够减少穷人的信贷约束，管理穷人的金钱，提高穷人生产效率和生活质量，在贫困家庭面临收入波动时平滑其消费（Gulli，1998），帮助穷人克服信贷约束，提高穷人的风险控制能力（Swain and Floro，2008），提高贫困家庭的社会关系和自尊心（de Aghion and Morduch，2006），进而使穷人有能力、有信心摆脱贫困（Mawa，2008）。就经验研究来看，

Chowdhury 等（1991）对孟加拉农村发展委员会（Bangladesh Rural Advancement Committee，BRAC）微型金融项目的研究发现，参与该项目的成员的资产在 48 个月内增加了 112%。参与秘鲁利马市微型金融项目的客户，仅有 28%还生活在贫困线以下，而未参加该项目的人还有 41%生活在贫困线以下。孟加拉乡村银行的微型金融项目在 20 世纪末使 58%的借款人走出了极端贫困的泥潭。玻利维亚小额信贷银行让 66%的客户收入得到提高。参与尼日利亚微型金融的农民收入平均提高 3 倍。另外，危地马拉、乌干达地区的微型金融均对借款者收入提高产生明显作用。从这一层面上看，微型金融对贫困减少有显著的正面作用。而金融扶贫促进农户收入差距缩小的相关研究还相对较少，且多为国内学者的研究成果。刘纯彬和桑铁柱（2011）认为，农村金融的规模扩张将减小农户收入差距，农村金融效率的提升将扩大农户收入差距。但张敬石和郭沛（2011）却得出相反结论，他们指出金融效率提高将降低农户收入不平等的程度。张宁和张兵（2015）发现非正规金融通过为低收入农户提供金融服务减缓了农户内部收入差距扩大。可见，金融扶贫对缩小农村收入差距的作用和影响还未得到深入揭示。

2. 理论分析

遵循前文的研究思路，本章抽象地删繁就简，对金融扶贫做一个理论推导。首先，假设贫困农户现在和未来的收入分别为 y_1 和 y_2，并且时间的贴现率为 0。那么可以写出贫困农户的效用函数：

$$U = U(y_1) + U(y_2),\quad U' > 0,\quad U'' < 0 \tag{5-8}$$

其次，假设贫困农户的收入由两部分组成，由固定的收入 $\overline{y}$ 和临时收入 e 组成。考虑到贫困农户资源禀赋因素及其较弱的资本形成能力，本章认为贫困农户仍然处于“收入贫困陷阱”中，因此如果贫困农户当期增加一定的临时收入，未来会减少同样的临时收入，从而抵消当前收入变化的影响。农户的效用函数为

$$U = U(\overline{y} + e) + U(\overline{y} - e) \tag{5-9}$$

贫困农户要获得贷款（政府贴息的农户小额贷款），需要支付一定的服务费用 f。此时，其生产生活方式也会发生一定的变化，本章用 s 来衡量。此时农户的效用函数为

$$U = U(\overline{y} + e - s - f) + U(\overline{y} - e + s - f) \tag{5-10}$$

由式（5-10）可知，当 $e = s$ 时（亦即农户通过自身行为完全适应外部变化）是农户的最优选择，此时农户的效用变为

$$U(\overline{y} + e^*) + U(\overline{y} - e^*) = 2U(\overline{y} - f) \tag{5-11}$$

总体的效用函数为

$$W=\int_0^{e^*}(U(\bar{y}+e)+U(\bar{y}-e))\,\mathrm{d}e+\int_{e^*}^1 2U(\bar{y}-f)\,\mathrm{d}e \tag{5-12}$$

金融要发挥扶贫效用需要保住成本，即金融机构可持续经营。金融机构需要通过（$1-e^*$）之间的贷款业务的收入填平固定成本F，即

$$F=(1-e^*)f \tag{5-13}$$

如果不推行金融扶贫，依旧采取财政预算的扶贫模式直接作用于农户，那么对贫困农户收入增长的作用可以表述为

$$\begin{aligned}\frac{\mathrm{d}W}{\mathrm{d}\bar{y}}=&\int_0^{e^*}[U'(\bar{y}+e)+U'(\bar{y}-e)]\,\mathrm{d}e+2(1-e^*)U'(\bar{y}-f)\\&+[U(\bar{y}+e)+U(\bar{y}-e)-2U(\bar{y}-f)]\frac{\partial e^*}{\partial \bar{y}}\end{aligned} \tag{5-14}$$

进一步化简可得

$$\frac{\mathrm{d}W}{\mathrm{d}\bar{y}}=\int_0^{e^*}[U'(\bar{y}+e)+U'(\bar{y}-e)]\,\mathrm{d}e+2(1-e^*)U'(\bar{y}-f) \tag{5-15}$$

政府通过贴息的方法降低金融机构的固定成本进而有效推动金融扶贫，产生的效果为

$$-\frac{\mathrm{d}W}{\mathrm{d}F}=2(1-e^*)U'(\bar{y}-f)\frac{\partial f}{\partial F}-[U(\bar{y}+e)+U(\bar{y}-e)-2U(\bar{y}-f)]\frac{\partial e^*}{\partial F} \tag{5-16}$$

此时可以揭示金融扶贫产生的作用，用式（5-16）减式（5-15）可得

$$\begin{aligned}-\frac{\mathrm{d}W}{\mathrm{d}F}-\frac{\mathrm{d}W}{\mathrm{d}\bar{y}}=&2U'(\bar{y}-f)\left[1+\frac{F}{(1-e^*)^2}\frac{\partial e^*}{\partial F}\right]\\&-\int_0^{e^*}[U'(\bar{y}+e)+U'(\bar{y}-e)]\,\mathrm{d}e-2(1-e^*)U'(\bar{y}-f)\end{aligned} \tag{5-17}$$

$$2e^*U'(\bar{y}-f)-[U'(\bar{y}+e)+U'(\bar{y}-e)\int_0^{e^*}+\frac{2U'(\bar{y}-f)F}{(1-e^*)^2}\frac{\partial e^*}{\partial F}>0 \tag{5-18}$$

由式（5-18）可知，政府对农村金融市场的功能型引导和补缺能够有效推动农村金融部门发挥扶贫效应。不过，农户之间的资源禀赋差异明显，信贷资金对不同生产规模和收入水平的农户的作用结果也存在相应的不同。

至此，通过文献梳理和逻辑推理，本章形成了分析的基本框架，归纳和推理出一些结果，这些结果有力地支持了金融扶贫带来的正面效果。不过，金融扶贫对农村贫富差距的影响还未得到深入的揭示，农村社会不平等问题有待持续关注。本章在此基础上形成了后文实证分析的论点。

3. 待检验的命题

前文形成了一条理论分析的主线，明确了待检验的命题：①中国既有农贷

资金在何种程度和范围上发挥了扶贫效应，本章将进行估计和验证。②包容性缺失和“精英俘获”到底使金融扶贫对农村贫富差距产生怎样的影响，是否产生对不同收入群体的结构抑制，还未有定论。本章将结合真实经验给出实证检验。

5.4.3　样本选择、变量设定与描述性统计

1. 样本选择

样本数据源于中国人民银行联合国家统计局在全国范围开展的针对农户信贷需求的专项调查问卷，调查问卷涉及吉林、福建、安徽、内蒙古、贵州、江苏、河南、四川、湖南、宁夏 10 个省份，共抽取 263 个县（市）、2004 村、20 040 户，共获取 200 40 家农户的有效样本。调查按“每省份 200 村，每村 10 户”进行抽样，总调查 2004 个村（其中河南样本村 204 个），样本村是由国家统计局按对称等距方法抽出，样本数据由中国人民银行于 2009 年公布，是截面数据。本章在调查数据基础上进行了样本清洁处理。

2. 变量设定和描述性统计

本章的被解释变量是农户家庭总收入（LNIN）。核心解释变量是农户信贷资金（LNLO），其反映了农户家庭一年内获得的信贷资金数额，当然，这也是内生变量。本章使用农户到金融网点所需时间（DTTI）作为工具变量，在后文中会专门讨论内生性问题。本章还引入了较多的控制变量，这些变量被划分为农户特征变量和农户金融条件变量两大类。在农户特征变量中，本章考虑了农户家庭常住人口（NUMB）、劳动力平均年龄（AAOL）、最高受教育程度（EDUC）、土地耕种面积（ARAL）、出售农产品现金占比（AGRI）和农户外出务工（MIGR）。另外，本章还特意把农户的金融条件作为考察的因素，使用金融信息（KNOW）、私人放贷（PRIF）和利率（RATE）作解释变量。此外，本章所使用的变量数据主要来自直接调查取得的样本数据和根据调查数据计算得来的间接数据，详细的变量描述与定义见表 5-7。描述性统计见表 5-8，表 5-8 列出了各变量的样本数、均值、标准差、方差、偏度、峰度、最大值和最小值。

表 5-7　中国农户信贷资金相关变量定义

变量类别	变量名称	缩写	描述
被解释变量	农户家庭总收入	LNIN	家庭总收入的对数值
内生解释变量	农户信贷资金	LNLO	农户获得信贷资金的对数值

续表

变量类别	变量名称	缩写	描述
控制变量	出售农产品现金占比	AGRI	农户出售农产品的现金收入占家庭总收入比重
	家庭常住人口	NUMB	农户家庭人口总数，单位：人
	劳动力平均年龄	AAOL	16 岁以上劳动力年龄平均值
	最高受教育程度	EDUC	农户家庭劳动力中受教育程度最高者，0=未上学，1=小学，2=初中，3=高中或中专，4=大专及以上
	土地耕种面积	ARAL	农户家庭耕种土地的面积，单位：亩
	外出务工	MIGR	农户家庭是否有成员外出务工，0=否，1=是
	金融信息	KNOW	农户是否知道农村信用合作社的小额贷款，0=否，1=是
	私人放贷	PRIF	当地是否有私人放贷活动，0=否，1=是
	利率	RATE	农户信贷的利率，单位：厘
工具变量	到金融网点所需时间	DTTI	农户到最近金融机构网点所需要的时间，单位：分

表 5-8 变量的描述性统计

变量	样本数	均值	标准差	方差	偏度	峰度	最小值	最大值
LNIN	5695	9.778	0.565	0.319	0.058	3.123	8.010	11.510
LNLO	5695	8.173	1.081	1.168	0.214	2.593	6.210	11.440
AGRI	5695	0.420	0.291	0.085	0.256	1.959	0.000	1.000
NUMB	5695	4.091	1.265	1.600	0.630	3.852	1.000	10.000
AAOL	5695	39.120	7.511	56.408	1.018	4.290	19.000	71.500
EDUC	5695	2.304	0.760	0.578	0.030	3.149	0.000	4.000
ARAL	5695	14.947	22.130	49.745	4.785	45.856	0.000	415.000
MIGR	5695	0.408	0.492	0.242	0.373	1.139	0.000	1.000
KNOW	5695	0.732	0.443	0.196	−1.048	2.098	0.000	1.000
PRIF	5695	0.395	0.489	0.239	0.429	1.184	0.000	1.000
RATE	5695	9.495	4.176	17.441	2.068	17.764	0.000	60.000
DTTI	5695	21.525	21.267	452.285	3.164	20.151	1.000	300.000

5.4.4 实证研究设计与实证检验

1. 研究设计

本章研究的思路是：选择代表农民收入水平的五个分位点①，外加贫困发生率

① 分别是 10%、25%、50%、75%和 90%。

分位点（18%），使用包含工具变量的 QR 方法估计信贷对不同分位点农户家庭收入的边际贡献。如果信贷对贫困发生率以下分位点的边际贡献大于 0 且显著，那么表示金融对贫困农户收入增长有利。如果信贷对贫困农户的边际贡献显著，并且大于对高收入农户的边际贡献，则表示金融扶贫促进了农户收入差距缩小，反之则表示金融扶贫致使农户收入差距扩大（高梦滔和姚洋，2006）。

2. IVQR 方法简介

线性回归模型是一种简单的均值回归，考察的是解释变量 x 对被解释变量 y 的条件期望 $E(y|x)$ 的影响；但线性回归模型无法揭示解释变量 x 对整个条件分布 $y|x$ 的影响。于是，本章将采用 QR 模型（Koenker and Bassett，1978），QR 能够提供条件分布 $y|x$ 的全部信息，通过估计条件分布 $y|x$ 的若干个重要的条件分位数[①]，得到不同的分位数函数，亦即可以验证农贷投入对不同阶层农民收入增长的作用。当然，考虑到内生性问题，本章选用 IVQR 模型（Chernozhukov and Hansen，2006，2008）。

$$\boldsymbol{Y_D} = q(\boldsymbol{D},\boldsymbol{x},U_{\boldsymbol{D}}) \tag{5-19}$$

其中，$\boldsymbol{Y_D}$ 为对应于不同变量 $\boldsymbol{D}$ 的潜在产出；$q(\cdot)$ 为 $\boldsymbol{Y_D}$ 的 τ 分位数；$\boldsymbol{x}$ 向量包含所有外生变量；其他不可观测变量通过 $U_{\boldsymbol{D}}$ 来影响 $\boldsymbol{Y_D}$，服从 $(0,1)$ 上的均匀分布，即 $U|_{x,z} \sim \text{Uniform}(0,1)$；$\boldsymbol{z}$ 为工具变量。

$$\boldsymbol{D} = \delta(\boldsymbol{X},\boldsymbol{Z},\boldsymbol{V}) \tag{5-20}$$

其中，$\delta(\cdot)$ 为一个未知形式的函数；$\boldsymbol{X}$ 由所有变量构成；$\boldsymbol{Z}$ 由工具变量构成；$\boldsymbol{V}$ 向量由不可观察变量构成。

假设 IVQR 服从如下线性模型：

$$q(\boldsymbol{d},\boldsymbol{x},\tau) = \boldsymbol{d}^{\mathrm{T}}\alpha(\tau) + \boldsymbol{x}^{\mathrm{T}}\beta(\tau) \tag{5-21}$$

其中，$q(\cdot)$ 为 τ 的增函数，记 $\theta(\tau) = \{\alpha(\tau)', \beta(\tau)'\}'$。处理效应通过 $q(\boldsymbol{d},\boldsymbol{x},\tau) - q(\boldsymbol{d}^0,\boldsymbol{x},\tau)$ 来表示，并控制不可观测变量 $U_{\boldsymbol{D}} = \tau$。

模型的内生性源于 $\boldsymbol{D}$ 与 $U_{\boldsymbol{D}}$ 的相关性，进一步导致 $\theta(\tau)$ 的估计值出现偏差。解决内生性问题的有效方式是使用工具变量法，本章通过下式来估计 $\theta(\tau)$：

$$P[Y \leqslant q(\boldsymbol{d},\boldsymbol{x},\tau)|\boldsymbol{z},\boldsymbol{x}] = \tau \tag{5-22}$$

其中，$\boldsymbol{X} = \boldsymbol{x}$，$\boldsymbol{D} = \boldsymbol{d}$，且 $\{Y \leqslant q(\boldsymbol{d},\boldsymbol{x},\tau)\}$ 等同于 $\{U \leqslant \tau\}$，此时有

$$\underset{\theta(\tau)}{\arg\min}\, E(\rho_\tau[y - \boldsymbol{d}^{\mathrm{T}}\alpha(\tau) - \boldsymbol{x}^{\mathrm{T}}\beta(\tau) - f(\boldsymbol{z},\boldsymbol{x})]) \tag{5-23}$$

其中，$\rho_\tau(u) = u[\tau - 1(u<0)]$，$f(\cdot)$ 由方程 $F(\boldsymbol{z},\boldsymbol{x})$ 给出。

① 通常使用四分之一分位数、中位数、四分之三分位数。

3. 内生性问题的讨论

本章注意到农户家庭总收入（LNIN）与农户信贷资金（LNLO）存在着双向因果关系，并且农户是否获得信贷乃至信贷数额都存在自我选择的特征。倘若无法有效处理农户的自我选择特征，实证研究结果将存在较大的选择性偏差，甚至可能达到100%。并且，农村金融市场中存在“精英俘获”和“扈从关系”等劣化的市场规律（董筱丹和温铁军，2008），是较难解决的遗漏变量问题。总之，可能存在的内生性问题都将导致本章无法精确研判农户信贷对农户收入的影响，使用工具变量是一种有效的解决方法。

4. 工具变量的讨论

为了解决内生性问题，本章拟在回归方法中引入恰当的工具变量。相关文献在类似研究中采用过农户年初债务余额作为农户信贷的工具变量（朱喜和李子奈，2007）。不过，债务状况是贷款人对农户提供贷款时的重要参考因素，因此不太可能存在弱工具变量问题；但本章认为债务对贫困农民收入会产生直接的影响，并非一个“干净”的工具变量，因此本章并未使用该工具变量。在考虑数据可得性的基础上，经过谨慎考虑，本章采用农户到金融网点所需时间（DTTI）作为农户信贷资金（LNLO）的工具变量。当然，就工具变量需要满足相关性和内生性条件而言，农户到金融网点所需时间（DTTI）显然对农户信贷可及性产生影响。不难推断，农户到金融网点所需时间（DTTI）与内生解释变量农户信贷资金（LNLO）负相关。此外，本章认为农户到金融网点所需时间（DTTI）并不会直接影响农户家庭总收入（LNIN）。但出于学术研究的严谨性，本章还是考虑了农户到金融网点所需时间（DTTI）通过农户信贷资金（LNLO）之外的途径影响被解释变量农户家庭总收入（LNIN）可能导致的工具变量的非完全外生性。为此，本章在回归模型中引入出售农产品现金占比（AGRI）、劳动力占比（LABA）和是否有储蓄存款（SAVE）等变量作为控制变量，在一定程度上消除工具变量的非完全外生性。

5. 统计检验

针对模型的内生性问题，本章做了解释变量的内生性检验，表 5-9 给出了 Hausman 检验、Wu-Hausman 检验和 Endogeneity 检验，结果表明代表正规金融和非正规金融的变量农户借贷资金（LNLO）均为内生解释变量。同时，本章做了工具变量的不可识别检验和弱工具变量检验，表 5-10 给出了 Kleibergen-Paap rk LM 统计量、Anderson canon. corr. LM 统计量、Kleibergen-Paap rk Wald F 统计量、Cragg-Donald Wald F 统计量，结果表明使用农户到金融网点所需时间（DTTI）作为农户借贷资金（LNLO）的工具变量是合理的。

表 5-9　内生性检验

正规金融			非正规金融		
Hausman 检验	Wu-Hausman 检验	Endogeneity 检验	Hausman 检验	Wu-Hausman 检验	Endogeneity 检验
26.51（0.000 0）	26.827 5（0.000 0）	22.145（0.000 0）	3.16（0.075 4）	3.175 08（0.075 4）	2.606（0.106 5）

表 5-10　工具变量检验

检验	统计量	正规金融	非正规金融
不可识别检验	Kleibergen-Paap rk LM 统计量	5.084（0.0241）	3.268（0.0706）
	Anderson canon. corr. LM 统计量	5.883（0.0153）	3.174（0.0748）
弱工具变量检验	Kleibergen-Paap rk Wald *F* 统计量	5.052	3.524
	Cragg-Donald Wald *F* 统计量	5.869	3.127

注：小括号里面的值代表 p 值；Stock 和 Yogo（2002）给出的临界值（Stock-Yogo weak ID test critical values）如下：10% maximal IV size：16.38；15% maximal IV size：8.96；20% maximal IV size：6.66；25% maximal IV size：5.53

6. 稳健性检验

本章采用减少总样本量的方式对基本回归结果进行稳健性检验，具体操作方法是将总样本中大专以上学历农户剔除。采用该方法是基于农户接受、理解金融信息的能力是不一致的，因而受教育程度的差异可能导致贫困农户获得金融知识、处理金融信息的能力不同，进而导致金融扶贫的效果在一定程度和范围内存在较小的不同，而整体水平应趋于一致。表 5-11 给出了稳健性检验的回归结果，不难发现核心解释变量（农户信贷资金）的估计结果、显著性水平和相关检验结果与基准回归相比有所不同，但并未发生明显变化，因此可以说明本章的估计结果是稳健的。

5.4.5　实证研究结果分析

基于贫困标准进而揭示金融扶贫现象的 IVQR 结果见表 5-12，表中分别给出了 10%、18%、25%、50%、75%和 90%分位点的估计系数。就系数的显著性水平来看，无论是正规金融还是非正规金融，核心解释变量农户信贷资金（LNLO）均在 1%显著性水平上显著，且 p 值均为 0.000。

表 5-11　解释农户收入增长和差距缩小的 IVQR

变量		被解释变量为农户家庭总收入（LNIN）											
		正规金融						非正规金融					
		10%分位点	18%分位点	25%分位点	50%分位点	75%分位点	90%分位点	10%分位点	18%分位点	25%分位点	50%分位点	75%分位点	90%分位点
	LNLO 农户信贷资金	0.891^{***}（0.000）	1.152^{***}（0.000）	1.348^{***}（0.000）	2.371^{***}（0.000）	1.288^{***}（0.000）	5.220^{***}（0.000）	-0.849^{***}（0.000）	0.530^{***}（0.000）	0.861^{***}（0.000）	1.204^{***}（0.000）	1.507^{***}（0.000）	0.846^{***}（0.000）
家庭特征	NUMB 家庭常住人口	-0.051^{*}（0.081）	−0.046（0.135）	-0.070^{**}（0.036）	−0.026（0.615）	0.003（0.916）	−0.106（0.515）	0.111（0.143）	0.021（0.563）	0.037（0.432）	−0.048（0.413）	−0.068（0.390）	−0.031（0.599）
	AAOL 劳动力平均年龄	−0.007（0.140）	−0.007（0.167）	−0.005（0.377）	0.012（0.159）	0.003（0.599）	0.055^{**}（0.041）	−0.018（0.160）	−0.003（0.658）	0.011（0.170）	0.005（0.616）	0.008（0.556）	0.009（0.385）
	EDUC 最高受教育程度	0.044（0.333）	0.003（0.955）	−0.057（0.263）	0.008（0.919）	0.025（0.611）	−0.378（0.131）	0.141（0.202）	0.195^{***}（0.000）	0.182^{***}（0.008）	0.132（0.120）	0.050（0.664）	0.167^{*}（0.051）
	ARAL 土地耕种面积	0.005^{***}（0.000）	0.007^{***}（0.000）	0.010^{***}（0.000）	0.009^{***}（0.000）	0.004^{***}（0.004）	−0.003（0.701）	0.007^{**}（0.012）	0.001（0.414）	0.002（0.319）	0.001（0.607）	−0.002（0.621）	0.001（0.592）
	AGRI 出售农产品现金占比	0.752^{***}（0.000）	0.653^{***}（0.000）	0.641^{***}（0.000）	0.644^{***}（0.002）	0.287^{**}（0.025）	-1.834^{***}（0.005）	−0.127（0.656）	0.514^{***}（0.000）	0.716^{***}（0.000）	0.833^{***}（0.000）	0.616^{**}（0.037）	0.575^{***}（0.009）
	MIGR 外出务工	0.177^{**}（0.018）	0.237^{***}（0.003）	0.279^{***}（0.001）	0.646^{***}（0.000）	0.404^{***}（0.000）	1.563^{***}（0.000）	−0.219（0.263）	−0.120（0.203）	−0.181（0.138）	0.012（0.938）	0.091（0.656）	0.038（0.804）
金融条件	KNOW 金融信息	0.036（0.718）	0.172^{*}（0.097）	0.283^{**}（0.011）	0.236（0.181）	−0.112（0.294）	−0.207（0.704）	0.242（0.222）	−0.025（0.796）	−0.177（0.151）	−0.021（0.891）	0.010（0.961）	−0.116（0.448）
	RATE 利率	0.001（0.958）	-0.023^{*}（0.069）	-0.039^{***}（0.004）	0.009（0.664）	0.009（0.504）	−0.015（0.826）	−0.017（0.172）	0.007（0.249）	0.010（0.182）	0.013（0.153）	0.000（0.993）	−0.009（0.335）
	PRIF 私人放贷	0.039（0.578）	0.026（0.724）	−0.075（0.349）	−0.182（0.150）	−0.023（0.761）	−0.172（0.660）	-0.313^{*}（0.073）	−0.015（0.863）	−0.013（0.906）	0.150（0.263）	0.154（0.397）	0.232^{*}（0.086）

注：小括号里面的值代表 p 值

*、**、***分别表示 10%、5%和 1%的显著性水平

表 5-12　稳健性检验结果

变量		正规金融						非正规金融					
		10%分位点	18%分位点	25%分位点	50%分位点	75%分位点	90%分位点	10%分位点	18%分位点	25%分位点	50%分位点	75%分位点	90%分位点
被解释变量为农户家庭总收入（LNIN）													
	LNLO 农户信贷资金	0.905***（0.000）	0.765***（0.000）	1.070***（0.000）	1.841***（0.000）	1.934***（0.000）	4.827***（0.000）	−0.864***（0.000）	0.466***（0.000）	0.573***（0.000）	0.480***（0.000）	0.515***（0.000）	1.036***（0.000）
家庭特征	NUMB 家庭常住人口	−0.051*（0.089）	−0.019（0.396）	−0.030（0.278）	−0.025（0.555）	−0.035（0.462）	0.018（0.756）	0.124（0.120）	0.035（0.315）	0.035（0.337）	0.002（0.947）	0.039（0.259）	−0.058（0.426）
	AAOL 劳动力平均年龄	−0.007（0.161）	−0.004（0.321）	0.000（0.919）	0.002（0.742）	0.002（0.806）	0.019*（0.053）	−0.017（0.211）	−0.004（0.501）	−0.003（0.639）	0.004（0.450）	0.005（0.404）	0.015（0.224）
	EDUC 最高受教育程度	0.037（0.486）	0.035**（0.033）	0.039（0.412）	−0.022（0.766）	−0.076（0.360）	−0.106（0.288）	0.102（0.458）	0.156**（0.010）	0.194***（0.002）	0.101*（0.053）	0.164***（0.005）	0.254**（0.042）
	ARAL 土地耕种面积	0.006***（0.000）	0.006***（0.000）	0.008***（0.000）	0.007***（0.001）	0.003（0.158）	0.000（0.951）	0.007**（0.019）	0.004***（0.006）	0.003**（0.043）	0.003**（0.027）	0.001（0.440）	0.001（0.654）
	AGRI 出售农产品现金占比	0.730***（0.000）	0.631***（0.000）	0.666***（0.000）	0.597***（0.000）	0.130（0.498）	−0.138（0.547）	−0.074（0.805）	0.639***（0.000）	0.656***（0.000）	0.524***（0.000）	0.595***（0.000）	0.606**（0.027）
	MIGR 外出务工	0.171（0.027）	0.226***（0.000）	0.299***（0.000）	0.483***（0.000）	0.510***（0.000）	0.488***（0.001）	−0.215（0.301）	−0.034（0.711）	−0.069（0.466）	−0.008（0.916）	−0.089（0.320）	0.136（0.475）
金融条件	KNOW 金融信息	0.048（0.640）	0.130*（0.090）	0.188**（0.044）	0.294**（0.037）	−0.122（0.453）	0.040（0.835）	0.223（0.280）	−0.112（0.221）	−0.046（0.626）	0.054（0.498）	0.067（0.450）	−0.069（0.714）
	RATE 利率	0.000（0.994）	−0.008（0.397）	−0.030***（0.009）	0.000（0.978）	0.016（0.414）	0.006（0.783）	−0.013（0.307）	-0.002（0.697）	−0.005（0.443）	0.001（0.904）	−0.011**（0.046）	−0.009（0.424）
	PRIF 私人放贷	0.017（0.817）	0.052（0.345）	−0.018（0.787）	−0.102（0.308）	−0.077（0.506）	0.106（0.443）	−0.318*（0.084）	0.059（0.469）	−0.007（0.934）	0.061（0.390）	0.109（0.170）	0.297*（0.078）

注：小括号里面的值代表 p 值

*、**、***分别表示 10%、5%和 1%的显著性水平

1. 正规金融扶贫的分析

正规金融对农户家庭总收入的边际贡献在 10%、18%、25%、50%、75%和90%分位点的系数分别为 0.891、1.152、1.348、2.371、1.288 和 5.220。其意义表明，处于 10%分位点的贫困农户获得信贷资金每增加 1%，他们的收入增加0.891%，在贫困发生率 18%分位点的农户获得信贷资金每增加 1%，他们的收入增加 1.152%。可见，正规信贷能够促进贫困农户收入增长，原因在于信贷为贫困农民提供了维持和扩大生产所需的资金，能够有效缓解广阔农村地区的资金匮乏难题。但是，以农户收入差距缩小的视角来看，处于 90%分位点的精英农户，他们每多获得 1%的信贷资金，其收入会增加 5.220%。此处，并不需要复杂的统计方法检验贫困农户和精英农户的系数差异的显著性，因为正规信贷以 5.220%的水平推动精英农户收入增长但仅以 1.152%的水平推动贫困农户收入增长，这显然会造成农户收入差距的进一步拉大。而究其原因，本章认为存在以下两方面可能。一方面，精英农户的资源禀赋占优，农业生产规模较大，正规信贷致力于有效支持其生产性项目而非生活性用途，所以信贷对其收入增长的效应大于一般农户和贫困农户。就这种原因来看，纵然农户收入差距扩大，但只要其程度和范围处于合理区间，足以让人接受和容忍。另一方面，税费时代“去组织化”的制度安排，以及因宏观经济波动引发农村经济关系紧张而演变出具有劣化性质的农村金融市场规律（董筱丹和温铁军，2008），在利益面前形成的“精英俘获”机制，可能会导致最不需要钱的精英农户通过不正当手段俘获农贷资金，而这部分农户恐怕也未必能把获得的农贷资金用于农业生产，而是把资金用于“非农生产”、民间信贷（或称之为高利贷）甚至是黑社会运作，进而获得暴利。农村正规金融成为治理状况劣化背景下致使农村贫富差距扩大的重要因素，金融扶贫的“精准性”受到考验与挑战，而正所谓“不患寡而患不均”，贫富差距扩大无疑将损害金融减贫效果，使贫困群体陷入持续贫困的恶性循环。

2. 非正规金融扶贫的分析

非正规金融对农户收入的边际贡献在 10%、18%、25%、50%、75%和 90%分位点的系数分别为−0.849、0.530、0.861、1.204、1.507 和 0.846。其意义表明，处于 10%分位点的贫困农户获得信贷资金每增加 1%，他们的收入减少 0.849%，在贫困发生率 18%分位点，农户获得信贷资金每增加 1%，他们的收入增加 0.530%，可见非正规金融推动贫困农户收入增长的作用并不明显，甚至在 10%分位点（即最贫困农户）还导致其收入减少。非正规信贷主要是农户之间的友情借贷，而这部分借贷资金主要用于农户生活性消费，旨在缓解其流动性约束或应对风险冲击（Guirkinger，2008；Dercon and Christiaensen，2011）。实际上，农村“差序格局”

的社会体系是建立在农户“个人主体性”基础上的“中心—外围”社交原则，亦即农户对圈内的信任是以道德伦理为约束的，对圈外则是以利益分割来衡量的，因此基于圈层结构的非正规借贷注定不是稳定、可持续的模式，也难以对农户摆脱贫困产生实质性影响。对处于 10%分位点的农户（极度贫困）而言，一方面，友情借贷的资金供给者可能歧视那些极端贫困的农户，他们没有道德化的社会资本作为获取信贷的“担保”，更谈不上回报资金的提供者；另一方面，极端贫困的农户恐怕已经被社会所遗弃并产生“社会隔离”，其余农户主动回避极度贫困农户并将其驱逐出农村社会，如极度贫困的农户可能衣衫褴褛、满头虱子，他们一无所有到无法见人，连基本的生存条件都难以保证，又谈何利用好借贷资金呢？就非正规信贷促进农户收入差距缩小而言，在 18%分位点的贫困农户获得的友情借贷资金每增加 1%，其收入增加 0.530%，对精英农户而言，其获得的友情借贷资金每增加 1%，其收入增加 0.846%。可见，非正规信贷对农户收入差距的缩小并无太大的作用，其原因正如上文所述：非正规金融大多作用于非生产性项目，进而难以对农户收入产生实质性影响。

5.5 本章小结

农贷市场的包容性成长强调要从深度和广度上完善农村金融体系。近年来，中国的农贷市场发展虽然在深度上取得了长足进步，但农贷市场发展的广度却没有得到相应改善，弱势群体仍然被排斥在现有金融体系外。本章运用我国 31 个省份的面板数据对我国农贷市场包容性缺失状态和影响因素进行了分析，结果表明：我国农村地区不仅存在严重的农贷市场包容性缺失状态，而且这一状态存在明显的区域差异，中部和西部地区农贷市场包容性缺失现象更为严重。从区域上看，东部、中部、西部地区各解释变量对农贷市场包容性缺失的影响效果不尽相同。东部地区提升农民受教育水平、财政支农支出水平、信息技术水平能够有效改善农贷市场的包容性缺失；中部地区除了上述因素，提高农业机械化水平也能够有效改善农贷市场的包容性缺失；对于西部地区而言，提高财政支农支出水平、农业机械化程度和信息化水平均有利于改善农贷市场包容性缺失程度。

政府对农村金融市场进行的功能型引导和补缺促使农贷投放发挥了扶贫效应。运用中国人民银行联合国家统计局获取的调查数据进行计量分析，结果表明：从农户脱贫而言，正规金融对农村贫困户收入增长有显著的推动作用，非正规金融虽不利于极端贫困农户收入增长，但总体来讲促进了贫困农户收入水平提高。不过，中国农村贫困逐年降低更主要得益于农村经济的迅猛增长所带来的贫困农户收入水平提高，这在一定程度和范围内掩盖了农户收入不平等的事实。就收入贫富差距缩小而言，非正规金融的作用并不明显，正规金融将致使农户贫富差距进一步扩大。农村正规金融成为治理状况劣化背景下致使农村贫富差距扩大的重要因素，金融扶贫的“精准性”受到考验与挑战，而正所谓“不患寡而患不均”，贫富差距扩大无疑将损害金融减贫效果，使贫困群体陷入持续贫困的恶性循环。非正规金融大多作用于非生产性项目，其信贷对农户收入差距的缩小并无太大的作用，进而难以对农户收入产生实质性影响。农村金融包容性缺失引致的“精英俘获”对农贷的扶贫功能产生了明显的结构性抑制。

第6章　中国农贷市场“精英俘获”的收入约束

中国的“三农”问题根本出发点和最终落脚点都在于农民持续增收问题，农民收入虽然从改革开放至今得到显著提升，但是随着工业化和城镇化战略的实施及逐步推进，农村的大量生产要素由于农业的弱势及微利性而不断非农化，加之城乡市场经济一体化发展，也加剧了生产要素内生性地从相对低效的农业、农村部门向更为高效的城市与工业部门聚集，导致农业、农村和农民所面临的“信用约束”也日益加剧，使得中国农贷市场中多数农户被“客体化”和“边缘化”，农贷市场分化加剧，治理状况劣化的乡村在对接农贷资金时普遍形成“精英俘获”现象。它不仅是农贷资金在乡村内部难以公平传递的一个最重要原因，而且是致使农贷政策目标偏离、过程扭曲和实施错位的关键影响因素。前文对中国农贷市场的农户融资决策与行为逻辑、农贷市场的“精英俘获”形成机理及农贷市场“精英俘获”的包容性缺失分别进行了理论分析和实证检验，因此，本章将重点基于中国县域截面数据，对中国农贷市场“精英俘获”产生的收入约束效应展开分析，并进一步检验这种收入约束效应是否存在区域差异。

6.1　引　　言

“郡县治，天下安”，县域既是城乡结合部，同时也是统筹城乡经济社会发展的最佳结合点。县域经济则是以县级行政区划为地理空间，以县级政权为调控主体，以市场为导向，优化配置资源，具有地域特色且功能完备的区域经济。县域经济作为一种行政区划型的以县城为中心、乡镇为纽带、农村为腹地的区域经济，是宏观与微观、工业与农业、城市与农村的交汇点，是统筹城乡经济社会发展战略的切入点和基本操作平台，也是城乡统筹制度创新的重要载体。党的十六大以来，党的文献对县域经济的表述不断深化，不断凸显了县域经济发展的重要性和地位的日益强化。十六大报告首次提出了“发展农产品加工业，壮大县域经济”。十七大报告又进一步指出：“以促进农民增收为核心，发展乡镇企业，壮大县域经济，多渠道转移农民就业。”2008年的政府工作报告再次提出要增强县域经济实力。可见，发展好县域经济，带动农民增收，缩小县域之间及城乡之间的差距，既是解决“三农”问题的根本载体和建设社会主义新农村的根基，更是实现城乡协调发展、社会安定、政权稳定的应有之义。

与国家发展需要和宏观政策形成强烈反差的是：我国当前的县域经济发展虽然有了一定的基础，但是县域经济发展在总体上仍相对落后，县域之间的发展极不平衡，农民的生活水平还处于较低的状态，而这些问题在贫困县更为突出。从贫困人口规模变化情况看（表 6-1），全国农村和贫困县的贫困人口（按照低收入标准衡量）分别从 2002 年的 8645 万人和 4828 万人减少到 2010 年的 2688 万人和 1693 万人，贫困发生率也分别从 9.2%和 24.3%下降到 2.8%和 8.3%（2010 年贫困县的贫困发生率是全国平均水平的 3 倍），年均贫困发生率分别降低 0.8 个百分点和 2 个百分点。初步看来，无论是全国农村还是贫困县的贫困状况都已得到有效缓解。随着《中国农村扶贫开发纲要（2011—2020 年）》的颁布实施，我国扶贫开发已从“解决温饱”转入“巩固温饱成果、加快脱贫致富、实现精准扶贫、改善生态环境、提高发展能力、缩小发展差距”的新阶段。但是，诸多事实表明，目前我国贫困县还深陷“收入贫困陷阱”之中，扶贫任务依然繁重：一是贫困县的减贫速度要远慢于全国平均水平，并且其贫困人口占全国农村贫困人口的比重从 2002 年的 55.85%反而提高到了 2010 年的 62.98%；二是 2010 年我国仍有 1340 个县（市）的农民收入在 6000 元以下[其中有 228 个县（市）的农民收入甚至低于 3000 元]，也就是说，全国还有 61.55%的县域农民收入低于全国平均水平；三是贫困县的农民收入与全国农民收入水平仍存在相当大的差距，全国农民收入与贫困县农民收入之比仅仅从 2002 年的 1.90 下降到了 2010 年的 1.81[①]，变化幅度较小。

表 6-1　全国农村贫困人口和贫困县贫困规模及比重

年份	贫困标准/元	全国农村				贫困县				贫困县贫困人口占全国之比/%
		农民收入/元	贫困人口/万人	贫困发生率/%	农民收入增长率/%	农民收入/元	贫困人口/万人	贫困发生率/%	农民收入增长率/%	
2000	865	2253	9422	10.2	1.95	—				
2001	872	2366	9029	9.8	5.01					
2002	869	2476	8645	9.2	4.62	1305	4828	24.3		55.85
2003	882	2622	8517	9.1	5.90	1406	4709	23.7	7.74	55.29
2004	924	2936	7587	8.2	11.98	1585	4193	21.0	12.73	55.27
2005	944	3255	6432	6.8	10.87	1726	3611	18.0	8.90	56.14
2006	958	3587	5698	6.0	10.20	1928	3110	15.4	11.70	54.58
2007	1067	4140	4320	4.6	15.42	2278	2620	13.0	18.15	60.65
2008	1196	4761	4007	4.2	15.00	2611	2421	11.9	14.62	60.42
2009	1196	5153	3597	3.8	8.23	2842	2175	10.7	8.85	60.47
2010	1274	5919	2688	2.8	14.87	3273	1693	8.3	15.17	62.98

注：数据来源于《2011 中国农村贫困监测报告》。该表的贫困标准衡量方法采用的是相对贫困线，也即按照低收入标准衡量的贫困线

① 数据来源于《2011 中国县（市）社会经济统计年鉴》和《2011 中国农村贫困监测报告》，最后由作者整理计算而得。

那么，县域农贷市场是否存在“精英俘获”现象？如果有，县域之间是否存在差异？不同地区之间的县域农贷市场是否存在差异？与非贫困县相比，究竟是哪些因素导致了贫困县长期深陷“收入贫困陷阱”之中？如何让贫困县脱离“收入贫困陷阱”和“收入约束”，实现与非贫困县协调发展？这些正是本章需要研究和检验的问题。经济学常识告诉我们，收入取决于价格和产出水平。物以稀为贵，要维持高价格，需发展特优产品。而在价格既定的水平下，收入则取决于产出。产出水平的增长，则取决于资本形成水平和人力资本存量（Solow，1956）。因此，加快贫困县资源要素投入、促进资本形成，提高人力资本积累水平，是打破农贷市场“精英俘获”的关键，更是促进贫困县农民收入增长的关键。但是，贫困县自我资本积累能力严重不足，对财政、信贷和固定资产投资具有强烈的刚性依赖。加之反贫困具有巨大的社会效应，因而促进贫困县的发展自然成为政府的责任，贫困县的资源配置自然由政府机制占主导地位。于是，政府主导的资源配置过程是否加剧了资源要素的“精英俘获”，我国多年来对贫困县的财政、信贷和固定资产投入对贫困人口摆脱“收入贫困陷阱”是否奏效，都是需要实证检验的。

回顾国内外学术界的研究动态，贫困与收入不平等一直都是学者们最为关注的焦点。Greenwood 和 Jovanovic（1990）认为，金融发展、收入不平等和经济增长之间存在非线性关系，金融发展通过改善资本配置而促进经济增长的方式帮助穷人实现收入增长，然而金融发展的这种收入分配效应取决于经济发展水平，在经济发展早期，金融发展是不利于穷人的。然而，Galor 和 Zeira（1993）的模型却得出了相反的结论：在金融市场不完善的情况下，收入差距将会由于代际馈赠的存在而延续下去，财富分配未必就会出现收敛的情况。Aghion 和 Bolton（1997）从金融市场资金供给角度进行了分析，认为穷人因为较高的利率而不能在金融市场上取得融资，但随着富人财富的积累，金融市场资金供给增加，利率会逐渐降低，最终穷人也得以进入金融市场，从而收入差距在“滴流效应”下逐渐缩小。Jeanneney 和 Kpodar（2005）建立了一个更详细的包含金融发展和金融波动的贫困决定模型，结果同样说明金融发展有利于穷人脱贫。Clarkc 等（2006）对金融发展和基尼系数之间的关系进行了研究，他们发现金融发展能有效减少收入不平等。Demirgüç-Kunt 和 Levine（2008）指出，金融发展不但有利于效率的提高，同时也提高了机会的平等性，因此有利于收入不平等的减少。Odhiambo（2009）的研究表明，金融发展和经济增长与南非贫困减少均存在格兰杰因果关系，经济增长通过影响金融发展而进一步促进贫困的减少。Majeed（2013）利用 50 个低收入发展中国家 1970～2008 年的面板数据验证了金融和经济发展对收入不平等的影响，结果表明：金融发展能减少不平等，然而两者的关系是非单调的，金融发展与不平等之间遵循库兹涅茨曲线倒“U”形的规律。Uddin 等（2014）利用孟加拉国 1975～2011 年的季度数据，研究了金融发展、经济增长与贫困减少之间的关系，发现三者之间存在长期协整关系，且金融发展有助于贫困的减少，但是这一效果并不是线性的。然而，金融具有保本逐利的要求和嫌贫爱富的本性，要想金融介入“汲水式扶贫”①中，至少要能使金融机构“保住本金”，能维持金融机构的简单再生产（王定祥等，2011）。可见，学术界在很长一段时间内还未对金融的减贫效应给予足够的重视。

在孟加拉乡村银行项目引导贫困家庭走出贫困获得巨大成功（不但自身取得了经济效益，更重要的是收获了很好的社会效益）之后，金融的减贫效应才开始得到广泛关注，特别是关于微型金融的减贫效应方面。事实上，极端贫困者被排除在微型金融之外并不说明极端贫困者不能从微型金融中受益，相反，是微型金融在满足极端贫困家庭需求上项目设计的失败，解决问题的关键在于设计出适合极端贫困家庭需求的金融服务项目（Marcus et al.，1999）。Gulli（1998）系统分析了微型金融对贫困减少的影响机制，并认为微型金融对贫困减少的主要贡献在于，帮助穷人克服金融信贷约束，并对其金钱进行管理。之后，大量学者基于不同主体的研究表明，微型金融对贫困的减少有着积极的影响（Hulme and Mosley，1996；Jalilian and Kirkpatrick，2002；Khandker，2003；Beck et al.，2004；Khandker，2005；Gaiha et al.，2009；Imai and Azam，2012；Awojobi，2011；Imai et al.，2010a，2010b，2012），主要体现在收入的增加（Unicef，1997；Wright，2000；Khandker，1998，2001；Burgess and Pande，2004；Geda et al.，2006）和脆弱性降低（Wright，2000；McCulloch and Baulch，2000；Swain and Floro，2008）方面。Khandker（2005）利用孟加拉国的面板数据，从小额信贷参与者和总体水平上检验了微型金融减少贫困的作用，结果表明微型金融项目对参与者脱离贫困有持续影响，特别是对女性参与者和村级的正面溢出效应而言；微型金融不仅能够帮助穷人重新分配收入，还有助于国家经济增长。Swain 和 Floro（2008）的研究发现，微型金融的风险应对机制可以提高参与者控制风险的能力，从而降低其脆弱性，对减少贫困有利。Imai 等（2010a）基于印度家庭住户的数据，研究了小额信贷用于生产性目的（如农业投资或非农企业）的减贫效应，结果发现，用于生产性目的的贷款在农村地区的减贫效应比城市地区更重要。Awojobi（2011）指出，穷人由于缺乏改善生活水平的信用，无法参与经济发展的一系列活动，只有通过小额信贷机构提供储蓄和小额贷款服务，才能促使穷人脱离贫困。Imai 等（2012）采用 99 个发展中国家的跨国面板数据研究表明，微型金融的总体贷款量与度量贫困的 FGT（Foster-

① 王定祥等（2011）将对农村暂时性贫困型农户的扶贫称为“汲水式扶贫”。这类农户的收入水平低，其贫困主要是因为外生因素（如疾病、教育、灾害、事故、非农就业不稳定、农业收入波动巨大等）冲击而引起“失血”，但家庭成员的劳动能力并没有丧失。然而，这类农户很可能在外界帮助下，通过“输血诱导性”的资金支持，将他们自身“造血性”发展功能恢复起来，一旦其“造血性”发展功能恢复起来，外界“援助性输血”就可立即停止。

Greer-Thorbecke）指数显著负相关，即微型金融不仅显著降低贫困发生率，而且显著降低贫困深度和贫困强度，同时这也意味着最贫困的群体也能从微型金融中受益。Ayuub（2013）通过从小额信贷银行和他们的一些客户面谈收集问卷，研究发现，小额信贷与扶贫之间具有密切的关系，因为小额信贷帮助他们改善生活水平并为他们提供融资机会以扩大经营业务。

中国作为世界扶贫的主战场，30 多年来的大规模减贫为全球的减贫和联合国千年发展目标的实现做出了突出贡献，因此中国的扶贫政策和贫困现状得到了国内外学者的广泛关注。Rozelle 等（1998）认为，直接投向农户的农业投资对收入增长有显著的正面影响，而投向乡镇企业、县办企业的投资对人均收入没有影响。Ravallion 和 Jalan（1999）利用西南三个省份（贵州、云南、广西）和广东的住户调查资料，估计的扶贫投资回报率为 12%。Park 等（2002）利用农业部 1981～1995 年的县级数据分析了贫困县和非贫困县的收入增长，发现贫困县的农民人均纯收入的增长要比非贫困县快，并据此估算出扶贫投资回报率在 10%以上。汪三贵等（2004）利用国家统计局 1998～2001 年的县级贫困监测数据和扶贫投资资料，对贫困县的扶贫投资效果进行实证分析发现，扶贫投资在短期内对农户家庭收入产生显著影响，特别是对农业、商业和服务业的投资效果更明显。徐月宾等（2007）利用 2004 年农村住户问卷调查数据分析了中国农村贫困人口的特征和致贫因素，并对社会救助政策的效果进行了评估，认为以社会救助为核心的当前农村社会保障制度未能为绝对贫困人口提供充足的帮助，中国农村反贫困政策要从社会救助转向社会保护。为此，他们提出了“四驾马车”（普遍性的医疗保障制度、普惠型社会福利、选择性社会救助及新型开发式扶贫政策）的反贫困政策框架。Ravallion（2009）指出，中国与非洲相比，中国扶贫的巨大成功在于不存在以下两个方面的制约：首先，对小农农业来说最重要的是生产率的增长，这一方面需要市场化的激励机制，另一方面也离不开公共支持；其次，各级政府需要扮演强有力的领导角色及进行行之有效的公共管理。Park 和 Wang（2010）利用村级农户数据的研究表明，村级扶贫投资使贫困村内部相对富裕的家庭受益显著，收入和消费的增长率要高出 6%以上，而贫困的家庭受益不明显。章元等（2012）指出，中国首先通过城市倾向政策推动工业化，创造出了新的经济增长点，并创造大量非农就业岗位吸收农村剩余劳动力，而贫困农户能够进入劳动力密集型的工业部门就业并获得更高收入，这是他们分享工业化所带来的经济增长“蛋糕”并脱离“贫困陷阱”的关键渠道。高远东等（2013）运用中国 30 个省份的面板数据进行空间计量分析，发现财政支农政策对本省份农村减贫的直接效应不显著，且对邻接省份减贫具有显著的抑制作用；金融支农政策对本省份农村减贫具有显著的促进作用，但是其空间外溢效应不显著。王小华等（2014b）分析了县域农村金融抑制与农村居民收入的内部不平等问题，结果显示：收入越低的农民因为自身资本积累的天然不足和外源资本获取能力较差，其所受到的金融抑制程度越强而越难以摆脱其收入增长困境；而收入越高的农民因为自身资本积累的优势和较高的外源融资能力，其收入增长不断走向良性轨道。程名望等（2014）采用 2003～2010 年全国农村固定观察点微观住户调查数据，研究了我国农户收入水平、结构及其影响因素，研究发现金融资产和区域发展水平等因素对农户收入的影响是全面性的，人力资本、物质资本、社会资本及制度与政策等因素对农户收入的影响是结构性的。

上述广泛而深入的理论与实证研究，为本章后面的分析提供很好的理论借鉴与逻辑起点。但既有研究还存在一些局限：一是对中国县域的农民增收和农贷市场“精英俘获”研究不够全面，县域农贷市场“精英俘获”的收入约束问题更无法得到深入和全面的揭示；二是对贫困的关注局限于贫困发生率，并不能反映出不同地区贫困的详细信息；三是对贫困的分析尺度过于宏观，就国内来说，所采取的空间单元多是省份，微观层面（县区、乡镇街道办及以下层面）的研究较少，这可能导致既有研究不能准确反映不同地区之间的贫困现状；四是针对贫困县与非贫困县的对比研究很少，尤其对贫困县和非贫困县内部农民收入的相关研究则更少。事实上，农业、农村作为县域经济的主体，其发展的本质就是改善民生，改善民生的首要保障无疑是保障资源要素的合理配置以促进农民收入的快速稳定增长。因而，为了更清楚地了解和把握当前中国县域地区农民收入现状及影响因素，本章选取了 2010 年全国 30 个省份（不含沪、港、澳、台）2037 个县（市）为样本，一是将整体样本纳入分析范围，二是分东部、中部、西部三大地带，三是把贫困县和非贫困县作为两个独立的样本，运用 QR 和 IVQR 方法，就农户信贷等资源要素投入对农民增收效果进行分层比较研究，旨在揭示当前中国县域农民收入增长现状、影响因素及其差异，以期为相关部门制定差异化调控政策、实现精准扶贫、壮大县域经济提供实证依据和政策参考。

6.2 中国农贷市场“精英俘获”的收入约束机理

6.2.1 研究假设

为了讨论中国农贷市场“精英俘获”的收入约束的理论关系，我们基于 Aghion 和 Howitt（2009）的研究，将在简单的 AK 模型中，引入“农村金融抑制”因素。首先，假定不同农民之间的生产率存在很大差异，这一事实就意味着不同农民之间会保持着资本获取和积累的不平等，这也是农贷市场“精英俘获”存在的根本原因。因为生产率的差异而导致生产能力更强的农民可以获取更多的资本，也因此可以使用更多资本，其收入就可以得到不断提高，而生产能力更差的农民则刚好相反。

其次，假定农村金融市场中的“财富门槛”效应同样存在，而生产率较低农民的财富通常会远远低于这一门槛值，即使他们能够取得借款也达不到最低的投资规模，这种“金融抑制”使他们被迫成为资金的出借者。于是，生产能力更强的农民如果从生产能力弱的农民处借入资本的话，则农村金融市场将会促进生产能力强的农民（也就是高收入农民）收入增长，进一步促使农村经济增长。在这一模型中，农村金融抑制能进一步强化农民之间的收入不平等。事实上，如果金融抑制程度极高，也即所有的资本都被那个最有效率的农民拥有而进行生产的话，农民收入和农村经济增长将会达到最大化。

6.2.2　理论分析

基于此，我们假定农村经济中存在 N 个农民，在 t 时期之初，个体 i 拥有 e_i 单位的资本，因此，可以得到总资本存量为

$$K_t = \sum_{i=1}^{N} e_i \tag{6-1}$$

为了更好地分析不同生产率的农民因为农村金融抑制现象而面临的收入不平等（也即收入约束）问题，此处我们考虑在农民个体水平上不存在边际生产率递减的极端情形。此外，我们引入信用乘数。所谓信用乘数，是指银行创造存款货币的倍数，它衡量银行信用创造的能力，而银行信用创造取决于准备金率高低。准备金率越低，信用乘数越大，金融抑制程度越小，农民增收面临的约束越小，反之则反。同时允许任何 $v \geqslant 1$ 的信用乘数，如当 $v = +\infty$ 时，农村金融市场是完美的，农户无需面对资金的借入与借出约束；而相反的情形，即 $v = 1$，信用就无法获得。于是有：信用乘数越大，银行向农户提供贷款的集中程度越低，农村金融抑制程度越低；信用乘数越小，银行向农户提供贷款的集中程度越高，农村金融抑制程度越大。

这样一来，每个农民 i 的生产函数就可以表示为

$$y_i = \tau_i k_i \tag{6-2}$$

其中，参数 τ 为农民个体生产率，其大小因农民而异，且满足

$$\underbrace{\tau_1 > \tau_2 > \cdots > \tau_i > \cdots > \tau_{m-1}}_{1 \leqslant i \leqslant m-1,\text{生产率较高农民}} > \underset{\text{边际生产者}}{\tau_m} > \underbrace{\tau_{m+1} > \cdots > \tau_i > \cdots > \tau_N}_{m+1 \leqslant i \leqslant N,\text{生产率较低农民}} \tag{6-3}$$

式（6-3）说明随着 i 的不断增大，相应农民的生产率逐渐降低，其中 τ_m 为某一个边际生产者 m 的生产率参数，同样地，我们可以将生产率较高的农民称为高收入农民，相反生产率较低的农民称为低收入农民。一般情况下，每个农民都会选择资本雇用量 k_i 来最大化自己的收益，因此有

$$\pi_i = \tau_i k_i - r(k_i - e_i) \tag{6-4}$$

其中，π_i 为第 i 个农民的收益；r 为市场利率。同时该方程还满足授信抑制

$$k_i \leqslant ve_i \tag{6-5}$$

上述抑制最大化问题依赖于农民自身的生产能力。如果 $\tau_i > r$，则农民的收益［式（6-4）］关于资本的雇用量是严格递增的，从而农民将使用授信抑制允许的最大数量 ve_i；相反，如果 $\tau_i < r$，农民借出自己所拥有的资本获得的收益将高于自己直接利用资本进行生产而取得的收益，这种情况下的农民将不会雇用任何资本，而只是简单地将其拥有的资本数量 e_i 借出；如果 $\tau_i = r$，则农民的收益独立于 k_i，所以农民将愿意雇用（0，ve_i）之间任意数量的资本。

农村金融市场的均衡要求资本的总雇用量等于总的资本存量 K_t，这可以通过均衡利率与某一个边际生产者 m 的生产率参数 τ_m 相等来实现。所有 $i < m$ 的农民适用于 $\tau_i > r$ 的情形，而所有 $i > m$ 的农民则适用于 $\tau_i < r$ 的情形。总资本使用量将等于边际生产者的使用量再加上 $\tau_i > r$ 情形时的所有生产者能够使用的最大数量，所以均衡条件①为

$$k_m + v\sum\nolimits_0^{m-1} e_i = K_t \tag{6-6}$$

因为边际生产者对应 $\tau_i = r$ 时的情形，所以我们需要：

$$0 \leqslant k_m \leqslant ve_m \tag{6-7}$$

于是，农村金融市场均衡要求②：

$$\sum\nolimits_0^{m-1} e_i \leqslant K_t/v \leqslant \sum\nolimits_0^{m} e_i \tag{6-8}$$

条件方程式（6-8）表明，如果 m 就是金融抑制所允许使用资本的最大雇用量的话，那些生产能力比 m 更强的农民使用的资本数量不可能超过 K_t，则雇用量将至少是 K_t。这一条件可以识别边际生产者 m 的身份，因为总是只有一个 m 的数值可以让这一条件成立。唯一的例外是存在某一个 n 使得 $K_t/v = \sum\nolimits_0^n e_i$ 成立，此时我们可以选择 n 或者 $n+1$ 作为边际生产者。

下面我们再看看信用乘数 v 提高时，也就是农村金融抑制逐步降低时将会发生什么。我们假设生产效率最高的农民没有多余的借贷能力，其前提条件是 $K_t/v \geqslant e_1$ 且 $m > 1$。在这种情况下，当信用乘数 v 提高时，所有比边际生产者更具效率的 $i < m$ 的农民就会不得不降低资本的雇用数量，而边际生产者将会弥补空余的部分，除非边际生产者没有足够的财富来借入足够多的额外资本，在这种情形下，某个生产效率更低的农民就会变成新的边际生产者。低收入农民雇用的资本收益要明显小于高收入农民雇用同样的资本收益，而这种从更有效率

① 我们定义 $e_0 = 0$，从而均衡方程［式（6-6）］的求和项在 $m = 1$ 时才是有意义的。

② 为了推导式（6-8），利用式（6-6）来代替式（6-7）中的 k_m，然后将这一不等式中的三项都除以信用乘数 v，最后加上 $\sum\nolimits_0^m e_i$。

的农民到缺乏生产效率的农民间的资本再配置，必然会使整个农村经济的效率降低，最终使整个经济的总产出降低。

更具体地说，上述情形中的总产出可以表示为

$$Y_t = \tau_m k_m + \sum_0^{m-1} \tau_i k_i = \tau_m k_m + v\sum_0^{m-1} \tau_m e_m \tag{6-9}$$

其中，Y_t 为总产出，式（6-9）和市场出清条件式（6-6）意味着：

$$Y_t = \tau_m K_t + v\sum_0^{m-1} (\tau_i - \tau_m) e_i \tag{6-10}$$

由于农民的生产率 $\tau_i > \tau_m$，对所有的 $i < m$ 来说，我们都会得到：

$$\frac{\partial Y_t}{\partial v} = \sum_0^{m-1} (\tau_i - \tau_m) e_i > 0 \tag{6-11}$$

现在我们考虑 $K_t / v < e_1$ 时的情形，在这种情况下，信用乘数是较低的，也就是农村金融抑制较严重，以至于所有的资本都被生产最有效率的农民所雇用，低收入农民受到严重的约束，从而农村的产出就等于最大可能的数量：

$$Y_{\max} = \tau_1 K_t \tag{6-12}$$

在以上两种情形中（$K_t / v \geqslant e_1$ 且 $m > 1$ 和 $K_t / v < e_1$），增长率都可以表示为

$$g = s(Y_t / K_t) - \delta \tag{6-13}$$

其中，g, s, δ 分别为增长率、储蓄率和折旧率。

于是信用乘数提高或金融抑制程度的降低虽然使得农贷市场“精英俘获”的收入约束降低，但是同时也会降低农村经济产出总量 Y_t，从而降低农村经济增长，除非是最优生产效率的农民具有空余的借入能力的情形，此时 $g = s\tau_1 - \delta$，这是独立于信用乘数的。

值得注意的是，当金融抑制程度很高时，如果所有的资本都由最高效率的那个农民所拥有，则农村经济增长将会比每个农民都拥有相等的资本量 K_t / N 时的情形要快，因为在后一种情形中的借入约束将阻止所有的资本都被最具生产效率的那个农民使用，而前一种情形却刚好相反。这同时也说明，如果农贷市场存在最极端的“精英俘获”现象时，农民收入约束达到最大，而农村经济产出将会达到最大。相反，如果农贷市场不存在“精英俘获”现象，也即每个农民平均拥有相同资本进行生产时，农民收入约束降到最低，农村经济产出将会明显降低。

在这个意义上，农村金融抑制的提高能够推动农村经济增长和高收入农民收入增长，但这一过程是以失去低收入农民收入增长和农民收入内部不平等加剧为代价的。然而，上述结论并不意味着任何形式的农民收入不平等的加剧都会促进农村经济增长。问题的关键不仅在于资本使用权的集中，而且是要集中到那些最聪明且生产效率最高的农民手中。因此，如果缓和农民之间不平等的方式是将富

裕但并不十分聪明（生产效率较低）的农民的财富转移至贫困却相对聪明（生产效率较高）的农民手中的话，即向贫困却相对聪明（生产效率较高）的农民提供贷款，将促进低收入农民收入增长，同时也能够减少农民之间的收入不平等。此时的农贷市场的“精英俘获”将并不局限于收入较高的农民获得贷款支持，而是富裕且聪明的高收入农户和贫穷但相对聪明的低收入农户获得贷款支持。

6.3 实 证 设 计

6.3.1 变量选取与模型设定

农民收入（FINC）：本章选取农村居民人均纯收入的对数值作为被解释变量。农户信贷（DK）：该指标使用县域农户贷款余额与乡村总人口比值的对数值衡量。财政支出（CZ）：使用县域地方财政一般预算支出与县域总人口比值的对数值表示，由于县域财政支农数据缺失，只能采用财政支出数据间接考察县域财政对农民收入的增收效应。农村固定资产投资（TZ）：使用县域全社会固定资产投资总额减去城镇固定资产投资之差除以县域乡村总人口，最后对结果进行对数化处理予以量化。由于各县初始固定资产投资难以找到数据，本章仅用增量资本形成予以替代。乡村就业率（REMP）：该指标由乡村就业人数占乡村劳动力比重的对数值表示，由于无法获取县域乡村劳动力人口数据，本章在此使用乡村就业人数占乡村总人口比重的对数值这一替代变量表示。产业结构（STR）：使用第一产业增加值占 GDP[①]比重的对数值表示。人均农用机械总动力（POWER）：主要用以反映农业生产的机械化程度，本章将人均农业机械总动力纳入模型中，即用各县域每年的机械总动力除以乡村总人口的对数值表示。

理论上，这些因素均与农民收入存在一定的关系，但是在中国实践中存在什么样的关系则需要进行检验。对这些变量我们均以人均数而非总水平值表示，一方面是为了更好地排除人口总量及其结构的影响；另一方面又可以做到消除模型可能存在异方差、多重共线性等问题。最后对各变量数据均做对数处理。

考虑到影响县域农贷市场“精英俘获”的收入约束因素很多及研究数据的可获得性，需要对实证模型引入必要且可能的控制变量，控制非核心变量的影响，由此建立如下县域计量模型：

$$\text{FINC} = \beta_0 + \beta_1\text{DK} + \beta_2\text{CZ} + \beta_3\text{TZ} + \beta_4\text{REMP} + \beta_5\text{STR} + \beta_6\text{POWER} + \mu \quad (6\text{-}14)$$

式（6-14）也即本章实证分析县域农贷市场“精英俘获”的收入约束所采用的基础实证模型。

① GDP：gross domestic product，国内生产总值。

6.3.2 数据来源与统计分析

本章数据中的县域农户贷款余额来源于银监会网站的农村金融服务栏目，其他变量的数据均来自《2011 中国区域经济统计年鉴》、《2011 中国县（市）社会经济统计年鉴》的县级单位主要统计指标。为保证实证分析所使用原始数据的完备性和可比性，本章对所有样本数据进行清理，对奇异数据进行剔除，对缺失数据进行相应的删减或者插补（主要是运用各省份 2011 年统计年鉴的数据进行插补），最终共收集了 2010 年中国 30 个省份 2037 个县（市）的基本经济金融数据，其中贫困县 626 个，非贫困县 1411 个。据《2011 中国农村贫困监测报告》数据显示，国家级贫困县为 592 个。本章实证分析的贫困县有 626 个，要明显高于国家级贫困县的 592 个，是因为包含部分集中连片特殊困难地区分县。

实证分析中各变量的描述性统计结果如表 6-2 所示，我们可以清楚地看到以下几个方面。

（1）从县域农民收入的平均值来看，贫困县农民收入要远远低于非贫困县，中部地区县域农民收入略小于全国县域农民收入的平均水平，东部地区和西部地区县域农民收入分别远远高于和低于全国县域农民收入的平均水平。从农民收入的标准差和方差来看，非贫困县的离散程度要远远大于贫困县，也就是说非贫困县之间的发展差距比贫困县之间更大，同样也说明贫困县农民收入普遍较低；东部地区农民收入之间的差距相对较小，西部地区次之，中部地区县域农民收入之间的离散程度较大。

（2）从农户贷款的平均值来看，贫困县农户贷款数量略小于非贫困县，但是两者之间的差距较小；从县域农户信贷的标准差和方差来看，贫困县数据明显小于非贫困县，这说明非贫困县内部农户信贷之间的差距更为明显，农贷资金更为集中；东部地区农户贷款的方差远远小于中部地区和西部地区，这说明东部地区农民获得的贷款较为均衡，反而是中部和西部地区农民获得的贷款存在较大差距。

（3）从县域财政支出的平均值来看，贫困县与非贫困县的财政支出水平并不存在较大差距，反而是贫困县财政支出略大于非贫困县，东部地区和中部地区县域财政支出水平也不存在较大差距，相反西部地区县域财政支出却明显大于东部、中部地区；从县域财政支出的标准差和方差来看，贫困县之间的差距明显小于非贫困县之间的差距，中部地区县域之间的差距明显小于东部地区和西部地区，其中西部地区县域之间的财政支出差距最大。

表 6-2 县域实证分析中主要变量的描述性统计

变量名称	变量符号	样本	平均值	标准差	方差	偏度	峰度	最小值	最大值
农民收入	FINC	贫困县	8.12	0.30	0.09	–0.68	6.32	6.54	9.39
		非贫困县	8.74	0.34	0.12	–0.25	4.06	6.10	9.91
		全部县	8.55	0.44	0.19	–0.25	3.23	6.54	9.91
		东部	8.87	0.36	0.13	–0.25	3.61	7.60	9.91
		中部	8.52	0.41	0.17	–0.77	3.53	6.10	9.39
		西部	8.37	0.39	0.15	–0.09	3.67	6.54	9.55
农户信贷	DK	贫困县	7.83	1.67	2.80	–3.60	17.15	0	10.71
		非贫困县	7.92	2.16	4.65	–2.90	11.17	–0.74	13.12
		全部县	7.89	2.02	4.07	–3.08	12.50	–0.74	11.82
		东部	8.30	1.27	1.61	–4.37	29.08	–0.74	10.63
		中部	7.69	2.31	5.32	–2.70	9.38	0	10.85
		西部	7.76	2.14	4.60	–2.80	10.65	0	11.82
财政支出	CZ	贫困县	8.16	0.49	0.24	0.60	3.60	6.99	9.89
		非贫困县	8.10	0.60	0.36	0.97	4.34	6.60	10.58
		全部县	8.11	0.57	0.32	0.90	4.27	6.60	10.58
		东部	7.96	0.50	0.25	0.68	3.79	6.75	9.88
		中部	7.92	0.45	0.20	0.69	4.37	6.60	10.01
		西部	8.33	0.60	0.36	0.84	3.77	6.60	10.58
农村固定资产投资	TZ	贫困县	7.52	2.28	5.20	–2.10	7.62	–0.34	13.20
		非贫困县	8.15	2.40	5.74	–2.21	8.27	0	14.71
		全部县	7.96	2.37	5.63	–2.14	7.89	–0.34	12.87
		东部	8.74	1.94	3.76	–2.95	13.71	0	12.17
		中部	7.62	1.96	3.86	–2.31	9.59	0	11.51
		西部	7.71	2.73	7.47	–1.86	5.95	–0.34	12.87
乡村就业率	REMP	贫困县	3.95	0.23	0.05	–5.12	48.68	1.53	4.28
		非贫困县	3.99	0.19	0.04	–9.79	217.92	–0.55	4.61
		全部县	3.99	0.18	0.03	–3.67	42.25	1.53	4.61
		东部	3.99	0.12	0.02	–0.43	4.14	3.46	4.44
		中部	3.96	0.22	0.05	–5.67	57.67	1.53	4.52
		西部	4.01	0.18	0.03	–1.45	10.27	2.47	4.61

续表

变量名称	变量符号	样本	平均值	标准差	方差	偏度	峰度	最小值	最大值
人均农用机械总动力	POWER	贫困县	7.10	1.22	1.49	−3.27	20.99	0	10.93
		非贫困县	7.49	0.85	0.72	−1.32	15.92	0	11.77
		全部县	7.37	0.99	0.99	−2.63	22.45	0	11.77
		东部	7.42	0.79	0.62	−0.27	2.85	4.78	9.50
		中部	7.60	0.58	0.34	0.17	3.53	5.94	10.09
		西部	7.17	1.26	1.58	−2.61	18.02	0	11.77
产业结构	STR	贫困县	3.21	0.49	0.24	−1.06	4.68	1.20	4.38
		非贫困县	2.81	0.73	0.53	−1.37	7.08	−2.89	4.31
		全部县	2.93	0.69	0.48	−1.45	7.39	−2.89	4.38
		东部	2.69	0.72	0.52	−1.42	9.47	−2.89	4.30
		中部	2.93	0.68	0.46	−1.46	6.11	−0.58	4.06
		西部	3.08	0.63	0.40	−1.53	6.96	−0.28	4.38

6.3.3　研究方法选择与说明

一般来说，在常规的线性回归模型中，着重考察的只是解释变量 x 对被解释变量 y 的条件期望 $E(y|x)$的边际影响，其分解得出的结果就只能描述一个"平均"的概念，实际上这种传统回归只能称为均值回归。事实上，在多数时候，我们真正所关心的是解释变量 x 对整个条件分布 $y|x$ 的影响，而条件期望 $E(y|x)$ 却只是刻画条件分布 $y|x$ 集中趋势的一个指标而已。如果条件分布 $y|x$ 不是对称分布（symmetric distribution）的话，则条件期望 $E(y|x)$ 将很难反映整个条件分布的全貌。如果能够估计出条件分布 $y|x$ 的若干个重要的条件分位数（conditional quantiles），如四分之一分位数、中位数、四分之三分位数等，这样就能对条件分布 $y|x$ 有更全面深刻的认识。

另外，古典的均值回归，由于最小化的目标函数为残差平方和（$\sum_{i=1}^{n} e_i^2$），容易受到极端值（outliers）的影响。为此，Koenker 和 Bassett（1978）提出 QR 方法，使用残差绝对值的加权平均（如 $\sum_{i=1}^{n} |e_i|$）作为最小化的目标函数，这一

方法基于被解释变量 y 的条件分布来拟合自变量 x 的线性函数的回归方法，是在均值回归上的拓展。在不同的分位数水平，可以得到不同的分位数函数。随着分位数取值由 0 到 1，可得所有 y 在 x 上的条件分布轨迹，即一簇曲线，而不像 OLS 只得到一条曲线。因此，当希望对一个数据集合中分布在不同位置的数据点进行研究时，采用 QR 是一种良好的选择。

对于本章的研究，虽然采用传统的 QR 方法可以很好地考察县域农贷市场“精英俘获”现象对各阶段农民收入增长约束的影响差异，能使最终估计结果相较于古典的均值回归更加稳健、可靠。但是农户信贷的内生性使得这种方法可能不再适用，因此，使用标准的 QR 方法可能不能有效地解决内生性问题。鉴于此，在对贫困县和非贫困县进行差异分析时，我们应用 Chernozhukov 和 Hansen（2005）提出的 IVQR 研究贫困县和非贫困县之间农贷市场“精英俘获”的收入约束效应的差异。因为 Chernozhukov 和 Hansen（2005）详细讨论了 IVQR 的估计方法、识别条件及其统计推断，在变量内生的条件下实现估计结果的一致性，故本章不再给予详细说明。

需要特别说明的是，为了后面的实证分析与已发表的部分论文保持一致性，我们仅在 6.4.3 小节的实证分析中使用 IVQR，在 6.4.1 小节和 6.4.2 小节的实证中仍然使用一般 QR 分析方法。

6.4 实证结果讨论

各分位数能全面刻画农贷市场“精英俘获”的收入分布和收入约束状况，而且以收入分布的分位数为被解释变量的回归能直观地看出各要素在不同收入水平的边际报酬率，同时，本节使用 Efron（1979）提出的自助法[①]（bootstrap）重复抽样技术。这是一种只依赖于给定的观测信息，而不需要其他假设和增加新的观测的统计推断方法。我们在每个分位点处进行回归时均做 600 次重复抽样，以增强估计、推断的效能。为较全面地给出农民收入决定方程的 QR 结果，本章主要选择五个具有代表性的分位数，分别是 10%分位点、25%分位点、50%分位点、75%分位点和 90%分位点，分别对应最低收入组、中低收入组、中等收入组、中高收入组和最高收入组，同时为了与 QR 结果进行合理对比，我们也列出了 OLS 得出的各变量系数结果（下同）。

① 自助法在计量经济学中的用途主要有两个：首先，对某些统计量（如样本中位数），用常规的方法很难得到标准差的估计量，此时就可以使用自助法计算每个自助样本的样本中位数，从而得到样本中位数的分布，并计算其标准差；其次，对研究者而言，还可以使用自助法得到更加渐进有效的估计量（asymptotic refinement），也就是在大样本情况下，估计量能够以更快的速度收敛到真实值。

6.4.1　中国农贷市场“精英俘获”的收入约束：整体效应

关于农贷市场“精英俘获”的收入约束的整体效应，我们首先对全国县域数据展开分析，一方面为了揭示当前中国县域农民自身资本积累和外源融资能力对不同收入层次的农民收入的影响效应，另一方面为了揭示“生存小农”向“理性小农”[①]转化的可能性及这一转化过程中农民所面临的农贷市场“精英俘获”对其收入的约束效应。并探究为实现上述目标，农贷市场应当为农民提供什么样的差异化和针对性的服务，以及农贷市场提供的服务应当怎样同财政协同配合，以确保农贷市场面临“精英俘获”的同时又能实现包容性成长，最终实现农民收入可持续增长和缩小农村居民内部收入不平等。

具体实证结果见表 6-3 和图 6-1，从中可以发现以下几点。

表 6-3　全体样本内的 QR 结果

变量	OLS 回归	10%分位点	25%分位点	50%分位点	75%分位点	90%分位点
DK 农户信贷	0.0085* (0.054)	−0.0083** (0.029)	0.0018 (0.646)	0.0169*** (0.000)	0.0088 (0.159)	0.0154** (0.013)
CZ 财政支出	−0.0924*** (0.000)	−0.2293*** (0.000)	−0.2211*** (0.000)	−0.1627*** (0.000)	−0.0046 (0.849)	0.0899*** (0.000)
TZ 农村固定资产投资	0.0136*** (0.000)	0.0440*** (0.000)	0.0331*** (0.000)	0.0195*** (0.001)	0.0057 (0.279)	−0.0015 (0.809)
REMP 乡村就业率	0.2106*** (0.000)	0.5159*** (0.000)	0.1934*** (0.005)	0.1157 (0.202)	0.0647 (0.446)	0.0378 (0.696)
POWER 人均农用机械总动力	0.0974*** (0.000)	0.1816*** (0.000)	0.1569*** (0.000)	0.0900*** (0.000)	0.0764*** (0.000)	0.0749*** (0.000)
STR 产业结构	−0.2610*** (0.000)	−0.2506*** (0.000)	−0.2705*** (0.000)	−0.2798*** (0.000)	−0.2647*** (0.000)	−0.2421*** (0.000)
伪 R^2	—	0.1427	0.1696	0.1535	0.1354	0.1805
F 值	109.96***					
调整 R^2	0.2431					

注：小括号里面的值代表 p 值

*、**、***分别表示 10%、5%和 1%的显著性水平

① 在对农民生产和投资行为的经典文献进行梳理的过程当中，我们发现存在两条截然不同的思路：以舒尔茨（Schultz，1964）和波普金（Popkin，1979）为代表的“理性小农”理论立足于传统的经济学分析方法，认为农民遵循收益最大化的“理性投资者原则”，并促使其合理分配拥有的各种资源（包括信贷资源）；相反，以蔡雅诺夫（Chayanov，1925）和波兰尼（Polanyi，1957）等为代表的“生存小农”理论则试图将社会历史文化因素纳入对小农经济行为的分析，并认为小农的行为有明显的偏离经济理性的倾向，持类似观点的还包括斯科特（Scott，1976）的“道义经济”命题。

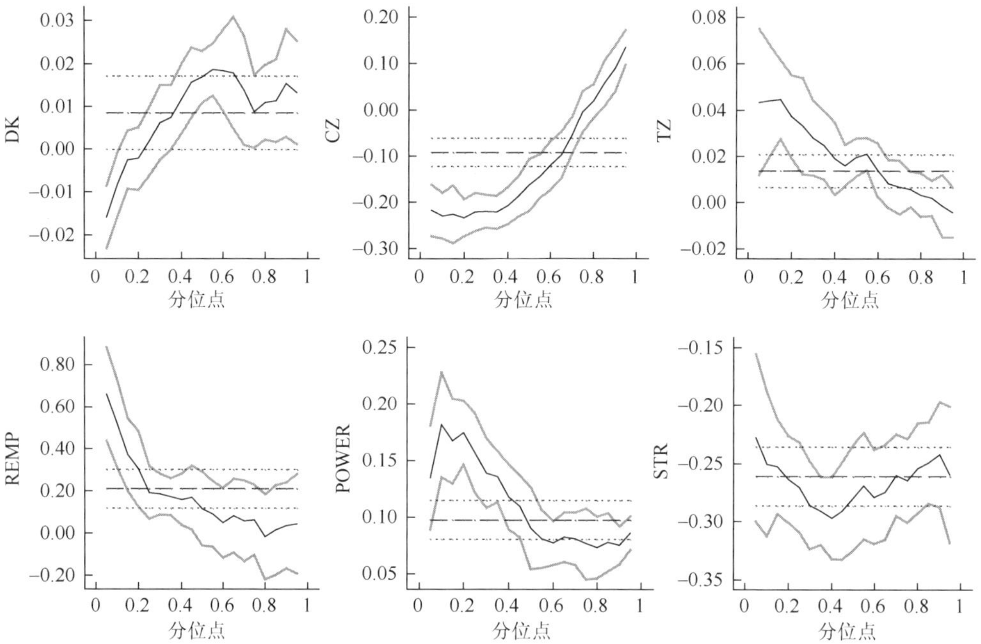

图 6-1 QR 中各解释变量系数的变化情况（整体效应）

（1）农户信贷的弹性系数在 10%分位点处显著为负，在 25%和 75%分位点处为正但均不显著，在 50%和 90%分位点处均显著为正，且随着条件分布由低端向高端变动，其弹性系数呈先快速增大后逐步减小的趋势（图 6-1）。这一结果说明农村金融抑制的不断放松，对处于不同收入阶段的农民的收入促进作用明显不同，同时在一定程度上直接说明了中国县域农贷市场存在“精英俘获”现象，收入越高的农户家庭越容易获得信贷支持。这是因为，不同收入层次的农民可能面临着不同性质的资本约束，因而他们受到农村金融抑制的影响明显不同，也就是说样本区间的低收入农民受到了明显的金融抑制，高收入户更容易俘获信贷资源。这一结论与王定祥等（2011）的研究十分吻合。通过上述实证结果，我们可进一步发现，处于收入不同阶段的农民，可能面临着不同性质和不同层次的金融抑制：处于最低收入阶段的农民，其自有资本积累根本无法满足其基本的生产和生活消费需求，同时因为农贷市场的“精英俘获”机制使得农户的外部资本获取能力极差，故农户信贷水平在 10%分位点处的弹性系数显著为负，说明最低收入组农户所受到的金融抑制程度最高；处于中低收入水平的农民，在外部商业性正规金融资源依然很难获得的情况下，资本的自生能力和获取能力虽仍然不足以满足生产和生活的实际需要，但明显好于最低收入阶段的农民，所以农户信贷在 25%分位点处的弹性系数为正但不显著；处于中等收入阶段的农民，通过自身的资本积累能明显增强资本的获取能力，其外源融资能力也随之明显增强，同时，此处农民的资金需求主要是生产性需求，因而农户信贷在 50%分位点处的弹性系数显著为正；处于中高收入阶段的农民，通过自身资本积累能增强外部融资能力，故可以很好地满足其生产和生活需求，而农户信贷在 75%分位点处的弹性系数为正且小于 50%分位点和 90%分位点处，这可能是因为此处农民与其他分位点处的农民相比较而言，其外部信贷资源的需求明显较小；处于最高收入阶段的农民，基本上能够实现商业性正规金融机构的融资，其资本的可获得性和使用资本投入生产的效益必然会大大增加，因此农户信贷在 90%分位点处的弹性系数显著为正且较大。

（2）除了 90%分位点处的农民收入与县域财政预算支出呈显著的正相关关系和在 75%分位点处的县域财政预算支出系数为负不显著之外，县域政府财政预算支出对处于其他分位点的农民收入反而起到了显著的抑制作用，且随着条件分布由低端向高端变动，其弹性系数呈“J”形曲线变动（图 6-1）。这一结果说明，在县域农村地区收入越低的农民越难以通过政府的财政支出实现其收入增长的目标，也就是说“民生财政”对当前县域地区来说更像是一个简单的口号，其财政支出很难惠及最为广大的农村地区，更难作用于农民收入的提高；这一结果同样直接说明了当前县域农村地区财政资源的“精英俘获”现状更甚于信贷资源。究其原因：一方面，中国西部县域财政支出很好地“模仿”了中国经济的二元特性，在目前县域经济实力自身相对薄弱的情况下，许多县市都明确提出要建“现代城市”“豪华城市”“靓丽城市”的口号，地方政府这种过分追求经济增长目标而忽视民生的财政支出的倾向，使得相对有限的县域财政预算支出往往顺其自然地偏向“锦上添花”的城市建设，而顺理成章地忽视了急需“雪中送炭”的乡村基础设施建设和贫困地区农民基本生产生活的资本需求。另一方面，部分财政支出属于转移支付，而低收入农民往往会将获得的这部分转移支付直接用于自身的消费性支出，因而很难直接作用于收入的增加；再加上财政支出属于一种外生机制，长期内对促进经济发展的作用极为有限，对县域经济而言，长期、重复的财政支出容易使各方形成补贴依赖，反而不利于县域经济发展及农民、农业的自身发展（王小华，2014）。

（3）农村固定资产投资的弹性系数仅在 90%分位点处为负，其他各个分位点处都为正值，但农村固定资产投资的弹性系数只是在前三个分位点出表现为显著，且随着条件分布由低端向高端变动，其弹性系数呈逐级快速递减的趋势。这一结论充分表明了加大农村基础设施投资，对最低收入农民、中低收入农民和中等收入农民具有显著的增收效果。

（4）乡村就业率的弹性系数在所考察的各个分位点处均为正，但是只有在最低收入组和中低收入组处表现为显著，并且随着条件分布由低端向高端变动，其弹性系数表现出明显的先快速降低后缓慢下降的趋势。这说明促进农民本地就业，是快速增加低收入组特别是最低收入组农民收入的最有效办法。

（5）人均农用机械总动力的弹性系数在所考察的各个分位点处均显著为正，并且随着条件分布由低端向高端变动，其弹性系数呈先快速增大后逐渐降低的趋势，表明促进农业机械化有助于提升各层次农民收入，特别是对中低收入组农民实现增收。

（6）产业结构（第一产业增加值所占比重）的弹性系数在所考察的各个分位点处都显著为负，且随着条件分布由低端向高端变动，其弹性系数呈现“U”形曲线特征变化。这一结果进一步说明了农业增收对农民收入增长的贡献越来越弱，相反农民收入增长越来越依靠第二、第三产业增长。

上述结果充分证实，中国县域农村地区存在明显的“精英俘获”现象，并且收入越低的农民因为自身资本积累的天然不足，所受到的金融抑制程度越大而越难以摆脱收入增长困境；同时，加大农户信贷资金投入（降低金融抑制程度）得到的经济效率（即县域农民收入水平提高）未必就是完全低下的，特别是加大对中低收入组以上农民的信贷投入。所以我们认为，加快发展县域经济，提升县域农民收入水平，金融机构不仅有所作为，而且是大有作为。此外，当前或者未来相当长的一段时间内，中国农村金融服务会不可避免地面临着政策、商业、合作性金融“三位一体”分工供给的局面。同时，针对不同收入层次的农民，为了实现区别对待及贯彻普惠性金融理念，其金融供给也应该有不同的供给主体和性质：对最低收入阶段和中低收入阶段的农民，国家主导的政策性农户贷款具备积极的作用；对中等和中高收入阶段的农民，合理的民间借贷、政策性及某些商业性贷款可以对其共同发挥作用；而对那些处于最高收入阶段的农民，其资本供给将主要由正规性商业金融机构来实现。据此，我们认为，对县域层次的农民而言，“生存小农”和“理性小农”似乎都不太符合当前的现状，否则，前者势必会得出金融支持农民收入增长“过于悲观”的结论，相反，后者必然会得出金融支农“过于乐观”的结论。当然本章绝不是为了否定学者关于“生存小农”和“理性小农”这两种研究思路的价值，恰恰是为了说明处于低收入水平的农民之所以长期处于“生存小农”的状态，其主要原因正是在于资本初始水平的不足和外部融资能力低下及金融机构嫌贫爱富本性的多重制约，所以我们认为一旦农民具备了一定的资本水平，就会逐渐获得并增加其外源融资的能力，只要农民在自身资本形成和利用外源融资之间形成了良性循环，这必然会推动“生存小农”向“理性小农”进行转换。

另外，从乡村就业率与农民收入的实证关系来看，逐步推进中国结构转换型的城市化[①]无疑能实现农民收入更好更快地增长。从发展趋势看，中国的县域城镇化必然会向城市化跨越，新型城市化在县域的空间实现应该是新型城镇化，而县

① 考察世界城市化的发展史发现，城市化可以分为两种类型：一是人口转移型的城市化，基本特征是乡村人口向城市大规模转移，到城市获取现代生活方式，这种城市化的基本标志是人口城市化率的提高；二是结构转换型的城市化，基本特征是区域经济社会结构的城市化转型，包括区域产业结构、就业结构、布局结构、文化结构等的城市化转型。

域新型城镇化具有人口转移和结构转型的“二元”特征，但关键是结构转型。因为结构转换型城市化表明乡村人口不一定向城市大量集中，同样也可以获取现代生活方式。这种提升小城镇的“城市性”为目标导向的城市化，也就是说乡村人口不一定向大中城市转移，如果能确保乡村人口实现本地就业，小城镇就可以由“乡村型”向“城市型”转型发展中形成新市镇①，小城镇居民的生产和生活方式也会达到城市化或准城市化的水准。

6.4.2　中国农贷市场“精英俘获”的收入约束：地区差异

上一节对 30 个省份的样本进行了实证检验，证实了县域农贷市场的“精英俘获”机制，同样也说明了县域财政资源的“精英俘获”现象，那么分地区的县域情况又是什么样的？不同地区的农贷市场“精英俘获”机制是否存在差异？这需要进一步检验。

1. 东部地区样本

由表 6-4 和图 6-2 可以发现如下两点。①东部地区农户信贷（DK）在各分位点的弹性系数均为正，但只在中低收入组处表现为显著，且随着条件分布由收入低端向高端变动，农户信贷弹性系数表现出先快速降低后微弱增大的趋势。这一结果表明，东部地区农户信贷对各收入层次的农民增收均有一定的促进作用，但对低收入农民的增收作用更为明显。这一结果与中国东部地区的事实基本相符，也说明东部地区县域农贷市场不存在明显的“精英俘获”现象。东部地区是全国第二、第三产业最发达的区域，农业占比最低，农民的非农就业机会较多。而东部收入越低的农户，来自农业的收入占比越大，农业信贷需求也高，农户信贷对收入促进系数也就越明显；而收入越高的农户，来自非农业收入的占比就越高，从事农业的投资意愿和信贷需求减少，农户信贷对其收入促进的系数自然也会降低。可见，在东部地区，将农业信贷资金适当地往中低收入农户再配置，有助于促进农户整体增收。②县域财政支出（CZ）的弹性系数在 10%分位点处为负但不显著，在 25%分位点处为正但不显著，在其余三个分位点的弹性系数均显著为正，并且，随着条件分布由收入低端向高端变动，其弹性系数呈快速增大的变动趋势（图 6-2）。这表明，在东部地区，县域财政支出整体上是农民增收的积极因素，但也表现出收入越低的农民，财政支出促进农民增收的门槛效应越高；反之越低。这一结论与理论预期相符，即便是同样的财政补贴，对不同收入层次农户的增收

① 新市镇是县域城镇化向城市化实现跨越的一种空间载体，新市镇也因此成为县域新型城镇化的空间形态。一是新市镇不仅体现在概念上的新颖，更是具有丰富内涵的空间实体。二是新市镇是小城镇在由“乡村型”向“城市型”提升转型过程中形成的，逐渐具有鲜明“城市性”的新型小城镇。三是新市镇本身具有“城市性”，同时又能提升县域的“城市性”，人的“城市性”逐步提升，是新市镇最重要而又最具有深远意义的新特征。

影响也是不相同的，高收入农户可以跨越规模投资门槛，更容易得到财政的亲睐，因而增收明显。

表 6-4　东部地区样本内农民收入影响因素的 QR 结果

变量	OLS 回归	10%分位点	25%分位点	50%分位点	75%分位点	90%分位点
DK 农户信贷	0.0094 （0.343）	0.0739 （0.123）	0.0573* （0.095）	0.0029 （0.885）	0.0017 （0.883）	0.0128 （0.245）
CZ 财政支出	0.1840*** （0.000）	−0.0222 （0.770）	0.0378 （0.364）	0.1956*** （0.000）	0.2779*** （0.000）	0.3356*** （0.000）
TZ 农村固定资产投资	0.0038 （0.564）	0.0798* （0.061）	0.0098 （0.501）	0.0042 （0.560）	0.0022 （0.766）	0.0001 （0.991）
REMP 乡村就业率	0.3639*** （0.000）	0.9082*** （0.000）	0.3272*** （0.002）	0.2280** （0.014）	0.3590*** （0.008）	0.2052* （0.046）
POWER 人均农用机械总动力	−0.0125 （0.422）	−0.0100 （0.817）	−0.0091 （0.573）	−0.0023 （0.858）	−0.0038 （0.834）	−0.0383* （0.054）
STR 产业结构	−0.2065*** （0.000）	−0.2576*** （0.000）	−0.2376*** （0.000）	−0.2082*** （0.000）	−0.1598*** （0.000）	−0.1214*** （0.001）
伪 R^2	—	0.2013	0.1942	0.2612	0.3511	0.4147
F 值	63.79***					
调整 R^2	0.4087					

注：小括号里面的值代表 p 值

*、**、***分别表示 10%、5%和 1%的显著性水平

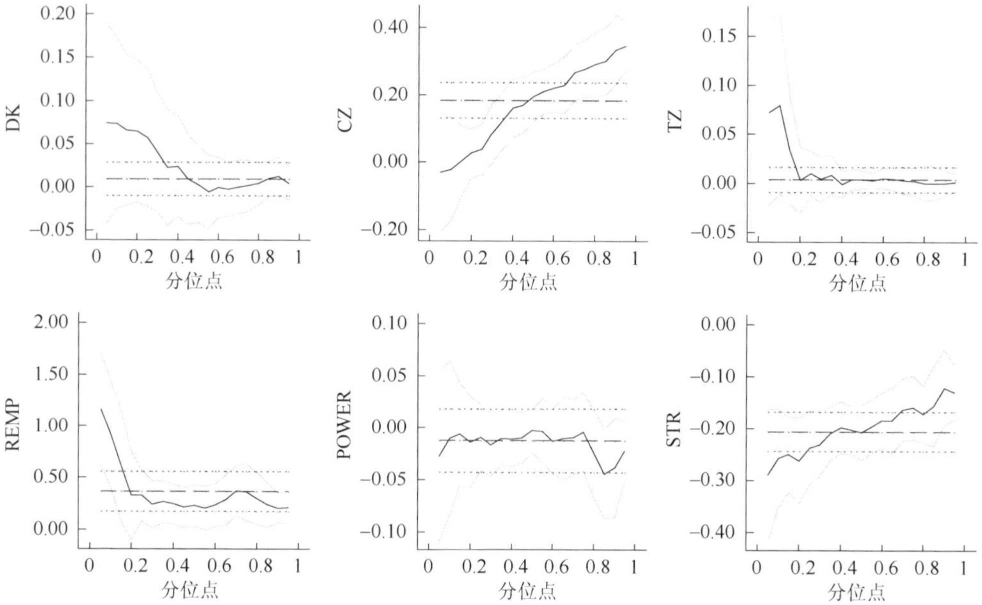

图 6-2　QR 中各解释变量系数的变化情况（东部地区）

下面从其他变量来看。农村固定资产投资（TZ）在 10%分位点处显著为正，在其余四个分位点处均为正且不显著，随着条件分布由收入低端向高端变动，其系数呈快速下降后逐渐趋于平缓的趋势。这一结果表明，东部地区县域农村资本投入对农民增收的拉动作用主要体现在中低收入农户阶层。高收入农户可能主要在城市务工，而没有长期享有农村资本投入带来的益处。乡村就业率（REMP）在各分位点的弹性系数均显著为正，随着条件分布由收入低端向高端变动，其系数呈快速下降后又逐渐趋于平缓的趋势，表明提高东部地区县域农村就业率有助于拉动各层次农民的收入增长。人均农用机械总动力的弹性系数在所考察的各个分位点处均为负，但只有在最高收入组表现为显著，并且随着条件分布由低端向高端变动，其弹性系数表现为小幅波动的趋势。表明对东部地区县域农民而言，促进农业机械化并不能有效提升各层次农民收入，特别是对最高收入组农民实现增收反而具有一定的抑制作用。产业结构（STR）在各分位点的弹性系数均显著为负，但是其系数的绝对值随着条件分布由收入低端向高端变动呈逐渐降低的趋势。这就是说，第一产业增加值占比越小，越有利于各层次农民收入增长，表明东部地区县域各层次农民的收入增长已主要依赖于第二、第三产业的发展，并且收入越低的农民欲实现增收，对第二、第三产业的依赖程度越高。

2. 中部地区样本

由表 6-5 和图 6-3 我们可以发现以下几点。

表 6-5　中部地区样本内农民收入影响因素的 QR 结果

变量	OLS 回归	10%分位点	25%分位点	50%分位点	75%分位点	90%分位点
DK 农户信贷	−0.0141** （0.040）	−0.0097 （0.237）	−0.0024 （0.752）	−0.0038 （0.602）	−0.0007 （0.939）	0.0001 （0.993）
CZ 财政支出	−0.1051*** （0.008）	−0.2451*** （0.000）	−0.2525*** （0.000）	−0.0330 （0.649）	−0.0066 （0.860）	0.0279 （0.506）
TZ 农村固定资产投资	0.0139* （0.078）	0.0628*** （0.003）	0.0536*** （0.001）	0.0290 （0.119）	−0.0080 （0.455）	−0.0175*** （0.007）
REMP 乡村就业率	0.4234*** （0.000）	0.9722*** （0.000）	0.6816*** （0.000）	0.4981** （0.011）	0.3370*** （0.004）	0.3356** （0.033）
POWER 人均农用机械总动力	0.2442*** （0.000）	0.2661*** （0.000）	0.2390*** （0.000）	0.2709*** （0.000）	0.1680*** （0.000）	0.1593*** （0.000）
STR 产业结构	−0.1468*** （0.000）	−0.2344*** （0.000）	−0.2468*** （0.000）	−0.1391*** （0.000）	−0.1042*** （0.000）	−0.0959*** （0.002）
伪 R^2	—	0.1652	0.1869	0.1263	0.0826	0.0885
F 值	22.77***					
调整 R^2	0.1783					

注：小括号里面的值代表 p 值

*、**、***分别表示 10%、5%和 1%的显著性水平

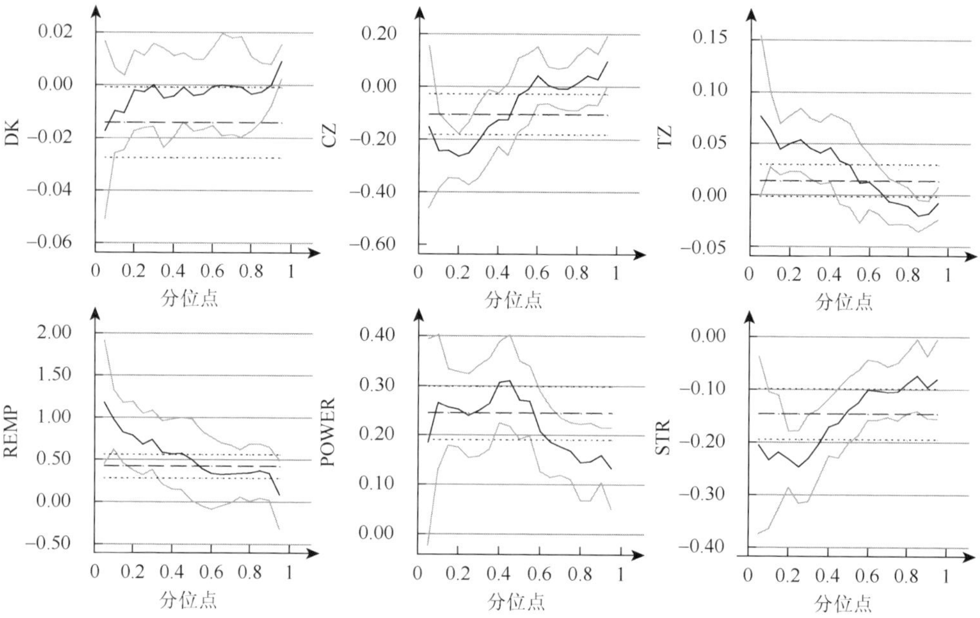

图 6-3　QR 中各解释变量系数的变化情况（中部地区）

（1）中部地区农户信贷（DK）的弹性系数除了在 90%分位点处表现为正但不显著以外，在其他各分位点处均表现为负但不显著，随着条件分布由收入低端向高端变动，系数在整体上表现出先快速增长后缓慢上升再急速增大的趋势。这说明中部地区农户信贷对各层次的农民实现增收不但没有促进作用，反而起到了一定的抑制作用。这一结果不仅符合理论预期，即收入越低的农户，面临的信用约束越重，越难以达到投资和收入增长的门槛效应，而且符合中国中部地区的实际，中部地区是中国的粮食主产区，农业规模化经营比较普遍，规模经营又主要分布在高收入农户家庭，相比小规模经营的“生存型”农户（低收入农户），他们得到国家支农政策的力度更大，面临的信用激励更高，因而能通过规模化投资，提高农业生产率，促进收入增长。而其他收入组农户，由于面临较高的信用约束，现有的信贷无法达到投资的规模经济点，而导致农户信贷的收入增长效应不明显。

（2）财政支出（CZ）的弹性系数在 10%分位点和 25%分位点处显著为负，在 50%和 75%分位点处均为负但不显著，在 90%分位点处为正但不显著，并且随着条件分布由收入低端向高端变动，其弹性系数呈先快速减小后逐渐增大的趋势。这表明，财政支出在中部地区仅对最高收入组农民的增收有一定的促进作用，这可能与各收入等级的农户得到的财政支农资金不同有关。最高收入组农民的农业经营规模大，可能得到的财政补贴也相应多些，通过投资与收入的门槛效应，最终表现出对中低收入组农民的财政支持没有促进其收入明显增长。

从其他变量来看，农村固定资产投资（TZ）的弹性系数在 10%和 25%分位点处显著为正，在 50%分位点处为正但不显著，75%分位点处为负但不显著，在 90%分位点处显著为负，且随着条件分布由收入低端向高端变动，其系数呈逐渐降低的趋势。这表明，农村资本投入对中部地区中低收入农户的收入增长有显著的拉动效应，也证明中部地区中低收入农户对农业基础设施投资的依赖性较大，相反，高收入农户反而因为农业基础条件的改善增加了竞争对象，而降低了自身的市场竞争力，从而影响其收入增长。乡村就业率（REMP）在各分位点处的弹性系数均显著为正，且随着条件分布由收入低端向高端变动，弹性系数表现出逐渐降低的趋势。这表明，提高乡村就业率始终是中部地区农民收入增长的源泉，特别是提高中低收入组农民的就业率。人均农用机械总动力（POWER）的弹性系数在所考察的各个分位点处均显著为正，并且随着条件分布由低端向高端变动，其弹性系数表现为先增大后快速降低的趋势。这表明对中部地区县域农民而言，促进农业机械化能有效提升各层次农民收入水平，特别是对中等收入组农民实现增收具有很强的推动作用。产业结构（STR）在各分位点的弹性系数均显著为负，但是其系数的绝对值随着条件分布由收入低端向高端变动总体呈降低的趋势。这就是说，第一产业增加值占比越小，越有利于各层次农民收入增长，表明中部地区与东部地区一样，县域各层次农民的收入增长已主要依赖于第二、第三产业的发展，并且收入越低的农民欲实现增收，对第二、第三产业的依赖程度越高。

3. 西部地区样本

由表 6-6 和图 6-4 可知：第一，西部地区农户信贷（DK）在各分位点处的弹性系数均为正，且仅在 25%分位点处表现为显著，除此之外，从图 6-4 不难看出，随着农民收入层次的提高，农户贷款的促进作用表现出较为明显的倒“U”形。这表明，信贷支农政策对西部地区中低收入农民的增收效应十分显著。这与西部地区的实际情况高度吻合，因为西部地区地形以丘陵和高山为主，平原较少，绝大多数耕地不适宜机械化耕作，农业的农户小规模经营方式仍占主体地位。在国家惠农政策支持下，中低收入农户融资的竞争环境相对宽松，面临的信用约束也相比中部、东部地区农户少（因为中部、东部地区有大量规模经营的高收入农户参与融资竞争），因而西部地区的中低收入农户信贷的收入促进效应比较显著。西部地区高收入农户尽管有较少的信用约束，但其实际信贷的增收效应不明显，这可能与高收入农民家庭的收入来源和结构有关，他们绝大多数的收入为非农业收入，因为这些家庭的劳务输出十分普遍。由于其收入不主要来自农业，对农业投资缺乏积极性，对农业信贷需求也不足，这就导致高收入农户信贷的增收作用不明显，甚至为负。可见，适当促进农户信贷从高收入农民向低收入农民转移配置，有助于促进西部地区农民的整体增收。

表 6-6 西部地区样本内农民收入影响因素的 QR 结果

变量	OLS 回归	10%分位点	25%分位点	50%分位点	75%分位点	90%分位点
DK 农户信贷	0.0146** (0.011)	0.0034 (0.593)	0.0198*** (0.000)	0.0160 (0.136)	0.0077 (0.587)	0.0030 (0.796)
CZ 财政支出	−0.0570*** (0.006)	−0.1188*** (0.008)	−0.0829** (0.012)	−0.1219*** (0.001)	−0.0567* (0.057)	0.0561** (0.036)
TZ 农村固定资产投资	0.0003 (0.938)	0.0082 (0.418)	0.0054 (0.396)	0.0052 (0.388)	0.0038 (0.725)	−0.0137* (0.055)
REMP 乡村就业率	−0.0296 (0.646)	0.1871 (0.124)	−0.0193 (0.745)	−0.1330 (0.131)	−0.1103 (0.432)	−0.1470 (0.270)
POWER 人均农用机械总动力	0.0943*** (0.000)	0.1420*** (0.000)	0.1202*** (0.000)	0.0972*** (0.001)	0.0884*** (0.000)	0.0933*** (0.000)
STR 产业结构	−0.1864*** (0.000)	−0.2270*** (0.000)	−0.1872*** (0.000)	−0.2410*** (0.000)	−0.1722*** (0.000)	−0.1303*** (0.000)
伪 R^2	—	0.1404	0.1518	0.1441	0.1158	0.1671
F 值	42.38***					
调整 R^2	0.2187					

注：小括号里面的值代表 p 值

*、**、***分别表示 10%、5%和 1%的显著性水平

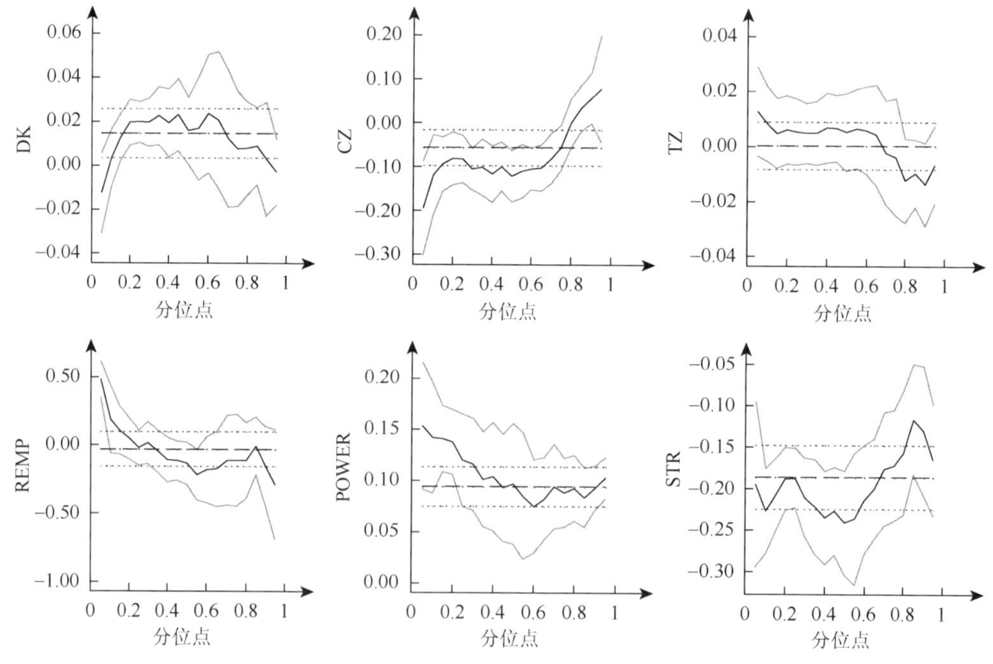

图 6-4 QR 中各解释变量系数的变化情况（西部地区）

第二，财政支出（CZ）的弹性系数在 90%分位点处显著为正，在其他分位点

处均表现为负且显著，且随着条件分布由收入低端向高端变动，其弹性系数表现出先增大，后平稳变化，再快速增大的特征。这表明，财政支农支出在西部地区只对高收入农民有显著的增收效应，对其他收入组农民的增收作用反而具有明显的抑制作用。这一方面可能是由于中低收入农户得到的财政支农资金相对经营规模大、生产率高的高收入农户要少，少量财政资金的投入使得中低收入农户投资仍低于最低农业投资门槛要求，导致收入增长不明显，甚至无法低于农业风险损失而转为负向效应。另一方面，中国最广泛的贫困地区都分布在西部地区，尤其是西部的县域地区，所以面对庞大数额的贫农和低收入农民，财政资金明显不足和相关政策不够完善，最终导致极其有限的财政资金配置达不到投资的门槛效应，部分真正急需生产和生活资金的穷人可能处于财政政策的“锚定”之外，财政政策作为一种外生力量对贫困地区的脱贫重任显然表现得“力不从心”（王小华，2014）。

从其他变量来看，农村固定资产投资（TZ）的弹性系数在前四个各分位点处为正但不显著，在 90%分位点处显著为负，随着条件分布由收入低端向高端变动，其弹性系数表现出逐渐减小的特征。这一结论充分表明了西部地区农村资本投入只对中高收入组以下农民的收入增长有微弱的正向效应，对最高收入组农民的增收反而不利。这可能是因为西部地区农村地区发展相对中部和东部地区而言明显滞后，其基础设施投入自然也就较低，农民增收对基础设施的依赖自然也相对较低。乡村就业率（REMP）的弹性系数在 10%分位点处为正但不显著，在其他各分位点处均为负且不显著，且随着条件分布由收入低端向高端变动，其弹性系数表现出快速递减之后逐渐趋于平缓，最后又快速下降。这说明扩大西部地区的乡村就业率反而不利于农民收入增长，其结果明显与东部、中部地区不同，这可能是由于中国西部地区劳动力大量外流至东部、中部地区，西部地区农村劳动力在本地乡村就业较低，虽有增收作用但不明显。人均农用机械总动力（POWER）的弹性系数与中部地区相同，在所考察的各个分位点处均显著为正，并且随着条件分布由低端向高端变动，其弹性系数表现为先快速降低后又缓慢增加的趋势。这表明对西部地区县域农民而言，促进农业机械化能有效提升各层次农民收入水平，特别是对中低收入组农民实现增收具有很强的推动作用。产业结构（STR）在各分位点的弹性系数均显著为负，但是其系数的绝对值随着条件分布由收入低端向高端变动呈先增大后快速降低的趋势。这就是说，第一产业增加值占比越小，越有利于各层次农民收入增长，表明西部地区县域各层次农民的收入增长同样已主要依赖于第二、第三产业的发展，特别是中等收入组的农民欲实现增收，对第二、第三产业的依赖程度更高。

6.4.3　中国农贷市场“精英俘获”的收入约束：贫困县与非贫困县的差异

贫困县和非贫困县的 OLS 回归、QR 和 IVQR 结果见表 6-7。由 QR 模型和 IVQR

模型的估计结果可以看出，无论是贫困县还是非贫困县，两模型的估计结果差别不是很大，说明农户贷款对农民收入的影响并不存在很大程度上的内生性问题。但是，农户贷款的减贫增收效应在贫困县与非贫困县之间及不同收入水平的农民之间呈现出很大的差异。为了分析贫困县和非贫困县的农贷市场“精英俘获”的收入约束现象及其差异，我们主要给出 IVQR 模型的估计结果进行详细分析。

表 6-7　OLS 回归、QR 和 IVQR 结果

被解释变量为县域农民收入（FINC）（其中非贫困县 1411 个，贫困县 626 个）							
QR 结果							
		OLS 回归	10%分位点	25%分位点	50%分位点	75%分位点	90%分位点
DK 农户信贷	非贫困县		0.0186** (0.016)	0.0268*** (0.004)	0.0236*** (0.000)	0.0145*** (0.001)	0.0170*** (0.001)
	贫困县		−0.0100 (0.255)	0.0065 (0.472)	0.0079 (0.940)	0.0041 (0.666)	−0.0191 (0.298)
OLS 回归与 IVQR 结果对比							
DK 农户信贷	非贫困县	0.0211*** (0.000)	0.0182** (0.014)	0.0272*** (0.000)	0.0255*** (0.000)	0.0163*** (0.000)	0.0154** (0.010)
	贫困县	−0.0046 (0.554)	−0.0112 (0.151)	0.0055 (0.354)	0.0083 (0.842)	0.0052 (0.542)	−0.0184 (0.186)
CZ 财政支出	非贫困县	−0.0442*** (0.003)	−0.2194*** (0.000)	−0.1565*** (0.000)	−0.0528** (0.018)	0.0683** (0.015)	0.1520*** (0.000)
	贫困县	−0.0669*** (0.005)	−0.0920* (0.083)	−0.0897*** (0.001)	−0.0628** (0.044)	−0.0845*** (0.004)	−0.0375* (0.090)
TZ 农村固定资产投资	非贫困县	0.0070* (0.056)	0.0258** (0.027)	0.0145* (0.051)	0.0037 (0.593)	0.0029 (0.483)	0.0002 (0.964)
	贫困县	0.0124** (0.021)	0.0318** (0.025)	0.0216*** (0.005)	0.0174* (0.045)	0.0141* (0.063)	0.0021 (0.711)
REMP 乡村就业率	非贫困县	0.1258*** (0.004)	0.1588 (0.115)	0.0634 (0.516)	0.0435 (0.115)	0.0917* (0.064)	0.1146* (0.084)
	贫困县	0.0529 (0.313)	0.3662* (0.090)	0.2456 (0.114)	0.0216 (0.733)	−0.0312 (0.766)	−0.1445 (0.332)
POWER 人均农用机械总动力	非贫困县	0.0681*** (0.000)	0.1266*** (0.000)	0.0715*** (0.000)	0.0540*** (0.000)	0.0593** (0.000)	0.0270 (0.177)
	贫困县	0.0443*** (0.000)	0.0740*** (0.003)	0.0773*** (0.000)	0.0542*** (0.001)	0.0422*** (0.002)	0.0455*** (0.000)
STR 产业结构	非贫困县	−0.1833*** (0.000)	−0.1867*** (0.000)	−0.1722*** (0.000)	−0.1797*** (0.000)	−0.1857*** (0.000)	−0.1744*** (0.000)
	贫困县	−0.0636** (0.010)	−0.0713 (0.116)	−0.0513 (0.105)	−0.0344 (0.121)	−0.1213*** (0.000)	−0.0721** (0.033)

注：小括号里面的值代表 p 值。为便于对比，表中只列出农户信贷的普通分位数估计结果，其他变量的估计结果均为工具变量分位数估计值

*、**、***分别表示 10%、5%和 1%的显著性水平

对非贫困县而言，QR 结果中的农户信贷的弹性系数与 IVQR 的结果有微弱的变化，具体表现为农户信贷对最高收入组农民增收效应的显著性和系数都有所降低，对其他收入组农民增收效应的系数有所增加。另外，农户信贷的弹性系数在各分位点处均显著为正，并且随着分位数条件分布由低端向高端变动，其弹性系数呈现出先快速增加后逐渐降低的趋势，这证明了农户信贷对非贫困县农民收入增长起到了显著的推动作用。针对不同收入组农民而言，农户信贷的增收效应之所以表现为最高收入组明显小于其他收入组，是因为对非贫困县那些长期处于相对低收入状态、资本积累严重不足的农民而言，有效的信贷刺激（特别是增加农户贷款）可能在短期内能使其更好、更快地摆脱外源融资困境，进而为农民提供必要的生产、生活所需资金，最终起到促进农村经济发展和农民收入增长的作用。对最高收入水平的农民来说，其家庭资金的流动性约束较小，这部分农民完全可以通过自有资金的积累解决生产经营中暂时的流动性不足，在这种情况下，他们所发生的借贷很有可能被用于非生产性项目，所以借贷对这部分农民的增收效应明显小于其他收入组。因此，对非贫困县而言，加快发展县域经济，有效提升县域农民收入水平，金融机构的支农作用既是有效的，对农民而言更是极其宝贵的，并会产生明显的增收效果，以此撬动更为广阔的农村经济。

对贫困县而言，QR 结果中的农户信贷的弹性系数与 IVQR 的结果也只有微弱的不同，农户信贷的弹性系数在各分位点处均不显著且小于 0.10（远远小于非贫困县农户信贷的弹性系数），此外，农户信贷的弹性系数在 10%和 90%分位点处均为负，其他三个分位点处为正，随着分位数的条件分布不断提高，其影响系数服从较明显的倒“U”形分布。以上结论充分说明贫困县的农户信贷并未能成为农民收入增长的显著资源要素，反而对最低收入组和最高收入组的农民增收起到了一定的抑制作用。究其原因，虽然贫困县农户贷款总规模和户均贷款量都在不断上升，但是从金融机构获得贷款的农户（包括个体工商户、种养业大户和贫困户）数量却在不断减小（表 6-8），即使一些贫困农户获得了贷款，也难以达到投资门槛所需最低资金规模，说明中国贫困地区的农户（特别是贫困型农户）面临着严重的正规金融约束。事实上，这与中国的实际情况是高度一致的。2010 年从银行或信用合作社得到贷款的农户占全部农户的 3%，比上年下降了 0.9 个百分点，户均贷款金额 12 633.4 元，比上年增加了 2058 元，增长 19.5%。另外，2010 年贫困县只有 20.6%的扶贫贷款发放给上年人均纯收入低于 2000 元的农户，有 38.2%的扶贫贷款贷给了上年人均纯收入在 2000～3000 元的农户，有 19.8%的扶贫贷款贷给了上年人均纯收入在 3000～4000 元的农户，有 21.4%的贷款贷给了上年人均纯收入高于 4000 元的农户。与上年相比，贷款给上年人均纯收入低于 3000 元的农户比例下降，高于 3000 元的农户比例上升。

表 6-8 贫困县不同类型农户得到贷款的比例和户均金额

年份	获得贷款户比重/%				户均贷款金额/元			
	全部农户	个体工商户	种养业大户	贫困户	全部农户	个体工商户	种养业大户	贫困户
2007	4.2	3.4	8.0	3.3	5 614.4	8 100.0	5 888.8	5 114.0
2008	3.3	4.1	7.6	2.2	8 322.3	24 531.4	8 094.3	5 421.3
2009	3.9	4.8	9.4	2.7	10 575.4	22 226.6	13 942.6	7 382.6
2010	3.0	4.2	6.8	2.0	12 633.4	23 306.8	15 845.9	7 985.3

资料来源：《2011 中国农村贫困监测报告》

另外，课题组①在 2011 年 1～6 月定点选取了来自 15 个省份的 1156 户暂时性贫困型农户，对贫困型农户 2010 年的信贷需求和信贷行为进行了调查分析（表 6-9），其中有借贷需求的农户共 866 户，比例为 74.91%；在有借贷需求的农户中，实际发生借贷行为的农户却只有 389 户，比例为 44.92%；在 389 户有借贷行为的贫困型农户中，通过民间借贷的农户为 267 户，比例为 68.64%，通过向正规金融机构贷款的农户有 122 户，比例为 31.36%，占所有被调查农户的比例为 10.55%（王定祥等，2011）。而《2011 中国农村贫困监测报告》同样显示：从农户贷款来源看，来自金融机构的贷款比例与来自个人的借款比例平分秋色，2010 年，贫困县农户的当年贷款中，有高达 50.1%的比例来自亲戚朋友，47.4%来自国有金融机构。

表 6-9 贫困型农户的信贷需求状况、借贷行为和融资渠道

贫困型农户的信贷需求状况			866 户有资金需求的贫困型农户的借贷行为		
选项	户数/户	所占比例/%	选项	户数/户	所占比例/%
有资金需求	866	74.91	有借贷行为	389	44.92
			无借贷行为	477	55.08
无资金需求	290	25.09	—		

389 户有借贷行为的贫困型农户的融资渠道			
	选项	户数/户	所占比率/%
融资渠道	民间或非正规借贷	267	68.64
	向正规金融机构借款	122	31.36

资料来源：王定祥，田庆刚，李伶俐，等. 2011. 贫困型农户信贷需求与信贷行为实证研究. 金融研究，（5）：124-138

① 课题组系西南大学国家社会科学基金项目“农村扶贫金融制度构建与创新研究”（12CJY062）和教育部人文社会科学研究青年基金项目“贫困型农户融资困境与扶贫信贷创新研究”（09YJC790223）的研究团队。

从其他解释变量的结果来看，我们可以发现以下几点。

（1）县域财政支出仅对非贫困县的中高收入组和最高收入组农民增收具有显著的正向影响，并且在最高收入组的弹性系数要远远大于中高收入组（0.1520＞0.0683），对其他收入组农民及贫困县所有收入层次的农民增收都具有显著的负向影响（表 6-7）；并且随着条件分布由低端向高端变动，非贫困县财政支出的弹性系数呈现出快速上升的趋势，对贫困县而言，其系数虽然存在波动的情况，但是波动幅度较小（–0.1～0）。这一结果说明：只有非贫困县最高收入组和中高收入组农民可以从政府财政支出中获得明显的增收效应，即便是贫困县的平均财政支出水平略高于非贫困县（表 6-2），但是就当前中国的县域（无论是贫困县还是非贫困县）农村地区而言，收入越低的农民越难以通过政府的财政支出实现其收入增长的目的。这可能是因为，县级政府（特别是贫困县）片面地追求经济增长效应，其财政支出并没有真正转向民生工程，同时农村投资项目具有一定的滞后效应而并不能及时为农民带来增收。数据显示，2010 年贫困县的财政支出 6937 亿元，比上年增长了 27.7%，与 2000 年相比，财政支出年均递增 26.1%。但是从农户的收入来看，2010 年贫困县农村居民人均纯收入 3273 元，比上年增长了 15.2%，其中人均得到的各项政策性补贴为 174 元，比上年仅增加 14 元，增长仅有 8.8%，财政转移性支付对贫困农户难以起到显著的增收作用。

（2）就农村固定资产投资而言，总体上看，贫困县和非贫困县的农村固定资产投资与农民收入之间存在显著的正向相关关系。从 IVQR 结果看，非贫困县农村固定资产投资的弹性系数仅在前两个分位点处显著为正，贫困县农村固定资产投资的弹性系数仅在前四个分位点处均显著为正，随着条件分布由低端向高端变动，农村固定资产投资的弹性系数在贫困县和非贫困县均表现出逐级递减的趋势。这一结果说明加大农村固定资产投资，促进资本形成，能有效地推动农民增收。

（3）乡村就业率的弹性系数在非贫困县显著为正，而贫困县为正但不显著；IVQR 结果显示，乡村就业率仅在非贫困县的中高收入组和最高收入组及贫困县的最低收入组处显著为正，在贫困县的最高收入组和中高收入组处为负但不显著。随着条件分布由低端向高端变动，乡村就业率的弹性系数在非贫困县表现出较为明显的“U”形特征，在贫困县呈逐渐降低的趋势。这可能是贫困县农民的劳动技能明显比非贫困县差，即使有就业机会，也难以获得较高的收入。实际上，调查发现，贫困农户家庭的劳动力外出打工能够带动家庭致富的比例仅有 40%左右（王定祥等，2011）。可见，提高劳动者技能，对贫困县农民通过非农就业促进增收，具有重要的现实意义。

（4）人均农用机械总动力的弹性系数在贫困县和非贫困县（最高收入组农民除外）的各分位点处均显著为正。随着条件分布由低端向高端变动，该系数在非贫困县表现出逐渐下降的趋势，其下降速率逐渐降低，该系数在贫困县表现出先快速增加之后渐渐趋于平稳的状态。这说明推动农业机械化，有助于增加贫困县的农民收入，降低或消除贫困。

（5）产业结构（第一产业增加值比重）的弹性系数在所考察的各个分位点处均为负，并且在非贫困县的各分位点和贫困县中高收入组与最高收入组均显著，随着条件分布由低端向高端变动，贫困县产业结构的弹性系数的绝对值要远远小于非贫困县。这一结果说明中国非贫困县的农民收入主要依赖于第二、第三产业的发展。对贫困县而言，收入越低的农民，其收入越难以依赖第二、第三产业的发展。这说明，当前贫困县的经济发展水平仍然很低且产业结构不合理，与全国县（市）经济发展的平均水平相比还存在很大差距。统计资料显示，2010 年贫困县人均 GDP 为 11 170 元，仅为全国县（市）平均水平（22 467 元）的 49.7%。如表 6-10 所示，2010 年，贫困县的第一产业增加值所占比重为 22.4%，比全国县（市）的平均水平 15.2% 高出 7.2 个百分点，其产业结构相当于全国县（市）2003 年的水平；第二产业增加值占比为 46.0%，比全国县（市）的平均水平低了 6.6 个百分点；第三产业增加值占比为 31.6%，比全国县（市）的平均水平低 0.6 个百分点。

表 6-10　全国县（市）和贫困县地区生产总值构成　　单位：%

年份	全国县（市）			贫困县		
	第一产业增加值占比	第二产业增加值占比	第三产业增加值占比	第一产业增加值占比	第二产业增加值占比	第三产业增加值占比
2000	26.6	41.8	31.6	37.7	31.9	30.4
2003	22.0	45.5	32.5	32.5	35.9	31.5
2004	21.7	46.9	31.4	32.5	37.4	30.1
2008	16.6	52.0	31.4	24.7	44.5	30.7
2009	15.9	51.4	32.7	23.4	44.0	32.6
2010	15.2	52.6	32.2	22.4	46.0	31.6

资料来源：《2011 中国农村贫困监测报告》

6.5　本章小结

由于中国农贷市场中多数农户被“客体化”和“边缘化”，农贷市场分化进一步加剧，治理状况劣化的乡村在对接农贷资金时普遍形成“精英俘获”现象，这不仅是农贷资金在乡村内部难以公平传递的一个最重要原因，而且是致使农贷政策目标偏离、过程扭曲和实施错位的关键影响因素，最终导致农民内部收入不平等加剧。本章基于 2010 年全国县域数据，利用 QR 方法和 IVQR 方法，对中国县域农贷市场“精英俘获”的收入约束效应展开分析，首先利用全国县域样本检验了农贷市场是否同样存在“精英俘获”现象及“精英俘获”的收入约束效应，其次检验贫困县和非贫困县及东部、中部、西部三大地区县域的农贷市场“精英俘获”的收入约束效应差异。我们可以得出如下三条结论。①从全国整体县域来看，县域农户信贷、财政支出和农村固定资产投资等要素对农民收入的影响存在明显的分层差异，收入越高的农民越容易受到农户信贷和财政资金的青睐；收入越低的农民虽然会因为受到财政、信贷政策的“忽视”和自身资本积累不足容易陷入“贫困恶性循环”当中，但是加大农村固定资产投资无疑对中低收入的农民是有益的。这一结论也说明了中国县域农贷市场存在“精英俘获”现象，收入越高的农户家庭越容易获得信贷支持。②分地区来看，农户信贷对农民的增收效应不仅存在明显的内部差异，还存在显著的地区差异，整体来说各区域内部的县域农贷市场“精英俘获”的收入约束效应并不显著。东部地区和西部地区一样，农户信贷对中低收入农民增收效果显著为正，对其他收入组农民增收效果不明显；而在中部地区，农户信贷对各收入层次的农民增收作用不但不显著，反而起到了一定的抑制作用。县域财政支出仅对东部地区的中等收入组以上农民和西部地区最高收入组农民收入具有显著的正向推动作用，对中部地区中低收入组和最低收入组及西部地区中高收入组以下农民增收具有明显的抑制作用。③农户信贷对非贫困县农民收入增长起到了显著的推动作用，但是在不同分位数水平下，其影响大小存在一定差异；然而对贫困县而言，农户信贷却并没能成为推动农民收入增长的显著资源要素，且随着条件分布的不断提高，其影响系数服从明显的倒“U”形分布。除此之外，财政支出仅对非贫困县的中高收入组和最高收入组的农民增收有积极影响，但是对其他收入层次及贫困县的农民增收效应均显著为负；加大农村固定资产投资，促进资本形成，对非贫困县最低收入组和中低收入组及贫困县（最高收入组除外）农民增收有显著的推动作用。

第7章　中国农贷市场“精英俘获”的消费约束

改革开放以来，中国的经济一直保持着快速增长的态势，年均增长率约达10%。然而长期粗放式的经济发展模式已难以持续，尤其是在当前“新常态”下，经济增长乏力（裴长洪，2015；李扬和张晓晶，2015）。消费作为经济增长的重要引擎，是经济可持续发展的根本动力，只有将扩大居民消费需求与供给侧改革相结合，才能有效发挥出大国优势（欧阳峣等，2016），而长期处于低迷状态的农村消费市场则是有效扩大居民消费的根本落脚点。然而根据前文的研究结论，我们发现当前中国农贷市场存在着明显的“精英俘获”现象。这一问题使得农贷市场中的多数农户被“边缘化”，无法获取有效的信贷资源，导致国家农贷政策无法真正有效地服务于“三农”的发展及宏观政策目标的实现。因此，本章在前文对农贷市场“精英俘获”的收入约束研究基础上，进一步运用中国农村地区的省级面板数据，从时间与空间的双重维度对农贷市场“精英俘获”的消费约束进行深入探讨，从而全面地揭示出农贷市场“精英俘获”问题所带来的负面效应。

7.1　引　　言

改革开放以来，中国经济的快速增长取得了世界瞩目的成绩。然而自2008年国际金融危机以来，过度依赖出口贸易和投资的发展模式已成为经济持续增长的瓶颈[①]。国外需求市场的疲软，使得出口导向型的经济结构受到剧烈的冲击；此外，由于长期以投资拉动经济，中国的投资率已超过社会的最优值（李稻葵等，2012），这几个因素使中国的经济进入“新常态”。在“新常态”下，扩大内需，尤其是居民的消费，成为中国经济可持续增长的突破点。因此，在党的十八大报告中明确指出，要加快建立扩大消费需求长效机制，释放居民的消费潜力。而现实情况却表明，我国的消费率明显偏低（范剑平和向书坚，1999；刘国光，2002；毛中根等，2014）。从国际层面上来看（表7-1），2011年中国的消费率不仅低于英、美、日、韩等发达国家，同时也低于印度、巴西等发展中国家；从中国整体

① 国际金融危机之后，从2008年到2009年，中国的出口贸易总额由100 394亿元下降到82 029亿元；2013年《国务院关于化解产能严重过剩矛盾的指导意见》中明确指出，2012年年底我国钢铁、水泥、电解铝、平板玻璃、船舶产能利用率分别仅为72%、73.7%、71.9%、73.1%和75%，明显低于国际通常水平。

消费来看，2000～2013年，我国的最终消费率从62.3%下降到49.8%，居民消费率从46.4%下降到36.2%[①]；从最终消费的结构上来看，政府消费占比从25.5%上升到27.4%，而居民消费占比却从74.5%下降到72.6%。此外，由于中国政府在医疗、教育等领域上投资严重不足，实际消费水平更低（Aziz and Cui，2007）。

表7-1　2011年部分国家消费结构　　单位：%

国家	美国	英国	日本	韩国	巴西	印度	中国
最终消费率	89	87	81	69	81	71	47
居民消费率	72	64	60	53	60	57	34

资源来源：World Development Indicators

通过以上多个层面的分析可以发现，我国目前的消费仍处于低迷状态，那么我国居民消费提升的突破点在何处？理论的研究和历史的逻辑无一不表明了，在当前经济发展进入“新常态”的背景下，农村消费市场的开发是实现中国经济内需拉动的关键所在。然而，统计数据显示，2014年年底，中国农村人口的数量达到6.18亿人，城乡居民的消费差距却达到2.91倍；从农村消费率的历史演化来看，农村居民的消费率从1978年的62.1%下降到2012年的22.2%，而城镇居民的消费比重却处于不断攀升的状态（图7-1）。长期以来，中国农村居民消费率发展趋势的不断下降，严重制约当前中国实现经济转型及经济健康发展，这也成为当前理论研究与政策研究的关注重点。

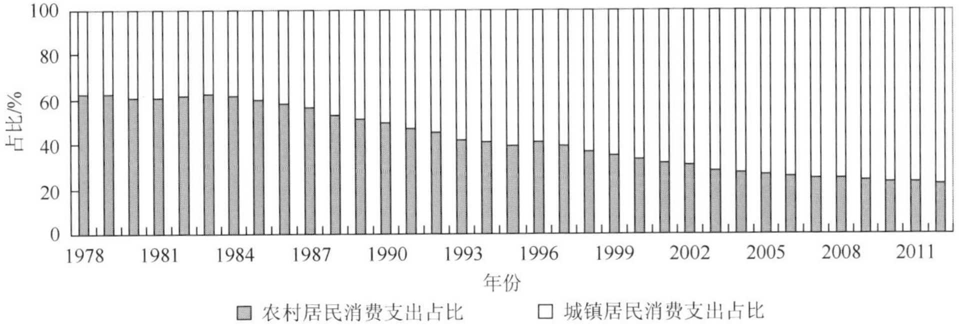

图7-1　1978～2012年中国居民消费构成

根据金融抑制理论（Goldsmith，1969；McKinnon，1973；Shaw，1973）及流动性约束理论（Tobin and Dolde，1971；Flavin，1981）对金融与消费之间关系

① 根据2001～2014年《中国统计年鉴》计算得出，其中居民消费率为居民消费支出占支出法生产总值的比率。

的论述，我们可以发现要顺利开启农村消费市场，就必须建立起有效的农村金融市场，这主要是因为农业信贷资源的投入可以通过提高农村居民收入、降低流动性约束、降低金融中介成本等途径有效推动农村居民消费。然而，从现实层面来看，在中央政府的高度重视下，近年来农业信贷的总量保持持续增长、涉农贷款的比例保持不下降的态势，《中国农村金融服务报告 2014》的数据显示，2014 年年底，涉农贷款的总额达到 23.6 万亿元，同比增长 13%，其比值占到 2014 年全年各项贷款总额的 28.1%。但在农业信贷资源投入力度不断加大时，为何与之相对应的却是农村居民消费水平的不断下降？目前的理论研究表明农业信贷市场中存在着明显的“精英俘获”现象（温涛等，2016），当乡村精英发生利益偏移时，政府农业信贷资源的投入就无法得到有效的运行。在农贷资源出现“精英俘获”现象的现实背景下，其是否对农村居民的消费产生了约束效应？若有，其在不同历史阶段、不同地域之间表现形式又如何？发达国家的实践经验都证明了农业信贷资源的有效供给是推动农村居民消费增长的重要途径。此外，当前推动农村地区发展的主要资金来源除了农业信贷资源投入之外，财政支农投入也是重要的组成部分。鉴于此，本章也将财政支农投入纳入分析框架，从农业信贷资源及财政支农投入有效性的视角，对农村居民消费进行研究，进而为提升农村居民消费水平提出具有可行性的政策建议。

关于居民消费的问题，国内外学者做了大量的理论和实证研究。国外早期的研究主要从收入的视角对居民消费进行研究，如绝对收入假说（Keynes，1936）、相对收入假说（Duesenberry，1949）、生命周期假说（Modigliani and Brumberg，1954）、持久收入假说（Friedman and National Bureau of Economic Research，1957）等，这些经典的消费理论从不同视角都说明了收入是决定居民消费水平的核心要素。随着消费理论的不断完善，越来越多的证据表明金融发展及财政投入也是影响居民消费水平的重要因素。关于金融发展对居民消费影响的研究起源于“金融抑制论”（Goldsmith，1969；McKinnon，1973；Shaw，1973），该理论认为由于发展中国家的政府对金融系统过多干预，金融的发展受到了抑制，在优先发展工业的背景下，一个国家的消费领域必然受到抑制。随后的研究开始从流动性约束的角度进行研究，Morgan 等（1962）指出由于金融的发展消费者能够通过借贷来满足收入不足时的消费。Zeldes（1989）通过消费理论模型的构建进行实证分析，研究结果显示由于居民普遍存在信贷约束，很大一部分的当期消费会受到影响，即 Friedman 的持久收入假说可能不成立。部分学者的研究表明当消费者存在流动性约束时，如果金融市场无法提供有效的信贷供给，将会抑制消费的增长（Hayashi，1985；Sydney，1999；Romer，1999），Jappelli 和 Pagano（1989）进一步发现，金融欠发达地区由于信贷约束的存在，对消费的抑制更加明显。Romer 和 Chow（1996）认为当消费者预期到未来将面临流动性约束时，就会降低当期的消费。Ludvigson（1999）使用流动性约束模型研究流动性约束对居民消费行为的影响，其结果表明预期的信贷增长与居民消费增长之间存在着显著的正向关系。这主要是由于道德风险及逆向选择在一定程度上限制了信贷供给（Jaffee and Russell，1976；Stiglitz and Weiss，1981），家庭受到了信贷约束，无法满足信贷需求（Grant，2007；Chivakul and Chen，2008）。此外，Hubbard 等（1994）、Deaton（1997）则将视角拓宽到保险领域，指出保险能够降低家庭的储蓄欲望，从而用于增加消费；Bacchetta 和 Gerlach（1997）从利率的角度进行研究，其研究结果发现贷存利率差与社会消费总额呈显著负相关；Levchenko（2005）则发现金融发展可以通过国际风险分散对消费起到平滑作用，从而拉动消费增长。Risto（2010）对信贷约束进一步研究发现，信贷约束对耐用品的消费影响较大，而且年轻及文化水平低群体的消费更容易受到信贷约束的影响。

关于政府财政支出对居民消费的影响，其作用究竟是正向推动还是反向抑制，诸多学者之间的观点仍存在着较大的争议。少数学者认为政府财政支出与私人消费之间没有明显的相关性，如 Campbell 和 Mankiw（1990）利用美国第二次世界大战后的数据研究发现两者并无相关关系。Ni（1995）则提出财政支出对私人消费的效用与所选择的效用函数形式及利率有关。主流的观点主要集中在以下两种观点：一种观点认为财政支出对居民消费存在着“挤入效应”，而另外一种观点则认为存在“挤出效应”[①]。早期的争议主要存在于凯恩斯主义的财政扩张效应及新古典主义的观点[②]，随后的研究主要基于 Baily（1971）所提出的假说，即政府财政支出所提供的公共商品和服务相当于为私人的消费提供了 θ 单位的商品，因此当 $\theta<0$ 时，存在“挤入效应”；当 $\theta>0$ 时，存在“挤出效应”。西方学者通过对 θ 的检验得出了两种观点：①政府财政支出对居民消费存在“挤出效应”，即 $\theta>0$（Feldstein，1982；Kormendi，1983；Aschauer，1985；Ahmed，1986；Ho，2002；García and Ramajo，2004），Giavazzi 和 Pagano（1990）也通过对丹麦和爱尔兰的财政政策调整发现，这两个国家的财政赤字结构下降时，私人消费水平却上升了；②政府财政支出对居民消费存在“挤入效应”，即 $\theta<0$（Barro，1981；Karras，1994；Molana，1997；Blanchard and Perotti，2002；Schclarek，2007；Ganelli and Tervala，2010）。Riccardo 和 Tryphon（2004）则进一步将财政支出领域分为公共品（如国防投入）与有益品（如教育支出）对欧洲 12 个国家的居民消费影响进行分析，结果表明政府财政支出对居民消费整体上来说具有正向效应，但其中公共品的效应为负，有益品的效应为正且大于公共品。此外，Lopez-Salido 和 Rabanal

①即互补关系和替代关系，由于不同文献表述有所差异，本章统一用“挤入效应”和“挤出效应”。

②凯恩斯主义认为政府财政扩张能够有效推动需求；而新古典主义认为财政支出会挤占居民消费主要是由于当政府进行非生产性支出时，通常会通过税收进行融资，居民的预期和收入下降，进而导致消费的下降。

（2006）在假设财政政策是外生的条件下，引入修正后的动态随机一般均衡（dynamic stochastic general equilibrium，DSGE）模型分析财政与消费之间的关系，结果发现居民消费会随着财政投入的上升而上升；而 Forni 等（2009）则将财政政策设定为内生性，讨论了居民消费对财政政策冲击所产生的反应。

国内学者在农业信贷及财政支农投入对居民消费影响的研究起步较晚，邹东海和万举（1999）强调在农村消费市场中引入健全的金融体系是解决农村消费问题，开启农村消费市场的关键。隆宗佐和曾福生（2002）、刘广明（2011）也都指出农村消费市场之所以启而不动主要是因为缺乏农村金融的有力支撑，并提出要加快农村金融体系的建设。万广华等（2001）认为流动性约束对居民消费的制约主要是由于金融机构的消费信贷业务不完善。张凯和李磊宁（2006）、杨俊等（2006）通过实证分析发现农村金融对农村居民消费的拉动作用依然滞后。此外，绝大部分学者一致认为财政支出能够有效地促进居民的消费（刘溶沧和马拴友，2001；胡书东，2002；储德银和闫伟，2009；李晓嘉，2010），但其影响效应呈现为非凯恩斯影响，即非线性效应（王立勇和高伟，2009）。也有学者着眼于财政政策支出增长的不确定性，发现确定性内生冲击所带来的财政支出增长对居民消费增长有负向效应，而随机性外生冲击则对居民消费增长有正向效应（陈守东和杨东亮，2009）。此外，苑德宇等（2010）、魏建等（2011）则将财政支农支出进一步划分为政府投资性、转移性和消费性支出，其中政府投资性和转移性支出的“挤入效应”明显，而消费性支出对需求的拉动作用有限，并且不同区域存在明显差异。毛其淋（2011）通过动态最优化模型，进一步测算出财政支农支出对农村居民消费的贡献率为 8.72%。此外，也有部分学者从预期的视角对财政政策的影响进行分析，如李永友和钟晓敏（2012）的研究表明城乡居民消费倾向的不断下降与政府财政政策有着较大的关系，尤其是居民未预期到的财政政策冲击对其消费倾向的效用显著为负，因此要调整财政策略、稳定居民预期，从而提升城乡居民的消费倾向；胡永刚和郭长林（2013）通过建立动态随机一般均衡模型，结果表明财政政策除了可以通过财富效应对居民消费产生影响之外，还可以通过改变居民的预期，进而影响其消费行为，其中预期起着更为重要的作用。与主流观点较为不同的是刘小川和汪利锬（2014）的研究发现政府支出对居民的消费影响呈现倒“U”形，即先产生“挤入效应”，再产生“挤出效应”。陈斌开等（2014）认为金融抑制是居民消费长期低迷的原因。易行健和杨碧云（2015）则利用全球 64 个国家的跨国面板数据对居民消费率的影响因素进行分析，结果表明金融发展与居民消费率之间不存在显著的线性或非线性关系。王玉凤和刘树林（2015）则将政府财政支出划分为消费性与生产性财政支出，通过 DSGE 模型表明财政支出对居民消费的影响主要取决于这两类财政支出所产生冲击效应的大小，若消费性财政支出的冲击效应大于生产性支出，则产生“挤入效应”，反之亦然。吕冰洋和毛捷（2014）认为要提高居民消费率，则应使财政支出结构更多地向民生支出方向倾斜。

从上述文献梳理可以发现，农业信贷及财政支农投入对农村居民消费影响的研究成果颇为丰富，但基本都是将两者促进农村居民消费的效应进行单独分析，并没有从整体上考虑两者对农村居民消费的影响。此外，由于我国地域辽阔，各地区之间的自然条件和经济基础差异较大，农业信贷及财政支农投入的效果可能存在着显著差异，然而充分考虑地域差异的文献也较少。鉴于此，本章将运用面板数据对农业信贷及财政支农投入对农村居民消费影响的总体效应、阶段效应及区域性差异进行深入探索。

7.2　中国农贷市场“精英俘获”的消费约束机理

在目前的经济形势背景下，要推动农村居民的消费水平、有效拉动内需，离不开农业信贷资源及财政支农资源的支持。无论是从直接或间接影响来看，农业信贷及财政支农投入都对居民消费水平产生多方面的影响。为了厘清其作用机制，本章接下来将对农业信贷及财政支农投入对农村居民消费的影响机制进行全面分析，并构建理论分析模型，进而为本章的实证分析提供科学的理论依据。

7.2.1　农村金融促进居民消费的传导机制

长期以来，农业信贷资源对农村居民消费的影响一直是理论研究的热点，尤其是在当前农业信贷资源存在明显的“精英俘获”的背景下，其对农村居民消费究竟是正向促进还是反向抑制，目前尚未得到一致的论断。但其对农村居民消费影响的作用路径，理论研究基本达成了共识。因此，本章接下来将对农业信贷资源对农村居民消费的正向及反向影响进行深入分析。

（1）推动农村经济增长、提高农村居民收入，间接促进农村居民消费。正如纳克斯的贫困恶性循环论所指出的，农村地区贫困的根本原因是资本的匮乏。农村金融的发展能够提高资源的配置效率，有利于农村经济的快速增长及财富的累积，进而提高农村居民的收入水平。在农村居民收入水平稳定提升的基础之上，农村居民的消费水平自然也会随之上升，因而该路径主要是通过提高收入水平，间接促进农村居民消费。

（2）改善农村居民的收入预期，降低预防性储蓄动机。随着消费理论的不断完善，越来越多的证据表明居民消费水平不仅受当期收入水平的影响，也与其未来所预期的收入水平相关，即消费者的消费水平与未来预期的收入水平呈正相关。金融发展通过促进农村经济增长，在稳定的经济发展形势下，能够有效提升农村居民的预期收入水平，降低预防性储蓄动机，从而提高农村居民的当期消费水平。

（3）通过提供消费信贷，降低农村居民的流动性约束，直接促进农村居民消费。流动性约束是影响农村居民消费的主要因素之一，由于流动性约束的存在，农村居民将一部分的收入作为储蓄，以防范未来的不确定因素，这显然直接抑制了农村居民的当期消费。而随着农村金融的不断发展，所提供的消费信贷种类也不断丰富，使得消费者更容易获得消费信贷，这在一定程度上缓解了流动性约束，有效释放农村居民消费需求。

（4）有效降低金融中介成本，促进农村居民消费。随着农村金融体制的不断完善，金融中介成本也不断下降，如当前快速发展的网上银行、网上支付平台、手机银行等电子项目，不仅提升了交易的速度，也提供了更多的交易方式，使农村居民能够更加便捷地进行消费。此外，信用卡的发行，在方便消费者结算的同时，也平滑了消费者的跨期消费。

（5）通过财富效应促进农村居民消费。在农村金融发展的过程中，资本市场也在快速发展与完善，股市、债券市场日益活跃，此外，农村金融体系所提供的理财服务日趋丰富，使得农村居民的金融资产不断增加，即农村居民的财富在不断上升，从而产生财富效应①。金融市场上资产价格的上升，一方面，使得农村居民所拥有的资产总额上升，促进农村居民在商品和劳务方面的消费；另一方面，会有效改善农村居民的收入预期，根据 Friedman 的永久收入假说，这也将提高农村居民的消费水平。

然而在农村金融发展促进农村居民消费增长的同时，也可能阻碍农村居民消费增长。这主要是由于当农贷市场出现“精英俘获”现象时，信贷资金往往配置到拥有更多生产资源的“乡村精英”当中，农业信贷资源的投入发生了目标偏离等问题，无法为农村金融市场提供有效的资金供给，对农村居民的收入产生制约，进而约束了农村居民的消费水平。

7.2.2 财政支农促进居民消费的传导机制

分配与消费是社会再生产②的两个重要环节，公共财政属于分配环节，与消费存在着重要的联系。财政支农在提高农村居民收入水平、降低预防性储蓄动机等方面起到了重要的作用，进而对农村居民消费水平产生影响。具体来看，根据财政支农支出类别的差异，财政支农投入对居民消费的影响主要通过以下几个方面起作用：政府投资性支出、政府转移性支出及税收政策等。

①财富效应主要是指货币财富效应，由于金融资产价格的上涨或下跌，持有者财富增长或下降，进而促进或抑制消费的增长。

②社会再生产主要包含了生产、交换、分配及消费四个主要环节。

（1）政府投资性支出。从整个农村经济的投资主体来看，主要分为政府投资及私人投资。但由于我国长期存在的城乡二元结构体系，农业始终处于弱势，农业生产率低下，因而农业经济的投资主要由政府承担。在政府投资性支出中，尤其是在农业基础设施建设方面，一方面，能够为农业生产提供更加完善的基础设施，提高农业生产效率；另一方面，绝大部分的支出将转化为农村居民的收入，从而间接提高农村居民的可支配收入，提高农村居民消费水平。因此，政府的投资性支出是推动农村居民消费的重要手段。

（2）政府转移性支出。从传统的消费理论来看，农村居民的消费支出水平虽然受到诸多因素的影响，但仍主要取决于当期收入。从中国的现实背景来看，一方面，由于当前正处于经济结构转型阶段，农村居民的收入预期面临着较大的不确定性；另一方面，长期以来中国典型的城乡二元结构导致社会保障体系不健全、保障水平较低，尤其是广大农村地区，面临着严重的社会保障缺失，农村居民的预防性储蓄动机逐渐增大，这也在一定程度上解释了中国高储蓄、低消费的原因。政府转移性支出主要包含社会保障支出、收入补贴等，这直接提高了农村居民的收入水平，产生正向的财富效应，促进农村居民消费。此外，社会保障体系的不断健全，能够有效降低农村居民的预防性储蓄动机，提高农村居民的支出预期，从而释放农村居民的消费潜力，有效提高农村居民消费水平。

（3）税收政策。税收作为调节国民收入分配的主要手段之一，对国民经济的稳定发展起到重要的作用。2006 年以来，我国正式废除了农业税，终结了在我国延续了两千多年的税种，促进了农业经济的发展，这从根本上直接提升了农村居民的消费能力。此外，通过对某些类别商品的特别征税，将影响到消费品的供给结构，间接影响农村居民的消费环境。此外，如遗产税的征收，将在一定程度上提高农村地区高收入阶层的消费水平。

7.2.3　理论模型

为了分析农业信贷及财政支农投入对农村居民消费的影响，本章在借鉴毛其淋（2011）的理论模型的基础上，建立起农村居民消费的动态最优化模型。我们假设农村居民是同质的，即代表性农村居民的常相对风险规避（coefficient of relative risk aversion，CRRA）效用函数为

$$U(C_t)=\frac{C_t^{1-\theta}}{1-\theta},\quad \theta>0 \tag{7-1}$$

其中，C 为农村居民消费支出；θ 为不变替代弹性。

为了便于分析，本章只考虑消费者的有限期行为，因此，农村居民的效用最大化问题便可表示为

$$\max_{C_t} V = \int_0^T \frac{C_t^{1-\theta}}{1-\theta} e^{-\rho t} \mathrm{d}t \tag{7-2}$$
$$\text{s.t.} \dot{W}(t) = I_t + rW_t + \delta X_t - C_t$$

其中，$W(0)=0$，$W(T)=A$，$C_t \geqslant 0$，$W_t \geqslant 0$；$e^{-\rho t}$ 为折现因子；I 为农村居民人均收入，W 为农村居民财富；X 为金融投入；δ 为金融投入效率；r 为实际利率；A 为大额刚性支出①。

因此，Hamiltonian 函数可表示为

$$H_C(t, C_t, W_t, \lambda) = \frac{C_t^{1-\theta}}{1-\theta} e^{-\rho t} + \lambda(t)(I_t + rW_t + \delta X_t - C_t) \tag{7-3}$$

其中，C_t 为控制变量；W_t 为状态变量。为了便于求解，令 $m(t) = \lambda(t)e^{-\rho t}$，转化为现值 Hamiltonian 函数，即

$$H_C(t, C_t, W_t, m) = He^{-\rho t} = \frac{C_t^{1-\theta}}{1-\theta} + m(t)(I_t + rW_t + \delta X_t - C_t) \tag{7-4}$$

其中，$m(t)$为共态变量，也即拉格朗日乘子，根据最大化原理可得到：

$$\frac{\partial H_c}{\partial C_t} = C_t^{-\theta} - m(t) = 0 \tag{7-5}$$

$$\dot{m}(t) = -\frac{\partial H_c}{\partial W_t} + \rho m(t) = (\rho - r)m(t) \tag{7-6}$$

$$\dot{W}(t) = \frac{\partial H_c}{\partial m(t)} = I_t + rW_t + \delta X_t - C_t \tag{7-7}$$

通过式（7-5）、式（7-6）可得到：

$$C_t = m(t)^{-1/\theta} \tag{7-8}$$

$$m(t) = m_0 e^{(\rho - r)t} \tag{7-9}$$

再将式（7-9）代入式（7-8），便得到：

$$C_t = m_0^{-1/\theta} e^{(r-\rho)t/\theta} \tag{7-10}$$

代入式（7-7）之后，得到：

$$\dot{W}(t) = \frac{\partial H_c}{\partial m(t)} = I_t + rW_t + \delta X_t - m_0^{-1/\theta} e^{(r-\rho)t/\theta} \tag{7-11}$$

再将 $W(T)=A$ 代入式（7-11），联立式（7-10），可得到：

---

①大额刚性支出主要指农村居民的农业基础设施投资、住房、教育等大额支出，该支出一般远超当期的收入水平。

$$C_t=\frac{e^{-rt}(\rho-r-r\theta)}{(1-\theta)(1-e^{-(\rho-r-r\theta)T/\theta})}\cdot A+\frac{(1-e^{-rT})(\rho-r-r\theta)}{r(1-\theta)(1-e^{-(\rho-r-r\theta)T/\theta})}\cdot I_t+\frac{\delta(1-e^{-rT})(\rho-r-r\theta)}{r(1-\theta)(1-e^{-(\rho-r-r\theta)T/\theta})}\cdot X_t \tag{7-12}$$

由于财政支农投入能够在一定程度上减少农村居民的大额刚性支出，本章假设财政支农投入与农村居民大额刚性支出之间存在替代效应：

$$A=\varphi-\gamma F \tag{7-13}$$

将式（7-13）代入式（7-12），最终得到：

$$C_t=\frac{\varphi e^{-rt}(\rho-r-r\theta)}{(1-\theta)(1-e^{-(\rho-r-r\theta)T/\theta})}+\frac{\gamma e^{-rt}(\rho-r-r\theta)}{(1-\theta)(1-e^{-(\rho-r-r\theta)T/\theta})}\cdot F_t+\frac{(1-e^{-rT})(\rho-r-r\theta)}{r(1-\theta)(1-e^{-(\rho-r-r\theta)T/\theta})}\cdot I_t+\frac{\delta(1-e^{-rT})(\rho-r-r\theta)}{r(1-\theta)(1-e^{-(\rho-r-r\theta)T/\theta})}\cdot X_t \tag{7-14}$$

通过以上分析可以发现，农村居民消费水平的变动不仅取决于收入水平，农业信贷资源及财政支农投入也对农村居民的消费行为产生重要的影响。制定科学合理的农业信贷及财政支农政策，是推动中国农村居民消费市场的主要着力点。因此，本章接下来将以上述理论分析为基础，对农村居民消费进行实证分析，以期探索农业信贷及财政支农投入是否有效推动了农村居民消费。

7.3　研究设计与实证结果讨论

7.3.1　变量及数据说明

根据以上理论模型的推导可以发现，农村居民收入、农业信贷投入及财政支农投入是影响农村居民消费的主要因素。本章的目的主要是研究农业信贷及财政支农投入对农村居民消费的影响，但考虑到实际的影响因素很多，我们借鉴式（7-14）的基本模型，同时引入相关的控制变量，进一步分析其他因素对农村居民消费的影响。由于时间序列样本较少，不足以满足大样本的需求，本章采用 1997～2012 年中国 30 个省份①的面板数据进行分析，并建立最终计量模型：

$$C_{it}=\beta_0+\beta_1 I_{it}+\beta_2 F_{it}+\beta_3 X_{it}+\Theta\text{CON}+\mu_{it} \tag{7-15}$$

（1）被解释变量：农村居民人均消费支出（C），数据来源于 1998～2002 年《中国农村统计年鉴》、2003～2013 年《中国统计年鉴》。

（2）核心解释变量：①农村居民家庭人均纯收入（I），数据来源于 1998～2002 年《中国农村统计年鉴》、2003～2013 年《中国统计年鉴》。②农业信贷投入（X），

①受统计资料限制，不包括西藏、香港、澳门、台湾。

主要用来反映农业信贷资源的投入对农村居民消费所起的作用，本章以各省份人均农业贷款衡量。数据来源于《新中国五十五年统计资料汇编》、2006～2010 年《中国统计年鉴》、《中国农村金融服务报告 2010》，为了保证数据的完整性，本章以灰色预测法补齐缺失数据。③财政支农投入（F），主要用来反映财政支农对农村居民消费的促进作用，本章以各省份人均财政支农支出衡量。财政政策数据来源于 1998～2009 年《财政统计年鉴》、2010～2013 年《中国统计年鉴》。此外，由于其间财政支农指标体系产生了变化，为了使其具有可比性，本章的选取方法如下：1997～2002 年为农业综合开发支出、支援农村生产支出和农林水利气象等部门的事业费支出三者之和；2003～2006 年为农业支出、林业支出和农林水利气象等部门的事业费支出三者之和；2007～2013 年为农林水事务支出。

（3）控制变量：由于影响农村居民消费的因素较多，本章仅选取两个控制变量。①农村居民家庭拥有生产性固定资产原值（A），主要用来反映农村居民拥有的资产对消费的影响，Modigliani 和 Brumberg（1954）通过构建生命周期模型指出资产存量是影响消费的主要因素。数据来源于 1999～2013 年《中国统计年鉴》、1998 年《中国农村统计年鉴》。②农业税（Tax），主要用来衡量 2006 年农业税[①]取消之后对农村居民消费的影响。

（4）变量处理：农村居民人均消费支出（C）、农村居民家庭人均纯收入（I）、农业信贷投入（X）、财政支农投入（F）、农村居民家庭拥有生产性固定资产原值（A）采用了人均指标而非总量进行衡量，主要是为了避免人口规模差异导致的总量偏差。此外，为了消除多重共线性及异方差等统计问题，本章对实证分析的所有变量进行对数化处理。农业税（Tax）采用虚拟变量衡量，即 2006 年以前赋值为 0，2006 年以后赋值为 1。

本章以 1997～2012 年我国 30 个省份农村居民消费的面板数据为研究对象，实证分析农业信贷及财政支农投入等因素对农村居民消费的影响。

7.3.2 中国农贷市场“精英俘获”的消费约束：整体效应

表 7-2 显示了我国 30 个省份 1997～2012 年的整体及阶段性回归结果，从模型选择的检验结果可以看出，在整体回归结果中，F 统计量在 1%的显著性水平下拒绝原假设，即拒绝混合模型，选择固定效应模型；而个体随机效应的 Hausman 检验值，在 5%的显著性水平下拒绝随机效应模型，即采用个体固定效应模型进行估计更为合适。同时，为了消除截面异方差的影响，本章采用 GLS 进行估计。

---

①2005 年 12 月 29 日，第十届全国人大常委会第 19 次会议经表决决定，《中华人民共和国农业税条例》自 2006 年 1 月 1 日起废止，从而使延续了 2600 年的农业税走进了历史。

表 7-2　农业信贷及财政支农投入的整体效应及阶段效应

解释变量	被解释变量：农村居民人均消费支出		
	1997～2012 年	1997～2003 年	2004～2012 年
I 农村居民家庭人均纯收入	0.727 （18.03）***	0.358 （5.10）***	0.823 （9.12）***
X 农业信贷投入	0.016 （2.22）**	−0.006 （−0.39）	0.301 （2.48）**
F 财政支农投入	0.063 （4.39）***	0.121 （4.62）***	0.043 （2.82）***
A 农村居民家庭拥有生产性固定资产原值	0.018 （2.29）**	0.036 （2.30）**	0.005 （0.56）
Tax 农业税	0.023 （4.07）***	— —	— —
常数项	0.463 （4.75）***	1.498 （7.59）**	0.257 （2.52）**
样本数量	480	210	270
R^2	0.9426	0.7132	0.9200
F 值	40.74***	26.46***	35***
Hausman 检验	11.80**	32.17***	10.12*
模型的影响形式	固定效应	固定效应	随机效应

注：此表由 Stata 12.0 软件计算得出，括号内为 t 统计量

*、**、***分别表示在 10%、5%、1%水平上显著

从整体回归效应来看，1997～2012 年全国各省份的农业信贷投入及财政支农投入均对农村居民消费具有显著的正向作用。农贷市场的发展不仅能够促进农村居民的收入增加，而且降低了金融中介成本，间接促进了农村居民的消费，而且财政支农投入则通过完善农业基础设施及转移支付等途径促进了农村居民消费。从两者的效应的强弱来看，财政支农投入对农村居民消费的促进作用明显大于农业信贷投入，其系数分别为 0.063 和 0.016，由于本章对数据采用了对数化处理，所得到的回归系数即弹性系数，财政支农投入及农业信贷投入每增加一个百分点，农村居民消费分别增长 0.063%和 0.016%，这可能是由农贷市场的“精英俘获”现象所造成的消费约束，农业信贷投入无法完全发挥出促进农村居民消费的效应。此外，农村居民家庭人均纯收入对农村居民消费也具有显著的促进作用，边际消费倾向为 0.727，说明收入是影响农村居民消费的重要因素，同时也意味着农村消费市场仍具有巨大的开发潜力。

从控制变量来看，农村居民家庭拥有生产性固定资产原值的系数显著为正，主要是由于生产性固定资产是农村居民生产的基本条件，是农村居民增加收入的主要来源，从而为农村居民消费创造条件；农业税的系数显著为正，一方面说明从 2006 年废除农业税之后，农村居民的消费显著提高了，从另一方面也体现出政府扶持农业生产政策

的有效性，农业税的取消直接增加了农村居民的可支配收入，进而推动农村消费市场。

7.3.3 中国农贷市场“精英俘获”的消费约束：阶段差异

从 2004 年起，中央“一号文件”开始持续锁定“三农”问题[①]，不断加大“三农”投入，并实施了多项惠农政策。为探索农业信贷及财政支农投入的效应是否在 2004 年前后产生结构性变化，本章进行分阶段回归以便分析不同阶段的效应。

表 7-2 显示出了分阶段的回归结果，根据 F 统计量及个体随机效应检验的 Hausman 检验值可以看出，1997～2003 年阶段建立个体固定效应模型（Hausman 检验拒绝原假设），2004～2012 年阶段建立个体随机效应模型更为合理。

从阶段效应的回归结果来看，两个阶段存在着显著性的差异。农业信贷投入在 1997～2003 年阶段对农村居民人均消费支出没有产生显著性作用，在 2004～2012 年阶段才开始显现出促进作用，这主要是由于 2004 年以前农村金融发展落后，农村金融体系不完善，加之农贷市场存在的“精英俘获”现象，加大了农村居民的消费约束；在 2004～2012 年阶段，随着中央对农村金融发展的高度重视，农业信贷投入对农村消费市场的推动作用开始显现，这可能是由于随着农贷市场的不断改善，在一定程度上抵消了“精英俘获”所带来的消费约束效应。财政支农投入对农村居民消费的促进作用在 2004 年以后产生了下滑，弹性系数由 0.121 下降到 0.043，这与国内部分学者的研究结论较为一致（胡永刚和郭长林，2013；刘小川和汪利锬，2014），作者认为这种情况主要是由财政支农的资金支出结构不合理及财政资金的使用效率低下造成。农村居民的边际消费倾向明显上升，主要是由于 1997～2003 年，农村居民要负担农业税、子女的义务教育学杂费等，再加上农村医保系统不完善，农村居民的边际消费倾向较低，而近年来随着各项惠农政策的实施，农村居民的消费倾向显著提高。农村居民家庭拥有生产性固定资产原值发生了相反的变化，主要是因为随着中国城镇化的快速发展，进城务工的农民不断增加，工资性收入成为农村居民收入的重要来源（温涛和王汉杰，2015），所以农村居民拥有的生产性固定资产对消费的影响变得不显著。

7.3.4 中国农贷市场“精英俘获”的消费约束：区域差异

我国幅员辽阔，在不同的地区之间，无论是自然气候条件还是社会经济基础都存在着一定程度上的差异，为了研究农业信贷投入及财政支农投入对农村居民消费的影响是否存在区域性差异，本章将进一步将整体样本划分为东部、中部、

①从 2004～2016 年，连续 13 年的中央“一号文件”都以“三农”问题为核心。

西部地区进行实证分析。表 7-3 为我国三大区域的回归结果，从冗余固定效应检验的 F 统计量及个体随机效应检验的 Hausman 检验值可以看出，除了中部地区建立个体固定效应模型以外（Hausman 检验拒绝原假设），东部及西部地区建立个体随机效应模型更为合理。

表 7-3　农业信贷及财政支农投入的区域性差异

解释变量	被解释变量：农村居民人均消费支出		
	东部	中部	西部
I 农村居民家庭人均纯收入	0.772 （13.21）***	0.479 （4.94）***	0.814 （16.54）***
X 农业信贷投入	0.042 （4.70）***	0.114 （3.19）***	–0.018 （–1.70）*
F 财政支农投入	0.054 （2.75）***	0.443 （1.44）	0.071 （3.31）***
A 农村居民家庭拥有生产性固定资产原值	–0.010 （–1.19）	0.059 （2.46）**	0.012 （0.96）
Tax 农业税	0.010 （1.31）	0.034 （2.75）***	0.019 （2.16）**
常数项	0.480 （2.07）**	0.703 （3.61）***	0.309 （2.29）**
样本数量	176	128	176
R^2	0.9346	0.8730	0.9732
F 值	58.50***	30.67***	9.78***
Hausman 检验	8.54	15.11**	2.80
模型的影响形式	随机效应	固定效应	随机效应

注：此表由 Stata 12.0 软件计算得出，括号内为 t 统计量

*、**、***分别表示在 10%、5%、1%水平上显著

从整体上来看，农业信贷投入及财政支农投入对农村居民消费的影响存在着显著性区域差异。农业信贷投入在中部地区的促进作用最大，其次是东部地区，而西部地区却出现了抑制农村居民消费的现象。我们认为西部农村地区的经济发展较为落后，在农业信贷出现“精英俘获”现象时，更容易对农村居民的消费产生约束效应，此外，金融嫌贫爱富的本质驱使金融资源流向经济发达的东部地区，加之西部地区农村金融发展落后，从而出现了抑制消费的现象；而东部地区的发展重心不在农业，金融资源不断地由农村地区流向城市，从而削弱了对农村消费市场的推动作用。财政支农投入在东部和西部地区能够有效促进农村居民消费，而在中部地区却不显著，这是因为东部地区经济发达，财政资金充足，而西部地区一直是中央政府财政投入的重点地区，所以造成了区域差异产生的政策效果差异。农村居民家庭人

均纯收入在三大地区都具有显著的正向效应，但东部、西部地区的系数明显大于中部地区，主要是因为东部地区的经济发达、社会保障体系完善，农村居民的储蓄倾向较低，而西部地区的农村居民收入仍较低，因而具有更高的消费倾向。

从控制变量来看，农村居民家庭拥有生产性固定资产原值仅在中部地区具有显著正向效应，东部、西部地区都不显著，主要是由于东部地区发达的城市经济吸引了大量的农村居民进城务工，西部地区的农村劳动力则流向东部发达的城市。农业税政策的取消并没有影响东部地区农村居民的消费，表明东部地区农村居民收入相对较高，农业税的减免对其消费的影响并不显著。

7.4 本 章 小 结

本章运用 1997～2012 年 30 个省份的面板数据对我国农业信贷投入及财政支农投入对农村居民消费影响的阶段效应及区域差异进行研究，得出以下四个结论。

（1）从整体上看，我国农业信贷投入及财政支农投入对农村居民消费具有显著的正向效应，但两者相比而言，财政支农投入对农村居民消费的促进作用更强，表明 1997～2012 年我国的财政支农投入有效地推动了农村消费市场，而农业信贷投入的拉动作用仍需进一步提高，这说明中国农贷市场的“精英俘获”现象对农村居民的消费产生了一定的约束效应。农村金融是农村经济发展的核心，也是启动农村消费市场的关键所在，因此各级地方政府应该贯彻落实中央精神，加大农业投入，尤其是农业基本设施建设；完善农村金融体系，避免“精英俘获”现象的产生，发挥农村金融的市场作用，积极引导农村居民消费，重视新型农村金融机构的建设，为“三农”的发展注入有效资金，从而为农村消费市场的启动打下坚实的基础。

（2）从阶段效应来看，2004 年以后农业信贷投入对农村消费市场的推动作用开始显现，这主要得益于农村金融体系的不断完善，在一定程度上缓解了农贷市场中“精英俘获”对居民消费所造成的约束；而财政支农投入的推动作用不仅没有上升，反而有所下降，但这一结论并不否定财政支农投入对农村消费市场的积极作用，其中所揭示的正是由于我国多层级的财政资金划拨体系财政政策资金配置效率下降，无法切实地注入到农村经济发展当中。因此政府在完善农村金融体系的同时，应建立起合理的财政资金监督机制，确保财政政策资金的使用效率，这样才能更好地服务于“三农”建设，促进农村居民消费。

（3）从区域差异来看，我国农业信贷及财政支农投入对农村居民消费的影响存在明显的区域性差异，由于中国农贷市场的“精英俘获”现象及金融嫌贫爱富的本质，农业信贷投入对农村居民消费的影响在西部地区表现出抑制作用。在财政实力较强的东部地区及国家重点扶持的西部地区，财政支农投入对农村居民消费促进作用显著，而在中部地区却无法起到显著的作用。因此，政府在制定相关政策时，应充分考虑地区之间的发展差异，因地制宜，不能采取一刀切模式，应加大中部地区的财政政策投入，大力推进西部地区农村金融体系的建设。

（4）从其他变量来看，农村居民家庭人均纯收入、农村居民家庭拥有生产性固定资产原值及农业税的废除都对消费起到了重要的促进作用。各地区应在保障农民收入的稳定增长的基础上，完善农村社会保障体系，制定切实可行的惠农政策，减轻农民的负担；加快土地确权的进程，完善土地流转制度，从而降低农村居民的储蓄性动机及支出预期，进而从根本上促进农村居民的消费。

第 8 章　“新常态”下中国农贷市场供求关系的重新解读

前文对中国农贷市场的“精英俘获”与包容性缺失都进行了相应的研究。然而考虑到目前中国经济进入“新常态”，经济增速由高速转为中高速，在整体经济增速放缓的现实格局下，为确保农村经济和农民收入可持续增长，进而实现全面小康建设目标，必须以实现农村经济的包容性增长为目标对农贷市场的功能和结构进行相应调整。有鉴于此，本章利用经济“新常态”时期全国 17 个省份 70 个县（市）的农户家庭微观调查数据，对“新常态”背景下中国农贷市场的供求关系及影响因素进行重新解读，力求对“新常态”下农贷市场的功能和结构变化有一个深刻的认识，进而为发挥农贷市场的催化剂作用，助推全面小康目标实现提供决策思路。

8.1　引　　言

供求错配是长期以来困扰农户信贷市场的痼疾（林毅夫和蔡昉，1989；张杰，2004；Weber and Musshoff，2013）。究其原因，供给方由于“涉农”贷款违约率高、回收周期长、信息不对称等因素面临较高的风险约束（Swinnen and Gow，1999；Rahji and Fakayoda，2009），而需求方因为资金需求短、频、快，缺乏有效抵押，办理程序复杂等难以获得贷款（Braverman and Guasch，1986；Boucher et al.，2005；黄惠春，2014）。这种供给方经营目标与需求方经济属性的严重背离，是农贷市场信贷供求错配格局长期维持的症结所在。当前，中国经济进入“新常态”，经济增速由高速转为中高速，在整体经济增速放缓的现实格局下，为确保农村经济和农民收入可持续增长，进而实现全面小康建设目标，必须加快发展农村金融，改善农贷市场供求关系，充分发挥金融对经济增长的催化剂功能。2014～2016 年的中央“一号文件”都指出：强化金融机构服务“三农”职责，推动金融资源向“三农”倾斜，创新“三农”金融服务和重点领域的信贷投放。据此，农贷市场进行了加快农村金融体系建设、创新服务供给及推进农村利率市场化等一系列改革。涉农贷款从 2009 年的 9.14 万亿元增加到 2014 年[①]的 23.6 万亿元，增幅达 158.21%；

① 2012 年，中国经济进入中高速增长；2014 年 5 月，习近平总书记正式提出中国经济进入“新常态”。为此，我们选取 2014 年的数据对“新常态”后的农贷市场进行一个简单的分析。

涉农贷款占各项存款比例从 2009 年的 17.5%提高到 2014 年的 23.2%，提高了 5.7 个百分点；农贷机构[①]数从 2009 年的 3467 家增加到 2014 年的 3566 家，营业网点数从 2009 年 75 935 个增加到 2014 年的 81 397 个；农贷机构营业人员从 2009 年的 715 216 人增加到 2014 年的 889 845 人。由此可见，在国家对农村金融体系建设高度重视下，涉农贷款规模出现了大幅的增加，网点覆盖面得到进一步扩大。同时，村镇银行、小额贷款公司、资金互助社的异军突起，在很大程度上改变了我国农贷市场的结构和功能，农贷市场竞争态势已初步形成（温涛，2014；孙乐明，2015）。

然而，宏观水平上的集聚容易让人产生农贷市场效率改进的错觉（Turvey，2013），就更能反映农贷市场真实运行状况的农户贷款与农业贷款而言，农户贷款仅从 2009 年的 2.16 万亿元增加到 2014 年的 5.4 万亿元，占各项贷款比例从 3.43%增加到 6.22%，仅增加 2.79 个百分点，农业贷款则仅从 2009 年的 1.46 万亿元增加到 2014 年的 3.4 万亿元，占各项贷款比例反而从 5.08%下降到 3.81%，下降 1.27 个百分点，两类贷款占各项贷款比例均远远低于第一产业增加值占 GDP 的比重 9.17%[②]。由此可见，各级政府高度重视的涉农贷款对农民收入增长和农业现代化发展而言，存在明显的粗放供给、无效供给状态。而在需求端，农户家庭经营特征逐渐走出低效性和弱质性的桎梏，由同质性的“小农”逐步演进为异质性的普通农户、新型农业经营主体、创业农户，非农收入在农户家庭收入中占比稳步提升，农户家庭消费支出也逐渐由食物消费为主变为非食物消费为主。在农户家庭经营特征、收入结构和消费特征都发生显著变化的情况下，农村信贷的需求类型和结构也必然随之发生改变，因此客观上需要更强针对性和更大差异化的信贷产品与金融服务供给。“新常态”下，充分把握农贷市场供求关系的演变特征并做出相应的战略调整，对保障农村经济、农民收入持续较快增长、稳步推进城乡经济社会一体化，进而实现全面小康有着至关重要的现实意义。因此，科学把握“新常态”下农贷市场的供求关系和探寻经济进入“新常态”前后农贷市场供求关系的变化便显得尤为关键。

就农贷市场的信贷供给而言，主要分为正规和非正规信贷两种。关于二者的特征，一些学者指出正规信贷往往由于农业经营风险高、利润低、农户缺乏传统抵押等风险制约而吝于对农户借贷（Feder and Feeny，1991；Jia et al.，2010）。同时，由于农村地理位置较偏、基础设施缺失（Meyer，2006；Akudugu et al.，2009），正规信贷难以形成规模效应（Zeller，2003；朱喜和李子奈，2006；程郁等，2009），

① 主要包括农村信用合作社、农村商业银行、农村合作银行、村镇银行与贷款公司五类机构。

② 数据由《中国农村金融服务报告 2010》《中国农村金融服务报告 2014》《2014 年中国金融机构贷款投向统计报告》《2015 中国统计年鉴》整理而得。

进而远离农村，农户难以获得信贷（Swain，2002；Barslund and Tarp，2008）。非正规信贷虽然在信息甄别、监督管理及合约执行上有着比较优势（Besley，1995；Barham et al.，1996），并且愿意接受部分正规信贷不愿意接受的抵押物（Mushinski，1999），对借贷双方是一种互惠的制度安排（苏士儒等，2006；程恩江和刘西川，2010），然而受自身供给能力所限，非正规信贷无法对农户形成长期、持续的供给（Ayyagari et al.，2007；陈雨露和马勇，2010；马丁丑等，2011；张兵和张宁，2012），对正规信贷的替代作用较弱（Jia et al.，2010）。另外，信息不对称也长期制约着农贷市场的信贷供给。Stiglitz 和 Weiss（1981）、Carter 和 McGoldrick（1989）提出信息不对称会导致借款人的逆向选择和道德风险效应，在缺乏保险市场的情况下，以高利率为特征的供给配给将会成为信贷市场的长期均衡状态，而鉴于农贷市场中的信息不对称程度比之一般信贷市场更高，其信贷配给也更为严重（马九杰和吴本健，2012）。此外，农户自身禀赋特征对信贷获得的影响同样不容忽视。张龙耀和江春（2011）发现农户禀赋特征的异质性会导致信贷供给的差异性，具有一定资金实力和社会关系的“乡村精英”往往可以获得绝大部分的农贷资金，农贷市场的“精英俘获”现象较为普遍（Anyanwu，2004；Klychova et al.，2014；Rehman et al.，2015；温涛等，2016）。

而鉴于农贷市场的供给先行特征，农贷市场的信贷需求自然地被分为正规信贷需求和非正规信贷需求。部分学者基于融资次序角度，对农贷市场的信贷需求进行了研究。高帆（2002）、李似鸿（2010）发现中国农村的乡土意识与家庭圈层结构延续到了信贷需求层面，当农户拥有信贷需求时，会首先寻求圈层结构内的亲朋好友，其次是熟人；然后是圈层结构外的正规信贷机构，无奈之下求助民间高利贷，即“非正规—正规—非正规”的融资次序。而张杰（2004）指出由于“面子成本”的存在及国家农贷所暗含的补贴性质，农户产生借贷需求时会首先考虑国家农贷，然后考虑熟人，最后才会考虑民间借贷乃至高利贷，即“正规—非正规”这一融资次序。信息不对称除了束缚信贷供给之外，也对农户的信贷需求产生着制约。农户普遍缺乏生产性固定资金、金融资产等标准信息禀赋（Stigliz，1988；Okojie，2010），与正规信贷机构之间存在较为严重的信息不对称，他们更倾向于向拥有甄别人格信息等软信息优势的非正规信贷机构借款（胡士华和卢满生，2011；张兵等，2014）。此外，农户禀赋特征的异质性也会导致信贷需求的差异性，资产水平较低、缺乏有效抵押的农户普遍面临正规信贷配给，其信贷需求满足往往依靠非正规信贷（Hartarska and González-Vega，2006；Pal and Laha，2015）；而实物、人力、社会资本较高的农户所受正规信贷配给程度较低，他们在融资时倾向于选择正规信贷（Barslund and Tarp，2008；徐璋勇和杨贺，2014）。

综上所述，大量中外学者基于不同的视角就农贷市场的供求关系进行了广泛且深入的讨论，指出在传统的农贷市场中，由于农业低效性和弱质性、信息不对称、交易费用高等因素，正规信贷在供求两端均存在较为严重的配给现象；非正规信贷由于在信息甄别、监督管理、合约执行及抵押要求等方面拥有比较优势，对供求双方均是最优选择，然而非正规信贷资产实力较弱又决定了自身难以对农户形成长期、持续的供给。随着中国经济进入“新常态”，农贷市场供求两端也在发生着深刻的变化：一方面，涉农贷款和信贷机构持续增加，使供给方拥有了更强的供给能力与更加多元的功能；另一方面，农户家庭经营特征、收入结构及消费特征的改变也刺激其信贷需求随之变化。上述背景的变化在以往的研究中尚未涉及。此外，囿于数据的可获得性，既有研究往往局限于某一省份或某一地区，其结论难以得出全国性的启示。有鉴于此，我们利用实际调查的中国东部、中部、西部 17 个省份 70 个县域的农户信贷供求数据，尝试对“新常态”下中国农贷市场的供求关系及影响因素进行重新解读，以期为新时期国家农贷市场战略调整、政策制定提供可资借鉴的依据。本章 8.2 节将介绍理论模型，8.3 节将介绍数据来源、变量选取和描述性统计分析，8.4 节为实证结果分析，8.5 节为结论与政策启示。

8.2　“新常态”下中国农贷市场供求关系的形成机理

8.2.1　研究假定

在引入本章的理论模型之前，首先需要对本章研究的内容做两个基本的研究假定。

假定 1：“新常态”时期，农贷市场中的农户与信贷机构均是理性决策主体。

首先，就农户而言，学界对其行为理论的讨论主要围绕“生存小农”（Chayanov，1925；Scott，1976）与“理性小农”（Schultz，1964；Popkin，1979）展开，然而两大学说都是在一定的经济环境下才成立的。“生存小农”适用于经济发展较为落后、要素流动迟缓的经济环境；“理性小农”则适用于经济较为发达、要素流动迅捷的经济环境。“新常态”下，中国已经正式进入中等收入水平国家行列，农民生活水平也已经实现了从贫困到基本小康的跨越，诸多变化之下，农户的义利观已然由生存理性转向经济理性。其次，就信贷机构而言，随着中国的经济体制从计划经济转轨为社会主义市场经济，尤其自 20 世纪 90 年代的金融机构的市场化改革以来，信贷机构的运营已经逐步摆脱行政命令的干扰，信贷机构逐步成为理性决策主体。

假定 2：农贷市场中，正规信贷与非正规信贷之间存在着替代关系。

Kochar（1997）、Mushinski（1999）、Guirkinger（2008）对正规信贷与非正规信贷之间的替代关系，已经做过大量证明，在此不再赘述。

8.2.2 理论模型

1. 资金需求

在上述两个假定的基础之上，我们借鉴张杰（2004）的研究结论，对农贷市场的供求关系进行理论推导。农户与信贷机构均为理性决策主体，以效用最大化作为决策准则。农户作为农贷市场中的借款人，信贷机构作为农贷市场中的放款人。我们设农户自身的初始资金存量为 W_e，农户作为一个经济单元，主要从事生产和生活两类活动，其生产性资金需求为 K_p，生活性资金需求为 K_l，所需要的资金总量为 $W_t=W(K_p, K_l)$，农户的融资类型取决于其资金需求总量与初始资金存量之间的缺口。

若 $W_e \geqslant W_t$，即农户的初始资金存量大于等于其资金需求量，则农户可以通过自我融资完成两类活动。

若 $W_e < W_t$，即农户的初始资金存量小于其资金需求量，则农户除了自我融资之外，还需要外源性融资，即产生了信贷需求。其需求量为

$$L = W_e - W_t \tag{8-1}$$

2. 借贷协议达成的局部均衡条件

对于产生借贷需求的农户，我们假定他们将借贷资金用于投资项目（包括生产性和生活性）的利润率 R 处于一种随机状态，项目成功的概率为 $\rho(r,\theta)$，其中，r 为借款利率，θ 为项目风险。当项目成功时，农户获得收益率 $R=\overline{R}$，$\overline{R}\in[1+r,\varpi)$，农户利润为：$\overline{R}\cdot L - L\cdot(1+r)$，信贷机构获得 $r\cdot L$ 的利润；项目失败概率为 $1-\rho(r,\theta)$，当项目失败时，农户收益率为 $R=\underline{R}$，$\underline{R}\in[0,1+r)$，信贷机构获得项目剩余资产 $\underline{R}\cdot L$，信贷机构的利润为 $(\underline{R}-1)\cdot L$。综上，在不考虑贷款的管理成本与相关经营成本的情况下，信贷机构的预期收益函数为

$$\pi = r\cdot L\cdot\rho(r,\theta) + (\underline{R}-1)\cdot L[1-\rho(r,\theta)] \tag{8-2}$$

农户的预期收益函数为

$$Y = \rho(r,\theta)\cdot[\overline{R}\cdot L - (1+r)\cdot L] \tag{8-3}$$

在此基础上，我们将农户和信贷机构的机会成本考虑进借款协议之中，我们假定信贷机构同时存在其他的投资机会，并可以确定地获得 λ 的无风险收益率，即贷款资金的机会成本为 λ。农户在不借款的情况下存在着获得稳定收益 W 的机会。因此，借款协议达成还受到以下条件约束：

$$\pi = r\cdot L\cdot\rho(r,\theta) + (\underline{R}-1)\cdot L[1-\rho(r,\theta)] \geqslant \lambda\cdot L \tag{8-4}$$

$$Y = \rho(r,\theta)\cdot[\overline{R}\cdot L - (1+r)\cdot L] \geqslant W \tag{8-5}$$

即农户和信贷机构的期望收益应大于二者所需付出的机会成本，若以上条件其中之一或均不能满足，那么借款协议则无法达成。如果双方要对借款达成一个关于 L 和 r 的局部借贷均衡合约，则需要满足以下三个条件：

$$\max \pi(r,L)=r\cdot L\cdot \rho(r,\theta)+(\underline{R}-1)\cdot L[1-\rho(r,\theta)] \tag{8-6}$$

$$r\cdot L\cdot \rho(r,\theta)+(\underline{R}-1)\cdot L\cdot[1-\rho(r,\theta)]\geqslant \lambda\cdot L \tag{8-7}$$

$$\rho(r,\theta)\cdot[\overline{R}\cdot L-(1+r)\cdot L]\geqslant W \tag{8-8}$$

由式（8-6）、式（8-7）、式（8-8）可知，借款协议达成的约束条件为，在信贷机构利润最大化[①]的同时，农户和信贷机构的预期收益大于其机会成本。我们假设最优规划式（8-6）、式（8-7）、式（8-8）有解，其形式为 (r^*,L^*)，那么 (r^*,L^*) 则必须满足式（8-7）和式（8-8）的两个约束条件，则将 (r^*,L^*) 代入式（8-7），可得

$$\rho(r^*,\theta)\cdot r^*\leqslant \rho(r^*,\theta)\cdot(\overline{R}-1)-\frac{W}{L^*} \tag{8-9}$$

我们将式（8-9）变形，可得

$$r^*\leqslant(\overline{R}-1)-\frac{W}{L^*\cdot\rho(r^*,\theta)} \tag{8-10}$$

这也是农户能够承受利率的上限。

同理，将 (r^*,L^*) 代入式（8-8），可得

$$\rho(r^*,\theta)\cdot r^*\geqslant\lambda-(\underline{R}-1)[1-\rho(r^*,\theta)] \tag{8-11}$$

将式（8-11）变形，可得

$$r^*\geqslant\frac{\lambda-(\underline{R}-1)[1-\rho(r^*,\theta)]}{\rho(r^*,\theta)} \tag{8-12}$$

这也是信贷机构所能接受的利率下限。

由式（8-10）和式（8-12）可知，若要满足解 (r^*,L^*) 存在，那么 r^* 存在的区间应为

$$(\overline{R}-1)-\frac{W}{L^*\cdot\rho(r^*,\theta)}\geqslant r^*\geqslant\frac{\lambda-(\underline{R}-1)[1-\rho(r^*,\theta)]}{\rho(r^*,\theta)} \tag{8-13}$$

进一步化简式（8-13），则有

$$\rho(r^*,\theta)\cdot(\overline{R}-1)\cdot L^*+[1-\rho(r^*,\theta)]\cdot(\underline{R}-1)\cdot L^*\geqslant\lambda\cdot L^*+W \tag{8-14}$$

显然，$\rho(r^*,\theta)\cdot(\overline{R}-1)\cdot L^*+[1-\rho(r^*,\theta)]\cdot(\underline{R}-1)\cdot L^*$ 是 $(R-1)$ 在既定利率 r 条件下的数学期望。

① 鉴于农贷市场的供给先行特征，信贷机构在借款协议中往往处于强势地位，所以在这里我们只需要考虑信贷机构的利润最大化。

$$E(R-1)=E[(R-1)\mid r^{*},\theta]$$
$$=\rho(r^{*},\theta)\cdot(\overline{R}-1)+[1-\rho(r^{*},\theta)]\cdot(\underline{R}-1) \tag{8-15}$$

则式（8-14）可以进一步表示为

$$L^{*}\cdot E(R-1)\geqslant\lambda\cdot L^{*}+W \tag{8-16}$$

由上述推导可知，借款协议达成的局部均衡解存在的一个必要条件应当是，贷款所投入的实际经营活动的平均收益应不小于信贷机构的资金机会成本与借款人的机会收益之和。

至此，本章通过构建借贷协议达成的局部均衡条件，对农贷市场中信贷的供求关系进行了理论解析。经济进入“新常态”前，国家长期采取“城市化”“工业化”的战略导向，农贷资金投放严重不足（林毅夫等，1994；温涛等，2005），在此背景下，根据资金的边际收益递减规律，λ 较高，而农户家庭经营特征的低效性和弱质性及消费以食物为主则导致 R 较低，使得约束条件式（8-16）难以实现。我国经济进入“新常态”以来，为了实现全面小康，国家加大了涉农贷款的供给，如果涉农信贷有效，λ 理应会出现一定程度的下降，而家庭农业经营特征逐渐走出低效性和弱质性的桎梏及消费特征变为非食物消费为主则可能提升 R，进而使得约束条件式（8-16）更易达成。那么，“新常态”下农贷市场供求两端的诸多变化在何种程度、何种范围影响了供求关系？在接下来的实证部分将给予证明。

8.3　实 证 设 计

8.3.1　数据来源

我们于 2015 年完成了三大经济地带的 17 个省份（其中东部包括辽宁、山东、浙江、江苏、福建 5 个省份；中部包括吉林、山西、安徽、河南、湖北、湖南 6 个省份；西部包括陕西、甘肃、四川、重庆、贵州、广西 6 个省份）70 个县（市）的农户家庭信贷供求情况的调研，采用分层随机抽样的方法，分层主要是按照国家统计局关于农户家庭人均纯收入对总体进行五分层的方式，确定在每个县（市）的每层中抽取 10 个农户家庭进行问卷访谈，每个县（市）固定发放 50 份问卷，对农户家庭基本情况以入户调查的方式进行调查，共发放问卷 3500 份，最后共回收 68 个县（市）的问卷 3318 份，问卷回收率为 94.80%，最终共收集有效问卷 3162 份。

8.3.2　变量选取

1. 因变量

根据研究目的，我们将农户的信贷供给和信贷需求作为方程的因变量。

（1）农户的信贷供给。我们将农户信贷供给分为正规信贷供给和非正规信贷供给两类。并通过以下问题来甄别农户的信贷供给及其类型。

问题 1：你家是否借入信贷资金？（选项为：①是；②否）

如果农户选择①，则记为 1；如果选择②，则记为 0。对于问题 1 中选择①的农户，我们进一步提出问题 2，以区分农户信贷供给的类型。

问题 2：如果借入资金，你从何处借入信贷资金？（选项为：①亲友；②民间金融；③村镇银行、农村资金互助社或小额贷款公司；④农村信用合作社；⑤商业银行）

如果农户选择了①和②其中一项及以上，我们认为农户得到的信贷供给为非正规信贷供给；如果农户选择了③、④、⑤中一项及以上，我们认为农户得到的信贷供给为正规信贷供给。

（2）农户的信贷需求。与信贷供给一样，本章将农户信贷需求分为正规信贷需求和非正规需求两类。在具体的问卷调查中，我们通过以下问题来甄别农户的信贷需求及其类型。

问题 1：你家是否有信贷需求？（选项为：①是；②否）

如果农户选择①，则记为 1；如果选择②，则记为 0。对于选择①的农户，我们进一步提出问题 2，来区分农户的信贷需求类型。

问题 2：如果有信贷需求，你希望从何处借入信贷资金？（选项为：①亲友；②民间借贷；③村镇银行、农村资金互助社或小额贷款公司；④农村信用合作社；⑤商业银行）

如果农户选择了①和②中一项及以上，我们认为农户的信贷需求为非正规信贷需求；如果农户选择了③、④、⑤中一项及以上，我们认为农户的信贷需求为正规信贷需求。而对于问题 1 中选择否的农户，我们借鉴 Mushinski（1999）的研究，进一步提出问题 3 和问题 4，以识别其真实的信贷需求。

问题 3：如果没有需求，为什么？［选项为：①我不需要贷款或已经获得过贷款；②想借也得不到；③向亲友借贷放不下面子或者民间借贷利息太高；④与商业银行、农村信用合作社借贷办理程序太麻烦；⑤担心借贷（亲友、民间借贷、村镇银行、商业银行、信用合作社等信贷机构）以后还不了］

如果农户选择①，我们认为农户不存在信贷需求；如果农户选择③，我们认为农户有非正规信贷需求；如果农户选择④，我们认为农户有正规信贷需求；如果农户选择⑤，我们认为农户两类信贷需求均有。对于选择②的农户，我们进一步提出问题 4，来排除无效需求者。

问题 4：申请也得不到，为什么？［选项为：①有（亲友、民间借贷、村镇银行、商业银行、信用合作社等信贷机构）贷款未还；②与（村镇银行、商业银行、信用合作社等信贷机构）信贷员不熟；③（村镇银行、商业银行、信用合作社等信贷机构）信贷员认为我家穷，还不上；④缺乏亲友等社会关系或没有向民间借贷获取信贷的渠道；⑤亲友或民间借贷认为我家穷，还不上]

如果农户选择①，我们认为农户的信贷需求是无效需求；如果农户选择②或③，我们认为农户拥有正规信贷需求；如果农户选择④或⑤，我们认为农户有非正规信贷需求。

2. 自变量

基于上述分析，我们将影响农户信贷的供求的因素分为以下几类。一是为考察与户主特征有关的变量对信贷供求的影响，我们选择性别、婚姻、年龄、年龄平方、受教育程度等变量；二是为考察农户还款能力对信贷供求的影响，我们引入收入、非农业收入占比两个变量；三是为考察农户消费情况对信贷供求的影响，我们引入消费变量；四是为考察农户生产经营特征对信贷供求的影响，我们引入土地禀赋变量作为指代农户传统生产经营的变量，引入新型农业经营主体和创业型农户作为指代“新常态”农户经营生产的变量。

3. 识别变量

为保证本章计量分析的联立方程可识别，我们还选择部分识别变量以保证方程的有效估计。对正规信贷需求方程，我们选取城市亲戚这一刻画农户信息对称程度的变量；对正规信贷供给方程，我们选取衡量抵押的固定资产变量。对农户非正规信贷需求方程，我们选取调查当年发生重大事件（如小孩上学、重大疾病、购房等大笔消费支出）这一衡量较大资金需求的变量；对非正规信贷供给方程，我们选择礼金支出这一刻画农户社会关系的变量。

4. 主要自变量定义

表 8-1 列出了按照变量类别分类的各变量及定义。根据之前我们对自变量的选取原则，我们将自变量分为户主特征、还款能力、消费特征、经营特征及识别变量五个类别。为保证实证分析的平稳性，我们对个别数值较大的变量进行取对数处理。

表 8-1 主要自变量定义

变量类别	变量名称	缩写	描述
户主特征	性别	GEN	户主性别，男=1，女=0
	年龄	AGE	户主年龄，单位：岁
	年龄平方	AGS	户主年龄平方
	婚姻	MAR	户主婚姻状况，已婚=1，未婚=0

续表

变量类别	变量名称	缩写	描述
户主特征	受教育程度	EDU	户主受教育程度：不识字=1，小学=2，初中=3，高中=4，大专及以上=5
还款能力	收入	INC	家庭年收入（取对数）
	非农业收入占比	NAI	农户年非农业经营收入（取对数）
消费特征	消费	CON	农户年人均消费（取对数）
经营特征	土地禀赋	LAN	农户经营土地面积×土地质量①
	创业型农户	BUS	是否以在城市经营工商业为生，是=1，否=0
	新型农业经营主体	NEW	是否为专业种植、养殖大户或者经营家庭农场，是=1，否=0
识别变量	礼金支出	MON	家庭的亲朋礼金（取对数）
	城市亲戚	REL	是否有亲戚居住在城市
	固定资产	FIX	房屋价值（取对数）
	重大事件	IMP	是否发生小孩上学、重大疾病、购房等大笔消费支出

8.3.3 描述性统计分析

1. 主要变量的描述性统计分析

表 8-2 列出了各变量的均值、方差、最小值、最大值及观察数等描述性统计特征。从变量的统计特征来看，有 2937 户户主的性别为男性，占到样本总量的 92.88%；户主的年龄主要分布在 20 岁到 60 岁，这一区间占到总样本的 87.54%，户主平均年龄为 48.18 岁。已婚的家庭为 2887 户，占比为 91.30%，其余为未婚、离婚或丧偶家庭。在户主受教育程度方面，大部分户主为小学或初中文化，分别占比 40.37%和 35.51%，不识字、高中、大专及以上的户主占比分别为 4.33%、15.10%和 4.68%。样本的家庭年平均收入为 74 117.90 元，人均年收入为 17 294.61 元。农户的主要收入来源为非农业收入，占比为 84.10%，以农业收入为主要收入来源的仅为 15.90%。而在以非农业收入为主要收入来源的农户中，以外出务工和经营工商业占比最重，分别占到 56.09%和 15.34%。所有家庭年平均消费为 46 900.90 元，人均年消费 10 009.58 元，家庭年平均消费约占收入的 63.28%。农户户均土地面积为 5.02 亩，新型农业经营主体为 305 户，占样本数的 9.65%，创业型农户有 409 户，占样本总数的 12.93%。

---

① 我们对土地质量进行了赋值处理，平原=3，丘陵=2，山地=1。

表 8-2　主要变量的描述性统计

变量	均值	标准差	最小值	最大值	观察数
RSC 正规信贷供给	0.163	0.369	0	1	3162
RDC 正规信贷需求	0.196	0.397	0	1	3162
ISC 非正规信贷供给	0.131	0.338	0	1	3162
IDC 非正规信贷需求	0.08	0.272	0	1	3162
GEN 性别	0.9266	0.2068	0	1	3162
AGE 年龄	48.1758	11.029	20	86	3162
AGS 年龄平方	2442.493	1092.135	400	7396	3162
MAR 婚姻	0.9628	0.189	0	1	3162
EDU 受教育程度	2.7435	0.9345	1	5	3162
INC 收入	10.7678	0.9482	6.9077	14.2855	3162
NAI 非农业收入占比	0.758	0.2996	0	1	3162
CON 消费	10.1563	1.0047	7.3132	14.2855	3162
LAN 土地禀赋	6.5371	8.9326	0	236	3162
BUS 创业型农户	0.1289	0.3353	0	1	3162
NEW 新型农业经营主体	0.094	0.2926	0	1	3162
MON 礼金支出	7.79	1.0566	3.912	10.8197	3162
REL 城市亲戚	0.6304	0.4829	0	1	3162
FIX 固定资产	11.417	1.2761	0	1	3162
IMP 重大事件	0.2968	0.457	0	1	3162

2. “新常态”下农贷市场的信贷供求关系的描述性分析

表 8-3 列出了“新常态”下农贷市场信贷供求关系。从信贷需求来看，拥有信贷需求的农户为 1005 户，占样本数的 31.78%；其中有正规信贷需求的户数为 620 户，占有信贷需求的 61.69%，得到正规信贷的农户为 254 户，信贷满足率为 40.97%；有非正规金融需求的户数为 516 户，占有信贷需求的 51.34%，得到非正规信贷的有 416 户，信贷满足率为 80.62%。有 131 户既有正规信贷需求又有非正规信贷需求，占有信贷需求的 13.03%。由此观之，“新常态”下，农贷市场的供给和需求呈现出“双重不足”的特征，仅有不到 1/3 的农户拥有信贷需求，而信贷的整体满足率不足 60%。我们进一步将需求细分为正规信贷需求和非正规信贷需求，发现正规信贷需求大于非正规信贷需求，但是就信贷满足率而言，非正规信贷满意率远远高于正规信贷满足率，几乎是后者的两倍，这说明“新常态”下我国的农村正规信贷配给仍然严重，农户主要通过非正规信贷满足自身的融资需求。

表 8-3　“新常态”下农贷市场信贷供求状况

需求类型	信贷需求农户/户	获得信贷农户/户	信贷满足率/%
信贷需求	1005	575	57.21
正规信贷	620	254	40.97
非正规信贷	516	416	80.62
两者均有	131	95	72.52

8.3.4　计量模型

1. 基本模型

根据本章的研究目的，我们设置基本的计量模型如下：

$$\mathrm{loan_s} = \gamma_0 + \sum_{i=1}^{n}\gamma_i\beta_i + \sum_{j=1}^{n}\gamma_j\beta_j + \sum_{l=1}^{n}\gamma_l\beta_l + \sum_{k=1}^{n}\gamma_k\beta_k + \mathrm{id_s} + \varepsilon_\mathrm{s} \tag{8-17}$$

$$\mathrm{loan_d} = \alpha_0 + \sum_{i=1}^{n}\alpha_i\beta_i + \sum_{j=1}^{n}\alpha_j\beta_j + \sum_{l=1}^{n}\alpha_l\beta_l + \sum_{k=1}^{n}\alpha_k\beta_k + \mathrm{id_d} + \varepsilon_\mathrm{d} \tag{8-18}$$

其中，$\mathrm{loan_s}$ 为信贷供给；$\mathrm{loan_d}$ 为贷款需求；β_i、β_j、β_l、β_k 分别为农户的户主特征、还款能力、消费特征、经营特征变量；$\mathrm{id_s}$、$\mathrm{id_d}$ 分别为信贷供给方程和需求方程的识别变量；γ_0、α_0 分别为两个方程的常数项；ε_s、ε_d 分别为两个方程的随机扰动项。

2. 估计方法

本章将信贷的需求和供给作为方程的因变量，就经济理论而言，农户的需求和供给之间存在着相关关系，然而传统的 Probit 模型往往是针对方程只有一个因变量的情况，如果单独对需求方程和供给方程建模，则存在效率损失。因此，为了防止估计效率损失，本章采用双变量 Probit 模型对农户信贷的供求关系进行研究。具体考察以下联立方程模型：

$$\begin{cases} y_\mathrm{D}^* = x_\mathrm{D}'\beta_\mathrm{D} + \varepsilon_1 \\ y_\mathrm{S}^* = x_\mathrm{S}'\beta_\mathrm{S} + \varepsilon_2 \end{cases} \tag{8-19}$$

其中，y_D^* 与 y_S^* 为不可观测的潜变量，分别代表着信贷需求和信贷供给；x_D' 与 x_S' 分别为影响农户信贷需求和供给的各类影响因素；扰动项 $(\varepsilon_1, \varepsilon_2)$ 服从二维联合正态分布，期望为 0，方差为 1，而相关系数为 ρ，即

$$\begin{pmatrix}\varepsilon_1\\ \varepsilon_2\end{pmatrix} \sim N\left\{\begin{pmatrix}0\\0\end{pmatrix}, \begin{bmatrix}1 & \rho\\ \rho & 1\end{bmatrix}\right\} \tag{8-20}$$

农户的信贷需求 y_D 和供给 y_S 由以下方程决定：

$$y_D = \begin{cases} 1, & y_D^* > 0 \\ 0, & y_D^* \leqslant 0 \end{cases} \tag{8-21}$$

$$y_S = \begin{cases} 1, & y_S^* > 0 \\ 0, & y_S^* \leqslant 0 \end{cases} \tag{8-22}$$

因为本章研究的 y_D^* 与 y_S^* 分别表示“是否有信贷需求”与“是否获得信贷”之间是相关的，故 $\rho \neq 0$。当 $\rho \neq 0$ 时，可利用 (y_D, y_S) 的取值概率，然后进行最大似然估计。

本章以 ρ_{11} 为例进行计算：

$$\begin{aligned} \rho_{11} \equiv P(y_D = 1, y_S = 1) &= P(y_D^* > 0, y_S^* > 0) \\ &= P(\varepsilon_1 > -x_D'\beta_D, \varepsilon_2 > -x_S'\beta_S) \\ &= P(\varepsilon_1 < x_D'\beta_D, \varepsilon_2 < x_S'\beta_S) \\ &= \int_{-\infty}^{x_D'\beta_1}\int_{-\infty}^{x_S'\beta_2} \phi(z_1, z_2, \rho)\mathrm{d}z_1\mathrm{d}z_2 \\ &= \Phi(x_D'\beta_1, x_S'\beta_2, \rho) \end{aligned} \tag{8-23}$$

其中，$\phi(z_1, z_2, \rho)$ 与 $\Phi(x_D'\beta_1, x_S'\beta_2, \rho)$ 分别为标准化的二维正态分布的概率密度函数与累积分布函数，期望为 0，方差为 1，而相关系数为 ρ。

我们可以用类似的方法对 ρ_{10}，ρ_{01}，ρ_{00} 进行计算。然后将这些概率进行加总，即得到对数似然函数：

$$\ln L(\beta_D, \beta_S; \rho) = \sum_{i=1}^{n} P \ln F(X_D\beta_D, X_D\beta_D; \rho) + (1-P)\ln\left[1 - F(X_D\beta_D, X_S\beta_S; \rho)\right] \tag{8-24}$$

最后，我们需要对原假设“$H_0 : \rho = 0$”进行检验，可判断有无必要使用双变量 Probit 模型。如果检验结果拒绝原假设，则必要。

8.4　实证结果分析与稳健性检验

8.4.1　“新常态”下中国农贷市场供求关系的结果分析

表 8-4 和表 8-5 显示了实证分析的结果。从两个模型的极大似然值来看，模型是稳定的。同时两者的 chi(1)值均强烈地拒绝了原假设 $H_0 : \rho = 0$，故需求方程和供给方程之间存在相关性，有必要使用双变量 Probit 模型。

表 8-4 正规信贷供求方程回归结果

变量属性	自变量	需求方程	供给方程
户主特征	GEN 性别	–0.1933（0.1609）	–0.3205*（0.1937）
	AGE 年龄	0.0105（0.0296）	0.0081（0.0398）
	AGS 年龄平方	–0.0002（0.0003）	–0.0001（0.0004）
	MAR 婚姻	0.1706（0.2722）	0.2932（0.3647）
	EDU 受教育程度	0.1632**（0.0517）	0.1415**（0.0675）
还款能力	INC 收入	–0.1324**（0.0629）	0.0552*（0.0773）
	NAI 非农业收入占比	–0.4519***（0.1729）	–0.6529***（0.2210）
消费特征	CON 消费	0.1227**（0.0568）	0.3092***（0.0700）
经营特征	LAN 土地禀赋	0.0007（0.0048）	–0.0081（0.3980）
	BUS 创业型农户	0.4872***（0.1312）	0.4937***（0.1572）
	NEW 新型农业经营主体	0.4273***（0.1556）	0.0924（0.1960）
识别变量	REL 城市亲戚	0.1665**（0.0833）	—
	FIX 固定资产	—	0.0718*（0.0441）
统计特征	常数项	–1.1351（0.8432）	–4.8654***（1.1253）
	最大似然函数值	–685.5008	
	chi(1)值及概率	212.818（0.0000）	

注：自变量系数后括号里的数值为标准差

*、**、***分别表示系数在 10%、5%、1%的显著性上显著

表 8-5 非正规信贷供求方程回归结果

变量属性	自变量	需求方程	供给方程
户主特征	GEN 性别	0.1986（0.1987）	–0.0361（0.1957）
	AGE 年龄	0.0469（0.0323）	0.0417（0.0355）
	AGS 年龄平方	–0.0005*（0.0003）	–0.0005（0.0003）
	MAR 婚姻	–0.0045（0.2828）	0.3581（0.3402）
	EDU 受教育程度	0.0202（0.0536）	0.0075（0.0572）
还款能力	INC 收入	–0.4035***（0.0687）	0.4600***（0.0710）
	NAI 非农业收入占比	–0.0320（0.1852）	–0.1625（0.1922）
消费特征	CON 消费	0.3038***（0.0684）	0.4061***（0.0645）
经营特征	LAN 土地禀赋	0.0043（0.0052）	–0.0002（0.0055）
	BUS 创业型农户	0.2017（0.1428）	0.2954**（0.1489）
	NEW 新型农业经营主体	–0.0474（0.1809）	0.2012（0.1788）
识别变量	IMP 重大事件	–0.1360（0.0958）	—
	MON 礼金支出	—	–0.0493（0.0396）
统计特征	常数项	–0.8913（0.9658）	–0.8997（1.0122）
	极大似然函数值	–679.8609	
	chi(1)值及概率	355.379（0.0000）	

注：自变量系数后括号里的数值为标准差

*、**、***分别表示系数在 10%、5%、1%的显著性上显著

（1）从供给方程来看，户主性别、受教育程度、收入、非农业收入占比、消费、创业型农户、固定资产对正规信贷供给产生了显著的影响。收入、消费与创业型农户对非正规供给产生了显著影响。

从户主特征的变量来看，值得注意的是性别对正规信贷供给产生了显著的负向影响。妇女的还款意愿普遍高于男性，正规信贷机构更倾向于借款给妇女（Turvey，2013）。受教育程度对正规信贷供给产生了正向影响。这与马九杰和吴本健（2012）的研究结论相反，这说明“新常态”下，正规信贷机构对农户的受教育程度越来越重视，受教育程度与信贷的相关程度更加密切。受教育程度越高，获取信息的能力越强，经营水平也相应越高，因此更容易获得信贷。

从还款能力和消费特征来看，消费对两类信贷供给都产生了正向影响。鉴于中国农民“量入为出”的消费习惯，消费越高的农户通常经济状况越好，同时，此类农户往往还能提供有效担保（刘西川等，2014），因而能够吸引两类信贷机构向其提供贷款。收入对两类信贷产生了显著的正向影响，信贷机构供给的收入导向依旧明显，收入越高，还款能力越强，更容易获取信贷。这与朱喜和李子奈（2006）、张龙耀和江春（2011）的关于中国农贷市场的研究结论一致，其根本原因在于“新常态”下正规信贷机构的垄断性地位并没有得到实质性的削弱，农村信贷机构与少部分生产规模大，具有稳定收入和身份特征的农户建立起的重复放贷机制没有发生较大的改变，农贷市场的“精英俘获”特征依旧十分明显（温涛等，2016）。

从经营特征来看，新兴的需求主体中，创业型农户对两类信贷供给均产生了正向影响，这说明两类信贷都倾向于对他们发放贷款。对此，我们归纳为以下两点原因：一方面是因为创业型农户的经济状况普遍好于普通农户，这与金融嫌贫爱富的特征是吻合的；另一方面是因为创业型农户预期收入较高，还款能力和意愿都较强。相反，新型农业经营主体对两类信贷供给影响均不显著，这说明新型农业经营主体受到了严重的信贷约束。对此，我们做出如下解释：首先，新型农业经营主体资金尚未完全走出低效性和弱质性的桎梏，回收期较长、经营风险较高，信贷机构对其惜贷；其次，农地经营权抵押由于程序繁复、交易成本高而难以实现（黄惠春，2014）；最后，即使农地经营权抵押被信贷机构接受，信贷双方对抵押价格估计的巨大差异也会导致市场均衡难以达成。

另外，作为衡量抵押资产的固定资产变量对正规信贷供给产生了显著的正向影响。固定资产越高的农户往往越富有，抵押能力和还款能力越强，正规信贷机构愿意向其提供贷款，这与程恩江和刘西川（2010）的研究结论相反。对此，我们根据实际调研结果，将原因归纳为以下两点：一是“新常态”下，随着农房抵押融资的推进，一些农户已经通过农房抵押获得了贷款；二是随着农户收入的稳步提升，部分农户已经在城市中购买了商品房，而信贷机构对商品房作为抵押也十分认可。作为衡量社会关系的礼金支出变量对非正规信贷供给的影响不显著，首先，这说明“新常态”下，随着经济的发展和收入水平的提高，“面子成本”逐步上升；其次，随着市场机制作用进一步增强，社会网络作为一种非正式制度的作用逐渐减弱（Stigliz，2000），关系型借贷已然不再是农户长期、稳定的融资方式。

（2）从需求方程来看，对正规信贷需求影响显著的变量有户主受教育程度、收入、非农业收入占比、消费、创业型农户、新型农业经营主体和城市亲戚七个变量，而对非正规信贷需求显著的变量有年龄平方、消费、收入三个变量。

从与户主特征有关的变量来看，户主年龄对两类信贷需求均产生了正向影响，但不显著。年龄平方对正规信贷需求产生了负向影响，不显著；对非正规信贷需求产生了负向影响，且显著。这说明户主年龄与信贷需求存在着倒“U”形关系。户主在年轻时缺乏原始资本积累，对信贷资金需求旺盛；随着年龄的增长，实物、人力和社会资本随之增长，信贷需求趋于下降。户主受教育程度对正规需求产生了显著的正向影响，这与程郁等（2009）的研究结论相反。这说明“新常态”下，随着农户对信贷市场的了解进一步深入，受教育程度高的农户由于拥有更强的获取信息的能力，可以更快地了解正规信贷的程序和规则，乃至国家农贷中暗含的补贴性质，进而通过正规信贷进行融资。

从还款能力和消费特征来看，收入对两类信贷都产生了显著的负向作用，消费对二者产生了正向作用，均显著。根据前文理论模型的推导，信贷需求的产生取决于资本存量与资金需求的缺口，鉴于中国农户有着良好的储蓄习惯，收入越高的农户，储蓄往往越多（董志勇等，2011），从而降低资金缺口出现的频率，抑制信贷需求。消费越高，所需流动资金越多，当自身的储蓄不能满足流动资金需求时，农户往往需要求助于信贷。

从经营特征来看，新兴需求主体中，创业型农户对正规信贷需求产生了正向作用，且显著，这说明创业型农户对正规信贷有着旺盛的需求。其原因如下：一方面，创业型农户经营活动频繁地接触资金融通，对正规信贷的贷款规则和价格更加了解；另一方面，创业型农户实物、人力、社会资本较高，正规信贷获得约束较小。新型农业经营主体对正规信贷需求也产生了显著的正向影响，这说明新型农业经营主体也对正规信贷有着旺盛的信贷需求。非正规信贷通常放贷量小，且期限较短，而新型农业经营主体投资需求量大、资金回收期长，他们更加希望获得贷款量大、期限长的正规信贷。

最后，作为衡量信息对称程度的城市亲戚变量对正规信贷需求产生了显著的正向影响。拥有城市亲戚的农户由于经常和亲戚交流从而对国家的支农政策和信贷政策更加了解，能够对两类信贷的实际价格做出更为准确的判断，选择正规信贷。作为识别非正规信贷需求的重大事件变量并不显著。这与李似鸿（2010）、程恩江和刘西川（2010）等的研究结论相反，这说明“新常态”下，随着收入逐渐提高，农户自有资产已经可以较为从容地应对婚丧嫁娶等重大事件，对非正规信贷的依赖程度降低。

8.4.2 “新常态”下中国农贷市场供求关系的稳健性检验

为防止没有考虑到的因素对实证结果产生影响，我们对估计结果的稳定性进行检验。本章对正规信贷需求方程增加了交通变量，进一步衡量交易费用对正规信贷需求的影响；对正规供给方程增加了农户是否参加专业性生产组织变量，用来考察农户的联合担保能力对正规信贷供给的影响（表 8-6）；对非正规需求方程增加了农户是否有在城市任国家公职的亲戚这一变量考察农户社会资本对非正规信贷需求的影响；对非正规信贷供给方程添加了农户是否为中共党员变量，进一步考察农户的社会关系对非正规供给的影响（表 8-7）。从稳健性检验的结果来看，主要的解释变量——户主受教育程度、收入、消费、创业型农户等的估计系数、显著性及方程之间的相关性均没有显著变化，这说明估计结果是稳健的。

表 8-6 正规信贷供求方程稳健性检验结果

变量	自变量	需求方程	供给方程	需求方程	供给方程
户主特征	GEN 性别	−0.1933（0.1609）	−0.3205*（0.1937）	−0.2117（0.1617）	−0.3336*（0.1928）
	AGE 年龄	0.0105（0.0296）	0.0081（0.0398）	0.0121（0.0296）	0.0102（0.0402）
	AGS 年龄平方	−0.0002（0.0003）	−0.0001（0.0004）	−0.0002（0.0003）	−0.0002（0.0004）
	MAR 婚姻	0.1706（0.2722）	0.2932（0.3647）	0.1619（0.2718）	0.2998（0.3655）
	EDU 受教育程度	0.1632**（0.0517）	0.1415**（0.0675）	0.1664**（0.0518）	0.1407**（0.0674）
还款能力	INC 收入	−0.1324**（0.0629）	0.0552*（0.0773）	−0.1232**（0.0634）	0.0576*（0.0769）
	NAI 非农业收入占比	−0.4519***（0.1729）	−0.6529***（0.2210）	−0.4533***（0.1726）	−0.6573***（0.2222）
消费特征	CON 消费	0.1227**（0.0568）	0.3092***（0.0700）	0.1250**（0.0570）	0.3081***（0.0698）
经营特征	LAN 土地禀赋	0.0007（0.0048）	−0.0081（0.3980）	0.0021（0.0049）	−0.0084（0.0063）
	BUS 创业型农户	0.4872***（0.1312）	0.4937***（0.1572）	0.4790***（0.1313）	0.4935***（0.1570）
	NEW 新型农业经营主体	0.4273***（0.1556）	0.0924（0.1960）	0.4199***（0.1556）	0.1031（0.1965）
识别变量	REL 城市亲戚	0.1665**（0.0833）	—	0.1772**（0.0834）	—
	TRA 交通	—	—	−0.0549（0.0441）	—

续表

变量	自变量	需求方程	供给方程	需求方程	供给方程
识别变量	SPE 专业组织	—	—	—	0.2252（0.2071）
	FIX 固定资产	—	0.0718*（0.0441）	—	0.058*（0.0438）
统计特征	常数项	−1.1351（0.8432）	−4.8654***（1.1253）	−0.9920（0.8314）	−4.5989***（1.1059）
	最大似然函数值	−685.5008		−684.1487	
	chi(1)值及概率	212.818（0.0000）		215.195（0.0000）	

注：自变量系数后括号里的数值为标准差

*、**、***分别表示系数在 10%、5%、1%的显著性上显著

表 8-7 非正规信贷供求方程稳健性检验结果

变量	自变量	需求方程	供给方程	需求方程	供给方程
户主特征	GEN 性别	0.1986（0.1987）	−0.0361（0.1957）	0.2009（0.1983）	−0.0410（0.1958）
	AGE 年龄	0.0469（0.0323）	0.0417（0.0355）	0.0464（0.0324）	0.0419（0.0354）
	AGS 年龄平方	−0.0005*（0.0003）	−0.0005（0.0003）	−0.0005*（0.0003）	−0.0005（0.0003）
	MAR 婚姻	−0.0045（0.2828）	0.3581（0.3402）	−0.0023（0.2830）	0.3623（0.3405）
	EDU 受教育程度	0.0202（0.0536）	0.0075（0.0572）	0.0227（0.0536）	0.0050（0.0574）
还款能力	INC 收入	−0.4035***（0.0687）	0.4600***（0.0710）	−0.4005***（0.0687）	0.4656***（0.0713）
	NAI 非农业收入占比	−0.0320（0.1852）	−0.1625（0.1922）	−0.0361（0.1850）	−0.1548（0.1924）
消费特征	CON 消费	0.3038***（0.0684）	0.4061***（0.0645）	0.3024***（0.0683）	0.4073***（0.0645）
经营特征	LAN 土地禀赋	0.0043（0.0052）	−0.0002（0.0055）	0.0043（0.0052）	−0.0001（0.0055）
	BUS 创业型农户	0.2017（0.1428）	0.2954**（0.1489）	0.2094（0.1431）	0.3049**（0.1489）
	NEW 新型农业经营主体	−0.0474（0.1809）	0.2012（0.1788）	−0.0311（0.1812）	0.2005（0.1792）
识别变量	IMP 重大事件	−0.1360（0.0958）	—	−0.1385（0.0953）	—
	GOV 是否有亲戚任公职	—	—	−0.0875（0.1072）	—
	PAR 中共党员	—	—	—	0.0705（0.0895）
	MON 礼金支出	—	−0.0493（0.0396）	—	−0.0493（0.0396）
统计特征	常数项	−0.8913（0.9658）	−0.8997（1.0122）	−0.8913（0.9658）	−0.8997（1.0122）
	极大似然函数值	−679.8609		−680.4418	
	chi(1)值及概率	355.379（0.0000）		358.281（0.0000）	

注：自变量系数后括号里的数值为标准差

*、**、***分别表示系数在 10%、5%、1%的显著性上显著

8.5 本章小结

本章基于农户与信贷机构是理性决策主体、正规信贷和非正规信贷存在替代关系这两个基本的研究假定，对“新常态”下中国农贷市场供求关系及影响因素进行重新解读，主要得出以下结论：①信贷供给的收入导向特征明显，非正规信贷更能贴近并满足农户的信贷需求，正规信贷吝于对农户放贷，这与经济进入“新常态”前的研究结论一致。②关于中国经济进入“新常态”以来出现的新兴需求主体，创业型农户拥有较强的实物、人力和社会资本，容易获得两类信贷青睐；而新型农业经营主体由于资金回收期较长、经营风险较高、农地经营权抵押办理程序繁复、抵押价格均衡难以实现等原因难以获得信贷。③值得注意的是，信息对称、性别等变量对信贷供求两端也产生显著的影响，这也是经济进入“新常态”前的研究较少关注的地方。

基于研究结论，本章的政策启示在于：①针对信贷供给的收入导向将造成农户内部的不平等，进而影响到全面小康的实现，应大力推进普惠信贷体系建设，让低收入的农户跨过资本的“门槛效应”。此外，应有机整合正规信贷和非正规信贷的比较优势，优化农贷市场供给结构，从而形成多层次、广覆盖、可持续的农村信贷供给体系。②有鉴于新型农业经营主体经营的特殊性及其所面临的信贷困境，国家应协调政策性金融、合作性金融、商业性金融进行信贷支持。同时，简化农地经营权抵押贷款程序，建立土地抵押价格评估机构，让农村土地更加便捷地变成农民的“存折”“活资产”，促进新型农业经营主体健康、可持续发展。③考虑到信息和性别对信贷供求产生的显著的影响，应加强农村领域的金融知识普及，缓解农贷市场中的信息不对称，挖掘妇女在农贷方面的潜力，进而促进农村经济和农民收入可持续增长，进而助推农业现代化和全面小康的实现。

第 9 章　中国农贷市场供给主体的竞争关系解析

当前的中国农贷市场是在城市金融机构与农村金融机构之间交互关系和传统国有大型农村金融机构与非国有中小型农村金融机构之间交互关系的双重二元金融结构框架下运行的，在这一情况下，作为农贷市场供给主体的各种金融机构，其竞争关系就需要给予合理的解析。于是，本章将从金融生态系统[①]这一视角出发，通过建立反映这一双重二元金融结构交互关系的 Lotka-Volterra 模型，对农贷市场的竞争关系同时进行理论和计量分析，旨在探索中国农贷市场竞争状况，力求为科学设计可持续发展的、面向未来的农村金融市场竞争战略提供依据。我们的分析结果表明：在现有竞争格局下，城市金融机构与农村金融机构之间的竞争对双方都起到一定程度的抑制作用，但城市金融机构对农村金融机构的抑制效果较强。传统国有大型农村金融机构在与非国有中小型农村金融机构的竞争中处于优势地位，但其对非国有中小型农村金融机构的抑制效果较弱；而非国有中小型农村金融机构虽然目前在两类农村金融机构之间的竞争中处于劣势地位，但其对传统国有大型农村金融机构发展的抑制效果较强。

9.1　引　　言

破解“三农”问题，推进城乡经济社会一体化发展，有赖于建立健康高效的农村金融服务体系。农村金融问题是转型期中国农村经济社会发展中不可逾越的关键问题。自 1979 年 2 月中国农业银行恢复以来，中国已经进行了三十多年的农村金融改革。2004～2016 年连续 13 个中央“一号文件”持续强调了农村金融问题的现实性、重要性和紧迫性。中共十八届三中全会决定和 2014 年中央“一号文件”更是明确提出全面深化农村改革、加快推进农业现代化，必须加快农村金融制度创新，不断丰富农村地区金融机构类型，增强农村金融市场竞争力，改善农村金融服务水平，有效防范金融风险。

---

①生态系统（ecosystem）这一概念是 1936 年由英国生态学家 A. G. Tansley 首先提出的。自然界中存在着的各类生态系统基本上都是由两大部分组成，即生物群落和物理环境，或称之为生命系统和环境系统。在自然界中，生物群落和物理环境是彼此依存与相互影响的，通过复杂的营养关系，它们结合为统一的大系统。没有物理环境，生物得不到赖以生存的各种物质，因而就失去了生存的空间和条件；而失去生物，环境就是无生命的物质堆积。在一个健康、成熟的生态系统中，生物群落同其赖以生存的物理环境之间进行着永不止息的物质循环和能量流动。这种循环和流动保持着动态平衡。

目前，中国新的农贷服务体系已经形成多层次、各类金融机构共同发展的市场格局。根据《中国农村金融服务报告 2012》，截止到 2012 年年末，全国拥有农村信用合作社 1927 家，营业网点 49 034 个，从业人员 502 829 人；农村商业银行 337 家，营业网点 19 910 个，从业人员 220 042 人；农村合作银行 147 家，营业网点 5463 个，从业人员 55 822 人。渣打银行、花旗银行、汇丰银行等外资银行也先后在农村建立了村镇银行，四大国有商业银行则开始实施返乡战略。到 2012 年年末，按照银监会部署先后组建开业的村镇银行有 800 家，贷款公司 14 家，农村资金互助社也达到 49 家，营业网点数分别为 1426 个、14 个、49 个，从业人员为 31 039 人。中国农村金融业已形成商业性金融、合作性金融、政策性金融相结合，各种金融机构并存的市场新格局。中国农贷服务供给主体的竞争态势已经初步形成，促进农村金融机构之间适度竞争，成为进一步深化农村金融改革的关键。竞争是效率之源。农村金融机构之间的适度竞争是提升农村金融服务功能和绩效的现实选择；相应地，金融机构则需要从动态战略管理的角度建立核心竞争优势，选择合适的竞争模式和竞争行为。因此，科学识别和判断农村金融市场服务供给主体的规模效益和业务拓展边界及它们之间的竞争关系，对实现农村金融机构之间的适度、有序竞争，意义重大。

理论分析和国际经验都表明，引入外部竞争可以促进金融部门展开竞争，从而推动金融市场不断发展（Levine，2005；Semih and Philippatos，2007）。国外对金融业竞争关系识别的研究主要有结构分析框架和非结构分析框架两种。结构分析框架主要包括结构—行为—绩效（structure-conduct-performance，SCP）分析范式、有效结构假说（efficient structure hypothesis，ESH）。SCP 分析范式认为：高度集中的市场会使少数企业通过垄断力量获取高额利润，进而降低市场竞争程度。该方法注重研究市场结构和市场绩效之间的关系。20 世纪 60 年代以后，SCP 分析范式的理论基础遭到质疑，许多研究表明，市场集中度和企业经营效率之间存在非线性关系（Jackson，1992）。Demsetz（1973）和 Peltzman（1977）假定，市场结构与企业经营效率之间存在反向因果关系，提出了有效结构假说：企业通过高水平的生产技术和管理技术等，内生性决定了市场结构，即企业高效率导致了高市场集中度和企业高收益。非结构分析框架源于结构分析框架，主要由一些经验方法构成，如 Iwata 模型（Iwata，1974）、Bresnahan 模型（Bresnahan，1982）和 Panzar-Rosse 模型（Panzar and Rosse，1987）。Iwata 模型和 Bresnahan 模型是从寡头垄断下企业利润最大化问题衍生出来的；Panzar-Rosse 模型则是源于收入视角的比较静态分析（殷孟波等，2009）。与结构分析框架相比，非结构分析框架抛开仅从市场外部来考察市场竞争程度与市场集中度的关系，结果相对更为可靠（Cetorelli，1999）；而且该方法不需要界定市场的范围，适合用于不同国家之间的市场竞争程度比较（Shaffer，2004）。近年来出现了大量运用非结构分析框架（主要是 Panzar-Rosse 模型）测度银行业竞争程度的成果（Claessens and Laeven，2004；Shaffer，2004；Matthews et al.，2007；Delis，2010；Olivero et al.，2011；Bikker et al.，2012；Doku et al.，2012；Coccorese，2009，1998）。但是，国外关于农村金融市场竞争的计量模型分析相对较少。von Pischke 等（1983）研究了发展中国家农村金融市场对农村经济发展的影响；Dodson（1996）和 Kochar（1997）研究了农业信贷市场竞争对农业生产增长的制约；Coetzee（2004）以规模经济和交易成本分析为主，研究了农村金融市场发展的动因；Conning（2005）则重点研究了发展中国家农村金融市场中农村金融组织之间的动态竞争及其机制。这些极为丰富和深刻的理论与计量研究，为本章提供了理论借鉴和逻辑起点。

国内关于农贷服务市场供给主体的竞争关系研究才刚刚起步。刘锡良和洪正（2005）对中国多机构共存下小额信贷市场均衡的研究表明：正规金融机构、政府机构和非政府机构在同一地区同时开展小额信贷时可能会形成相互之间的盲目竞争，导致农村金融市场缺乏效率。马九杰（2006）认为，农村金融基础设施、结算网络渠道、网点布局和人力资源等方面的竞争将日趋激烈，但农村信用合作社和其他金融机构之间的适度竞争可以打破农村金融的垄断格局，但不同金融机构也可以通过联结和合作方式，不断完善和强化农村金融体系的整体功能。何广文（2008）提出，必须从市场竞争、市场公平和效率的角度来考虑农村金融资源配置，农村金融机构多元化，构建竞争性和可持续发展的农村金融市场体系，是中国农村金融市场发展的战略选择。黄惠春和褚保金（2011）运用 Panzar-Rosse 模型实证分析了降低市场准入限制后县域农村金融市场竞争度的变化。研究结果表明：降低市场准入限制明显提升了农村金融市场竞争度；在不同经济发展水平的县域，竞争度增强的情况下，金融市场集中度的变化存在显著差异。在经济发达地区，竞争度提升后集中度下降；而在欠发达地区，竞争度提升后集中度依然保持上升的趋势。洪正（2011）比较分析了政府对各类新型农村金融机构的监督效率及其对农村融资状况的影响，指出当前以商业银行为主导的农村金融增量改革，体现了政府隐性存款担保下国家对民营资本金融风险的过度防范，以及商业银行为了经营特许权价值做出短期选择的双重契合。米运生等（2013）研究了农村金融新范式——金融联结。其理论和实证分析表明：非正规金融机构在信息甄别、监督借款主体、合约执行和交易成本等方面的比较优势是对金融联结的正向激励，农村金融市场内生的低固定成本和市场势力促进了金融联结；正规金融机构在控制系统性风险方面成本较低是其参与金融联结的主要优势。

总体而言，国内外相关研究比较一致地认为，农贷服务市场健康发展对农村经济发展至关重要。然而，相关研究要么从农村金融与农村经济发展关系的宏观层面研究农村金融发展规律，要么则是基于新古典经济学的视角将农村金融机构看作投入-产出的黑箱，尽管根据对农贷服务现状或趋势的分析提出了比较有意义的对策建议，但由于缺乏打破黑箱的计量模型分析，农贷服务市场上各类主体之间的竞争关系尚未得到有效揭示。因此，本章将在科学选择与构造金融市场竞争计量模型的基础上，从中国农贷市场发展新格局出发，通过理论整合、方法创新和计量分析，对中国农贷服务市场供给主体的竞争状况进行探索，力求为科学设计可持续发展的、面向未来的农贷服务市场供给主体的竞争战略提供依据。

9.2　中国农贷市场供给主体竞争关系的分析框架

农贷市场供给主体竞争的理论基础可以充分借鉴金融生态系统这一仿生概念。在国内，周小川（2004）最早将生态学概念系统地引申到金融领域，并强调用生态学方法来考察金融发展问题。他指出，应注意通过完善法律制度等改进金融生态环境的途径来支持和推动整个金融系统的改革和发展。根据生态系统的构造原理，可以把现代金融体系看作由不同类型的金融机构形成的金融生物群落及其赖以存在和发展的金融生态环境协同构成的动态平衡系统，两者之间彼此依存、相互影响、共同发展。金融系统之所以可以被视为一个生态系统，就是因为在金融系统中存在着与生态系统中同样的竞争考验。金融业的演进过程充斥着优胜劣汰的生存竞争，从古老的钱币兑换逐渐演变出经营存、贷、汇的银行业，再进一步演化出证券、保险、基金等行业，这种生存竞争推动了现代金融秩序结构的形成。金融生态环境是指金融供需主体生成、运行和发展的经济、社会、法治、文化、习俗等体制和制度环境。简言之，金融生态系统可以概括为各种金融组织为了生存和发展，与其生存环境之间、内部金融组织之间在长期的密切联系和相互作用过程中，通过分工、合作所形成的具有一定结构特征、执行一定功能的动态平衡系统（徐诺金，2005）。在外部经济环境变化及内部农村金融生态环境逐步改善的双重影响下，农村金融生态系统内的不同类型金融组织形成了各自的生态群落，它们之间的竞争关系可以通过种群竞争模型来模拟。目前，从事存款吸收、贷款发放的金融机构作为金融生态群落中的主体，其在农贷服务市场上的竞争主要表现为两点：一是城市金融机构与农村金融机构之间的竞争关系；二是传统国有大型农村金融机构①与非国有中小型农村金融机构②之间的竞争关系。

9.2.1　理论模型阐释

本小节分析主要沿有效结构假说的思路进行，即由企业效率产生的竞争力将决定其所在行业最终的市场结构，希望从金融生态系统这一视角出发，获取关于

①本章以中国农业银行、中国农业发展银行和中国邮政储蓄银行为代表。

②本章以各地区农村商业银行、农村合作银行、农村信用合作社、村镇银行、小额贷款公司和农村资金互助社为代表。

农贷服务供给主体竞争关系的经验判断，为科学界定不同规模金融机构的市场范围和竞争模式提供依据。

在经典微观经济学中，边际成本与边际收益相等（MC=MR）是厂商决策的依据，并以此为基础来刻画一个市场上的竞争状况和厂商之间的竞争行为。这种描述带有一个强假定——市场均衡。如果反过来通过市场的整体状况来描述，就可以避开市场均衡这一强假定。本部分中针对农村金融市场竞争的理论模型主要来自演化经济学的相关知识，与新古典经济学的静态均衡分析相比，前者特别注重时间与历史在经济演化中的重要地位，强调制度变迁的作用。演化经济学的分析方法遵循种群原则，即把经济系统划分为不同属性的亚系统。例如，技术、制度和特定的产业等，大量使用生物学隐喻，利用多样性原则、遗传原则和选择原则来界定演化过程，根据多样化、选择和变化的持续性来分析组织与环境共同演化的现象。演化经济学以适应行为（包括惯例和创新行为）代替理性行为，以有序结构代替均衡结构，以渐变和突变代替静态不变。本章利用金融生态系统的概念，将金融市场视为一个生态系统，把从事存款吸收、贷款发放的金融机构视为系统中的生物群落。这样，就可以利用种群生物学的理论成果刻画金融市场竞争状况。种群生态学是生物学的一个分支，来源于达尔文的生物进化论，它强调自然对生物物种的选择和决定性影响。利用种群生存竞争模型识别不同竞争种群之间的竞争关系，其最大的好处在于可以简洁而有效地判定竞争关系的最终结果，进而预测未来的系统内部结构。

根据 Britton（2012）对 Lotka-Volterra 模型的推导，设系统最大规模为常数 K，只存在单一生命种群，$x(t)$是该种群在 t 时刻的实际数量。定义 $\frac{x(t)}{K}$ 为系统中 t 时刻生物群落的密度，易知随着该密度的增大，有限系统规模的束缚将使种群的增长率逐渐减缓。$\frac{x'(t)}{x(t)}$ 表示 t 时刻该种群实际规模下的瞬时增长速率，r 为无系统规模限制下种群 x 的恒定增长率；若 K 趋向于无穷，则均衡时系统中种群数量将呈指数型增长，其瞬时增长速率恒定，即

$$\frac{x'(t)}{x(t)} = r\left(1 - \frac{x(t)}{K}\right) \tag{9-1}$$

可以推之：

$$x(t) = x(0)e^{rt} \tag{9-2}$$

但实际上，K 总是有限的。若假设系统中种群的瞬时增长速率是群落密度的线性函数，结合系统规模的束缚条件，不失一般性地假定：

$$\frac{x'(t)}{x(t)} = r\left(1 - \frac{x(0)e^{rt}}{K}\right) \tag{9-3}$$

解得

$$x(t)=\frac{Kx(0)e^{rt}}{K-x(0)+x(0)e^{rt}} \tag{9-4}$$

一阶条件下的均衡解为

$$x(t)=K \tag{9-5}$$

在上述生态系统中引入另一生物种群，即新的生物种群进入该生态系统，形成两个生物种群在同一系统存在的情况。本章分别以 x_1、x_2 表示该系统中的两个生物种群。显然，如果不存在竞争，x_1、x_2 的增长过程分别符合上述过程，并会达到各自的最大系统容量 K_1 和 K_2，即在该均衡点两个生物种群各自的数量保持稳定。

考虑种群 x_2 的存在所产生的竞争排除效应对 x_1 的影响，参照前面的线性假设，在该系统中，x_1 的瞬时增长速率可以表示为

$$\frac{x_1'(t)}{x_1(t)}=r_1\left(1-\frac{x_1(t)+\alpha_2 x_2(t)}{K_1}\right) \tag{9-6}$$

同理，x_2 的瞬时增长速率可以表示为

$$\frac{x_2'(t)}{x_2(t)}=r_2\left(1-\frac{x_2(t)+\alpha_1 x_1(t)}{K_2}\right) \tag{9-7}$$

其中，r_i 为无系统规模限制下种群 x_i 的恒定增长率；α_i 为种群 x_i 存在时对另一种群的影响系数。

根据式（9-6）和式（9-7），拥有两个生物种群的系统内部竞争状况可以由种群 x_1、x_2 在 t 时刻的增长率分别刻画，即

$$\begin{cases} x_1'(t)=r_1\left(1-\dfrac{x_1(t)+\alpha_2 x_2(t)}{K_1}\right)x_1(t) \\ x_2'(t)=r_2\left(1-\dfrac{x_2(t)+\alpha_1 x_1(t)}{K_2}\right)x_2(t) \end{cases} \tag{9-8}$$

式（9-8）即描述种群竞争状况的 Lotka-Volterra 模型。

该方程组的解存在以下四种情况（Apergis，2003）。令

$$a=\alpha_2\frac{K_2}{K_1}，\quad b=\alpha_1\frac{K_1}{K_2} \tag{9-9}$$

I. 当 $a<1$ 且 $b<1$ 时，两个种群处于共存状态。

II. 当 $a>1$ 且 $b>1$ 时，两个种群处于双稳态（bistable），最终的存活种群取决于两个种群最初的数量。

III. 当 $a<1<b$ 时，种群 x_1 在竞争中占优。

Ⅳ. 当$a>1>b$时，种群x_2在竞争中占优。

9.2.2　基本条件设定

20 世纪 70 年代后期，Hannan 和 Freeman（1977）将种群生态学原理运用到组织研究中，创立了组织研究中的种群生态学理论。他们认为，分享相同资源的组织之间会因为争夺资源而相互竞争，而竞争直接影响组织的生存与发展。种群生态学的建立为企业竞争和战略的研究提供了一个新视角。MacMillan 等（1985）就美国银行业中竞争者以模仿方式做出反击的次数进行了研究。Kim 等（2006）运用竞争扩散模型对韩国手机市场进行了动态竞争分析，发现韩国两大手机运营商之间存在一种共栖关系。Kreng 和 Wang（2009）运用 Lotka-Volterra 模型，分析了液晶显示器电视和等离子显示板电视在市场竞争中的相互关系。利用 Lotka-Volterra 模型研究生态系统中不同种群之间的竞争状况，除了要求存在不同的竞争种群之外，还需要满足以下几个基本条件：①相互竞争的种群所面临的外部环境一致；②相互竞争的种群的生存空间范围不变；③相互竞争的种群依赖相同的食物来源；④相互竞争的种群的行为保持一贯性。

若将上述生物学上的假定投射到本章所研究的城市和农村区域之间金融机构的竞争关系这一问题中，上述假定即代表了：①城市金融机构和农村金融机构所面对的经济环境、社会环境、法制环境等金融生态环境是一致的；②城市金融机构和农村金融机构是在一个空间范围不变的全国整体市场中竞争；③城市金融机构和农村金融机构存活的基础是相同的，均通过吸收存款、发放贷款获取利润；④城市金融机构和农村金融机构保持现有经营行为稳定。

若将上述生物学上的假定投射到本章所研究的传统国有大型农村金融机构与非国有中小型农村金融机构之间的竞争关系这一问题中，上述假定即代表了：①传统国有大型农村金融机构和非国有中小型农村金融机构所面对的经济环境、社会环境、法制环境等金融生态环境是一致的；②传统国有大型农村金融机构和非国有中小型农村金融机构是在一个空间范围不变的市场中竞争；③传统国有大型农村金融机构和非国有中小型农村金融机构均在农村金融市场开展业务，以满足农村经济社会发展的资金需求；④传统国有大型农村金融机构和非国有中小型农村金融机构保持现有经营行为稳定。

基于上述假定，可以建立反映城市金融机构和农村金融机构之间交互关系、传统国有大型农村金融机构和非国有中小型农村金融机构之间交互关系的 Lotka-Volterra 模型，其模型参数能够反映在保持外部环境固定和内部行为持续情况下不同金融机构种群之间的竞争关系。

9.3 中国农贷市场供给主体竞争关系的判别

由国内外相关文献可知，作为农贷市场供给主体的金融机构，其竞争力主要取决于资金规模、机构规模、产品及服务、经营管理及风险控制能力。从实际情况来看，中国城镇化进程及金融行业日益严酷的竞争状态都在逐渐打破传统的城乡二元结构，促进了城乡要素市场的统一，给农贷服务市场上的银行业金融机构创造了一个整体上相对公平的生存与发展空间；在中国目前严格的银行业分业经营制度下，银行的收入来源主要是存贷利差，中间业务种类受监督者严格控制，其收入占总收入的比例很小，而银行经营管理及风险控制能力目前尚难以有效度量。因此，可以用资产规模来衡量不同种群类别金融机构的竞争力。

9.3.1 模型设定

基于上述假定，本章分别建立反映中国城市金融机构与农村金融机构之间交互关系和传统国有大型农村金融机构与非国有中小型农村金融机构之间交互关系的 Lotka-Volterra 模型。城乡金融生态环境中存在着两个主要的竞争种群，即以中国农业银行、中国农业发展银行、中国邮政储蓄银行、农村信用合作社为主体，包含村镇银行、小额贷款公司、资金互助社等的农村金融机构，以及由其余三大国有商业银行、股份制商业银行、城市信用合作社和外资银行构成的城市金融机构。而农村金融生态环境中同样存在着两个主要的竞争种群，即以中国农业银行、中国农业发展银行、中国邮政储蓄银行为主体的传统国有大型农村金融机构，以及包含农村信用合作社、农村商业银行、农村合作银行和村镇银行、小额贷款公司、资金互助社等新型金融机构的非国有中小型农村金融机构。各类种群的数量规模分别用该类金融机构的资产来衡量。

由于式（9-8）是一个微分形式，而本章可获取的统计数据有限，需要对分析模型进行变换。Leslie（1958）证明，Lotka-Volterra 模型可以转化为如下形式：

$$\begin{cases} x_1(t+1) = \dfrac{e^{r_1}x_1(t)}{1+\dfrac{e^{r_1}-1}{K_1}x_1(t)+\dfrac{(e^{r_1}-1)\alpha_2}{K_1}x_2(t)} \\ x_2(t+1) = \dfrac{e^{r_2}x_2(t)}{1+\dfrac{e^{r_2}-1}{K_2}x_2(t)+\dfrac{(e^{r_2}-1)\alpha_1}{K_2}x_1(t)} \end{cases} \tag{9-10}$$

不妨令

$$\begin{cases}\lambda_1 = e^{r_1} \\ \lambda_2 = e^{r_2}\end{cases}, \quad \begin{cases}\beta_1 = \dfrac{(e^{r_1}-1)}{K_1} \\ \beta_2 = \dfrac{(e^{r_2}-1)}{K_2}\end{cases}, \quad \begin{cases}\gamma_1 = \beta_1\alpha_2 \\ \gamma_2 = \beta_2\alpha_1\end{cases} \tag{9-11}$$

则式（9-10）可以化简为

$$\begin{cases}x_1(t+1) = \dfrac{\lambda_1 x_1(t)}{1+\beta_1 x_1(t)+\gamma_1 x_2(t)} \\ x_2(t+1) = \dfrac{\lambda_2 x_2(t)}{1+\beta_2 x_2(t)+\gamma_2 x_1(t)}\end{cases} \tag{9-12}$$

本章选取上述各类金融机构 1996 年第一季度到 2012 年第四季度的季度总资产数据作为考察指标，2010 年之前的数据来源于《中国金融年鉴》（1997～2012 年）[①]，2012 年的数据来自银监会网站[②]。本章利用 EViews 6.0 软件对中国城市金融机构与农村金融机构之间、传统国有大型农村金融机构与非国有中小型农村金融机构之间的竞争关系进行判别。对于 Lotka-Volterra 模型式（9-12），由于它是一个参数非线性方程组，不能使用 OLS 来最小化其残差平方和，而必须使用非线性最小二乘法（non-liner least squares，NLS）来估计该联立方程组的参数。

根据前文对 Lotka-Volterra 模型的推导可知，需要根据参数 a、b 判定不同种群之间的竞争状况。由于通过式（9-12）估计得到的参数是 λ_i、β_i、γ_i，需要通过参数间的转换确定参数 a、b 的表达式。

因为 $a=\alpha_2\dfrac{K_2}{K_1}$，$b=\alpha_1\dfrac{K_1}{K_2}$，而且 $\begin{cases}\lambda_1 = e^{r_1} \\ \lambda_2 = e^{r_2}\end{cases}$，$\begin{cases}\beta_1 = \dfrac{(e^{r_1}-1)}{K_1} \\ \beta_2 = \dfrac{(e^{r_2}-1)}{K_2}\end{cases}$，$\begin{cases}\gamma_1 = \beta_1\alpha_2 \\ \gamma_2 = \beta_2\alpha_1\end{cases}$，所以，可以推出：

$$\begin{cases}a = \dfrac{\gamma_1(\lambda_2-1)}{\beta_2(\lambda_1-1)} \\ b = \dfrac{\gamma_2(\lambda_1-1)}{\beta_1(\lambda_2-1)}\end{cases} \tag{9-13}$$

① 1996～2002 年，非国有中小型农村金融机构资产数据以农村信用合作社为主，其他为零；2003～2006 年，包括农村信用合作社、农村商业银行、农村合作银行，其他为零；2007～2012 年，增加了新型农村金融机构的数据。

② http：//www.cbrc.gov.cn/chinese/home/docViewPage/110009.html[2013-05-10]。

9.3.2　城乡金融机构之间竞争关系的估计结果

城乡金融机构之间竞争关系的 Lotka-Volterra 模型即式（9-12）的估计结果如表 9-1 所示。进一步将城乡金融机构之间竞争关系的 Lotka-Volterra 模型参数估计值代入式（9-13）可得，a=−1.71，b=−0.46。即 a<1 且 b<1，属于Ⅰ型竞争情况，即种群 x_1 和 x_2 在竞争中共存。这说明，目前城市金融机构与农村金融机构在农村金融市场竞争中处于共同发展的格局；在现有金融生态环境不发生改变和缺乏金融服务创新的情况下，城乡金融市场二元结构将难以改变。

表 9-1　城乡金融机构之间竞争关系的 Lotka-Volterra 模型估计结果

城市金融机构			农村金融机构		
参数	估计值	t 值	参数	估计值	t 值
λ_1	1.467***	18.549	λ_2	1.186***	4.598
β_1	$1.16 \cdot 10^{-5}$***	4.248	β_2	$5.91 \cdot 10^{-7}$	0.368
γ_1	$-2.53 \cdot 10^{-6}$***	−4.267	γ_2	$-2.13 \cdot 10^{-6}$	−0.281
R^2	0.998		R^2	0.981	
D.W.	1.925		D.W.	1.647	

***表示在 1%的水平上显著

同时，$\alpha_1 = \dfrac{\gamma_2}{\beta_2} = -3.604$，$\alpha_2 = \dfrac{\gamma_1}{\beta_1} = -0.218$。

参考模型中 α_i 的定义（种群 x_i 存在时对另一种群的影响系数），可以得到 α_i 的经济学含义——“一类金融主体的存在及发展对竞争对手生存及发展的影响效果”，并形成这样一个结论：城乡金融机构在农村金融市场竞争中处于竞争共存的格局，竞争双方对对方均起到一定程度的抑制作用；农村金融机构对城市金融机构的抑制效果较弱；城市金融机构对农村金融机构的抑制效果则较强。

根据上述分析结果，并结合中国金融市场实际状况分析，城市金融机构对农村金融机构的竞争抑制主要有以下几点。①目前中国经济发展主要依赖于投资推动，而银行类金融机构正是现阶段投资的主要资金来源。由于中国金融业实行严格的分业经营制度，银行类金融机构的主要收入——贷款利息取决于其可贷资金规模，农村金融机构在资产规模上远小于城市金融机构。②相对于农村金融机构因体制僵化、管理混乱、不良资产比例居高不下等转型期弊病而处于经营困境，城市金融机构在服务能力、管理能力与金融创新方面都要优于农村金融机构。凭借自身明晰的产权关系、稳健而积极的管理方式、高素质的人才队伍、良好的风险控制能力、优质的客户服务等特点，城市金融机构在与农村金融机构的竞争中占据优势。

从 20 世纪末到 21 世纪初的十余年时间里，在城市金融机构将绝大多数资源投向城市和工业时，农村信用合作社等农村金融机构几乎完全垄断了农村金融市场。通过对农村金融机构竞争优势的剖析，可以发现其在竞争中能够生存的主要原因如下。一是由于长期参与农村地区金融活动，农村金融机构在农村区域形成了覆盖全国绝大部分县乡的经营网络。由于网点上的优势，农村金融机构每年农村地区的存款增量都远高于非农村金融机构。二是农村金融机构的合约信息搜寻成本要低于城市金融机构。由于在农村地区经营时间长、网点多，农村金融机构在其所在地收集信息的完整程度要优于城市金融机构。然而，农村金融机构的网点和信息优势是非独占性的，即这种优势在城市金融机构采取相同的战略以后将逐渐消失。随着金融改革的进一步深化和资本市场准入限制的逐渐放开，城市金融机构将面临更加严峻的竞争，但激烈的竞争同时也会大幅提升其在管理、服务、人力资本等方面的水平；而农村金融机构在资本和服务创新这些核心竞争项目上都没有优势。随着国家金融政策进一步向农村倾斜，城市金融机构会加速进军农村的进程。在这种情况下，农村金融机构在网点和信息上的优势将逐步消失殆尽，而高水平服务和大规模资产这种需要时间积累的竞争优势恰恰是传统农村金融机构在短期内难以形成的。因此，农村金融机构要在竞争中实现可持续发展，必须突破传统经营模式，通过差异化发展战略设计，有效适应农村金融市场需求及环境变化，从而有效改善其面临的金融生态结构。

9.3.3　传统国有大型与非国有中小型农村金融机构竞争关系的估计结果

传统国有大型农村金融机构与非国有中小型农村金融机构之间竞争关系的 Lotka-Volterra 模型即式（9-12）的估计结果如表 9-2 所示。进一步将参数估计值代入式（9-13）可得，$a = 0.0987$，$b = 9.1503$。即 $a<1<b$，属于Ⅲ型竞争情况，即种群 x_1 在竞争中占优。这说明，传统国有大型农村金融机构在与非国有中小型农村金融机构的竞争中处于优势地位；在现有农村金融生态环境不发生改变和缺乏金融服务创新的情况下，非国有中小型农村金融机构无法撼动传统国有大型农村金融机构的市场地位。

表 9-2　传统国有与非国有农村金融机构之间竞争关系 Lotka-Volterra 模型估计结果

传统国有大型农村金融机构			非国有中小型农村金融机构		
参数	估计值	t 值	参数	估计值	t 值
λ_1	1.057***	33.445	λ_2	0.971***	29.997
β_1	2.56×10^{-7}	0.059	β_2	1.71×10^{-6}***	3.273
γ_1	-3.35×10^{-7}	−0.053	γ_2	-1.18×10^{-6}***	−3.135
R^2	0.997		R^2	0.998	
D.W.	2.056		D.W.	2.466	

***表示在 1%的水平上显著

同时，$\alpha_1=\gamma_2/\beta_2=-0.690$，$\alpha_2=\gamma_1/\beta_1=-1.308$。

据此，可以得到这样一个结论：传统国有大型农村金融机构在与非国有中小型农村金融机构的竞争中处于优势地位，但是，它对非国有中小型农村金融机构的抑制效果较弱；而非国有中小型农村金融机构虽然在与传统国有大型农村金融机构的竞争中处于劣势地位，但它的存在对传统国有大型农村金融机构发展的抑制效果较强。

根据上述分析结果，并结合中国农贷服务市场实际状况分析，传统国有大型农村金融机构在与非国有中小型农村金融机构的竞争中占优，主要源于以下几点。农村金融机构的主要收入——贷款利息取决于其可贷资金规模，而传统国有大型农村金融机构在资产规模上远超非国有中小型农村金融机构；对以存款作为信贷资金主要来源的银行类金融机构而言，传统国有大型农村金融机构在吸收存款上所具有的规模效应是非国有中小型农村金融机构所无法比拟的。首先，传统国有大型农村金融机构在经营网点上具有绝对优势，目前中国农业银行、中国邮政储蓄银行的营业网点已覆盖到全国绝大部分县级城镇。中小型农村金融机构中，除农村信用合作社外，其他新型农村金融机构甚至无法覆盖到其所在城镇；对农村商业银行、农村合作银行而言，其经营地域仅仅能覆盖自身所在城市及其他少数地区。虽然在农村地区绝大多数中国农业银行、中国邮政储蓄银行营业网点吸收存款的能力要远小于中小型农村金融机构网点，但是，由于其网点基数庞大，每年来源于农村的存款增量均远高于中小型农村金融机构。其次，传统国有大型农村金融机构隐含着国家信用，仍然是大多数农村居民及农村企业存款的主要选择。传统国有大型农村金融机构与各级政府有着千丝万缕的联系，这种联系使得它在同中小型农村金融机构竞争某些由政府主导的大型项目时占有一定的优势。传统国有大型农村金融机构也将更多资源投入农村地区的龙头企业、大型项目和经济实力更强的农户上，在这些客户群体的业务领域具有明显的优势。而中小型农村金融机构更多地面向农村中小企业和普通农户开展业务。因此，正是二者业务经营范围、客户群体等存在明显差异，使得传统国有大型农村金融机构虽然在竞争中占优，但并未对非国有中小型农村金融机构开展业务产生明显的抑制作用。

2002 年以后，伴随着农村信用合作社改革的推进和农村金融市场准入门槛的降低，中小型农村金融机构凭借自身的比较优势，进入一个高速发展时期，市场占有率稳步提高。非国有中小型农村金融机构虽然仍处于竞争劣势，但它对传统国有大型农村金融机构产生了较强的抑制作用，主要体现为：一方面，机构规模较小的农村金融机构较层级结构复杂的大型金融机构而言，产权关系更明晰，企业组织架构更为简洁；另一方面，与大型金融机构相比，中小型金融机构较简单的组织结构使得其单位资本的管理费用更低，交易费用也会更低，同时，在信息传导、经营灵活性及业务创新上，中小型农村金融机构都较大型农村金融机构更具优势，更能适应农村发展的要求。但是，随着中小型农村金融机构规模的逐步扩大，涉及业务的增多，困扰大型金融机构的组织架构和风险管控等方面的问题在其经营中也将逐渐凸显。而且，农村银行业的进入壁垒降低后，大量新兴的中小型金融机构日益涌现，这些新进者往往将自己的竞争对手锁定在同区域其他规模相当的金融机构上，这就使得中小型金融机构之间的竞争较大型金融机构之间的竞争更加激烈。传统国有大型农村金融机构之间的竞争是一种垄断竞争；同时，随着自身效率的提升，利用自身在资金上及隐含国家信用的独特优势，在同非国有中小型农村金融机构之间的竞争中仍将保持优势。因此，非国有中小型农村金融机构要在竞争中改变其劣势地位，实现可持续发展，就必须坚持差异化发展策略，充分发挥自身在地域、信息、人缘等方面的优势，通过精细分工，针对性地促进适应本地区农村金融市场需求特点的金融服务创新，并科学设计竞争战略，从而有效适应其所面临的农村金融生态环境。

9.4　本章小结

当前中国农贷市场是在城市金融机构与农村金融机构之间交互关系和传统国有大型农村金融机构与非国有中小型农村金融机构之间交互关系的双重二元金融结构框架下运行的。这一双重二元金融结构，既可以结合中国实际，进而从其推动农村发展的正效应来理解，也可以从其抑制农村金融发展的负效应来解说。本章建立了反映这一双重二元金融结构下金融机构之间交互关系的 Lotka-Volterra 模型，利用各类金融机构 1996 年第一季度到 2012 年第四季度的季度总资产数据，使用 NLS 来估计，旨在通过该模型对中国农村金融市场的竞争关系进行判别，为科学设计可持续发展的、面向未来的农村金融市场竞争战略提供经验依据，研究发现结果如下。①城乡金融机构在农村金融市场竞争中处于竞争共存的格局，城市金融机构与农村金融机构之间的竞争对双方都起到了一定程度的抑制作用，但是，城市金融机构对农村金融机构的抑制效果较强；相反，农村金融机构的存在对城市金融机构的抑制效果较弱。②传统国有大型农村金融机构在农村金融市场与非国有中小型农村金融机构的竞争中处于优势地位，但由于业务范围和侧重点不同，它对非国有中小型农村金融机构的抑制效果较弱；而非国有中小型农村金融机构虽然目前在两类农村金融机构群体之间的竞争中处于劣势地位，但它的存在对传统国有大型农村金融机构发展的抑制效果较强。

根据上述研究结论，我们认为，在目前农贷市场供给主体所处的市场格局和竞争态势下，农村金融只有具备可持续发展能力，才能够真正提升服务于农村发展的功能，而农村金融可持续发展的前提则是农村金融机构必须提高以创新能力和竞争能力为代表的企业能力；农村金融机构尤其是中小型农村金融机构实现可持续发展的市场竞争战略应当定位为立足于市场需求，充分发挥自身优势，增强企业能力，特别是金融产品与服务创新能力，拓展金融产品和服务手段，实现业务精细分工与差异化发展，提升防范、抵御和化解金融风险的能力，实现“支农”与“盈利”的共赢。

第10章　经营特征改变对中国农贷市场需求主体的影响

宏观经济背景的变化对农贷市场的功能和结构的影响是自上而下的，微观经营特征的改变对农贷市场的影响则是自下而上的。经济进入“新常态”之后，国家对“三农”的投入持续增加，使得农贷市场的供求关系产生了一些新的变化。同时，我们也不能忽视微观经营特征的变化对农贷市场的供求关系产生的深刻影响。因此，本章基于当前农户家庭经营特征改变的现实背景，利用全国17个省份70个县（市）的农户家庭微观调查数据对普通农户与新型农业经营主体的信贷获取现状进行了对比考察。

10.1　引　　言

构建新型农业经营体系、发展农业适度规模经营是切实转变农业生产经营方式的重要抓手，是建设现代农业的必然路径选择（陈晓华，2012）。伴随社会化分工网络不断拓展，家庭经营特征逐渐演变，部分从事简单重复生产的普通农户通过不断积累资本、掌握先进技术、改进经营管理逐步演进为规模化和专业化生产的专业大户、家庭农场、专业合作社，甚至是龙头企业等新型农业经营主体。2014年，我国已经拥有家庭农场87.7万个，农民专业合作社128.8万家，入社农户9227万户[①]。到2015年10月底，全国农民专业合作社数量进一步上升到147.9万家，同比增长14.8%；入社农户9997万户，同比增长8.35%，覆盖全国41.7%的农户[②]。此外，2015年我们完成的调查显示，新型农业经营主体的人均耕地面积已超过50亩，普遍采用了现代农业机械（如收割机、插秧机）及现代的农业技术（如现代冷藏技术、现代烘干技术），人均年收入达到34 820.92元，人均固定资产[③]达124 284.14元。而普通农户人均耕地不足2亩，仍然以传统的生产工具和技术为主，人均年收入仅为12 093.94元，人均固定资产仅为67 514.21元。由此可见，作为农业分工不断深化，家庭经营特征逐渐演变的产物，新型农业经营主体在我国已经粗具规模，并且发展势头良好，加之其广泛采用现代生产技术，

---

① 《农业部经管司司长张红宇：详解农地流程思路》，http：//opinion.caixin.com/2015-02-02/100780667.html[2015-02-02]。

②《2015年全国农民合作社数量达147.9万家》，http：//news.1nongjing.com/a/201512/123803.html[2015-12-09]。

③ 本次调查的固定资产只涉及房产价值。

改进经营模式，确保了经营风险的降低及经营效益的上升，并逐步摆脱了普通农户长期面临的资源配置约束。

长久以来，传统农业的低效和弱质无法支撑商业性的农贷安排，这一直制约着农户获得信贷支持（李剑阁，2001；张杰，2004；Guirkinger and Boucher，2008；Ciaian and Kancs，2012），迫使普通农户长期陷于“生产效率低—收入水平低—储蓄能力低—储蓄投资转化率低—资本短缺—生产效率低”的恶性循环（Nurkse，1953）。2014～2016 年中央“一号文件”明确指出，发展多种形式适度规模经营，加快构建新型农业经营体系。尤其是 2016 年的中央“一号文件”中特别提到应完善信贷保险等配套政策对新型农业经营体系构建的支持。那么，随着家庭经营特征的改变、农户经营风险的降低与生产效率的提升，其信贷约束是否得到了缓解？农户又是否跳出了“一国穷因为他穷”的贫困恶性循环呢？同时，两类农户的信贷需求是否会随经营特征的改变而呈现出异质性，进而导致信贷获得的差异性？有鉴于此，针对家庭经营特征改变的现实背景，对比研究普通农户与新型农业经营主体的信贷获取情况，对完善信贷政策对新型农业经营体系构建的支持，加快发展农业多种规模适度经营有着重大的学理意义与实践价值。

在中国历史上，尤其自两宋以来，“小农经济”一直是最基本的农业经济形态，然而这种“被制度化了的过密型农业”导致了生产的“内卷化”，农业长期处于只有增长没有发展的“低水平均衡陷阱”（黄宗智，1986a），其低效性和弱质性也阻碍了普通农户从正规信贷机构获得贷款（Braverman and Guasch，1986；Feder and Feeny，1991；张杰，2003）。同时，农村地理位置偏僻、基础设施缺失（Akudugu et al.，2009），正规信贷机构无法形成规模效应，单笔业务成本较高（Zeller，2003；朱喜和李子奈，2006；程郁等，2009），也致使信贷机构远离农村，普通农户难以获得正规信贷（Swain，2002；Barslund and Tarp，2008）。此外，由于普遍缺乏生产性固定资金、金融资产等标准信息禀赋（Stigliz，1988；Okojie，2010），农户与信贷机构之间存在着严重的信息不对称，为防范借款人的逆向选择和道德风险效应（Akerlof，1970；Spence and Zeckhauser，1971），信贷机构往往会采取高利率为特征的信贷配给行为（Stiglitz and Weiss，1981，Carter and McGoldrick，1989）。同时，在农村缺乏保险市场的情况下，信贷机构通常会要求借款人提供较高的抵押物以规避风险，进一步将财产和收入较少的普通农户挡在了正规信贷机构的门槛之外（Turvey，2013）。而非正规信贷在社会网络、信息甄别，监督管理及合约执行上有着比较优势（Barham et al.，1996；陈雨露，2010），并且愿意接受部分正规信贷不愿意接受的抵押物（Mushinski，1999），极大地缓解了信贷市场的信息不对称，节约了交易费用（高帆，2002；苏士儒等，2006），在一定程度上缓解了对普通农户的信贷约束（Guirkinger，2008；程恩江和刘西川，2010）。

改革开放后，得益于城镇化吸纳了大量农村剩余劳动力，我国农业的人口土地比逐步下降（黄宗智，2010），社会化分工网络得以不断拓展，农户家庭经营特征也逐渐改变（徐勇和邓大才，2006），部分新型农业经营主体从普通农户中脱颖而出。较之普通农户，新型农业经营主体逐渐走出“内卷化”的桎梏，根据边际报酬规律组织生产，再加上更为雄厚的实物、人力与社会资本，新型农业经营主体更易获取信贷资金（徐璋勇和杨贺，2014；Pal and Laha，2015）。同时，农贷资金进入乡村需要寻求内部化节约交易成本的主体与其对接（温涛等，2016），也进一步巩固了新型农业经营主体信贷获取的优势地位。然而，尽管比较优势明显，但鉴于新型农业经营主体尚处于成长初期，并未完全摆脱低效性和弱质性的桎梏，再加上农地经营权抵押办理程序繁复难以实现（汪发元，2014），以及政府缺少风险分担与补偿机制（林乐芬和法宁，2015），其发展仍然受到较强的正规信贷约束（黄祖辉和俞宁，2010；马丁丑等，2011；张照新和赵海，2013）。非正规信贷虽然能够缓解农业经营主体的季节性资金缺口，对资产性投资起到了间接的支撑作用，但是亲友借贷供给能力有限，民间借贷交易费用过高而迫使借款人实施“自我数量配给”（Mushinski and Pickering，2007），这决定了非正规信贷对正规信贷的替代作用有限，无法长期、持续地促进新型农业经营主体的发展（Jia et al.，2010；陈雨露和马勇，2010）。

总体而言，既有文献往往局限于单独就普通农户或新型农业经营主体的信贷获取进行分析，鲜有文献针对家庭经营特征改变的现实背景，将经营特征、资源禀赋不同的两类农业经营主体的信贷状况进行对比研究。“新常态”下，农户的经营特征、资源禀赋及农贷供给均发生了深刻的变化，如若忽视上述诸多改变，我们对农贷市场运行状态的解读也必然会出现偏差，更遑论就农贷市场促进新型农业经营体系构建提出有价值的建议。此外，新型农业经营主体方兴未艾，数据采样困难，既有研究侧重于经验分析，缺乏计量分析予以佐证，这也在一定程度上降低了相关研究的可参考性。有鉴于此，本章利用 2015 年课题组实际调查的中国东部、中部、西部 17 个省份的农户数据，尝试基于农户经营特征改变的现实背景，利用全国层面的微观调查数据，从可获得性和实际获得数量两个维度，对两类农户的信贷获取现状进行对比分析，以期为下一步国家对农贷市场进行有针对性的战略调整提供可资借鉴的政策参考。10.2 节介绍理论模型，10.3 节介绍数据来源、变量选取和描述性统计，10.4 节为实证模型、结果及分析，10.5 节为结论与政策启示。

10.2　家庭经营特征改变对农户信贷获取的作用机理

在前文的分析基础上，我们借鉴张杰（2004）与陈雨露和马勇（2010）的分析框架，构建一个普通农户与新型农业经营主体信贷合约达成的局部均衡模型，对二者信贷获取条件及约束进行理论推导。

10.2.1 家庭经营特征改变背景下的资本收益及风险

在讨论两类农户信贷获取条件及约束之前，我们首先基于家庭经营特征改变的实际，对两类农户的资本边际收益与风险进行分析。为了分析简便，我们对两类农户的经营特征进行如下定义。①普通农户为简单重复生产或扩大规模的再生产 M_1，经营规模 S_1 小，科技含量 T_1 低，生产性投资 P_1 较低。②新型农业经营主体为规模化或者专业化的生产 M_2，经营规模 S_2 大，科技含量 T_2 高，生产性投资 P_2 较高。

如图 10-1 所示，M_1 是农户演进历程中第一阶段的生产模式。当农户的资本拥有量[①]在 OA 范围内时，他只能进行简单重复生产，资本的边际报酬必然递减；随着普通农户的资本拥有量大于 OA（但小于 OB），他将有能力进行规模扩张的再生产，资本的边际报酬将出现递增。鉴于经营特征陷于简单重复的桎梏，M_1 的预期收益率较低，且风险较高，风险曲线 θ_1 在一个较高的水平上缓慢递减。M_2 是农户演进历程中第二阶段的生产模式。此时，农户的资本拥有量进一步增加并超过 OB，他将根据资本边际收益规律安排生产经营，并能够为降低经营风险进行投资。由于 M_2 代表完全不同于 M_1 的高级生产方式，MR_2 拥有远高于 MR_1 的平均收益水平，并在更高的平均和边际收益水平上呈现出递减特征。同时，由于进行了降低经营风险的投资，θ_2 的平均风险水平远低于 θ_1，并在一个更低的风险水平上呈现出递减的特征。由此观之，随着农户资本拥有量不断增加，经营特征的逐渐演变，其资本边际收益曲线呈现出在 M_1 模式下“先递减后递增”并在 B 点突变后“在一个较高水平下递减”的基本特征；风险曲线则呈现先缓慢下降，并在 B

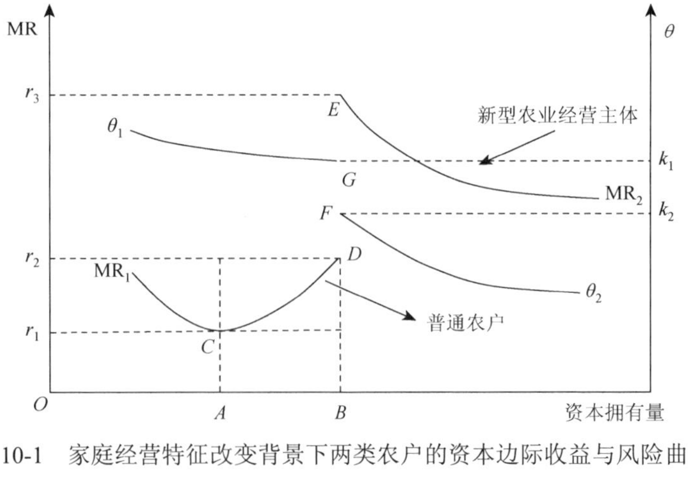

图 10-1　家庭经营特征改变背景下两类农户的资本边际收益与风险曲线

① 此处的资本拥有量是指包括实物资本、人力资本和社会资本等资本的综合资本拥有量。

点突变后呈现“在一个较低水平下递减”的基本特征。在厘清农户家庭经营特征改变背景下两类农户的资本边际收益及风险的变化特征后，我们进一步对他们的信贷获取条件及约束进行分析。

10.2.2　信贷合约达成的局部均衡条件

我们假设两类农户为农贷市场上的两个借款人，非正规信贷机构和正规信贷机构为农贷市场上的两个放款人。根据前面部分的分析，普通农户生产性投资 P_1 较小，进而生产性信贷需求 K_{p1} 较小；其信贷需求主要为平滑消费等生活性需求 K_{l1}，需求量小，且期限短。新型农业经营主体收入、资本水平高于普通农户，自身资金通常能够满足其日常生活需求，生活性信贷需求 K_{l2} 较少，但新型农业经营主体尚处于 M_2 模式生产初期，涉及大量生产性投资，P_2 较大，存在旺盛的生产性信贷需求 K_{p2}，需求量大、期限长。

我们假定两类农户将信贷资金 L_i 用于投资项目（包括生产性和生活性），$i=1, 2$，1 表示普通农户，2 表示新型农业经营主体。项目利润率 R_i 处于一种随机状态，项目成功的概率为 $\rho_i(r_j,\theta_i)$。其中，r_j 为借款利率，θ_i 为项目风险，$j=1,2$，1 为正规信贷机构，2 为非正规信贷机构。当项目成功时，农户收益率为 $R_i=\overline{R}_i$，$\overline{R}_i\in[1+r_j,\varpi)$，利润为 $\overline{R}_i\cdot L_i-L_i\cdot(1+r_j)$，信贷机构获得 $r_j\cdot L_i$ 的利润；项目失败概率为 $1-\rho_i(r_j,\theta_i)$，当项目失败时，农户收益率为 $R_i=\underline{R}_i$，$\underline{R}_i\in[0,1+r_j)$，信贷机构获得项目剩余资产 $\underline{R}_i\cdot L_i$，信贷机构的利润为 $(\underline{R}_i-1)\cdot L_i$。鉴于生活性项目一般不产生收益，且普通农户生产性项目的边际收益小于新型农业经营主体，我们有 $\overline{R}_1<\overline{R}_2$。综上，在不考虑贷款的机会成本和交易成本时，信贷机构的预期收益函数为

$$\pi_j=r_j\cdot L_i\cdot\rho_i(r_j,\ \theta_i)+(\underline{R}_i-1)\cdot L_i\cdot[1-\rho_i(r_j,\ \theta_i)] \tag{10-1}$$

农户的预期收益函数为

$$Y_i=\rho_i(r_j,\ \theta_i)\cdot[\overline{R}_i\cdot L_i-(1+r_j)\cdot L_i] \tag{10-2}$$

在此基础上，我们将农户和信贷机构的机会成本与交易成本考虑进信贷合约之中，假定信贷机构同时存在其他投资机会（如投资非农产业），并可以确定地获得 λ_j 的无风险收益率，即信贷资金的机会成本为 $\lambda_j\cdot L_i$。农户在不借款的情况下存在着获得稳定收益 W_i 的机会。此外，鉴于中国农贷市场的实际情况，我们还需要考虑借贷双方为了完成信贷合约的交易成本 C'_{ij} 与 C_{ij}，C'_{ij} 为信贷机构的交易成本，C_{ij} 为农户的交易成本。就实际情况而言，非正规信贷由于在社会网络、信息甄别、监督管理及合约执行上的比较优势，其交易成本低于正规信贷，即 $C_{j2}<C_{j1}$。

综上，信贷合约达成则需要建立在以下条件之上：

$$\pi_j = r_j \cdot L_i \cdot \rho_i(r_j,\ \theta_i) + (\underline{R}_i - 1) \cdot L_i[1 - \rho_i(r_j,\ \theta_i)] \geqslant \lambda_j \cdot L_i + C'_{ij} \tag{10-3}$$

$$Y_i = \rho_i(r_j,\ \theta_i) \cdot [\bar{R}_i \cdot L_i - (1 + r_j) \cdot L_i] \geqslant W_i + C_{ij} \tag{10-4}$$

即农户和信贷机构的期望收益应大于二者所需付出的机会成本与交易成本，综上，如果双方要达成一个关于 L_i 和 r_j 的信贷合约，则需要满足以下三个条件。

$$\max \pi_j(r_j,\ L_i) = r_j \cdot L_i \cdot \rho_i(r_j,\ \theta_i) + (\underline{R}_i - 1) \cdot L_i \cdot [1 - \rho_i(r_j,\ \theta_i)] \tag{10-5}$$

$$r_j \cdot L_i \cdot \rho_i(r_j,\ \theta_i) + (\underline{R}_i - 1) \cdot L_i \cdot [1 - \rho_i(r_j,\ \theta_i)] \geqslant \lambda_j \cdot L_i + C'_{ij} \tag{10-6}$$

$$Y_i = \rho_i(r_j,\ \theta_i) \cdot [\bar{R}_i \cdot L_i - (1 + r_j) \cdot L_i] \geqslant W_i + C_{ij} \tag{10-7}$$

由式（10-5）、式（10-6）、式（10-7）可知，信贷合约达成的约束条件为，在信贷机构利润最大化①的同时，农户和信贷机构的预期收益需大于其机会成本与交易成本之和。假设以上最优规划有解，其形式为 $(r_j^*,\ L_i^*)$，那么 $(r_j^*,\ L_i^*)$ 必须满足式（10-6）和式（10-7）的两个约束条件，将 $(r_j^*,\ L_i^*)$ 代入式（10-6），可得

$$\rho_i(r_j^*,\ \theta_i) \cdot r_j^* \leqslant \rho_i(r_j^*,\ \theta_i) \cdot (\bar{R}_i - 1) - \frac{W_i + C_{ij}}{L_i^*} \tag{10-8}$$

我们将式（10-8）变形，可得

$$r_j^* \leqslant (\bar{R}_i - 1) - \frac{W_i + C_{ij}}{L_i^* \cdot \rho_i(r_j^*, \theta)} \tag{10-9}$$

这也是农户能够承受利率的上限。

同理，将 $(r_j^*,\ L_i^*)$ 代入式（10-7），可得

$$\rho_i(r_j^*,\ \theta_i) \cdot r_j^* \geqslant \lambda_j - (\underline{R}_i - 1) \cdot [1 - \rho_i(r_j,\ \theta_i)] + \frac{C'_{ij}}{L_i^*} \tag{10-10}$$

将式（10-10）变形，可得

$$r_j^* \geqslant \frac{\lambda_j - (\underline{R}_i - 1) \cdot [1 - \rho_i(r_j,\ \theta_i)]}{\rho_i(r_j^*,\ \theta_i)} + \frac{C'_{ij}}{\rho_i(r_j^*,\ \theta_i) \cdot L_i^*} \tag{10-11}$$

这也是信贷机构所能接受的利率下限。

由式（10-9）和式（10-11）可知，若要满足解 $(r_j^*,\ L_i^*)$ 存在，那么 r_j^* 的存在区间应为

$$(\bar{R}_i - 1) - \frac{W_i + C_{ij}}{L_i^* \cdot \rho_i(r_j^*,\ \theta_i)} \geqslant r_j^* \geqslant \frac{\lambda - (\underline{R}_i - 1) \cdot [1 - \rho_i(r_j^*,\ \theta_i)]}{\rho_i(r_j^*,\ \theta_i)} + \frac{C'_{ij}}{\rho_i(r_j^*,\ \theta_i) \cdot L_i^*} \tag{10-12}$$

进一步化简式（10-12），则有

$$\rho_i(r_j^*,\ \theta_i) \cdot (\bar{R}_i - 1) \cdot L_i^* + [1 - \rho_i(r_j^*,\ \theta_i)] \cdot (\underline{R}_i - 1) \cdot L_i^* \geqslant \lambda_j \cdot L_i^* + W_i + C_{ij} + C'_{ij} \tag{10-13}$$

① 鉴于农贷市场的供给先行特征，信贷机构在信贷合约中往往处于强势地位，所以在这里我们只需要考虑信贷机构的利润最大化。

显然，$\rho_i(r_j^*,\ \theta_i)\cdot(\bar{R}_i-1)\cdot L_i^*+[1-\rho_i(r_j,\ \theta_i)]\cdot(\underline{R}_i-1)\cdot L_i^*$ 是 (R_i-1) 在既定利率 r_j 条件下的数学期望。

$$\begin{aligned} E(R_i-1)&=E[(R_i-1)\mid r_j^*,\ \theta_i] \\ &=\rho_i(r_j^*,\ \theta_i)\cdot(\bar{R}_i-1)+[1-\rho_i(r_j,\ \theta_i)]\cdot(\underline{R}_i-1) \end{aligned} \tag{10-14}$$

则式（10-13）可以进一步表示为

$$L_i^*\cdot E(R_i-1)\geqslant \lambda_j\cdot L_i^*+W_i+C_{ij}+C_{ij}' \tag{10-15}$$

由式（10-15）可知，在无需抵押物的情况下，信贷合约局部均衡解存在的一个必要条件应当是，贷款所投入的实际经营活动的平均收益应不小于信贷双方的机会成本与交易成本之和。而在实际的信贷合约中，信贷机构尤其是正规信贷机构为避免逆向选择和道德风险，通常会要求农户提供抵押物，以保证农户在无法足额偿还贷款本息时，用抵押物偿清债务。下面我们进一步对引入抵押物后的信贷合约局部均衡条件进行理论推导。

10.2.3　引入抵押物后信贷合约达成的局部均衡条件

在上述推导的基础之上，我们假定抵押物实体价值为 M_i，那么对信贷机构而言，在农户投资项目成功的情况下，收回足额的本息 $L_i\cdot(1+r_j)$，而在农户投资项目失败无法偿还贷款本息时，信贷机构可获得抵押资产 M_i。如此一来，信贷机构则可以锁定其在任何情况下的收益。考虑到中国农村资产普遍存在产权不明晰的情况，极大地降低了资产的抵押价值，所以在进行理论推导时，我们决定在抵押物实体价值 M_i 前添加一个系数 β_j， $\beta\in(0,1)$，以期更为准确地衡量其实际抵押能力。鉴于非正规信贷抵押要求比正规信贷更低，我们有 $\beta_1\leqslant\beta_2$。综上，信贷机构与农户的收益期望函数表达式分别变为

$$\pi_j=r_j\cdot L_i\cdot\rho_i(r_j,\ \theta_i)+(\beta_j M_i-L_i)\cdot[1-\rho_i(r_j,\ \theta_i)] \tag{10-16}$$

$$Y_i=\rho_i(r_j,\ \theta_i)\cdot[\bar{R}_i\cdot L_i-(1+r_j)\cdot L_i]+[1-\rho_i(r_j,\ \theta_i)](\underline{R}_i\cdot L_i\quad\beta_j M_i) \tag{10-17}$$

此时，若要交易达成，不仅需要信贷机构实现利润最大化与二者的预期收益大于二者的机会成本及交易成本之和，还需要满足抵押物价值大于信贷机构在既定利率 r_j 下的本息之和。即

$$\max\pi_j=r_j\cdot L_i\cdot\rho_i(r_j,\ \theta_i)+(\beta_j M_i-L_i)\cdot[1-\rho_i(r_j,\ \theta_i)] \tag{10-18}$$

$$\rho_i(r_j,\ \theta_i)\cdot[\bar{R}_i\cdot L_i-(1+r_j)\cdot L_i]+[1-\rho_i(r_j,\ \theta_i)](\underline{R}_i\cdot L_i-\beta_j M_i)\geqslant W_i+C_{ij}' \tag{10-19}$$

$$r_j\cdot L_i\cdot\rho_i(r_j,\ \theta_i)+(\beta_j M_i-L_i)\cdot[1-\rho_i(r_j,\ \theta_i)]\geqslant\lambda\cdot L_i+C_{ij}' \tag{10-20}$$

$$\beta_j M_i\geqslant L_i\cdot(1+r_j) \tag{10-21}$$

综上，我们基于家庭经营特征改变的现实背景，推导了两类农户与信贷机构

在加入抵押物前后的信贷合约达成的局部均衡条件。加入抵押物之前，信贷合约达成需满足局部均衡条件式（10-15)；加入抵押物之后，除了满足条件式（10-15)，还需保证抵押物金融价值大于信贷资金的本息之和，即条件式（10-21)。

根据以上推导，我们得出以下推论。

（1）普通农户主要从事 M_1 类型生产，经营规模 S_1 小，科技含量 T_1 低，因而生产性投资 P_1 较低，生产性信贷需求 K_{p1} 较小；但其自有资产 W_1 较少，通常需要生活性信贷 K_{l1} 来平滑消费。信贷需求量小，周期短。普通农户项目成功率 $\rho_1(r_j,\theta_1)$ 与对应收益率 $\bar{R}_1$ 较低，而正规信贷机构投资非农产业资本回报率较之农业更高，加之办理程序复杂，其机会成本 $\lambda_1 \cdot L_1$ 与交易成本 C_{11} 较高，且普通农户自有资产 W_1 少，农村资产产权不明晰，抵押能力 $\beta_1 M_1$ 小，导致了正规信贷合约的均衡条件难以达成，迫使其在需求上对正规信贷形成了“自我配给”。而非正规信贷缺乏投资非农产业的机会，拥有社会网络、信息甄别、监督管理、合约执行等比较优势，机会成本 $\lambda_2 \cdot L_1$ 与交易成本 C_{12} 较低，且担保要求较低，信贷合约均衡条件更易达成，进而能够更好地契合普通农户的信贷需求。

（2）新型农业经营主体自有资产 W_2 较多，通常能够满足日常生活需求；但 M_2 类型生产经营规模 S_2 大，科技含量 T_2 高，因而生产性投资 P_2 较高，生产性信贷需求 K_{p2} 旺盛，信贷需求量大，且周期长。较之普通农户，新型农业经营主体收益更高而风险更低，即 $\bar{R}_2 > \bar{R}_1$，$\theta_2 < \theta_1$，加上自有资产 W_2 较多，赋予了其更强的抵押能力，即 $\beta_2 M_2 > \beta_2 M_1$，进而更容易获得非正规信贷的青睐。但鉴于其尚未完全摆脱生产低效性和弱质性，以及农村资产产权不明晰的影响，新型农业经营主体也很难提供符合正规信贷机构要求的抵押物，即 $\bar{R}_2$ 与 $\rho_2(r_j, \theta)$ 及 $\beta_1 M_2$ 绝对值仍然较小，难以满足正规信贷局部均衡条件，受到较强的正规信贷约束。那么，两类农户的信贷获取现状究竟如何？本章将在下面的实证分析中予以证明。

10.3 实证设计

10.3.1 数据来源

课题组于 2015 年完成了三大经济地带的 17 个省份（其中东部包括辽宁、山东、浙江、江苏、福建 5 个省份；中部包括吉林、山西、安徽、河南、湖北、湖南 6 个省份；西部包括陕西、甘肃、四川、重庆、贵州、广西 6 个省份）70 个县（市）的农户家庭，采用分层随机抽样的方法，分层主要是按照国家统计局关于农户家庭人均纯收入对总体进行五分层的方式，确定在每个县（市）的每层中抽取 10 个农户家庭进行问卷访谈，每个县（市）固定发放 50 份问卷，对农户家庭基本情况以入户调查的方式进行调查，共发放问卷 3500 份，最后共回收 68 个县(市)的问卷 3318 份，问卷回收率为 94.80%，最终共收集有效问卷 3162 份。

10.3.2　变量选取

1. 因变量

就经济理论而言，信贷可获得性是需求与供给共同作用下的均衡结果，仅对需求或供给单方面的考察无法有效分离需求因素和供给因素，难以可靠地估计出信贷可获得性。为此，我们在分析信贷可获得性时除了将信贷获得作为因变量，还加入信贷需求变量作为因变量。

（1）农户的信贷获得。我们将农户信贷获得分为正规信贷获得和非正规信贷获得两类。在具体的问卷统计中，我们把从商业银行、农村信用合作社、村镇银行、农村资金互助社或小额贷款公司获得的贷款定义为正规信贷获得；把从亲友、民间金融获得的贷款定义为非正规信贷获得。

（2）农户的信贷需求。为与信贷获得匹配，本章将农户信贷需求分为正规信贷需求和非正规信贷需求两类。在实际的调查中，我们借鉴 Mushinski（1999）的研究，对农户的需求进行了有效识别[①]。

2. 自变量

由于本章研究对象为不同农户类型之间的信贷差异，最主要的自变量为农户类型变量与家庭经营特征变量。农户类型变量分别为普通农户、新型农业经营主体；家庭经营特征变量为家庭人数、土地经营面积、生产性投资与固定资产。为了考察农户户主、家庭、人力资本等特征对两类农户信贷获得的影响，我们还加入以下几类控制变量。①为考察与户主特征有关的变量对信贷获得的影响，选取性别、年龄、年龄平方三个变量。②为考察农户人力资本对信贷获得的影响，选取受教育程度变量。③为考察农户实物资本对信贷获得的影响，选取了总收入、农业收入和经营收入三个变量。④为考察农户社会资本对信贷获得的影响，选取了礼金支出和干部两个变量。⑤为考察区域发展水平对信贷获得的影响，选取了交通条件变量。

3. 识别变量

在进行信贷可获得性分析时，还需要选择恰当的识别变量来保证联立方程可

① 鉴于信贷识别的操作流程不是行文重点，本章没有进行详细阐述，具体可参见本章所借鉴的文献或向作者直接索取。

识别。我们对四个方程分别加入一些识别其他方程的排除变量。对正规信贷需求方程，我们选取城市亲戚变量；对正规信贷获得方程，我们选取合作经济组织变量。对非正规信贷需求方程，我们选取重大事件变量；对非正规信贷获得方程，我们选择党员变量。

4. 主要变量定义

表 10-1 列出了按照自变量和识别变量类别分类的各变量及定义。

表 10-1　主要变量定义

变量类别		变量名称	缩写	定义
农户类型		普通农户	ORD	是否以务农为生，且非专业种植、养殖大户或者经营家庭农场，是=1，否=0
		新型农业经营主体	NEW	是否为专业种植、养殖大户或者经营家庭农场，是=1，否=0
家庭经营特征		家庭人数	NUM	家庭总人数，单位：人
		土地经营面积	LAN	家庭经营土地面积，单位：亩
		生产性投资	PRO	农户用于购买农药、化肥、农机具等生产资料的消费（取对数）
		固定资产	FIX	房屋价值（取对数）
其他资源禀赋特征	户主特征	性别	GEN	户主性别，男=1，女=0
		年龄	AGE	户主年龄，单位：岁
		年龄平方	AGS	户主年龄平方
	人力资本	受教育程度	EDU	户主受教育程度，不识字=1，小学=2，初中=3，高中=4，大专及以上=5
	实物资本	总收入	INC	家庭人均总收入（取对数）
		农业收入	NAI	家庭农业收入（取对数）
		经营收入	OPI	家庭提供劳务或者转让资产使用权的收入（取对数）
	社会资本	干部	GOV	家中是否有人为干部，是=1，否=0
		礼金支出	EXP	家庭的亲朋礼金（取对数）
	区域发展水平	交通条件	TRA	所在村庄主干道类型：泥土路=1，石子路=2，水泥路=3，柏油路=4
识别变量		党员	PAR	家中是否有人为中共党员，是=1，否=0
		城市亲戚	REL	是否有亲戚居住在城市
		合作经济组织	ORG	是否加入合作经济组织，是=1，否=0
		重大事件	IMP	是否发生小孩上学、重大疾病、购房等大笔消费支出，是=1，否=0

10.3.3　描述性统计

1. 普通农户和新型农业经营主体经营特征

根据表 10-1 对普通农户和新型农业经营主体的定义，我们的样本中共有普通农户 799 户，新型农业经营主体 338 户。在此基础上，我们对两类农户的经营特征与信贷获得状况进行描述性统计，鉴于经营特征在引言中已进行了介绍，在此不再赘述，仅对两类农户的信贷获得状况进行分析（本章的样本数据的具体表现情况见表 10-2）。

表 10-2　普通农户和新型农业经营主体经营特征对比

经营特征	普通农户	新型农业经营主体
人均耕地面积/亩	1.78	51.61
生产工具与技术	传统工具和技术为主	现代工具和技术
生产性投资/元	11 333.03	21 229.87
人均固定资产/元	67 514.21	124 284.14

2. 普通农户和新型农业经营主体信贷供求状况

由表 10-3 显示的统计结果来看，拥有正规信贷需求的普通农户为 191 户，占比 23.90%；拥有正规信贷需求的新型农业经营主体为 130 户，占比 38.46%。获得正规信贷的普通农户为 78 户，信贷满足率为 40.84%；获得正规信贷的新型农业经营主体为 68 户，信贷满足率为 52.30%。拥有非正规信贷需求的普通农户为 255 户，占比 31.91%，拥有非正规信贷需求的新型农业经营主体为 43 户，占比 12.72%。获得非正规信贷的普通农户有 142 户，信贷满足率 55.69%。获得非正规信贷的新型农业经营主体有 32 户，信贷获得率为 74.42%。整体而言，普通农户的信贷需求与获得呈现出“双重不足”的特征；新型农业经营主体信贷需求旺盛，但正规信贷获得率较低，受正规信贷制约较为严重。以上数据也验证了理论模型中推论（1）与推论（2）关于两类农户信贷需求特点的假设，即普通农户的信贷需求主要为非正规信贷需求，新型农业经营主体的信贷需求主要为正规信贷需求。

表 10-3　普通农户和新型农业经营主体信贷供求状况　单位：户

信贷供始类型	普通农户		新型农业经营主体	
	信贷需求农户数	获得信贷农户数	信贷需求农户数	获得信贷农户数
正规信贷	191	78	130	68
非正规信贷	255	142	43	32

3. 生产经营特征改变与信贷获得的关系

前面两部分分别对两类农户的生产经营特征与信贷供求的概况进行了描述，那么生产经营特征的改变是否与信贷获得存在着统计意义上的联系呢？我们利用非参数估计对各项经营特征与信贷获得之间的联系进行分析，结果见图 10-2 和图 10-3，各项经营特征①无论与两类信贷的可获得性还是实际获得数量都存在着正相关关系，伴随各项投入的增加，农户的信贷可获得性与实际获得数量都呈现出上升趋势。

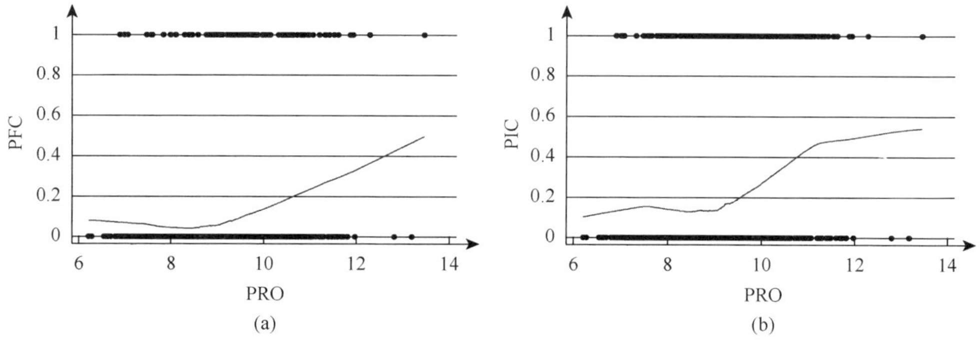

图 10-2　生产性投资与两类信贷的可获得性的非参数估计图

PFC 表示正规信贷可获得性；PIC 表示非正规信贷可获得性

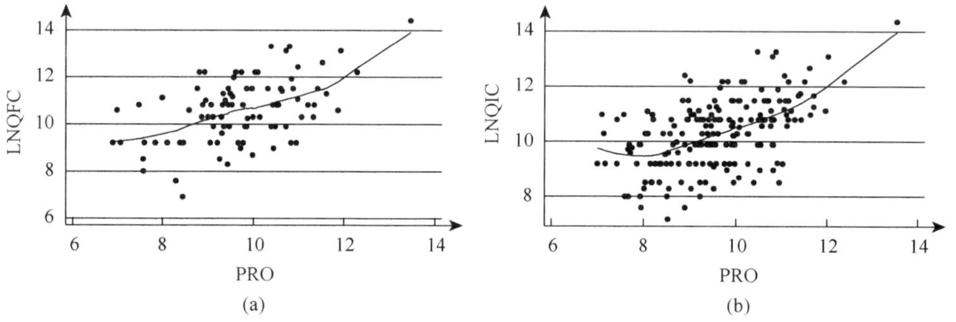

图 10-3　生产性投资与两类信贷的实际获得数量的非参数估计图

LNQFC 表示正规信贷数取对数；LNQIC 表示非正规信贷数量取对数

10.3.4　实证模型及估计方法

1. 实证模型

本章的实证分析包含两类农户的信贷可获得性与信贷获得数量两个层面，根

① 鉴于土地面积、固定资产在我们的分析中也显示出与两类信贷的可获得性和实际获得数量存在着正相关关系，此处仅给出生产性消费与两类信贷的可获得性和实际获得数量之间的关系图。

据研究需要，设定了两个基本计量模型对信贷可获得性与信贷获得数量进行实证分析，在研究两类农户的信贷可获得性时，基本计量模型设定如下：

$$\text{loan}_{js} = \gamma_{is} + \sum_{i=1}^{2} \gamma_i \beta_i + \text{cons}_{is} + \text{id}_{is} + \varepsilon_{is} \tag{10-22}$$

其中，loan_{js} 为两类信贷获得；β_i 为农户类型变量；cons_{is} 为控制变量；id_{is} 为获得方程的识别变量；γ_{is} 为方程的常数项；ε_{is} 为方程的随机扰动项；i、j 与理论模型中含义相同。

在研究两类农户的信贷获得数量时，我们设定基本的计量模型如下：

$$\log(\text{amount}+1)_{ja} = \varphi_{ia} + \sum_{i=1}^{2} \varphi_i \beta_i + \text{cons}_{ia} + \varepsilon_{ia} \tag{10-23}$$

其中，$\log(\text{amount}+1)_{ja}$ 为信贷数量加上 1 取对数；β_i 为农户类型变量；cons_{ia} 为控制变量；φ_{ia} 为方程的常数项；ε_{ia} 为方程的随机扰动项。

2. 估计方法

（1）信贷获得数量估计方法。在对普通农户和新型农业经营主体的信贷获得数量进行对比研究时，我们采用 OLS，由于该方法的应用已经非常普遍，这里不再做专门介绍。

（2）信贷可获得性估计方法。我们在变量选取的时候提到，信贷可得性是需求与供给共同作用下的均衡结果，仅对需求或供给单方面的考察无法有效分离需求因素和供给因素，难以可靠地估计出信贷可获得性。然而传统的 Probit 模型往往是针对方程只有一个因变量的情况，如果单独对需求方程和供给方程建模，则存在效率损失。因此，本章采用双变量 Probit 模型对农户信贷的供求关系进行研究，以避免估计过程中的效率损失。具体考察以下联立方程模型：

$$\begin{cases} y_{\mathrm{D}i}^{*} = x_{\mathrm{D}i}' \beta_{\mathrm{D}i} + \varepsilon_{\mathrm{D}i} \\ y_{\mathrm{S}j}^{*} = x_{\mathrm{S}j}' \beta_{\mathrm{S}j} + \varepsilon_{\mathrm{S}j} \end{cases} \tag{10-24}$$

其中，$y_{\mathrm{D}i}^{*}$ 与 $y_{\mathrm{S}j}^{*}$ 为不可观测的潜变量，分别代表着信贷需求和信贷获得；$x_{\mathrm{D}i}'$ 与 $x_{\mathrm{S}j}'$ 分别为影响农户信贷需求和获得的各类影响因素；扰动项 $(\varepsilon_{\mathrm{D}i},\ \varepsilon_{\mathrm{S}j})$ 服从二维联合正态分布，期望为 0，方差为 1，而相关系数为 ρ_{ij}，即

$$\begin{pmatrix} \varepsilon_{\mathrm{D}i} \\ \varepsilon_{\mathrm{S}j} \end{pmatrix} \sim N\left\{ \begin{pmatrix} 0 \\ 0 \end{pmatrix}, \begin{bmatrix} 1 & \rho_{ij} \\ \rho_{ij} & 1 \end{bmatrix} \right\} \tag{10-25}$$

农户的信贷需求 $y_{\mathrm{D}i}$ 和供给 $y_{\mathrm{S}j}$ 由以下方程决定：

$$y_{\mathrm{D}i} = \begin{cases} 1, & y_{\mathrm{D}i}^{*} > 0 \\ 0, & y_{\mathrm{D}i}^{*} \leqslant 0 \end{cases} \tag{10-26}$$

$$y_{\mathrm{S}j} = \begin{cases} 1, & y_{\mathrm{S}j}^{*} > 0 \\ 0, & y_{\mathrm{S}j}^{*} \leqslant 0 \end{cases} \tag{10-27}$$

因为本章研究的 $y^*_{\mathrm{D}i}$ 与 $y^*_{\mathrm{S}j}$ 分别表示“是否有信贷需求”与“是否获得信贷”，两者之间是相关的，故 $\rho_{ij}\neq 0$。当 $\rho_{ij}\neq 0$ 时，可利用 $(y_{\mathrm{D}i}, y_{\mathrm{S}j})$ 的取值概率，然后进行 MLE。因此，我们首先对 ρ_{ij} 进行计算：

$$\begin{aligned}\rho_{ij} &\equiv P(y_{\mathrm{D}i}=1, y_{\mathrm{S}j}=1)=P(y^*_{\mathrm{D}i}>0, y^*_{\mathrm{S}j}>0)\\ &=P(\varepsilon_{\mathrm{D}i}>-x'_{\mathrm{D}i}\beta_{\mathrm{D}i}, \varepsilon_{\mathrm{S}j}>-x'_{\mathrm{S}j}\beta_{\mathrm{D}i})\\ &=P(\varepsilon_{\mathrm{D}i}<x'_{\mathrm{D}i}\beta_{\mathrm{D}i}, \varepsilon_{\mathrm{S}j}<x'_{\mathrm{S}j}\beta_{\mathrm{S}j})\\ &=\int_{-\infty}^{x'_{\mathrm{D}i}\beta_{i1}}\int_{-\infty}^{x'_{\mathrm{S}j}\beta_{j2}}\phi(z_{i1}, z_{j2}, \rho_{ij})\mathrm{d}z_{i1}\mathrm{d}z_{j2}\\ &=\Phi(x'_{\mathrm{D}i}\quad\beta_{i1}, x'_{\mathrm{S}j}\beta_{j2}, \rho_{ij})\end{aligned} \tag{10-28}$$

其中，$\phi(z_{i1}, z_{j2}, \rho_{ij})$ 与 $\Phi(x'_{\mathrm{D}i}\beta_{i1}, x'_{\mathrm{S}j}\beta_{j2}, \rho_{ij})$ 分别为标准化的二维正态分布的概率密度函数与累积分布函数，期望为 0，方差为 1，而相关系数为 ρ_{ij}，然后将这些概率进行加总，即得到对数似然函数：

$$\ln L(\beta_{\mathrm{D}i}, \beta_{\mathrm{S}j}; \rho_{ij})=\sum_{i=1}^{2}P\ln F(X_{\mathrm{D}i}\beta_{\mathrm{D}i}, X_{\mathrm{S}j}\beta_{\mathrm{S}j}; \rho_{ij})+(1-P)\ln[1-F(X_{\mathrm{D}i}\beta_{\mathrm{D}i}, X_{\mathrm{S}j}\beta_{\mathrm{S}j}; \rho_{ij})] \tag{10-29}$$

最后，我们需要对原假设“ $H_0:\rho_{ij}=0$ ”进行检验，可判断有无必要使用双变量 Probit 模型。如果检验结果拒绝原假设，则必要。

10.4　实证结果及分析

10.4.1　信贷可获得性估计结果及分析

表 10-4 显示了普通农户和新型农业经营主体的正规信贷方程供求关系的计量结果。从两个模型的极大似然值来看，模型是稳定的。同时两者的 chi2（1）值均强烈地拒绝了“ $H_0:\rho_{ij}=0$ ”的原假设，故意愿方程和行为方程之间存在相关性，有必要使用双变量 Probit 模型。

表 10-4　两类农户信贷可获得性实证结果

变量特征	变量名称	NEW 新型农业经营主体		ORD 普通农户		NEW 新型农业经营主体		ORD 普通农户	
		RDC 正规需求	RSC 正规获得	RDC 正规需求	RSC 正规获得	IDC 非正规需求	ISC 非正规获得	IDC 非正规需求	ISC 非正规获得
农户类型	NEW/ORD	0.188 3*	0.026 6	–0.200 2**	0.196 2	0.013 3	0.204 2*	–0.103 2	0.226 7

续表

变量特征		变量名称	NEW 新型农业经营主体		ORD 普通农户		NEW 新型农业经营主体		ORD 普通农户	
			RDC 正规需求	RSC 正规获得	RDC 正规需求	RSC 正规获得	IDC 非正规需求	ISC 非正规获得	IDC 非正规需求	ISC 非正规获得
家庭经营特征		NUM 家庭人数	–0.047 7	–0.139 7*	0.033 8	0.054 3	0.030 0	–0.097 8	–0.054 5	0.024 5
		LAN 土地经营面积	0.020 1***	–0.000 6	–0.006 5	0.033 7	–0.006 5	0.005 6	0.019 3***	0.050 2
		PRO 生产性投资	0.241 9***	0.268 4	0.117 5**	0.121 1	0.250 5***	0.310 8**	0.148 4**	0.283 8*
		FIX 固定资产	0.103 2	0.204 5***	0.088 8	0.158 1***	0.074 8	0.113 0***	0.153 6	0.271 3***
其他资源禀赋特征	户主特征	GEN 性别	–0.227 8	–0.385 0	0.098 8	–0.383 2*	0.096 2	–0.353 5	–0.251 8	–0.328 9
		AGE 年龄	0.011 6	0.013 8	0.049 8*	0.071 6*	0.048 6*	0.064 3	0.012 3	0.006 2
		AGS 年龄平方	–0.000 2	–0.000 3	–0.000 5**	–0.000 7*	–0.000 5*	–0.000 6	0.000 2	–0.000 1
	人力资本	EDU 受教育程度	0.135 8**	0.102 1	0.038 7	0.185 3***	0.053 6	–0.104 3	0.151 7***	0.213 6**
	实物资本	INC 总收入	–0.080 9	0.255 8*	–0.298 6***	–0.442 3***	–0.280 2***	0.052 2***	–0.083 6	–0.276 4***
		NAI 农业收入	–0.383 6**	0.021 2	–0.104 7	–0.013 4	–0.093 4	0.008 3	–0.370 6**	0.000 6
		OPI 经营收入	–0.436 4*	0.035 1*	0.241 9***	–0.005 1	0.250 5***	0.023 1	–0.008 3*	0.037 3
	社会资本	EXP 礼金支出	–0.089 7	–0.143 7	–0.141 5	0.051 8	–0.143 0	–0.080 8	–0.080 8	0.093 1
		GOV 干部	0.204 0	0.305 9**	0.064 7	0.013 6	0.082 5	0.286 0**	0.198 3	0.083 2
	区域发展水平	TRA 交通条件	–0.079 4*	0.101 4	–0.075 4	–0.160 3	–0.075 5	–0.011 75	–0.073	–0.062 3
识别变量		REL 城市亲戚	0.131 3		–0.048 7					
		ORG 合作经济组织		–0.744 7		0.447 22		0.107		0.313 4
		IMP 重大事件					–0.043 6		0.125 1	
		PAR 党员						–0.042 6		0.120 6**
统计特征		CON 常数项	–2.572 1	–3.828 2*	0.464 7	–2.445 5	–0.225 4	–3.395 4*	–2.767 0	–4.201 3*
		chi（2）	chi2（1）=111.138 Prob＞chi（2）=0.000 0		chi2（1）=117.795 Prob＞chi（2）=0.000 0		chi2（1）=181.787 Prob＞chi（2）=0.000 0		chi2（1）=183.669 Prob＞chi（2）=0.000 0	
		LOG 极大似然值	–833.368 4		–916.161 5		–702.161 8		–632.272 5	

注：各变量所对应的数值为变量系数

*、**、***分别表示 10%、5%、1%的显著性水平

（1）从农户类型特征来看，估计结果表现出以下几个方面。①普通农户对正规信贷需求产生了显著的负效应，对正规信贷可得性效应为正，但不显著。对非正规信贷需求和可获得性效应均不显著。这说明普通农户的信贷需求主要为非正规信贷需求，但受到了一定的非正规信贷约束。主要原因为普通农户主要从事简单重复生产，信贷需求主要为生活性的，资金需求量小，且期限短。另外，普通农户生产效率、收入、资产水平较低，对交易费用敏感度高，而正规信贷办理程序繁杂、交易费用高，严重地抑制了其信贷需求，进而在需求端形成了对正规信贷的“自我配给”，非正规信贷借贷便捷，交易费用较低，更好地契合了普通农户的需求特点。这也与高帆（2002）、Swain（2002）、Khantachavana 等的研究结论一致。②新型农业经营主体对两类信贷需求产生了正效应；但只对非正规信贷可获得性产生了显著的正效应，对正规信可获得性效应为正，但不显著。这说明新型农业经营主体对两类信贷均拥有旺盛的需求，但受到了一定程度的正规信贷约束，更多通过非正规信贷来满足其信贷需求。对此，我们根据已有研究并结合实际的调研情况，给出以下解释：新型农业经营主体虽然生产效率、收入、资本水平远高于普通农户，但自身仍处于成长初期，涉及大量生产性投资，对两类信贷需求旺盛。而新型农业经营主体经营效率相对较高，且属于农村“精英阶层”，无论人力、实物、社会资本均较高，容易获得非正规信贷支持。从内部环境来看，自身财务信息不规范、缺乏有效担保，新型农业经营主体申请条件难以符合正规信贷的要求；就外部环境而言，农业保险缺乏、农地经营权抵押办理程序繁复，也在一定程度上制约了其获取正规信贷。

（2）从家庭经营特征来看，以下三点值得注意。①土地经营面积对两类农户的信贷可获得性作用均不显著，这说明土地对两类农户的信贷获得并没有促进作用。为此，我们结合过往研究与实际调研结果，做出如下解释：普通农户的风险厌恶程度较高，即便土地可以作为抵押物，他们也会因为担心无法还款而失去土地而拒绝使用土地进行抵押融资。此外，即使普通农户愿意将土地经营权进行抵押贷款，但受制于经营规模太小，其抵押价值十分有限，难以有效地满足其资金需求。新型农业经营主体虽然具有强烈的土地抵押意愿，但是农地经营权抵押尚处于推行初期，权证缺乏、办理程序繁复（黄惠春，2014），加上缺乏权威资产评估机构，严重地制约了新型农业经营主体通过农地经营权抵押获得信贷，这也与 Khantachavana 等的研究结论一致。②生产性投资对两类农户的正规信贷获得效应为正，但均不显著；对两类农户的非正规信贷产生了显著的正效应。这说明生产性投资对两类农户的非正规信贷获得有明显的改善作用，但对他们的正规信贷获得作用不明显。这是因为生产性投资越高的农户未来收益能力通常越高，容易获得非正规信贷支持，但生产性投资品（如农机具等）通常不能作为有效担保物，正规信贷不愿意提供贷款（张龙耀和江春，2011）。③固定资产对新型农业经营主体的两类信贷获得均产生了显著的正效应；对普通农户的两类信贷获得均产生了显著的正效应。这说明固定资产对新型农业经营主体及普通农户的两类信贷获得作用明显。固定资产多是“家境殷实”的象征，因而能够明显获得非正规信贷（刘西川等，2014）。但根据我们的实际调查情况，两类农户中，新型农业经营主体的房屋价值往往地理位置更好，靠近城镇，或者在城市中拥有商品房，故而抵押价值更高，更容易获得正规信贷支持。

（3）从其他资源禀赋特征方面来看，可以得出如下结论。①从户主特征来看，性别对两类农户的信贷可获得性都产生了负向影响。由于妇女还款意愿及还款率普遍高于男性，正规信贷机构更倾向于借款给妇女（Turvey，2013）。户主年龄对两类农户信贷可获得性产生了正效应，年龄平方对两类农户信贷可获得性产生了负向影响，这说明年龄与信贷获得存在倒“U”形关系。户主年轻时，经营能力随年龄增长而提升，获得信贷的能力也随之增强；然而随着年龄的进一步增大，跨过倒“U”形顶点，其经营能力开始下降，信贷获得能力亦逐渐退化。②从人力资本特征来看，受教育程度对普通农户两类信贷可获得性均产生了显著的正效应，而对新型农业经营主体两类信贷可获得性影响均不显著。这说明受教育程度对普通农户信贷可获得性的促进作用大于新型农业经营主体。这可能是因为新型农业经营主体在实物资本、社会资本拥有规模上均较高，相比之下，人力资本对其获取正规信贷的边际效用相对较小，而普通农户的实物资本、社会资本均较少，人力资本对普通农户而言边际作用则较大，对获取信贷的作用更为突出。③就实物资本而言，总收入对普通农户的两类信贷可获得性均产生了显著的负效应，而对新型农业经营主体的两类信贷可获得性均产生了显著的正效应。经营收入对普通农户两类信贷可获得性作用不显著；但对新型农业经营主体的两类信贷可获得性促进作用较大，且对正规信贷显著。这说明正规信贷供给的收入导向依旧明显。其原因在于农贷机构与以新型农业经营主体为主的少部分生产规模大、具有稳定收入和身份特征的农户建立起的重复放贷机制没有发生较大的改变，农贷市场的“精英俘获”特征依旧十分明显（朱喜和李子奈，2006；温涛等，2016）。④社会资本特征中，干部对普通农户两类信贷可获得性效应为正，但不显著；对新型农业经营主体产生了显著的正效应。这是因为农贷资金进入乡村需要寻求内部化节约交易成本的主体与其对接，而这一角色通常由以村干部为首的乡村精英担任，对信贷资金尤其是正规信贷资金有着“近水楼台先得月”的优势（Jia et al.，2010）。因此，新型农业经营主体中的干部户无疑是“双管齐下”，集多项优势于一身，信贷获得优势尤其突出。⑤就区域发展水平而言，交通条件对新型农业经营主体与普通农户的正规信贷可获得性分别产生了正效应与负效应，但均不显著；交通条件对两类农户的非正规信贷均产生了负效应，且均不显著，这说明交通条件对两类农户获取信贷影响有限。这可能是因为宏观经济发展程度对微观主体的影响程度十分有限。

10.4.2　信贷获得数量估计结果及分析

在对普通农户和新型农业经营主体的信贷可获得性进行分析之后，我们进一步将二者的信贷获得数量进行分析，以期更为全面地透视两类农户的信贷获取现状。表 10-5 向我们展示了两类农户获得正规信贷与非正规信贷数量的情况。

表 10-5　两类农户信贷获得数量估计结果

变量特征		变量名称	ORD 普通农户		NEW 新型农业经营主体	
			正规数量	非正规数量	正规数量	非正规数量
农户类型		NEW/ORD 农户类型	–0.1599**	0.3163	0.0316	0.1947
家庭特征		NUM 家庭总人数	–0.0080	–0.0303	–0.1218**	–0.1261
		LAN 土地经营面积	0.0553	0.0457	–0.0014	0.0079
		PRO 生产性投资	0.1682	0.5387***	0.3689***	0.4349
		FIX 固定资产	0.4238	0.5468***	0.2113***	0.4367***
其他资源禀赋特征	户主特征	GEN 性别	–0.2750	–0.4303	–0.2750	–0.4428
		AGE 年龄	–0.0126	0.0366	–0.0171	0.0785
		AGS 年龄平方	0.0001	–0.0003	0.0001	–0.007
	人力资本	EDU 受教育程度	0.1082**	0.1695**	0.0867	0.1043
	实物资本	INC 总收入	–0.1169*	–0.4675***	0.2068	0.0091
		NAI 农业收入	–0.0158	–0.0189	0.0088	0.0014
		OPI 经营收入	0.0312	–0.0024	0.0258	0.0288
	社会资本	EXP 礼金支出	0.0536	0.0368	–0.1252	–0.0933
		GOV 干部	0.0005	0.0430	0.2839	0.3505
	区域发展水平	TRA 交通	–0.0461	–0.1568**	0.0824	–0.0328
统计特征		CON 常数项	–1.5683	–4.0913	–1.7470	2.4447
		调整 R^2	0.43	0.72	0.61	0.54

注：各变量所对应的数值为变量系数

*、**、***分别表示 10%、5%、1%的显著性水平

（1）从农户类型特征来看，普通农户对正规信贷数量产生了显著的负效应；对非正规信贷数量效应为正，但不显著。这说明普通农户在信贷数量上同样受到

两类信贷的约束，且正规信贷的约束作用强于非正规信贷。新型农业经营主体对正规信贷数量产生了正效应，但不显著；对非正规信贷数量产生了正效应，但不显著。这说明正规信贷在信贷数量上也对新型农业经营主体造成了一定程度的约束，而非正规信贷则对新型农业经营主体的信贷约束起到了良好的缓解作用。

（2）从家庭特征来看，其对两类农户信贷获得数量的影响与对可获得性的影响大致相同。土地经营面积对两类农户信贷获得数量均无明显提升作用；生产性投资对新型农业经营主体的正规信贷获得数量有明显提升作用，对普通农户的非正规信贷获得提升明显；而固定资产对新型农业经营主体两类信贷获得数量改善明显，对普通农户的非正规信贷数量提升明显，但对普通农户的正规信贷获得数量提升不明显。

（3）就其他资源禀赋特征来看，人力资本对两类农户信贷获得数量均有促进作用，且对普通农户的边际效用大于新型农业经营主体。实物资本会抑制普通农户的信贷获得数量，但会促进新型农业经营主体的信贷获得数量。社会资本中，礼金支出对普通农户信贷获得数量的作用强于新型农业经营主体；而干部对提升新型农业经营主体的信贷获得数量的作用强于普通农户。

10.5　本章小结

本章基于家庭经营特征改变的现实背景，构建了两类农户信贷合约达成的局部均衡模型，并利用微观数据对二者的信贷获取现状进行了对比研究，发现以下几个方面。①从农户类型来看，正规信贷交易费用较高迫使普通农户在需求端产生了“自我抑制”，进而选择交易费用更低的非正规信贷；新型农业经营主体对两类信贷均有旺盛需求，但由于自身经营特殊性和配套措施不完善，正规信贷对其产生了一定的“挤出效应”，迫使其更多地选择非正规信贷。②从家庭经营特征来看，土地经营面积的增加既不能增加两类农户的信贷可获得性，亦未能增加信贷获得数量；生产性投资可以显著改善两类农户的非正规信贷获得，固定资产可以明显提升新型农业经营主体的两类信贷获得，但只能提升普通农户的非正规信贷获得。③就其他资源禀赋特征而言，人力资本可以提升两类农户信贷的可获得性与获得数量，但对普通农户的作用强于新型农业经营主体；实物资本对新型农业经营主体的信贷可获得性和获得数量均有良好的促进作用，而对普通农户却产生了较强的抑制作用；社会资本中，干部对新型农业主体的信贷可获得性与获得数量方面均有明显促进作用。

根据上述结论，我们得出如下政策启示。①创新农贷市场信贷供给，针对不同经营主体的需求特点进行“差别授信”；有机整合正规信贷与非正规信贷的比较优势，优化农村信贷供给侧结构，在农贷市场形成多层次、广覆盖的供给体系。

②简化“两权抵押”的办理程序，建立“两权抵押”价格评估机构，节约农业经营主体贷款的交易成本；同时开展农机具等资产的抵押贷款，拓展农户的融资渠道。③推进新型职业农民的培养，提高农民的人力资本，使其更加便捷地获得信贷资金，进而实现农民收入的内生增长。④针对信贷供给的收入导向，应大力推进普惠信贷体系建设，让低收入农户跨过资本的“门槛效应”，摆脱“一国穷因为他穷”的贫困恶性循环。⑤加强农贷市场监管，防止以村干部为首的“乡村精英”利用自身在农贷市场中的中介地位攫取信贷资金。

第 11 章　中国农贷市场包容性成长的路径选择

既有中国农贷市场的“精英俘获”，不仅对金融扶贫功能有效发挥产生结构性抑制，更对农民收入均衡增长和农村消费拓展形成严格的约束，经济“新常态”时期这一状态尚未明显改善。前述研究表明，中国农贷市场的“精英俘获”植根于农村金融整体设计、体系构建及实践发展过程中的包容性缺失。因此，解决这一问题的关键就在于将包容性金融理念融合到当前中国农村金融体制改革之中，推动中国农贷市场的包容性成长。

11.1　中国农贷市场包容性成长的必要性与可行性

一般认为，农户天然的小农意识决定其金融伦理缺位、信誉偏低，导致金融机构与分散兼业农户建立契约的交易费用过高，甄别信用和防范风险的成本过高，进而导致追求利润的金融机构天然缺乏服务“三农”的内在动力和必要条件，农民的贷款难问题凸显。普通农民作为金融机构的低端客户，很难自由进出金融市场并获取金融服务，农民的预期偿还能力决定了传统农村金融机构不能为大量有信贷需求的普通农民提供公平、公开的交易机会，农村金融排斥现象广泛存在。在中央高度重视“三农”问题的现实背景下，培育包容性成长的农贷市场进而减缓金融排斥等一系列不公平现象，有望给予广大农户平等享受金融服务的权利。

11.1.1　包容性成长的必要性

（1）培育包容性成长的农贷市场是推动农民收入和农村经济增长的重要保障。一方面，包容性成长的农贷市场所引致的资源分配效应通过激励机制、参与机制的协同作用为中低收入农户提供信贷资金，推动其生产规模的扩大及生产效率的提高。包容性成长的农贷市场还能通过资本注入、资源诱导的方式为农户增加创新、创业的机会，进而在经济体制转型的环境下增加农户获取经济收益的途径。另一方面，包容性成长的农贷市场致力于信贷资金在农村公平、畅通地传递，有效保障了农村法人主体中小型、微型企业的运营并推动其发展，农村企业的健康发展能够在一定程度上解决农户就业问题，能够部分消除农村的隐性失业、淡化贫富差距、减少农户生产的脆弱性，进而在整体水平上起到推动农户收入增长和农村经济发展的作用。

（2）培育包容性成长的农贷市场是促进农村贫困减缓的重要阵地。长期以来，受农村地区资源禀赋的约束，缺乏金融服务是导致农村贫富差距问题突出、贫困现象严峻的关键影响因素。实际上，大量缺乏发展机遇的贫困农户亟待获取信贷以突破资本匮乏的瓶颈，获取一定数量的维持和扩大生产所必需的农贷资金，是缓解贫困的重要手段。当然，在传统意义上通过财政预算机制扶贫是必不可少的，但在地方政府财力不足之时则需要信贷资金发挥作用。通过培育包容性成长的农贷市场，与保本逐利、爱富嫌贫的商业性金融形成互补，同时充分发挥信贷资金效率较高、规模效应较强的特点进而起到扶贫的作用，是新时期促进大量农户脱贫的重要手段。

（3）培育包容性成长的农贷市场是提高农贷市场稳定性的重要基础。一方面，包容性成长的农贷市场惠及更多的市场参与者，增加市场中贷款主体的多样性，可有效地避免风险集中进而减小系统性的风险发生的可能。另一方面，包容性成长的农贷市场的规模较大、覆盖面较广，通过持续经营，能够对经营效益好、发展潜力大的资金需求者给予长期支持，形成稳定的运行模式；同时，排斥信用水平不高、经营能力不强的贷款主体，在一定程度上起到了筛选和甄别的作用，有利于农贷市场的稳定和实现可持续发展。

（4）培育包容性成长的农贷市场是兑现农民权益、满足农民诉求、提升农民福利的本质要求。长期以来，农贷市场变革与调整更多体现的是供给导向和监管倾向，而部分忽视农贷市场的需求因素和条件，农民的脱贫意愿、农村经济实体的利益动机和农业弱质性修复均无法得到有效满足。农贷市场包容性成长实质上是权利和权益、公平和正义的成长，包容性成长实际上强调了信贷服务站在农户的立场上审视农户对利益的追求、农户对美好生活的向往。通过强调农贷市场包容性成长，能够通过资本注入的途径弥补农户隐含的经济脆弱性，迎合农户生活、消费及娱乐等潜在的福利增长点，同时满足农户在健康医疗、子女教育、技能培训等方面的资金需求。

11.1.2　包容性成长的可行性

（1）深厚的历史文化基础。延绵数千年之久的中国农贷制度具有丰富的内涵和特定的体系，内在地具有包容性的思想逻辑。正所谓“不患寡而患不均”，“均”代表着均衡和平均。比如，中国的土地制度向来具有均田的思想，“耕者有其田”是中国土地制度改革的核心。在中国历史上的各朝各代中，农贷多为国家的赈贷，具有一定的救济性质，其目的在于维持中国广大弱势群体不贫不富的生存状态。虽然在最近百余年抵御外来侵略及追求工业化的中国近代社会中，农贷市场的结构、特征和功能发生了根本性改变，其包容性的思想并未改变。因此在新形势下，培育包容性成长的农贷市场，是中国传统制度的延续。

（2）政策的强力支撑。2004～2016 年中央“一号文件”连续 13 年聚焦“三农”已经勾勒出中央政府的施政概貌，在“三农”问题被视为重中之重的背景下，培育包容性成长的农贷市场具备良好的政策环境和市场条件。中央政府及宏观政策强调涉农贷款总量不减、比例上升，有力推动了信贷资源更多向“三农”领域倾斜。在信贷资金流入总量逐渐提高的背景下，资金在农村中的分配将是影响农贷效率、决定农贷功能发挥的关键因素。宏观政策环境体现了中央政府引导信贷资金分配向农村底层民众倾斜的意向，培育包容性成长的农贷市场无疑将获得政策的有力支持，进而将成为一种让国家的利好政策直接惠及农村中下层弱势农户的渠道，是缩小贫富差距及转变发展方式的重要方式。

（3）金融自身条件初步具备。在中国金融体系逐步扩张、相应法律法规体系日臻完善的背景下，新型农村金融机构快速发展，金融基础设施也初步完善。提倡公平、呼唤全面与协调的发展，将是下一阶段农贷市场发展的主旋律。随着政策对农村地区金融准入机制、激励机制和监管机制的调整，中国农村金融体系逐步扩张，新型农村金融机构大量涌现，我国农贷市场已形成多层次、共发展的新格局。村镇银行、小额贷款公司、资金互助社异军突起，在很大程度上改变了我国农贷市场的结构，农贷市场竞争态势已初步形成。而相应的法律法规出台有效化解了监管难度大、基层监管能力薄弱、监管机制不健全及监管经验缺乏的难题。在此背景下，农贷市场在更高层次上发展无疑会强调全面、协调、可持续，通过满足各类信贷资金需求者的诉求，强调公平及化解歧视和差别对待以提高金融服务水平，将是农贷市场未来发展的主旋律。

11.2　中国农贷市场包容性成长的目标

11.2.1　机构主义论与福利主义论

在 20 世纪末，学者对农村金融领域的讨论呈现出福利主义论和机构主义论两种对照鲜明的理论观点。福利主义论主要强调农村金融服务发挥的积极作用，认为农村金融机构的最终目标是消除对贫困人群的金融排斥并激励自主创业，从而增加农民收入。此外，不同于传统大型金融机构，农村金融机构的资金来源可能是公益福利组织或社会公众的捐助。而这些“投资人”本身不追求经营的高财务回报，而更为关注社会公众的福祉和利益。经营者为了避免与“投资人”意愿产生冲突，会考虑提高社会服务水平作为企业发展目标。对政策制定者来说，社会导向的农村金融服务有助于缩小贫富差距，化解社会矛盾，同时服务差异化也避免对传统金融机构产生市场竞争冲击。

与之相对的机构主义论则向社会目标发展的决定性地位提出了挑战，认为农村金融运行的难点在于如何增强运营财务可持续性，补贴依赖型的农村金融服务普遍缺乏效率。美国俄亥俄州立大学的农村金融项目曾对由世界范围内一些发展中国家在 1960 年至 1970 年所建立起的农村信用机构进行失败原因研究。研究得出的两大结论分别是：第一，信用机构的不可持续性是导致其失败的关键因素；第二，信用机构自给自足是保持可持续性的关键。相对于传统金融机构，运营初期的农村金融机构的规模小且抵抗风险能力弱，往往缺乏财力和人力资本支持机构运转，如果一味地考虑社会服务目标，就可能会导致农村金融机构的生存性降低，从而使得服务质量难以保障。

农村金融理论经过近十年的深化和发展，福利主义论和机构主义论两种观点之间的争论实际上已经趋于平和，许多学者认为农村金融的发展方向应该兼顾延展性和可持续性，两者其实指代社会和财务目标的共同考虑，这也逐渐形成了农村金融的双重目标发展的理论共识。但是近年来一些研究揭示了两者可能暗含的冲突关系，因此如何平衡好社会服务和财务盈利发展的关系可能是农村金融理论未来的研究趋势。

11.2.2　中国农贷市场包容性成长的目标选择

我国的农户小额贷款始于 20 世纪 90 年代，至今全国各地都存在形式多样的农贷市场，运行着数额庞大的农贷项目，但其中较大部分成为有去无回的资金单项投放。这从实践层面证实了福利主义论指导下的小额信贷不具有可持续性。然而，福利主义论的意义在于为农村金融机构的实践树立一种金融伦理道德的典范，在一定程度和范围上进入了传统金融活动不愿触及的领域，开创了金融支持弱势群体的先河。就机构主义论观点来看，新设立的农村金融机构在成立初期可能需要接受补贴，但经过一段时间的经营，完全可以成为商业化的营利机构。不过，一部分农村金融机构一旦产生了可观的利润，就会逐渐远离农村贫困和弱势群体，转而寻求能够带来更高资金回报的主体，农村金融的非农化严重，甚至农村金融根本就不姓“农”了。从本质上看，这正是市场配置资源产生的必然结果。

站在包容性发展的角度讨论中国农贷市场的目标选择，福利主义论与机构主义论是可以有机结合的，找准农村金融市场发展的“长期”与“短期”是关键。在短期，农村金融机构的营利能力有限，需要外部资源注入才能有效运行，此时在社会效应约束下，通常以福利主义形式形成与弱势群体协同发展的局面。相应地，短期目标重点在于尽快构建包容性的信贷体系，同时政府通过财政补贴、税收优惠、增量奖励等连续正向激励措施促进其有序运行，有力提升农贷服务的深度和广度，促进农民收入持续、平稳、快速增长，助推全面小康目标在农村实现。在长期，伴随着农贷投放成长起来的农户能够为农村金融机构提供更多利润，农村金融机构有条件渐进式地向商业银行转型。但是，反贫困是一个永恒的主题。

长期目标的重点在于与传统金融市场形成互补，充分发挥金融扶贫功能，注重金融的人文关怀，助推和谐社会建设。总之，福利主义论与机构主义论存在动态转换的可能，在讨论中国的目标时，既要因地制宜、因时制宜，又要考虑形势变迁下的多重目标，切忌简单化、一刀切。

11.3　中国农贷市场包容性成长的实现路径

总体而言，当前中国农贷市场的包容性成长，应当定位为加强农业、农村经济主体和金融机构各自的企业能力，尤其是金融机构针对现代农业发展的金融产品与服务创新能力，由此通过金融创新拓展“三农”发展的金融服务手段，通过金融创新增强防范、抵御和化解金融风险的能力，实现“支农”与“盈利”的双赢。为此，其具体实现路径包括以下六个方面内容。

11.3.1　完善农村金融改革的顶层设计

农村金融发展的实践经验表明，农村金融市场有序运行并且高效发挥其服务功能，需要科学立法予以保障。例如，美国通过《农业信贷法》这一农村金融立法的“顶层设计”，不断完善农村金融体系，化解农村金融风险，加强农村金融监管，提升农村金融效率，为其最终建成世界上最大、最强和最现代化的市场化农业提供了资本保障。而中国由于缺乏对农村金融战略目标的清晰定位，农村金融制度供给一直处于“双重抑制”的境地。一方面，缺乏对农村金融市场基础条件、宏观环境和运行监管的有效供给；另一方面，现存制度集中于对农村金融机构的调整，体现出“唯机构”的“单一性”特征，仓促易变、自相矛盾、急功近利、积重难返。进一步深化中国农村金融改革与创新，应当遵循“需求分析—目标定位—顶层设计—立法规范”的思路，通过制度供给为农村金融部门发展和农贷市场有序运行保驾护航。农村金融改革顶层设计的思路如下。

（1）农村金融改革要在制度层面矫正对农村金融机构的金融压抑和过度干预，在破除垄断和引导动态竞争的同时，要淡化显性的差别对待和隐性的政策排斥。1997 年农村金融改革以来，中国农业银行撤出农村导致农村信用合作社“一社支‘三农’”局面的形成，农村信用合作社一家独大的垄断局面直接导致大量农户的信贷需求无法得到满足。近些年来，异军突起的新型农村金融机构和改革中成型的农村商业银行备受监管部门及地方政府的青睐，而内生于民间带有农民自身特点的互助合作金融却备受冷落进而被弱势化和边缘化。一些农村金融机构受政府“善意”的干预过重，另一些又苦于优惠政策无法覆盖。农贷市场结构的形成带有浓厚的行政意志，既往的农贷体系修补和市场调整更多体现的是供给导向和监管倾向，在很大程度上忽视了需求方的行为特征及其产生效果的过程，因而不断调整的农村金融市场也无法有效满足具有庞大基数的普通农民的信贷需求。可见，只有在政策层面淡化对不同农村金融机构显性的差别对待和隐性的政策排斥，才有望通过多种形式满足“三农”信贷需求，进而迎合农民的利益诉求、农村经济实体的发展动机和农业弱质性的修复要求。

（2）农村金融的未来发展绝非强求“三农”领域来适应中国的现代金融体系，相反需要农村金融体系在变革与调整中审视农村金融生态、环境和伦理，提供适应乡土社会经济、文化和历史的现代金融服务。一方面，从农户获取非正规贷款的角度来看，农户之间友情借贷主要是基于中国农村“熟人社会”的环境，具有“村庄共同体”的特点，农户的“圈层结构”表明农户对圈子内的人的信任是道德化的，具有良性导向的金融伦理约束；而农户对不熟悉或陌生的人或事物是不信任的，这是农村金融生态环境天然弱化及缺乏必要的道德诱导和制度规范的结果。另一方面，对正规贷款而言，因为多数农户受教育程度有限并且获取信息的渠道有限，所以要农户主动适应和迎合金融体系是有难度甚至不现实的，复杂而烦琐的贷款流程、手续和方式本身就是对作为“低端客户”的农户的一种排斥，大多数农户需要“来回跑”并且四处疏通关系才能获得贷款，农户“贷款难”是现实的难题。有效缓解农户的贷款问题，需要制度安排、体系设计、产品创新、功能延伸等方面体现多样性和特色性，以适应农村社会金融环境，农村金融需要以内嵌于农村社会的角色提供金融服务。

（3）农村金融改革要通过一系列倡导“良治”与“善治”的行政法规体系和市场监管体系营造良好的市场环境，化解市场的劣化机制，保障农贷市场的公平性与正义性。农村金融市场是在外部政策资源注入下持续运行的，中央政府及宏观政策提供的面向“小微”“三农”的定向降准、降息是国家层面“善意”的体现。然而受宏观经济波动、乡村基层治理变迁的多重作用下，农贷市场中存在大量农贷资金被农村中的精英把控，其中不乏不法分子通过非法手段俘获农贷资金，相应也未把有限的资金用于农业生产，甚至投放到高利贷之中，农贷市场的公平性与正义性遭受考验与挑战。这样的现象便对一系列倡导“良治”与“善治”的行政法规体系颁布实施和市场监管体系成型提出了现实要求，处理违规违法事件、淡化不公平现象是纠正劣化市场环境的基础，在此之上开展的农贷才能长期、可持续地服务“三农”。

（4）农村金融改革要激励与引导大型金融机构的支农战略及其创新，不限于激发其社会责任及一些边缘业务，更是要促进金融机构在业务拓展、运作模式、企业文化、风险控制等方面实现支农与自身运行并重，进而向广泛贫困群体、农业现代化和产业化主体提供长期、可持续、有特色的优质金融服务。大型商业银行在服务“三农”客户方面存在较为严重的信息不对称问题，需要在搜寻与处理客户信息上花费较高成本，并且存在防范风险难度大、甄别客户交易费用高等现实难题。因此大型商业银行天生就不具备服务“三农”客户的内在动力和客观条件，涉及“小微”“三农”领域的信贷投放、产品营销在一定程度上是基于其社会责任的附属业务。如何在市场机制主导的规则下把服务“三农”变为农村金融机构的主营业务，迫切需要相关的制度供给和机制设计。中国农业银行成立“三农金融事业部”进而实行独立的运营和管理模式，有望通过对传统业务及体制机制的创新实现全心全意服务“三农”的目标。

（5）农村金融改革要重视正规金融与非正规金融的协调性与互补性，把握农村金融与城市金融的整体性与相关性，厘清政策性、商业性与合作性金融的功能特色和作用边界。长期以来，农村非正规金融和正规金融并行运行表明，缺乏储蓄能力的农村正规金融市场需要非正规金融的功能性补充，农村正规金融和非正规金融并不具备替代性，因此强调其产生效应的协调性和功能互补性是关键问题，同时合理引导非正规金融的规范化也同样重要。农村金融体系是中国金融体系中的一部分，农村金融体系的资金外流和资金流入实际上是农村金融与城市金融的一个动态平衡，要在时代发展现实需求的背景下，充分发挥城市金融和农村金融的互利、互惠和互补关系。同时要认识农村金融市场政策性、商业性和合作性金融的作用边界，因地制宜、因时制宜，发挥其不同的特色功能。

（6）金融、财政、发展改革等部门要在农村地区发挥衔接联动和协同作用机制，银行、担保、保险、期货及信用合作组织要进行对接、互动和整合，为农户提供贷款、储蓄、理财、汇款及养老等一揽子完善的金融服务。深化中国人民银行、银监会、财政部、国家发展和改革委员会、农业部的协调合作，需要定期召开金融联席会议、农业项目推介会、农村金融发展座谈会及论坛等，共同形成支农的合力作用。同时促进大型银行金融机构与微型金融机构、担保机构、保险机构和期货机构对接，有效改善农村金融机构的服务能力和效率。通过银行金融机构和非银行金融机构的互动对接，将有望形成协同创新，提升产品的多样性和规范性，进而实现完备的金融服务体系。

11.3.2　构建农村普惠信贷体系

（1）完善的金融基础设施建设是构建普惠信贷体系的前提。征信体系、担保体系和支付体系在农村地区的建设及完善是保障普惠信贷体系能够安全、有效进行的基础，基础设施的建立健全能够防范农村金融交易的风险，同时降低金融服务的成本。具体体现在以下三个方面：①征信体系的建设能够有效降低借贷双方的信息不对称，进而减少可能存在的道德风险和逆向选择；完善的征信体系还能够减少交易双方的交易费用并控制信贷风险，同时使农村金融机构能够优化整体水平上的信贷组合管理，提高其资产业务的价值，相应地就增加了农村金融部门的市场竞争力和稳定性。②担保体系的完善需要创新，既有的担保方式主要是由机械、设备及应收账款等构成，而农户缺乏金融机构认可的抵押物是限制其贷款获得能力的关键因素。在控制风险敞口的前提下，挖掘农村产权抵押融资的潜力，将有望满足农户的信贷需求。③支付体系为交易双方提供便捷的基本技术和财务结算机制，不仅能够提高清算效率，而且能够快速、廉价、低风险地进行交易。完善的支付体系将为农民提供高质量的现代金融服务，移动手机终端、自动提款机、POS[①]设备为分散兼业的广大农户突破地理障碍获取高效金融服务提供可能。

（2）构建普惠信贷体系内在要求创新，创新产品、服务和机构，重点扶持新型农村金融机构和互联网金融。要在贫困县建立普惠金融组织体系和政府主导的扶贫信贷机构，建立扶贫贷款风险补偿基金，提高扶贫贷款风险损失准备金计提标准，鼓励金融机构加强扶贫信贷产品与服务创新，为中低收入农户定制合适的信贷产品，扩大信贷对贫困农户支持的覆盖面，提高贫困农户金融需求满足率。同时要创新农村金融机构，新型农村金融机构在一定程度上克服了传统金融机构的缺陷，不需要农户提供担保和抵押，因而能够更大程度渗透到普通农户。然而，就小额贷款公司、村镇银行和资金互助社的运营模式来看，面向农户而具有普惠性质的贷款具有“福利”性质，新型农村金融机构多为非公众性金融机构身份，其开展的农户小额贷款业务更多是为了获取国家优惠政策并保住营业执照，因此持久稳定的普惠信贷体系尚未完全形成。在中央政府的积极引导下，各级政府要用财政预算机制扶持新型农村金融机构，促使其在不同地域、不同产业和不同阶段发放针对弱势群体和资本实力较弱的农村企业的贷款；同时，要探索民间资本进入新型农村金融机构的产权结构，通过资本实力扩大逐步提供多元化、多层次、有特色和可持续的信贷服务，进而解决农户“小、频、急”的信贷资金需求；普惠信贷体系应积极利用互联网在信息传递、即时对接和便捷交易等方面的优势，以互联网为依托，大范围、大幅度地降低信贷服务的门槛，进而在财务可持续的基础上服务更广泛的群体。

（3）建立普惠信贷体系离不开支持性的法律法规体系。尽快制定、完善和落地相关的法律法规，既要充分发挥民间信贷进入门槛低、贴近大众的特点，又要合理引导民间信贷阳光化、正规化、透明化、合法化，通过建立健全检测、监管、防范的机制、组织和制度，在宏观调控体系内管理民间信贷的资金规模、流向和风险特征。同时健全存款保险制度、破产清算制度和信息披露制度等保障体系。

11.3.3 促进各类金融分工与协作

（1）实现农贷市场的包容性成长，必须形成各类金融的分工与协作机制。这

① POS：point of sale，销售终端。

种分工与协作不仅要做到宏观战略上的互补，而且要反映到具体的产品和服务分类提供与创新上，其重点在于不同类型金融（商业、合作、政策及普惠金融）产品和服务的针对性及协调配合。具体内容包括以下四个方面：一是在分工与协作基础上金融产品开发的目标与要求。要立足于各类农村金融需求与农村金融市场环境特点，制定适宜的新产品设计目标，明确新产品设计的基本原则、要求与程序。二是在分工与协作基础上金融产品开发的运行机制。要根据农村经济发展的要求，从政府主导、市场主导、政府与市场协调配合等层面探索各类金融产品开发的动力机制、激励机制、约束机制、调控机制等。三是在分工与协作基础上金融产品开发的模式选择。要建立商业性、合作性、政策性金融有机结合的运营模式，并立足于农村金融市场各种类型金融机构的企业能力确定其独立开发、协作开发、技术引进开发等多种模式的现实选择。四是在分工与协作基础上金融产品开发的类型及其营销策略。要针对我国农村市场的不同客户定位，科学设计具体的金融服务和产品，包括产品发明、产品改进、产品组合、产品模仿及产品定价，并探索各类产品适用范围、营销与推广策略。

（2）实现农贷市场的包容性成长，必须明确各类金融的战略重点。中国农业发展银行是较为典型的农业政策性金融机构，主要用于粮棉等农产品的收购，以确保国家粮食和其他农产品的供应安全。虽然国家信贷从某种程度上缓解了农村生产性投资长期不足的状况，但从农户的资金需求的角度来看，政策性金融的效果甚微，主要原因是政策性金融的主要业务对象并不是农户，所以单个农户很难甚至根本不可能通过政策性金融机构获得生产资金，这就决定了农村政策性金融不可能是解决农村资金供给不足问题的主要途径。农村商业性金融机构的主体包括中国农业银行和地方性的农村商业银行、合作银行两大部分。近年来，中国农业银行虽然仍然是农村金融业的重要构成，但其业务范围已经扩展到商业银行的各个业务系统，其以市场为导向的商业化改革步伐逐步加快。然而，中国农业银行农村地区营业机构数量逐年减少，其经营战略是逐渐退出农村金融市场。这除了政府的特殊政策意图外，其基本符合金融机构的一般行为准则，即符合“成本—收益”的经营原则。商业银行的市场性决定了它要以高利润、低风险的商业项目作为其首选业务，而农业的天然弱质性使商业银行不愿意接触“三农”领域，其撤出农村地区造成了农村金融需求难以满足和农村资金流出等一系列消极后果。农村信用合作社是支持“三农”的主力军，其业务对象为农户与农村中小企业。虽然其资产、负债、存贷款余额均处于上升的趋势，但从管理制度、日常运营、业务结构来看，我国的农村信用合作社更像是官办金融和商业金融的混合体。在农村信用合作社中，社员的权利普遍被忽视，民主管理制度形同虚设，各级政府过多干预，农村信用合作社承担了过重的行政性和政策性义务。同时，由于农村经济结构发生变化，农村信用合作社的商业化倾向出现并逐步加强，商业化倾向导致合作金融忽视农业的生产性融资的需求，而更关注利润丰厚企业的融资需求，由此难以满足农户的资金需求。新型农村金融机构等小微金融在消除贫困、消除性别歧视、为没有充分享受金融服务的人提供全方位金融服务及健全整个金融系统方面的巨大作用，使其成为能够引领普惠金融发展的核心主体。

（3）实现农贷市场的包容性成长，必须明确各类金融的业务范围和边界。政策性金融具有低成本融资的优势，过多的政策性金融注入农村无疑会导致竞争秩序的混乱，进而导致农村金融市场结构扭曲、供需关系的横向断裂。因此政策性金融存在的作用在于覆盖商业性金融较少涉及的领域，通过政策性金融的准公共性的特征，在保障市场公平竞争的条件下增加市场的宽度和广度，惠及更多区域、主体和具体项目。商业性金融要在农村地区或县域寻求利润，相应地，农村金融机构的经营形式通常表现为“大扶大、小扶小”，大型商业银行服务大企业、大客户，小型金融机构服务小资金需求者等零散客户。商业性金融与政策性金融需要注意其作用的边界，边界将会形成互补的状态，适度的、有差别的竞争也是必要的。合作性金融则要在较大程度上与商业性金融和政策性金融有所区别，内生于农村的合作性金融直接满足的是农民就地就近的金融需求，并通过合作加以满足。合作性金融需要多个层次的合作，既包括农户之间的非正规合作，也包括农户和组织、企业与社会团体合作，通过资金的合作不仅激发农户的协作能力，更能够增加资金的利用效率和回报率。农村金融市场的政策性金融、商业性金融和合作性金融需要通过合理地分工、协作，才能更好地服务“三农”。

11.3.4　建立金融扶贫激励机制

推动金融发挥扶贫效应，首要是引导资金流入贫困地区和欠发达地区。金融资本保本逐利的特征的直接体现是资金会自发流入高利润的地区，这无可非议。然而，扶贫是一种具有社会效应的准公共性工程，与金融资本的本性相悖，金融扶贫有赖于政府的政策引导和补缺，进而形成相应的激励机制。具体的实现途径在于以下四点。

（1）通过再贷款、再贴现、宏观审慎政策、差异化监管政策等形式，降低并且稳定涉农金融机构利率和存款准备金率，引导地方法人金融机构和大型金融机构加大对贫困地区的支持力度，促进金融资源合理向贫困地区倾斜。贫困地区的农村商业银行、农村信用合作社、农村合作银行及村镇银行等地方法人金融机构地处偏远的农村地区，其不仅经营范围和规模有限、运营成本较高，并且吸储能力较差、资金来源不稳，资金匮乏是这类农村金融机构难以开展金融扶贫工作的重要原因。而中国人民银行和银监会的差异化政策实际上是为贫困地区实行了一个资金注入机制，中国人民银行通过加大扶贫再贷款支持力度，将为中西部连片特困地区、国家级贫困县及其他贫困区域提供金融资源，并由农村金融机构对接。实际上，上述贫困地区财力匮乏发展资金主要来自财政转移支付，财政预算机制通常无法覆盖当地的扶贫重任。中央激励机制为当地提供的低成本、长期限的金融资金支持，将为其脱贫攻坚和区域发展提供重要力量。

（2）培育长期、可持续的金融扶贫模式，对涉农金融机构的人事制度、业务权限、不良贷款控制等实行差异化的考核标准，适度增加区县支行的权限，重视县域之间的结构性差异。根据贫困地区的实际情况，在涉农金融机构财务可持续的条件下，可适当降低贫困县从业人员的考核标准，建立公开、公正、透明的绩效考核办法和职务晋升通道，并提高基层员工福利待遇。增加县域网点、县支行和分行部门（如中国农业银行的农村产业金融部和农户金融部）的审批权限及金融产品开发权限。同时提高对特殊地区涉农不良贷款的容忍度，但要着重强调基层客户经理、信贷员的“软”约束，让农村金融机构的一线职员自觉地履行工作职责、保障资金安全和有效率。

（3）保障涉农金融机构扶贫资金的“专款专用”并防止“目标偏离”，需要中国人民银行和银监会制定相应的监管、考核机制，金融机构自身制定扶贫资金管理办法，同时需要相应的法律法规以保障良好的市场环境。具体来讲，既需要中央及宏观层面的政策、制度保障，也需要各级金融机构制定工作要求和实施办法。地方法人金融机构要建立扶贫资金的专用台账，上级机构需定时督导相关工作并及时开展扶贫资金专项风险排查，以确保扶贫信贷投放在规模、用途、利率、期限等各方面满足扶贫贷款的管理要求。同时，通过把信贷投放与已有“建档立卡”的农户直接对接，以“简式快速贷”的方式优先满足其信贷需求。对扶贫贷款的增量客户，应协助其积极与贫困地区的特色产业发展、贫困人群就业创业项目有机结合、协同作用，依托相关脱贫发展形式提供信贷服务。通过合理结合并促进优势互补，以较低利率降低贫困人群的还款压力，实现在功能定位、目标瞄准上的“精准”。

（4）金融扶贫要在信贷扶贫的基础上，开展多形式、多层次、多主体的金融服务，创新金融扶贫模式、丰富金融扶贫内容。通过保险、期货、租赁、债券等形式加大对贫困地区的支持力度，以政策性农业保险、扶贫小额保险和农产品期货化解贫困地区农民承担的自然风险与市场风险，以发行政府债券置换存量债务缓解贫困地区的债务风险，激励贫困地区农业企业通过发行债券、股票等直接融资。通过创新扶贫产品和服务，加大扶贫小额贷款、创业担保贷款、助学贷款、康复扶贫贷款等形式。丰富扶贫贷款内容，支持贫困农户易地搬迁扶贫、旅游扶贫、消费扶贫等。支持贫困县城棚户区改造、农村危房改造、乡村环境治理、交通设施改造、水利电网设备更新、信息网络建设等。

11.3.5 发挥农贷服务功能引导农业现代化发展

与传统农业生产相比，现代化农业依托工业化生产方式和高新技术，打破传统农业生产方式单一、生产效率低下、生产技术落后的短板，逐步实现投入—产出比率高、农产品质量高、农民收入水平高、抗风险水平高及农业与环境兼容性高的目标。现代化农业包括农产品的生产、加工和销售，实现农民、企业和市场的有机结合，有效促使第一、第二和第三产业形成较为完整的体系。农业现代化的进程离不开农村金融体系的支持，深化农村部门的变革与调整，将为农贷引导农业现代化发展提供保障。

（1）积极探索直接对接新型农业经营主体的贷款模式，推动农业龙头企业、专业合作社、专业大户发展适应市场、具有区域特色、体现规模化和集约化的现代农业。具体而言，开展“公司+农户”“合作社+农户”“公司+合作社+农户”的贷款模式，简化信用状况良好的自然人主体的农户贷款流程，通过金融服务的流程优化、专业定位和产品创新帮助企业理顺组织运行、拓宽业务范畴、提高经济实力。农贷要做好特色品牌的服务，跟进县、乡、村特色农业的发展，支持农村产业结构调整，与新型农业经营主体直接对接。同时在有条件的地区强调农业科技创新的驱动作用，重点扶持智能农业、生物育种、现代农机装备。

（2）需要通过完善资金自主定价权、信贷补贴、风险补偿、税收优惠、定向费用补贴、增量奖励及健全有问题农村金融机构的退出机制等宏观制度建设，为金融服务于农业现代化提供连续的正向激励。政府的功能型引导和补缺是推动农村金融在更高水平上服务农业现代化的根本。通过政府引导的激励—约束机制和风险分担机制能够有效促进农村金融发展和农业现代化发展协同共进。中国政府及农村金融市场的特殊性决定了政府在改善农村金融服务的过程中应起到主导作用，并且在市场运行过程中为市场提供“补贴”和“兜底”，在控制市场风险的条件下承担最终风险，并结合行政手段和市场手段随时对农村金融体系运行过程中出现的问题进行动态修复与调整。

（3）应当通过培训、宣传、咨询等方式强化农民的金融意识，培养农民独立的金融人格，积极引导农民参与金融市场发展现代农业。通过开展农村金融知识教育，提高现代农业经营主体的金融意识和信用意识，建立负债经营意识进而适应农村商业信贷市场，同时建立金融风险意识和自我保护意识，防止过度负债。在金融资本下乡的进程中培育农户在市场经济条件下的行为能力，塑造能够适应现代化生产生活方式、能够适应现代金融体系的新型农民，着力发挥金融的中介作用和催化剂作用，通过金融机构在市场中的特殊地位，以金融业务为依托引导农民接触现代化农业体系，实现更多的现代化投入和参与。

11.3.6　实现农贷市场供需主体协同发展

中国农贷市场的供需主体协同发展，必须立足于现代农业经营主体培植和农村金融自身财务可持续，并构建一个基于二者共同成长的战略协同框架，为现代农业发展与农村金融自身可持续发展提供有效的战略指导。这一战略协同框架，既包含供给主体的适时调整，也包含需求主体自身实力的不断夯实，最终形成二者的良性互动循环。

（1）适时推进农贷市场的供给侧改革。当前，农贷市场供需主体协同发展的局面尚未完全形成。农贷市场的供给相对需求来说是不充分的，因此农贷市场需求主体的金融需求无法得到有效契合，进而导致农贷市场存在供需总量不平衡、用途错位、结构错位、期限错位等现实难题。农贷市场需求主体存在的问题在于以下几个方面。一是农业生产的总体水平偏低，再加上农业本身的脆弱性，农贷风险偏高，这是供给方最为担心的部分。一些农户和合作社生产方式传统，生产水平不高，或者是从事高风险的养殖业，或者是缺乏科学规划，流转了不少土地，前期投入了设备设施，但是缺乏后续发展资金和能力。二是各自为政、单打独斗，缺乏协同及规模化生产能力。中小规模的农业生产主体大量存在，合作社规模从三五名社员到几百人同时存在，从事的生产内容又是雷同的。在这样的情况下，中小规模的生产主体将很难有发展空间，只有走融合及协作的道路，才能在市场中占据主动权。三是资源闲置、浪费严重，不能充分发挥自身优势。一些地区，公路、铁路已经修到家门口，但还是抱着“靠山吃山，靠水吃水”的思想，无休止地攫取宝贵的自然资源，对自然资源的保护及科学利用远远不够。而我国农贷供给基本上是政府强制性制度变迁的结果，走的是一条“自上而下”的以正规金融机构市场化发展为主线的路径，因此始终没能形成一个内生性的农贷融资体系，农村融资需求与融资供给之间的结构性不匹配一直是制约我国农村金融改革发展的关键性难题之一。要实现供需主体协同发展，就需要供给侧相应地调整。

（2）充分把握战略机遇培育现代农业经营主体。农贷市场供给方的调整，如果没有需求方的响应，也难以实现二者的良性互动循环。国内外经验表明，培育现代农业经营主体和生产经营体系是提高农业盈利能力和竞争力的重要条件与途径；土地流转和适度规模经营是发展现代农业的必由之路，有利于优化土地资源配置和提高劳动生产率，有利于保障粮食安全和主要农产品供给，有利于促进农业技术推广应用和农业增效、农民增收。当前我国正在进行农村土地流转改革和农业现代化建设，这为加快推进农村土地适度规模经营、提高农业生产要素的集聚水平提供了重大战略机遇。各级政府致力于承包经营权向专业大户、家庭农场、农民合作社、农业企业等流转，通过实现规模经营增加农民收入，这既是提高农业盈利能力和市场竞争力的根本举措，更是农业现代化发展的核心环节。充分把握这一战略机遇，应从我国人多地少、农村情况千差万别的实际出发，积极稳妥地推进，通过构建新型农业经营体系、加快培育现代农业经营主体，发展适度规模经营。另外，当前我国正在实施创新驱动发展战略，能够为培育现代农业经营主体提供动力支持。我国已到了必须更加依靠科技进步促进现代农业发展的历史新阶段。在资源环境约束不断加剧的情况下，通过科技进步培育新型农业经营主体、实现农业发展方式转变，把农业发展建立在创新驱动的基础上，是现代农业发展和农民收入增长最重大、最关键、最根本的出路和措施。

（3）不同性质的农贷机构应有针对性地服务于不同收入水平的农户，并进行动态调整。实证研究表明：处于收入不同阶段的农民，因为自身资本积累水平和外援融资能力的不同，可能面临着不同性质和不同层次的融资约束，并且在提升农民收入水平、促进“生存小农”（低收入农户和低水平生产农户）逐渐向“理性小农”（高收入农户和高水平生产农户）进行转变这一动态过程中，农贷服务机构不仅有所作为，而且是大有作为。针对不同收入层次的农民，为了实现区别对待及贯彻普惠性金融理念，其农贷供给也应该有不同的供给主体和性质：对最低和中低收入阶段的农民，国家主导的政策性农户贷款将对其发挥积极的作用；对中等和中高收入阶段的农民，合理的民间借贷、政策性及某些商业性贷款可以对其共同发挥作用；而对那些处于最高收入阶段的农民，其资本供给将主要由正规性商业金融机构来实现。据此，我们认为，对当前中国的农民而言，简单地割裂“生存小农”和“理性小农”似乎都不太符合现状，否则，前者势必会得出金融支持农民收入增长“过于悲观”的结论，相反，后者必然会得出金融支农“过于乐观”的结论。如此，本章恰恰说明了低收入水平的农民之所以长期处于“生存小农”的状态，其主要原因在于中国农贷市场的“精英俘获”植根于农村金融整体设计、体系构建及实践发展过程中的包容性缺失，再加上农户受到了资本初始水平不足和外部融资能力低下及金融机构“嫌贫爱富”本性的多重制约。所以我们认为确保农贷市场供需主体之间的协调发展至关重要，因为一旦农民具备一定的资本水平和生产能力，就会逐渐获得并增加其外源融资的能力，只要农民在自身资本形成和利用外源融资之间形成了良性循环，这必然会推动“生存小农”向“理性小农”进行转换，最终实现农贷市场可持续发展和农民收入持续增长，也即实现农贷市场的包容性成长。

总之，数百年以来中国农村社会长期维持着小农的格局，农户的主体行为根植于乡土社会，形成了中国特有的社会结构和文化传统。新中国成立以来，追求工业化的发展战略在较大程度上改变了农业与农村状况，却并未使农户的行为和乡村的传统发生根本性的变革。同时，农贷市场的形成、发展和演变是内生于乡土社会的，改革开放及一系列金融改革以来，农贷市场的供给主体涵盖了组织、企业、机构和国家，形成了新的结构，呈现出新的特点。市场需求者（包括自然人和法人农户）和供给者，在信贷资金的结构、规模和功能上存在一定的矛盾，这样的矛盾导致了供需主体并未形成协同发展的局面，并在宏观经济波动和治理状况逐渐劣化的背景下形成了“精英俘获”机制。通过渐进式改革培育包容性成长的农贷市场，进而破解“精英俘获”机制等不公平现象，有望促使供需主体在合理、有效的水平上长期、协同、可持续地发展，而供需主体的协同发展必须要与乡土社会的经济、政治、社会、历史和文化等因素相契合。

第12章　研究结论与研究展望

本书通过理论解构、田野调查和计量检验探讨了中国农贷市场的“精英俘获”机制，揭示了其形成机理、演进逻辑、核心根源和约束效应，并通过重新解读“新常态”时期中国农贷市场供求关系及供需主体行为的变化，进而明确了推进中国农贷市场的包容性成长是治理这一问题的有效方式。研究的最终结论和未来的拓展空间具体梳理如下。

12.1　研究结论

（1）中国农贷市场供给主体垄断经营的事实已反映出其难以发挥促进农业增产、农民增收的基本功能，究其原因，不能仅局限于对供给先行相关的农户信贷组织体系的讨论，更应从长期以来被忽略的农贷市场需求主体来追溯。现阶段，就农贷市场多层次、共发展的竞争格局而言，农贷市场功能错位引致的市场部分扭曲不可否认，但农户融资决策、行为选择及产生效应的背景、条件和过程并未得到充分讨论和足够重视。在贫困县由于人均收入和人均财富较低，一部分农户无法达到准入门槛，另一部分即使有能力达到也因为交易量小次频、交易手续烦琐、交易所负担的单位成本过高而没有激励去利用金融机构和金融市场；相应地，商业性金融机构也难以有效发挥自身服务功能，因此需要大力建设普惠金融体系，并充分运用好政策性金融手段支持贫困农户发展。在非贫困县大多数农户由于其收入和财富达到临界值，他们就有激励支付固定的进入费用去利用金融机构和金融市场，针对这类农户应该积极引导各类金融机构的协同运作有效满足其金融需求。农贷市场供需主体的目标函数在不同市场格局下呈现不同特征，在一定程度上导致二者之间存在长期、复杂的行为冲突，这种不协调在短期内很难根除，只有在渐进式改革的基础上通过一系列契合农户融资需求的市场结构创新逐步缓解，而构建一个供需主体协同发展的框架，是实现农贷市场可持续发展所必须解决的关键问题。

（2）中国农贷市场的制度、结构和功能的完善不仅取决于从国家到农户自上而下的决策、行为及其产生效应的过程，也取决于乡土社会中“精英俘获”的现实。农贷资金进入乡村需要寻求内部化节约交易成本的主体与其对接，但若无法有效缓解农贷市场“精英俘获”的话，恐怕拿出再多的“涉农贷款”也注定无功而返。由于利益与阶级的固化同时加剧了农贷资金的分配不公与农民内部收入差距扩大，制约了全面建成小康社会，亟须在渐进式农村金融改革的基础上建立包容性的农贷市场体系。我国农贷市场的制度变迁主要服从于国家经济发展战略，近年来，农贷市场服务“三农”的总体水平虽有大幅提升，但不同县域层面农贷市场的差异已多方位显现，亟待纵向穿透的结构调整淡化精英在农贷市场中的权力中介地位，但切忌一刀切。农贷市场的“精英俘获”机制反映了国家治理体系和国家治理能力在市场中遇到的考验与挑战，因此，需要从根本上实现全面深化改革中国家治理体系和治理能力现代化的总目标，必须在深刻而复杂的经济、社会、历史、政治和文化等诸多方面下厘清精英与农户、组织、企业、政府，以及国家在村庄治理、市场参与和农村发展中深刻而复杂的关系，各方协同、公平共进。

（3）中国农贷市场的“精英俘获”植根于农村金融整体设计、体系构建及实践发展过程中的包容性缺失，并由此进一步对金融的扶贫功能产生了结构性抑制。改革开放以来，由于初始条件不足和经济发展战略制定，以及这种战略在市场经济条件下的延续，农村金融整体设计始终被置于国家的工业化、城镇化目标函数之内且服务于“三农”目标函数时时常偏离，处于“是农非农”的尴尬境地。近年来，我国农村金融历经改革，虽然在深度上取得了长足发展，初步形成了商业性金融、政策性金融、合作金融和其他金融组织功能互补、相互协作“多位一体”的农村金融组织体系，对实现农村经济增长目标起到了重要作用，但广度却没有得到相应的拓展，农村弱势群体仍然被排斥在现有金融体系外。农村正规金融成为治理状况劣化背景下致使农村贫富差距扩大的重要因素，金融扶贫的“精准性”受到考验与挑战，而正所谓“不患寡而患不均”，贫富差距扩大无疑将损害金融减贫效果，使贫困群体陷入持续贫困的恶性循环。农村金融包容性缺失引致的“精英俘获”对农贷的扶贫功能产生了明显的结构性抑制。国家的预算干预和资源诱导必然诱发道德风险和制度寻租，加上金融资本天生的逐利性，将进一步导致农村内部贫富差距扩大，亟待形成倡导“良治”与“善治”的行政法规体系和市场监管体系以保障精准性、强调益贫性、注重公平性。

（4）中国农贷市场的“精英俘获”，致使农贷资金在乡村内部难以公平传递，进而对农民内部收入均衡增长和农村消费拓展形成了严格的约束。由于中国农贷市场中相当比例的农户被“客体化”和“边缘化”，农贷市场分化进一步加剧。治理状况劣化的乡村在对接农贷资金时普遍形成了“精英俘获”现象，这不仅是农贷资金在乡村内部难以公平传递的一个最重要原因，而且是致使农贷政策目标偏离、过程扭曲和实施错位的关键因素，进而导致农民内部收入不平等加剧和农村消费增长困难，最终给全面建成小康社会和经济发展方式转变制造了障碍。一方面，收入越高的农户家庭越容易获得信贷资金的青睐，进而形成收入增长与信贷扩张的良性循环；收入越低的农户家庭越容易受制于信贷政策的“忽视”和自身资本积累的不足而陷入“贫困恶性循环”。另一方面，农贷资金投入对农村消费的激励作用尚未充分发挥，不仅明显弱于财政支农投入的功效，而且在经济相对落后的西部地区甚至呈现出抑制效果。完善农贷服务体系，避免“精英俘获”现象的加剧，才能有效发挥农贷市场积极引导农民收入和农村居民消费增长的功能。而农贷服务体系要从根本上迎合不同收入水平农户的利益诉求，就要对各类农户的经济属性和隐藏的脆弱性加以有效甄别，这要求纵向穿透的结构调整以健全金融、财政、税收、发展改革等部门扶贫工作的协调配合、衔接联动机制。当然，政府在制定相关政策时，应充分考虑地区之间的发展差异，因地制宜，不能采取一刀切模式。

（5）中国经济进入“新常态”后，农贷市场的供求关系及供需主体行为特征呈现出一些新变化，但其“精英俘获”问题依然存在，并未得到有效缓解。从供求关系看，农贷市场中信贷供给的收入导向特征依然明显，非正规信贷更能贴近并满足农户的信贷需求，正规信贷吝于对农户放贷，这与中国经济进入“新常态”前的研究结论一致，这说明中国农贷市场的“精英俘获”现象没有在根本上得到缓解。从供给主体看，参与农贷市场的金融机构已经形成了竞争格局，其市场竞争战略应当定位为立足于市场需求，充分发挥自身优势，增强企业能力，特别是金融产品与服务创新能力，实现业务精细分工与差异化发展，提升防范、抵御和化解金融风险的能力，实现“支农”与“盈利”的共赢。从需求主体看，家庭经营特征改变和土地经营面积扩大，既不能增加农户的信贷可获得性，也未能增加信贷获得数量，正规信贷交易费用较高迫使普通农户在需求端产生了“自我抑制”；中国经济进入“新常态”以来出现的新兴需求主体中，创业型农户由于往往拥有较强的实物资本、人力资本和社会资本，容易受到正规和非正规信贷两者共同青睐；而国家大力培育的新型农业经营主体，由于资金回收期较长、经营风险较高、农地经营权抵押办理程序繁复、抵押价格均衡难以实现等原因，仍难以获得农贷市场各类正规金融机构的支持。据此，国家应优化农贷供给结构，同时围绕简化交易程序与建立价格评估机构完善“两权”抵押贷款制度，加快新型职业农民培养，推进普惠信贷体系建设，并加强农贷市场监管，通过内在制度设计和完善配套措施来缓解不同农业经营主体的“贷款难”问题，完善新形势下的农贷市场的功能与结构。总之，农贷供求关系受多种因素影响，要从根本上契合农户融资需求以适应现代农业、农村发展需求，不仅需要有效结合政府、市场、企业、农户的现实条件，还需要考虑深刻而复杂的经济、历史、社会、政治、文化等诸多方面原因。

（6）中国农贷市场的“精英俘获”根源于既有农村金融体制改革的包容性缺失，而解决这一问题的关键恰恰在于将包容性金融理念融合到当前中国农村金融体制改革之中，推动农贷市场的包容性成长。在中国，传统农民作为金融机构的低端客户，很难自由进出金融市场并获取金融服务，农民的低预期偿还能力决定了现有农村金融机构不能为大量有信贷需求的普通农民提供公平、公开的交易机会，农村金融排斥现象广泛存在，需要进一步深化农村金融体制改革。在中央高度重视“三农”问题的现实背景下，培育包容性成长的农贷市场进而减缓金融排斥及一系列不公平现象，有望给予广大农户平等享受金融服务的权利。培育包容性成长的农贷市场是推动农民收入和农村经济增长的重要保障，是促进农村贫困减缓的重要阵地，是提高农贷市场稳定性的重要基础，更是兑现农民权益、满足农民诉求、提升农民福利的本质要求。目前来看，培育包容性成长的农贷市场，既有深厚的历史文化基础，又形成了政策的强力支撑，而且具备了相应的金融自身条件。农贷市场在更高层次上发展无疑会强调全面、协调、可持续，通过满足各类信贷资金需求者的诉求，强调公平及化解歧视和差别对待以提高金融服务包容性水平，将是未来发展的主旋律。其具体实现路径为：完善农村金融体制改革的顶层设计、构建农村普惠信贷体系、促进各类金融分工与协作、建立金融扶贫激励机制、发挥农贷服务功能引导农业现代化发展，最终实现农贷市场供需主体协同发展。

12.2　研究展望

对中国农贷市场“精英俘获”现象的解析，虽然可以从不同角度、不同层面形成多个切入视角和分析维度，但就基本框架而言，以下几个核心环节必不可少，且需要深入探究。一是“精英俘获”现象形成与发展过程中农贷市场主体行为及特征分析。但凡涉及中国农贷市场的相关研究，必然离不开其参与核心主体——农户这一基本单位。因此，需要对中国农户的性质、经济行为及其所处制度环境给予契合时宜的讨论，唯有如此，才能进一步解构中国农贷市场“精英俘获”的形成机理和演进逻辑。二是农贷市场“精英俘获”的内涵及外延分析。虽然现有关于“精英俘获”机制的分析和研究在一定程度上揭示了乡土社会中正在发生的趋势性变化，同时也涉及了乡村治理和运行中的理论及实践问题，对相应的制度安排提供了宝贵的思想材料，但是金融资源配置在农村经济发展和收入分配中的特殊重要性，表明对“精英俘获”信贷资金的问题应该给予专门的关注，农贷市场的“精英俘获”机制需要在概念厘清和理论界定的基础上进行充分揭示。三是农贷市场“精英俘获”问题产生的主体根源分析。总体而言，中国农贷市场的“精英俘获”现象主要源于既有农村金融改革与发展中的包容性理念缺失。那么，中国农贷市场包容性缺失的整体状态及区域发展的梯度格局如何变化？是否存在地区差异？是否对全体农民的小康目标实现形成了抑制？这些问题必须充分探讨，找到合理答案，才能有针对性地提升农贷服务的覆盖率、渗透率，推进农贷市场的包容性成长。四是农贷市场“精英俘获”导致的约束效应分析。“三农”问题的解决无非是通过提高农民收入水平和增长质量进一步提高农民消费水平，最终提升农民生活质量。中国农贷市场“精英俘获”事实上造成了部分农民增收困难和生产生活陷入困境，但这种约束效应是否影响到了“三农”发展的整体格局，这同样需要进一步给予检验。五是伴随着农村金融体制改革稳步推进，农贷市场的“精英俘获”是否得到有效缓解。目前，中国经济增速由高速转为中高速而进入“新常态”，在这一背景下中国农贷市场的供求关系及影响因素发生了怎样的变化？回答这一问题需要对新形势下农贷市场的功能和结构有更全面、更深刻的认识，也需要对农贷市场供需主体行为特征变化展开进一步分析，找准新时期解决问题的方案。

上述问题正是本书所涉及的主要内容。但是，我们同时也应看到，中国农村经济、农村金融及“三农”问题的复杂性，即便是对农贷市场“精英俘获”进行全景解析，也远非本书所能够彻底解决的。上述各方面问题的具体展开，同样需要大量致力于这一问题研究的学者，努力走出象牙之塔，敢于走进地头田间，勇于开拓创新，争取从更广阔的视角和用更为有效的方法长时期地不断进行探索。本书的后续拓展还可以立足于以下几个方面。

（1）如何通过制度创新克服农贷服务的高交易成本和高风险约束。农村金融是现代农村经济的核心，农村金融又一直是我国金融体系中的薄弱环节。从农村金融来看，当前农村的确存在农民低息存款却只能高息贷款，甚至高息也贷不到款而只能进行高息民间借贷的问题。农村有巨大的资金需求，却缺少正规金融机构为农民提供信贷服务。正规金融机构不愿为农民提供信贷服务，其中一个关键原因是农民的资金需求数量小且极其分散，再加上农民缺少合适的融资抵押担保，以至于正规金融机构为分散的、生产规模很小的农民服务时，面临着成本极高和风险大等问题。我们的研究清楚地表明，在农民增收过程中，金融机构不仅有所作为，而且大有作为。重点在于，在经历了国际金融危机考验之后，中国作为传统的农业大国，应该如何审时度势地选择自己的农村金融制度。在“新常态”下加快农村经济发展方式转变过程中，中国的农贷市场如何做到农贷制度创新，确保农业增产、农民增收和精准扶贫？这些都需要进一步展开深入研究。

（2）如何兼顾农贷机构的业务包容性和财务可持续性。从目前中国农贷市场基本格局来看，以农业产业化优势企业为代表的高端市场基本上为大型商业银行和中国农业发展银行所占领；农村信用合作社（农村商业银行和农村合作银行）主要占据以中小企业和市场化农户为代表的中端领域，同时向高端市场扩展；改制后的中国邮政储蓄银行及村镇银行、小额贷款公司等金融机构目前也主要集中在中端领域；以普通农户和贫困农户为代表的低端市场，除了少数带有扶贫性质的农村资金互助社涉足以外，仍然是商业性金融机构不愿主动涉足的领域，中国农业发展银行则表现出扶贫信贷功能严重缺失。可以肯定的是，随着农贷市场中各金融机构之间的竞争不断加剧，未来中国农贷市场发展必将沿着以下基本路径展开：商业银行在不断满足优质企业贷款需求的同时，也将沿着产业链尽可能地向上下游拓深延展，主动开拓中端市场；中端市场上针对市场化农户的过度竞争将逐步变成提供差异化服务，并通过优胜劣汰的市场法则自动实现，从而迫使部分农贷机构主动开辟低端市场；而在农村低端市场，村镇银行、农村资金互助社、小额贷款公司、中国农业发展银行等普惠性、政策性农村金融机构应如何既保证自身财务可持续，又能更好地适应新阶段农村扶贫开发需要而主动开发和创新扶贫金融功能，以健全农贷服务体系，这都是需要进一步展开深入研究的。

（3）如何真正构建分工合理、功能有效、协同配合的普惠农贷体系。我国“城乡二元经济结构”特征，从经济地缘上决定了金融发展在城乡的必然分割。农村金融落后于城市金融，除了农业生产的弱质性影响外，最根本的原因是没有一个适应农村多层次金融需求的金融组织体系，适应农村低端金融需求的微型金融机构发展滞后，扶贫型金融供给机制僵化，扶贫金融产品单一，致使广大贫困型农户金融需求满足率极低；与此同时，非正规金融无序成长，农村高利贷盛行，恶化了农村金融生态环境，加剧了贫困型农户的贫困程度和农村内部收入差距的扩大。所以，即便是城乡金融体系重构做出了不懈努力，但并没有解决农贷资源有效供给不足的这一现实问题，反而导致了大量农贷机构退出农村市场，导致农村失血过多。农贷市场存在的这种不平衡、不协调、不可持续问题，使得农村特定群体（如贫困型农户、低薪工人、小微企业等）的资金需求无法满足，不利于发展成果的共享。2006 年以来，为改善农村金融服务缺失现状，国家降低了农村金融市场准入门槛，促进了一大批具有普惠性质的小微金融机构诞生与发展。《2014 中国区域金融运行报告》数据显示，截至 2014 年年末，全国村镇银行、农村资金互助社、贷款公司、小额贷款公司数量分别达 1254 家、49 家、13 家和 8791 家。但事实上，这些金融机构内部治理失范、管理机制僵化、发展目标偏离、功能异化严重，普惠性农贷体系构建与创新任重道远，如何培育和开发这些新型农村金融机构的普惠金融功能，如何形成保险、担保、信托、证券等各类金融的协调配合，满足新阶段农村经济和农村金融的包容性成长需要，同样有待于进一步深入探讨。

参考文献

陈斌开，陈琳，谭安邦. 2014. 理解中国消费不足：基于文献的评述. 世界经济，（7）：3-22.

陈守东，杨东亮. 2009. 我国财政支出不确定性对居民消费影响的实证研究. 数量经济技术经济研究，（9）：119-133.

陈锡文. 2010. 当前农业和农村经济形势与“三农”面临的挑战. 中国农村经济，（1）：4-9.

陈晓华. 2012. 现代农业发展与农业经营体制机制创新. 农业经济问题，（11）：4-6.

陈雨露. 2010. 中国农村金融发展的五个核心问题. 中国金融，（19）：87-89.

陈雨露，马勇. 2010. 中国农村金融论纲. 北京：中国金融出版社.

程恩江，刘西川. 2010. 小额信贷缓解农户正规信贷配给了吗?——来自三个非政府小额信贷项目区的经验证据. 金融研究，（12）：190-206.

程名望，Jin Y H，盖庆恩，等. 2014. 农村减贫：应该更关注教育还是健康？——基于收入增长和差距缩小双重视角的实证. 经济研究，（11）：130-144.

程名望，史清华，Jin Y H. 2014. 农户收入水平、结构及其影响因素——基于全国农村固定观察点微观数据的实证分析. 数量经济技术经济研究，（5）：3-19.

程郁，韩俊，罗丹. 2009. 供给配给与需求压抑交互影响下的正规信贷约束：来自1874户农户金融需求行为考察. 世界经济，（5）：73-82.

储德银，闫伟. 2009. 地方政府支出与农村居民消费需求——基于1998—2007年省级面板数据的经验分析. 统计研究，26（8）：38-44.

董晓林，徐虹. 2012. 我国农村金融排斥影响因素的实证分析——基于县域金融机构网点分布的视角. 金融研究，（9）：115-126.

董筱丹，温铁军. 2008. 宏观经济波动与农村“治理危机”——关于改革以来“三农”与“三治”问题相关性的实证分析. 管理世界，（9）：67-75，89.

董志勇，韩旭，黄迈. 2011. 家庭结构、生产活动与农户储蓄行为. 经济科学，（6）：103-116.

杜晓山. 2010. 小额信贷与普惠金融体系. 中国金融，（10）：14-15.

杜赞奇. 1994. 文化、权力与国家：1900-1942年的华北农村. 王福明译. 南京：江苏人民出版社.

范剑平，向书坚. 1999. 我国城乡人口二元社会结构对居民消费率的影响. 管理世界，（5）：35-38.

高帆. 2002. 我国农村中的需求型金融抑制及其解除.中国农村经济，（12）：68-72.

高梦滔，姚洋.2006.农户收入差距的微观基础：物质资本还是人力资本?. 经济研究，（12）：71-80.

高沛星，王修华. 2011. 我国农村金融排斥的区域差异与影响因素——基于省级数据的实证分析. 农业技术经济，（4）：93-102.

高远东，温涛，王小华. 2013. 中国财政金融支农政策减贫效应的空间计量研究. 经济科学，（1）：36-46.

郭兴平. 2013. 新时期的金融扶贫：形势、问题和路径.农村金融研究，（5）：12-16.

郭于华. 2002. “道义经济”还是“理性小农”重读农民学经典论题. 读书，（5）：104-110.

国家统计局住户调查办公室. 2012. 中国农村贫困监测报告. 北京：中国统计出版社.
何广文. 2008. 农村金融改革成效及深化改革路径. 中国农村信用合作，（10）：22-24.
贺雪峰. 2001. 缺乏分层与缺失记忆型村庄的权力结构——关于村庄性质的一项内部考察. 社会学研究，（2）：68-73.
洪正. 2011. 新型农村金融机构改革可行吗?——基于监督效率视角的分析. 经济研究，（2）：44-58.
胡士华，卢满生. 2011. 信息、借贷交易成本与借贷匹配——来自农村中小企业的经验证据. 金融研究，（10）：100-111.
胡书东. 2002.中国财政支出和民间消费需求之间的关系. 中国社会科学，（6）：26-32，204.
胡永刚，郭长林. 2013. 财政政策规则、预期与居民消费——基于经济波动的视角. 经济研究，（3）：96-107.
黄惠春. 2014. 农村土地承包经营权抵押贷款可得性分析——基于江苏试点地区的经验证据. 中国农村经济，（3）：48-57.
黄惠春，褚保金. 2011. 我国县域农村金融市场竞争度研究——基于降低市场准入条件下江苏37个县域的经验数据. 金融研究，（8）：167-177.
黄宗智. 1986a. 略论华北近数百年的小农经济与社会变迁——兼及社会经济史研究方法. 中国社会经济史研究，（2）：9-15.
黄宗智. 1986b. 华北的小农经济与生活变迁. 北京：中华书局.
黄宗智. 2010. 中国的隐性农业革命. 北京：法律出版社.
黄祖辉，俞宁. 2010. 新型农业经营主体：现状、约束与发展思路——以浙江省为例的分析. 中国农村经济，（10）：16-26，56.
纪志宏，张健华. 2013. 中国农村金融服务报告 2012. 北京：中国金融出版社.
金太军. 2002. 村庄治理中三重权力互动的政治社会学分析. 战略与管理，（2）：105-114.
李春霄，贾金荣. 2012. 我国金融排斥程度研究——基于金融排斥指数的构建与测算. 当代经济科学，（2）：9-15，124.
李稻葵，徐欣，江红平. 2012. 中国经济国民投资率的福利经济学分析. 经济研究，（9）：46-56.
李剑阁. 2001. 资本市场发展创新的 5 个问题. 中国改革，（2）：19-20.
李似鸿. 2010. 金融需求、金融供给与乡村自治——基于贫困地区农户金融行为的考察与分析. 管理世界，（1）：74-87.
李晓嘉. 2010. 财政支农支出与农村居民消费的动态效应分析. 经济学动态，（9）：31-34.
李彦超. 2011. 精英循环理论视野下我国精英循环的现实分析. 湖北经济学院学报（人文社会科学版），8（8）：83-84.
李扬，张晓晶. 2015. “新常态”：经济发展的逻辑与前景. 经济研究，（5）：4-19.
李永友，钟晓敏. 2012. 财政政策与城乡居民边际消费倾向. 中国社会科学，（12）：63-81，207.
梁剑峰，李静. 2015. “精英俘获”：农民专业合作社成长之困. 宏观经济研究，（3）：58-62.
林乐芬，法宁. 2015. 新型农业经营主体融资难的深层原因及化解路径.南京社会科学，（7）：150-156.
林毅夫. 2003. “三农”问题与我国农村的未来发展（上）. 山东农业（农村经济版），（3）：8-10.
林毅夫，蔡昉. 1989. 我国经济改革顺序的思考和突破口的选择. 经济社会体制比较，（3）：1-7.
林毅夫，蔡昉，李周. 1994. 中国的奇迹：发展战略与经济改革. 上海：上海三联书店，上海人民出版社.

刘纯彬，桑铁柱. 2011. 农村金融发展、金融中介效率与农村经济增长：1978-2008. 产经评论，（3）：151-160.
刘广明. 2011. 农村消费市场开拓的金融支持探析. 中央财经大学学报，（6）：35-40.
刘国光. 2002. 促进消费需求提高消费率是扩大内需的必由之路. 财贸经济，（5）：5-9.
刘建忠. 2014-06-23. 农村金融机构怎样促进普惠金融服务. 光明日报，（007）.
刘溶沧，马拴友. 2001. 赤字、国债与经济增长关系的实证分析——兼评积极财政政策是否有挤出效应. 经济研究，（2）：13-19，28.
刘西川，杨奇明，陈立辉. 2014. 农户信贷市场的正规部门与非正规部门：替代还是互补?.经济研究，（11）：145-158，188.
刘锡良，洪正. 2005. 多机构共存下的小额信贷市场均衡. 金融研究，（3）：68-79.
刘小川，汪利锬. 2014. 居民消费与最优政府支出：理论与动态估计. 财贸经济，（7）：22-36.
隆宗佐，曾福生. 2002. 拓展农村消费市场的金融支撑研究. 农业经济问题，（4）：45-47.
吕冰洋，毛捷. 2014. 高投资、低消费的财政基础. 经济研究，（5）：4-18.
马丁丑，刘发跃，杨林娟，等. 2011. 欠发达地区农民专业合作社信贷融资与成长发育的实证分析——基于对甘肃省示范性农民专业合作社的调查. 中国农村经济，（7）：34-41.
马九杰. 2006. 农村金融：多元竞争与互补合作. 中国农村信用合作，（2）：10-12.
马九杰，吴本健. 2012. 利率浮动政策、差别定价策略与金融机构对农户的信贷配给. 金融研究，（4）：155-168.
毛其淋. 2011. 地方政府财政支农支出与农村居民消费——来自中国 29 个省市面板数据的经验证据. 经济评论，（5）：86-97.
毛中根，孙豪，黄容. 2014. 中国最优居民消费率的估算及变动机制分析. 数量经济技术经济研究，（3）：134-147.
米运生，戴文浪，董丽. 2013. 农村金融的新范式：金融联结——比较优势与市场微观结构. 财经研究，（5）：112-122.
欧阳峣，傅元海，王松. 2016. 居民消费的规模效应及其演变机制. 经济研究，（2）：56-68.
裴长洪. 2015. 经济新常态下中国扩大开放的绩效评价. 经济研究，（4）：4-20.
冉光和. 2009. 财政金融政策与城乡协调发展. 北京：科学出版社.
苏士儒，段成东，李文靖，等. 2006. 农村非正规金融发展与金融体系建设.金融研究，5：167-180.
孙乐明. 2015-03-02. 对农村金融市场竞争热的冷思考. 金融时报，（011）.
孙立平，王汉生，王思斌，等. 1994. 改革以来中国社会结构的变迁. 中国社会科学，（2）：47-62.
谭燕芝，陈彬，田龙鹏，等. 2014. 什么因素在多大程度上导致农村金融排斥难题——基于 2010 年中部六省 667 县（区）数据的实证分析. 经济评论，（1）：25-37.
田霖. 2007. 我国金融排除空间差异的影响要素分析.财经研究，33（4）：107-119.
仝志辉，温铁军. 2009. 资本和部门下乡与小农户经济的组织化道路——兼对专业合作社道路提出质疑. 开放时代，（4）：5-26.
万广华，张茵，牛建高. 2001. 流动性约束、不确定性与中国居民消费. 经济研究，（11）：35-44，94.
汪发元. 2014. 中外新型农业经营主体发展现状比较及政策建议.农业经济问题，（10）：26-32，110.
汪三贵，李文，李芸. 2004. 我国扶贫资金投向及效果分析. 农业技术经济，（5）：45-49.
王定祥，田庆刚，李伶俐，等. 2011. 贫困型农户信贷需求与信贷行为实证研究. 金融研究，（5）：

124-138.
王立勇，高伟. 2009. 财政政策对私人消费非线性效应及其解释. 世界经济，(9)：27-36.
王小华. 2014. 县域金融发展、财政支出与城乡居民收入差距的分层差异研究. 当代经济研究，(9)：68-74.
王小华. 2015. 信用约束、信贷调节与农民收入增长. 财贸研究，(5)：41-50.
王小华，王定祥，温涛. 2014a. 中国农贷的减贫增收效应：贫困县与非贫困县的分层比较. 数量经济技术经济研究，(9)：40-55.
王小华，温涛，王定祥. 2014b. 县域农村金融抑制与农民收入内部不平等. 经济科学，(2)：44-54.
王修华. 2009. 新农村建设中的金融排斥与破解思路. 农业经济问题，(7)：42-48，111.
王玉凤，刘树林. 2015. 财政支出结构对居民消费的动态影响——基于 DSGE 的实证分析. 系统工程理论与实践，35（2）：300-307.
魏建，杨志明，张广辉. 2011. 财政支农支出对农村居民消费结构的影响：基于中国省际面板数据的分析. 农业技术经济，(11)：45-54.
温涛. 2011. 农村资金配置绩效评价与制度创新研究. 重庆：西南师范大学出版社.
温涛. 2014. 农村金融可持续发展的服务创新与动态竞争战略研究. 北京：北京师范大学出版社.
温涛，白继山，王小华. 2015b. 基于 Lotka-Volterra 模型的中国农村金融市场竞争关系分析. 中国农村经济，(10)：42-54.
温涛，冉光和，熊德平. 2005. 中国金融发展与农民收入增长. 经济研究，(9)：30-43.
温涛，王汉杰. 2015. 产业结构、收入分配与中国的城镇化. 吉林大学社会科学学报，(4)：134-143.
温涛，王汉杰，王小华. 2015c. 发达国家农民增收经济政策的经验比较及启示. 江西财经大学学报，(6)：84-94.
温涛，王小华，杨丹，等. 2015a. 新形势下农户参与合作经济组织的行为特征、利益机制及决策效果. 管理世界，(7)：82-97.
温涛，朱炯，王小华. 2016. 中国农贷的 “精英俘获” 机制：贫困县与非贫困县的分层比较. 经济研究，(2)：111-125.
温铁军，杨帅. 2012. 中国农村社会结构变化背景下的乡村治理与农村发展. 理论探讨，(6)：76-80.
吴毅. 2002. 双重边缘化：村干部角色与行为的类型学分析. 管理世界，(11)：78-85.
邢成举，李小云. 2013. 精英俘获与财政扶贫项目目标偏离的研究. 中国行政管理，(9)：109-113.
熊彼特. 1979. 资本主义、社会主义和民主主义. 绛枫译. 北京：商务印书馆.
熊德平. 2009. 农村金融与农村经济协调发展研究. 北京：社会科学文献出版社.
徐诺金. 2005. 论我国金融生态环境问题. 金融研究，(11)：31-38.
徐少君，金雪军. 2008. 国外金融排除研究新进展.金融理论与实践，(9)：86-91.
徐勇. 1997. GOVERNANCE：治理的阐释. 政治学研究，(1)：63-67.
徐勇，邓大才. 2006. 社会化小农：解释当今农户的一种视角. 学术月刊，(7)：5-13.
徐月宾，刘凤芹，张秀兰. 2007. 中国农村反贫困政策的反思——从社会救助向社会保护转变. 中国社会科学，(3)：40-53，203-204.
徐璋勇，杨贺. 2014. 农户信贷行为倾向及其影响因素分析——基于西部 11 省（区）1664 户农户的调查. 中国软科学，(3)：45-56.

许圣道，田霖. 2008. 我国农村地区金融排斥研究. 金融研究，（7）：195-206.
杨俊，李晓羽，张宗益. 2006. 中国金融发展水平与居民收入分配的实证分析. 经济科学，（2）：23-33.
姚耀军. 2005. 中国农村金融研究的进展. 浙江社会科学，（4）：177-183.
冶芸，郑志峰. 2012. 西方精英理论的源起与发展. 人民论坛，（4）：152-153.
易行健，杨碧云. 2015. 世界各国（地区）居民消费率决定因素的经验检验. 世界经济，（1）：3-24.
殷孟波，石琴，梁丹. 2009. 银行业竞争测度模型评述——基于非结构分析视角. 金融研究，（7）：197-206.
苑德宇，张静静，韩俊霞. 2010. 居民消费、财政支出与区域效应差异——基于动态面板数据模型的经验分析. 统计研究，27（2）：44-52.
张兵，刘丹，李祎雯. 2014. 匹配经济学视角下农户借贷匹配决定因素的实证分析. 经济科学，（4）：93-105.
张兵，张宁. 2012. 农村非正规金融是否提高了农户的信贷可获性?——基于江苏 1202 户农户的调查. 中国农村经济，（10）：58-68，90.
张杰. 1998. 渐进改革中的金融支持. 经济研究，（10）：51-56.
张杰. 2003. 中国农村金融制度：结构、变迁与政策. 北京：中国人民大学出版社.
张杰. 2004. 解读中国农贷制度. 金融研究，（2）：1-8.
张敬石，郭沛. 2011. 中国农村金融发展对农村内部收入差距的影响——基于 VAR 模型的分析. 农业技术经济，（1）：34-41.
张凯，李磊宁. 2006. 农民消费需求与农村金融发展关系研究——基于协整分析与误差修正模型. 中国农村观察，（3）：16-22.
张龙耀，江春. 2011. 中国农村金融市场中非价格信贷配给的理论和实证分析. 金融研究，（7）：98-113.
张宁，张兵. 2015. 农村非正规金融、农户内部收入差距与贫困. 经济科学，（1）：53-65.
张晓山，何安耐. 2002. 关于农村金融体制改革的几点思考. 农业经济问题，（9）：41-45.
张勇. 2003. 孟加拉小额信贷模式的最新发展. 中国农村经济，（6）：67-72.
张照新，赵海. 2013. 新型农业经营主体的困境摆脱及其体制机制创新.改革，（2）：78-87.
章元，许庆，邬璟璟. 2012.一个农业人口大国的工业化之路：中国降低农村贫困的经验. 经济研究，（11）：76-87.
周建明，束方圆. 2014. “组织起来”还是“去组织化”——中国农村建设应走向何方. 探索与争鸣，（1）：36-39.
周立，胡鞍钢. 2002.中国金融发展的地区差距状况分析（1978-1999）. 清华大学学报（哲学社会科学版），（2）：60-74.
周小川. 2004-12-07. 完善法律制度 改进金融生态. 金融时报.
周晔馨. 2012. 社会资本是穷人的资本吗？——基于中国农户收入的经验证据. 管理世界，（7）：83-95.
朱喜，李子奈. 2006. 我国农村正式金融机构对农户的信贷配给——一个联立离散选择模型的实证分析. 数量经济技术经济研究，（3）：37-49.
朱喜，李子奈. 2007. 农户借贷的经济影响：基于 IVQR 模型的实证研究. 系统工程理论与实践，（2）：68-75.

邹东海，万举. 1999. 农村消费市场开拓与农村金融创新. 农业经济问题，（11）：39-42.

Affleck A，Mellor M. 2006. Community development finance：a neo-market solution to social exclusion?. Journal of Social Policy，35（2）：303-319.

Aghion P，Bolton P. 1997. A theory of trickle-down growth and development. Review of Economic Studies，64（2）：151-172.

Aghion P，Howitt P. 2009. The Economics of Growth. Vol.1. London：The MIT Press.

Ahmed S. 1986. Temporary and permanent government spending in an open economy：some evidence for the United Kingdom. Journal of Monetary Economics，17（2）：197-224.

Akerlof G. 1970. The market for "lemons"：quality，uncertainty and market mechanism. Quarterly Journal of Economics，84（3）：488-500.

Akhter S，Liu Y，Daly K. 2009. Cross country evidence on the linkages between financial development and poverty. International Journal of Business and Management，5（1）：3-19.

Akudugu M A，Egyir I S，Mensah-Bonsu A. 2009. Women farmers' access to credit from rural banks in Ghana. Agricultural Finance Review，69（3）：284-299.

Alatas V，Banerjee A，Hanna R，et al. 2013. Does elite capture matter? Local elites and targeted welfare programs in Indonesia. NBER Working Paper，No. w18798.

Ameriks J，Zeldes S P. 2004. How do household portfolio shares vary with age. Columbia University，Working Paper.

Andersen T B，Malchow-Møller N. 2006. Strategic interaction in undeveloped credit markets. Journal of Development Economics，80（2）：275-298.

Annim S K. 2012. Microfinance efficiency trade-offs and complementarities between the objectives of microfinance institutions and their performance perspectives. European Journal of Development Research，24（5）：788-807.

Anyanwu C M. 2004. Microfinance institutions in Nigeria：policy，practice and potentials. Pretoria：G24 Workshop on "Constraints to Growth in Sub Saharan Africa".

Apergis N. 2003. Testing purchasing power parity：results from a new foreign exchange market. Applied Economics Letters，10（2）：91-95.

Appleyard L. 2011. Community development finance institutions（CDFIs）：geographies of financial inclusion in the US and UK. Geoforum，42（2）：250-258.

Arestis P，Caner A. 2004. Financial liberalization and poverty：channels of influence. Economics Working Paper Archive.

Argent N M，Rolley F. 2000. Financial exclusion in rural and remote New South Wales，Australia：a geography of bank branch rationalisation，1981–98. Geographical Research，38（2）：182-203.

Aschauer D A. 1985. Fiscal policy and aggregate demand. American Economic Review，75（1）：117-127.

Awojobi O. 2011. Microfinancing for poverty reduction and economic development：a case for Nigeria. International Research Journal of Finance and Economics，72：159-168.

Ayuub S. 2013. Impact of microfinance on poverty alleviation：a case study of NRSP in Bahawalpur of Pakistan. International Journal of Academic Research in Accounting，Finance and Management Sciences，3（1）：119-135.

Ayyagari M，Beck T，Demirguc-Kunt A. 2007. Small and medium enterprises across the globe. Small Business Economics，29（4）：415-434.

Aziz J，Cui L. 2007. Explaining China’s low consumption：the neglected role of household income. IMF Working Papers：1-36.

Bacchetta P，Gerlach S. 1997. Consumption and credit constraints：international evidence. Journal of Monetary Economics，40（40）：207-238.

Bailey M J. 1971. National Income and the Price Level：a Study in Macrotheory. New York：Mcgraw-Hill.

Banerjee A V，Newman A F. 1993. Occupational choice and the process of development. Journal of Political Economy，101（2）：274-298.

Barham B L，Boucher S，Carter M R. 1996. Credit constraints，credit unions，and small-scale producers in Guatemala. World Development，24（5）：793-806.

Barro R J. 1981. Output effects of government purchases. The Journal of Political Economy，89（6）：1086-1121.

Barslund M，Tarp F. 2008. Formal and informal rural credit in four provinces of Vietnam. Journal of Development Studies，44（4）：485-503.

Beath A，Christia F，Enikolopov R. 2011. Elite capture of local institutions：evidence from a field experiment in Afghanistan. http: //federation.ens.fr/ydepot/semin/texte1011/ENI2011ELI.pdf [2011-05-24].

Beck T，de la Torre A. 2006. The basic analytics of access to financial services. Vol.4026. World Bank Publications.

Beck T，Demirguc-Kunt A，Levine R. 2004. Finance，inequality，and poverty：cross-country evidence. National Bureau of Economic Research，No. w10979.

Bell C，Srinivasan T N,Udry C. 1977. Rationing，spillover，and interlinking in credit markets：the case of rural Punjab，Oxford Economic Papers，49（4）：557-585.

Berry A，Rodriguez E，Sandee H. 2011. Small and medium enterprise dynamics in Indonesia. Bulletin of Indonesian Economic Studies，37（3）：363-384.

Besley T. 1995. Property rights and investment incentives：theory and evidence from Ghana. Journal of Political Economy，103（5）：903-937.

Bhattacharyya A，Kumbhakar S C. 1997. Changes in economic regime and productivity growth：a study of Indian public sector banks，Journal of Comparative Economics，25（2）：196-219.

Bikker J A，Shaffer S，Spierdijk L. 2012. Assessing competition with the Panzar-Rosse model：the role of scale，costs，and equilibrium. Review of Economics & Statistics，94（4）：1025-1044.

Blanchard O，Perotti R. 2002. An empirical characterization of the dynamic effects of changes in government spending and taxes on output. Quarterly Journal of Economics，117（4）：1329-1368.

Bose P. 1998. Formal-informal sector interaction in rural credit markets.Journal of Development Economics，56（2）：265-280.

Boucher S R，Barham B L，Carter M R. 2005. The impact of “market-friendly” reforms on credit and land markets in Honduras and Nicaragua. World Development，33（1）：107-128.

Boucher S R，Guirkinger C. 2007. Risk，wealth，and sectoral choice in rural credit markets. American

Journal of Agricultural Economics，89（4）：991-1004.
Braverman A，Guasch J L. 1986. Rural credit markets and institutions in developing countries：lessons for policy analysis from practice and modern theory. World Development，14（10/11）：1253-1267.
Bresnahan T F. 1982. The oligopoly solution concept is identified. Economics Letters，10（1）：87-92.
Britton N F. 2012. Essential Mathematical Biology. London：Springer-Verlag London，Ltd.
Burgess R，Pande R. 2004. Do rural banks matter? Evidence from the Indian social banking experiment. The American Economic Review，95（3）：780-795.
Campbell J Y，Mankiw N G. 1990. Permanent income，current income，and consumption. Journal of Business & Economic Statistics，8（3）：265-279.
Canavire Bacarreza G J，Rioja F K. 2009. Financial development and the distribution of income in Latin America and the Caribbean. Working paper.
Carter B E，McGoldrick M E. 1989. The Changing Family Life Cycle：A Framework for Family Therapy. 2nd ed. Boston：Allyn and Bacon：3-28.
Cetorelli N. 1999. Competitive analysis in banking：appraisal of the methodologies. Economic Perspectives-Federal Reserve Bank of Chicago，23：2-15.
Chakraborty S R，Ray T. 2007. The development and structure of financial systems. Journal of Economic Dynamics & Control，31（9）：2920-2956.
Chakravarty S R，Pal R. 2012. Measuring financial inclusion：an axiomatic approach.Microeconomics Working Papers.
Chakravarty S R，Pal R. 2013.Financial inclusion in India：an axiomatic approach. Journal of Policy Modeling，35（5）：813-837.
Chapple D G，Swain R. 2002. Changes in reproductive investment following caudal autotomy in viviparous skinks（niveoscincus metallicus）：lipid depletion or energetic diversion?. Journal of Herpetology，36：480-486.
Chayanov A V. 1925. The Theory of Peasant Economy. translated by Thorner D，et al. Homewood：RD Irwin.
Chayanov A V. 1986. The Theory of Peasant Economy. Chicago：University of Wisconsin Press.
Chernozhukov V，Hansen C. 2005. An IV model of quantile treatment effects. Econometrica，73（1）：245-261.
Chernozhukov V，Hansen C. 2006. Instrumental quantile regression inference for structural and treatment effect models. Journal of Econometrics，132（2）：491-525.
Chernozhukov V，Hansen C. 2008. Instrumental variable quantile regression：a robust inference approach. Journal of Econometrics，142（1）：379-398.
Chivakul M，Chen K. 2008. What drives household borrowing and credit constraints? Evidence from Bosnia & Herzegovina. IMF Working Papers：1-34.
Chowdhury A M R，Mahmood M，Abed F H. 1991. Credit for the rural poor the case of BRAC in Bangladesh. Small Enterprise Development，2（3）：4-13.
Chowdhury S，Yamauchi F. 2010. Has decentralization in Indonesia led to elite capture or reflection of majority preference?. University of Sydney Working Paper.
Ciaian P，Kancs D A. 2012. The capitalization of area payments into farmland rents：micro evidence from the new EU member states. Canadian Journal of Agricultural Economics/Revue

Canadienne D’Agroéconomie，60（4）：517-540.
Claessens S，Laeven L. 2004. What drives bank competition? Some international evidence. Journal of Money Credit and Banking，36（3）：563-583.
Clarke G R，Xu L C，Zou H F. 2006. Finance and income inequality：what do the data tell us?. Southern Economic Journal，72（3）：578-596.
Coccorese P. 1998. Assessing the competitive conditions in the Italian banking system：some empirical evidence. BNL Quarterly Review，（205）：171-191.
Coccorese P. 2009. Market power in local banking monopolies. Journal of Banking & Finance，33（7）：1196-1210.
Coetzee A W. 2004. What it means to be a loser：non-optimal candidates in Optimality Theory. University of Massachusetts Amherst：Doctoral dissertation.
Coleman B E. 1999. The impact of group lending in Northeast Thailand.Journal of Development Economics，60（1）：105-141.
Conning J. 1996. Group lending，moral hazard，and the creation of social collateral. Center for Institutional Reform and the Informal Sector，University of Maryland at College Park，Working Paper No. 195.
Conning J. 2005. Monitoring by delegates or by peers? Joint liability loans and moral herzard. Working Paper.
D’ Exelle B，Riedl A. 2008. Elite capture，political voice and exclusion from aid：an experimental study. University of East Anglia Working Paper.
de Aghion B A，Morduch J. 2006. The economics of microfinance. Journal of Economic，87（1）：96-97.
Deaton A. 1997. The Analysis of Household Surveys：A Microeconometric Approach to Development Policy. Baltimore：The Johns Hopkins University Press.
Delis M D. 2010. Competitive conditions in the Central and Eastern European banking systems. Omega，38（5）：268-274.
Demirgüç-Kunt A，Levine R. 2008. Finance，financial sector policies，and long-run growth. World Bank Policy Research Working Paper Series.
Demirgüç-Kunt A，Levine R. 2009. Finance and inequality：theory and evidence. Annual Review of Financial Economics，1（1）：287-318.
Demsetz H. 1973. Industry structure，market rivalry，and public policy. Journal of Law & Economics，16（1）：1-9.
Dercon S，Christiaensen L. 2011. Consumption risk，technology adoption and poverty traps：evidence from Ethiopia. Journal of Development Economics，96（2）：159-173.
Devlin J F. 2005. A detailed study of financial exclusion in the UK. Journal of Consumer Policy，28（1）：75-108.
Dixit R，Ghosh M. 2013. Financial inclusion for inclusive growth of India—a Study of Indian States. International Journal of Business Management & Research，3（1）：147-156.
Dodson C B. 1996. Is more credit the best way to assist beginning low-equity farmers?. Research Paper，Economic Research Service/USDA.

Doku J N，Abor J，Adjasi C K，et al. 2012. Assessing competitive behaviour in emerging banking market：African evidence.Finance and Development in Africa，12：25-51.

Duesenberry J S. 1949. Income，saving，and the theory of consumer behavior. Review of Economics & Statistics，33（3）：111.

Efron B. 1979. Bootstrap methods：another look at jackknife. Annual Statistics，7（2）：1-2.

Eucken A. 1939. Allgemeine gesetzmäßigkeiten für das wärmeleitvermögen verschiedener stoffarten und aggregatzustände.Forschung Auf Dem Gebiete Des Ingenieurwesens，11（1）：6-20.

Feder G，Feeny D. 1991. Land tenure and property rights：theory and implications for development policy. The World Bank Economic Review，5（1）：135-153.

Feldstein M. 1982. Government deficits and aggregate demand. Journal of Monetary Economics，9（1）：1-20.

Fiorito R，Kollintzas T. 2004. Public goods，merit goods，and the relation between private and government consumption. European Economic Review，48（6）：1367-1398.

Flavin M A. 1981. The adjustment of consumption to changing expectations about future income. The Journal of Political Economy，89（5）：974-1009.

Floro M S，Ray D. 1997. Vertical links between formal and informal financial institutions. Review of Development Economics，1（1）：34-56.

Forni L，Monteforte L，Sessa L. 2009. The general equilibrium effects of fiscal policy：estimates for the euro area. Journal of Public Economics，93（3）：559-585.

Friedman M，National Bureau of Economic Research. 1957. A Theory of the Consumption Function（Vol. 63）. Princeton：Princeton University Press.

Fuller D. 1998. Credit union development：financial inclusion and exclusion. Geoforum，29（2）：145-157.

Gaiha R，Imai K，Nandhi M A. 2009. Millennium development goal of halving poverty in Asia：progress，prospects and priorities. Journal of Asian and African Studies，44（2）：215-237.

Galor O，Zeira J. 1993. Income distribution and macroeconomics. The Review of Economic Studies，60（1）：35-52.

Ganelli G，Tervala J. 2010. Public infrastructures，public consumption，and welfare in a new-open-economy-macro model. Journal of Macroeconomics，32（3）：827-837.

García A，Ramajo J. 2004. Budget deficit and interest rates：empirical evidence for Spain. Applied Economics Letters，11（11）：715-718.

Geda A，Shimeles A，Zerfu D. 2006. Finance and poverty in Ethiopia：a household level analysis. Working Paper.

Giavazzi F，Pagano M. 1990. Can severe fiscal contractions be expansionary? Tales of two small European countries//National Bureau of Economic Research. NBER Macroeconomics Annual 1990. London：The MIT Press：75-122.

Goldsmith R. 1969. Financial Structure and Economic Development. New Haven：Yale University Press.

GonzáLez Vega C. 1994. Do financial institutions have a role in assisting the poor?. Ohio State University，Economics and Sociology Occasional Paper.

Grant C. 2007. Estimating credit constraints among US households. Oxford Economic Papers，

59（4）：583-605.

Greenwood J，Jovanovic B. 1990. Financial development，growth，and the distribution of income. Journal of Political Economy，98（5）：1076-1107.

Guirkinger C. 2008. Understanding the coexistence of formal and informal credit markets in Piura，Peru. World Development，36（8）：1436-1452.

Guirkinger C，Boucher S R. 2008. Credit constraints and productivity in Peruvian agriculture. Agricultural Economics，39（3）：295-308.

Guiso L，Sapienza P，Zingales L. 2008. Trusting the stock market. Journal of Finance，63（6）：2557-2600.

Gulli H. 1998. Microfinance and poverty：questioning the conventional wisdom. Inter-American Development Bank publications.

Gupte R，Venkataramani B，Gupta D. 2012. Computation of financial inclusion index for India.Procedia-Social and Behavioral Sciences，37（1）：133-149.

Haber S. 2004. Why institutions matter：banking and economic growth in Mexico. Stanford Center for International Development Working Paper.

Hannan M T，Freeman J. 1977. The population ecology of organizations. American Journal of Sociology，82（5）：929-964.

Hartarska V，González-Vega C. 2006. What affects new and established firms' expansion? Evidence from small firms in Russia. Small Business Economics，27（2）：195-206.

Hayashi F. 1985. The effect of liquidity constraints on consumption：a cross-sectional analysis. The Quarterly Journal of Economics，100（1）：183-206.

Helms B. 2006. Access for all：building inclusive financial systems.Washington：Consultative Group to Access the Poor.

Hermes N，Lensink R，Meesters A. 2011. Outreach and efficiency of microfinance institutions. World Development，39（6）：938-948.

Herrala R. 2010. Credit constraints and durable consumption. Bank of Finland，Research Discussion Papers.

Ho T W. 2002. The government spending and private consumption：a panel cointegration analysis. International Review of Economics & Finance，10（1）：95-108.

Hoff K，Braverman A，Stiglitz J E. 1995. The economics of rural organization：theory，practice，and policy. Journal of Development Economics，47（2）：502-504.

Hoff K，Stiglitz J E. 1990. Introduction：imperfect information and rural credit markets—puzzles and policy perspectives. World Bank Economic Review，4（3）：235-250.

Hollis A，Sweetman A. 1998. Microcredit：what can we learn from the past?. World Development，26（10）：1875-1891.

Hubbard R G，Skinner J，Zeldes S P. 1994. Precautionary saving and social insurance. National Bureau of Economic Research，No. w4884.

Hulme D，Mosley P. 1996. Finance Against Poverty. Vol. 1. London：Routledge.

Imai K S，Arun T，Annim S K. 2010a. Microfinance and household poverty reduction：new evidence from India. World Development，38（12）：1760-1774.

Imai K S，Azam M S. 2012. Does microfinance reduce poverty in Bangladesh? New evidence from household panel data. Journal of Development Studies，48（5）：633-653.

Imai K S，Gaiha R，Thapa G. 2010b. Is the millennium development goal of poverty still achievable? Role of institutions，finance and openness. Oxford Development Studies，38（3）：309-337.

Imai K S，Gaiha R，Thapa G，et al. 2012. Microfinance and poverty—a macro perspective. World Development，40（8）：1675-1689.

Iwata G. 1974. Measurement of conjectural variations in oligopoly. Econometrica，42（42）：947-966.

Izquierdo N C，Tuesta D. 2015. Factors that matter for financial inclusion：evidence from Peru. Aestimatio：the LEB International Journal of Finance，（10）：10-31.

Jackson W E. 1992. The price-concentration relationship in banking：a comment. The Review of Economics and Statistics，74（2）：373-376.

Jaffee D M，Russell T. 1976. Imperfect information，uncertainty，and credit rationing. The Quarterly Journal of Economics，90（4）：651-666.

Jain S. 1999. Symbiosis vs. crowding-out：the interaction of formal and informal credit markets in developing countries. Journal of Development Economics，59（2）：419-444.

Jalilian H，Kirkpatrick C. 2002. Financial development and poverty reduction in developing countries. International Journal of Finance & Economics，7（2）：97-108.

Jappelli T，Pagano M. 1989. Consumption and capital market imperfections：an international comparison. The American Economic Review，79（5）：1088-1105.

Jeanneney S G，Kpodar K. 2005. Financial development，financial instability and poverty（No. 2005-09）. Centre for the Study of African Economies，University of Oxford.

Jeanneney S G，Kpodar K. 2011.Financial development and poverty reduction：can there be a benefit without a cost?. The Journal of Development Studies，47（1）：143-163.

Jia X，Heidhues F，Zeller M. 2010. Credit rationing of rural households in China. Agricultural Finance Review，70（1）：37-54.

Karras G. 1994. Government spending and private consumption：some international evidence. Journal of Money，Credit and Banking，26（1）：9-22.

Kempson E，Whyley C，Caskey J，et al. 2000. In or out? Financial exclusion：a literature and research review. Consumer Research 3，Financial Services Authority.

Kempson E，Whyley C，Foundation J R. 1999. Kept out or Opted out? Understanding and Combating Financial Exclusion. Bristol：The Policy Press.

Keynes J M. 1936. General theory of employment，interest and money. The American Economics Review，26（3）：490-493.

Khandker S R. 1998. Fighting Poverty with Microcredit：Experience in Bangladesh. Oxford：Oxford University Press.

Khandker S R. 2001. Does micro-finance really benefit the poor? Evidence from Bangladesh. Manila：Reforming Policies and Institutions for Poverty Reduction，The Asian Development Bank：5-9.

Khandker S R. 2003. Micro-finance and poverty：evidence using panel data from Bangladesh. World Bank Policy Research Paper 2945.

Khandker S R. 2005. Microfinance and poverty：evidence using panel data from Bangladesh. The

World Bank Economic Review，19（2）：263-286.
Khandker S R，Pitt M M. 1998. The impact of group-based credit programs on poor households in Bangladesh. Journal of Political Economy，106（5）：958-996.
Kim J，Lee D J，Ahn J. 2006. A dynamic competition analysis on the Korean mobile phone market using competitive diffusion model. Computers & Industrial Engineering，51（1）：174-182.
Klychova G S，Nizamutdinov M M，Safiullin L N，et al. 2014. Priorities of agricultural credit cooperation development. Mediterranean Journal of Social Sciences，5（18）：215.
Kochar A. 1997. An empirical investigation of rationing constraints in rural credit markets in India. Journal of Development Economics，53（2）：339-371.
Koenker R，Bassett G. 1978. Regression quantiles. Econometrica，46（1）：33-50.
Kormendi R C. 1983. Government debt，government spending，and private sector behavior. The American Economic Review，73（5）：994-1010.
Kreng V B，Wang H T. 2009. The interaction of the market competition between LCD TV and PDP TV. Computers & Industrial Engineering，57（4）：1210-1217.
Larner W，Le Heron R. 2002. The spaces and subjects of a globalising economy：a situated exploration of method. Environment and Planning D：Society and Space，20（6）：753-774.
Lasswell H D. 1936. Politics：Who GetsWhat，When，How. New York：Meridian Books.
Leslie P H. 1958. A stochastic model for studying the properties of certain biological systems by numerical methods. Biometrika，45（1/2）：16-31.
Levchenko A A. 2005. Financial liberalization and consumption volatility in developing countries. IMF Staff Papers，52（2）：237-259.
Levine R. 2005. Finance and growth：theory and evidence. Handbook of Economic Growth，1：865-934.
Lewis W A. 1954. Economic development with unlimited supplies of labour. The Manchester School，22（2）：139-191.
Leyshon A. 1997. Geographies of money and finance II. Progress in Human Geography，21（3）：381-392.
Leyshon A，Thrift N J. 1997. Money/space：Geographies of Monetary Transformation. Hove：Psychology Press.
Lloyd-Ellis H，Bernhardt D. 2000. Enterprise，inequality and economic development. Review of Economic Studies，67（1）：147-168.
Lopez-Salido J D，Rabanal P. 2006. Government spending and consumption-hours preferences. Mimeograph，Federal Reserve Bank.
Ludvigson S. 1999. Consumption and credit：a model of time-varying liquidity constraints. Review of Economics & Statistics，81（3）：434-447.
MacMillan I，McCaffery M L，van Wijk G. 1985. Competitors' responses to easily imitated new products—exploring commercial banking product introductions. Strategic Management Journal，6（1）：75-86.
Majeed M T. 2013. Inequality，financial development and government：evidence from low-income developing countries. University of Munich：MPRA Paper .
Marcus R，Porter B，Harper C. 1999. Money Matters：Understanding Microfinance. London：Save

the Children.

Matthews K，Murinde V，Zhao T. 2007. Competitive conditions among the major British banks. Journal of Banking & Finance，31（7）：2025-2042.

Maurer N，Haber S. 2007. Related lending and economic performance：evidence from Mexico. The Journal of Economic History，67（3）：551-581.

Mawa B. 2008. Impact of micro-finance towards achieving poverty alleviation. Pakistan Journal of Social Sciences，5（9）：876-882.

McCulloch N，Baulch B. 2000.Simulating the impact of policy upon chronic and transitory poverty in rural Pakistan. The Journal of Development Studies，36（6）：440-445.

McKinnon R I. 1973. Money and Capital in Economic Development. Washington：Brookings Institution Press.

Meyer K E. 2006. Asian management research needs more self-confidence. Asia Pacific Journal of Management，23（2）：119-137.

Mills C W. 1956. The power elite. Political Science Quarterly，71（4）：955-973.

Modigliani F，Brumberg R E. 1954. Utility analysis and the consumption function：an interpretation of cross-section data. Journal of Post Keynesian Economics，6：388-436.

Mohieldin M S，Wright P W. 2000. Formal and informal credit markets in Egypt. Economic Development and Cultural Change，48（3）：657-670.

Molana H. 1997. Consumption and fiscal policy. Empirical Economics，22（22）：63-81.

Morduch J. 1998. Does microfinance really help the poor? New evidence from flagship programs in Bangladesh. Working Paper.

Morduch J. 2000. The microfinance schism. World Development，28（4）：617-629.

Morgan J N，David M H，Cohen W J，et al. 1962. Income and welfare in the United States. New York，San Francisco，Toronto，London：McGraw-Hill.

Mosca G. 1939.The Ruling Class. Trans. by Hannah Kahn. New York：McGraw-Hill.

Mushinski D W. 1999. An analysis of offer functions of banks and credit unions in Guatemala. The Journal of Development Studies，36（2）：88-112.

Mushinski D W，Pickering K A. 2007. Heterogeneity in informal sector mitigation of micro-enterprise credit rationing. Journal of International Development，19（5）：567-581.

Nee V，Matthews R. 1996. Market transition and societal transformation in reforming state socialism. Annual Review of Sociology，22：401-435

Newey W K. 1987. Efficient estimation of limited dependent variable models with endogenous explanatory variables. Journal of Econometrics，36（3）：231-250.

Ni S. 1995. An empirical analysis on the substitutability between private consumption and government purchases. Journal of Monetary Economics，36（3）：593-605.

Nurkse R. 1953. The Problem of Capital Formation in Less-developed Countries. Oxford：Oxford University Press.

Odhiambo N M. 2009. Finance-growth-poverty nexus in South Africa：a dynamic causality linkage. The Journal of Socio-Economics，38（2）：320-325.

Okojie V. 2010. Innovative financing for university libraries in sub-Saharan Africa. Library

Management，31（6）：404-419.

Olivero M P，Li Y，Jeon B N. 2011. Competition in banking and the lending channel：evidence from bank-level data in Asia and Latin America. Journal of Banking & Finance，35（3）：560-571.

Pal D，Laha A K. 2015. Sectoral credit choice in rural India. Journal of Choice Modelling，14：1-16.

Panzar J C，Rosse J N. 1987. Testing for “monopoly” equilibrium. The Journal of Industrial Economics，35（4）：443-456.

Pareto V. 1968. The Rise and Fall of the Elites：An Application of Theoretical Sociology. Piscataway：Transaction Publishers.

Pareto V. 1997. The governing elite in present-day democracy//Etzioni-Halevy E.Classes and Elites in Democracy and Democratization：A Collection of Readings. New York：Garland Pub.

Park A，Wang S. 2010. Community-based development and poverty alleviation：an evaluation of China’s poor village investment program. Cepr Discussion Papers，94（9/10）：790-799.

Park A，Wang S，Wu G. 2002. Regional poverty targeting in China. Journal of Public Economics，86（1）：123-153.

Peltzman S. 1977. The gains and losses from industrial concentration.The Journal of Law & Economics，20（2）：229-263.

Pigou A C. 1936. Mr. J. M. Keynes’general theory of employment，interest and money. Economica，3（10）：115-132.

Platteau J P，Somville V. 2009. Elite capture through information distortion：uniformly distributed signal. University of Namur Working Paper No. 1104.

Polanyi K. 1957. The economy as instituted process//Polanyi K，Arensberg C M，Pearson H W. Trade and Market in the Early Empires. Chicago：The Free Press & Falcon’s Wing Press：243-269.

Popkin S L. 1979. The Rational Peasant：The Political Economy of Rural Society in Vietnam. Berkeley：University of California Press.

Prinsen G，Titeca K. 2008. Uganda’s decentralised primary education：musical chairs and inverted elite capture in school management committees. Public Administration and Development，28（2）：149-164.

Rabanal P，Lopez-Salido J D. 2006. Government spending and consumption-hours preferences. la Caixa，Working Paper No. 02/2006.

Rahji M A Y，Fakayode S B. 2009. A multinomial logit analysis of agricultural credit rationing by commercial banks in Nigeria. International Research Journal of Finance and Economics，24（91）：97-103.

Ravallion M. 1997. Can high-inequality developing countries escape absolute poverty?. Economics Letters，56（1）：51-57.

Ravallion M. 2009. Are there lessons for africa from China’s success against poverty?. World Development，37（2）：303-313.

Ravallion M，Jalan J. 1999. China’s lagging poor areas. American Economic Review，89（2）：301-305.

Rehman A，Jingdong L，Du Y，et al. 2015. Rural Credit Cooperatives RCCs financial system and role in economic development of China. International Journal，3（4）：434-439.

Riccardo F，Tryphon K. 2004. Public goods，merit goods，and the relation between private and government consumption. European Economic Review，48（6）：1367-1398.

Risto H. 2010. Credit constrains and durable consumption：a new empirical approach. Bank of Finland Research Discussion Papers.

Rivers D，Vuong Q H. 1988. Limited information estimators and exogeneity tests for simultaneous probit models. Journal of Econometrics，39（3）：347-366.

Robert J B. 1980. Output effects of government purchases. Social Science Electronic Publishing，89（6）：1086-1121.

Rogaly B，Fisher T. 1999. Poverty，Social Exclusion and Microfinance in Britain. Oxford：Oxfam GB；London：the New Economics Foundation.

Romer C D. 1999. Changes in business cycles：evidence and explanations. National Bureau of Economic Research，Research Report.

Romer C D，Chow C. 1996. Advanced Macroeconomic Theory. New York：McGraw-Hill.

Rozelle S，Park A，Benziger V，et al. 1998. Targeted poverty investments and economic growth in China. World Development，26（12）：2137-2151.

Russell H，Maître B，Donnelly N. 2011. Financial Exclusion and Over-indebtedness in Irish Households. Dubin：Department of Community，Equality & Gaeltacht Affairs and the Economic and Social Research Institute.

Sarma M. 2010. Index of financial inclusion. Indian Council for Research on International Economic Relations，Working Paper.

Sarma M. 2015. Measuring financial inclusion. Economics Bulletin，35（1）：604-611.

Sarma M，Pais J. 2008. Financial inclusion and development：a cross country analysis. Indian Council for Research on International Economic Relations：1-28.

Schclarek A. 2007. Fiscal policy and private consumption in industrial and developing countries. Journal of Macroeconomics，29（4）：912-939.

Scholes M，Benston G J，Smith Jr C W. 1976. A transactions cost approach to the theory of financial intermediation. The Journal of Finance，31（2）：215-231.

Schultz T W. 1964. Transforming Traditional Agriculture. New Haven：Yale University Press.

Scott J C. 1976. The Moral Economy of the Peasant：Rebellion and Subsistence in Southeast Asia. New Haven：Yale University Press.

Scott J C，Huskisson E C. 1976. Graphic representation of pain. Pain，2（2）：175-184.

Semih Y H，Philippatos G C. 2007. Efficiency of banks：recent evidence from the transition economies of Europe，1993-2000. European Journal of Finance，13（2）：123-143.

Shaffer S. 2004. Patterns of competition in banking. Journal of Economics and Business，56（4）：287-313.

Shaw E S. 1973. Financial Deepening in Economic Development. Oxford：Oxford University Press.

Solow R M. 1956. A contribution to the theory of economic growth. Quarterly Journal of Economics，70：65-94.

Spence M，Zeckhauser R. 1971. Insurance，information，and individual action. The American Economic Review，61（2）：380-387.

Stephen R，Catherine B，Carolina G，et al. 2006. Direct elicitation of credit constraints：conceptual and practical issues with an application to peruvian agriculture. Economic Development & Cultural Change，57（4）：609-640.
Stiglitz J E. 1988. Economic organization，information，and development. Handbook of Development Economics，1：93-160.
Stiglitz J E. 1989. Markets，market failures，and development. The American Economic Review，79（2）：197-203.
Stigliz J. 2000. The contributions of the economics of information to twentieth century economics. Quarterly Journal of Economics，115（4）：1441-1478.
Stiglitz J E，Eicher C K，Staatz J M. 1989. Markets，market failures，and development. The American Economic Review，79（2）：197-203.
Stiglitz J E，Weiss A. 1981. Credit rationing in markets with imperfect information. The American Economic Review，71（3）：393-410.
Stock J H，Yogo M. 2002. Testing for weak instruments in linear IV regression. NBER Working Paper No. to284.
Swain R B. 2002. Credit rationing in rural India. Journal of Economic Development，27（2）：1-20.
Swain R B，Floro M. 2008. Effect of microfinance on vulnerability，poverty and risk in low income households. Working Paper.
Swamy V. 2015. Inclusive finance for inclusive growth：a gender perspective. http：//www. ideasforindia. in/article. aspx? article_id=1484[2015-07-31].
Swinnen J F，Gow H R. 1999. Agricultural credit problems and policies during the transition to a market economy in Central and Eastern Europe. Food Policy，24（1）：21-47.
Sydney L. 1999. Consumption and credit：a model of time-varying liquidity constraints. Review of Economics and Statistics，81（3）：434-447.
Tax S. 1953. Penny Capitalism：A Guatemalan Indian Economy（Vol. 16）. Washington：US Government Printing Office.
Tobin J，Dolde W. 1971. Wealth，liquidity and consumption. Consumer Spending and Monetary Policy：The Linkages，5：99-160.
Townsend R M，Ueda K. 2006. Financial deepening，inequality，and growth：a model-based quantitative evaluation. Review of Economic Studies，73（1）：251-293.
Turvey C G. 2013. Policy rationing in rural credit markets. Agricultural Finance Review，73（2）：209-232.
Uddin G S，Shahbaz M，Arouri M，et al. 2014. Financial development and poverty reduction nexus：a cointegration and causality analysis in Bangladesh. Economic Modelling，36：405-412.
Unicef. 1997. Give us credit. Division of Evaluation，Policy and Planning. http：//www. unicef. org/credit/-credit. pdf.
von Hayek F A. 1937. Economics and knowledge. Economica，4（13）：33-54.
von Hayek F A. 1968. Der Wettbewerb als Entdeckungsverfahren. Kiel：Institut für Weltwirtschaft.
von Pischke J D，Adams D W，Donald G. 1983. Rural Financial Markets in Developing Countries：Their Use and Abuse. Baltimore：Johns Hopkins University Press.

Weber R，Musshoff O. 2013. Can flexible microfinance loans improve credit access for farmers?. Agricultural Finance Review，73（2）：255-271.

Weiss J，Montgomery H. 2005. Great expectations：microfinance and poverty reduction in Asia and Latin America. Oxford Development Studies，33（3/4）：391-416.

Woller G. 2002. From market failure to marketing failure：market orientation as the key to deep outreach in microfinance. Journal of International Development，14（3）：305-324.

Wong S. 2010. Elite capture or capture elites? Lessons from the counter-elite and co-opt-elite approaches in Bangladesh and Ghana，World Institute for Development Economics Research Working Paper No. 201082.

World Bank.2013.End extreme poverty and promote shared prosperity. World Bank-Economic Premise，（125）：1-8.

Wright G A. 2000. Microfinance Systems：Designing Quality Financial Services for the Poor. London：Zed Books.

Yorulmaz R. 2013. Construction of a regional financial inclusion index in Turkey. Journal of Brsa Banking & Financial Markets，7（1）：79-101.

Zaman K，Khan M M，Ahmad M，et al. 2010. An empirical analysis of growth，inequality and poverty triangle in Pakistan：co-integration approach（1964–2006）. International Research Journal of Finance and Economics，46：32-46.

Zeldes S P. 1989. Consumption and liquidity constraints：an empirical investigation. Journal of Political Economy，97（2）：305-346.

Zeller M. 2003. Models of rural financial institutions. Paving the Way Forward for Rural Finance an international Conference on best practice，Lead Theme Paper.